नगरीय समाजशास्त्र
(Urban Sociology)

नगरीय समाजशास्त्र
(Urban Sociology)

डॉ॰ राजेन्द्र कुमार शर्मा
एम॰ फिल॰, पी-एच॰ डी॰

एटलांटिक पब्लिशर्स एण्ड डिस्ट्रीब्यूटर्स

प्रकाशक :
एटलांटिक पब्लिशर्स एण्ड डिस्ट्रीब्यूटर्स
बी.2, विशाल एन्क्लेव, नई दिल्ली-110027
दूरभाष : 5413460, 5429987

विक्रय केन्द्र :
एटलांटिक पब्लिशर्स एण्ड डिस्ट्रीब्यूटर्स
4346/4C, अन्सारी रोड, दरियागंज नई दिल्ली-110002
दूरभाष : 3273880, 3285873
फेक्स सं. : 91-11-3285873

प्रथम संस्करण : 1996

लेजर टाईपसेटिंग : शिवा ग्राफिक्स,
बी-45, चाणक्य प्लेस, दिल्ली-59

मुद्रक : मेहता ऑफसैट प्रिंटर्स दिल्ली

NAGARIYA SAMAJSHASHTRA *(In Hindi)*

Dr. Rajendra Kumar Sharma

भूमिका

यद्यपि आज भी भारतवर्ष को गांवों का देश कहा जा सकता है फिर भी नगरीयकरण और औद्योगीकरण की तीव्रगति के कारण देश में कस्बे नगर और नगर महानगर बनते जा रहे हैं। अस्तु, वर्तमान स्थिति में भारत में नगरीय समाजशास्त्र के अध्ययन का महत्त्व बढ़ता जा रहा है। इधर अनेक भारतीय विश्वविद्यालयों में स्नातकोत्तर स्तर पर समाजशास्त्र विषय में नगरीय समाजशास्त्र को एक स्वतन्त्र प्रश्नपत्र अथवा पाठ्यक्रम के रूप में पढ़ाया जाने लगा है। किन्तु नगरीय समाजशास्त्र में हिन्दी में ही क्या अंग्रेजी भाषा में भी भारत में बहुत कम साहित्य उपलब्ध हैं। प्रस्तुत पुस्तक विद्यार्थियों की इसी आवश्यकता की पूर्ति के लिये पाठ्यपुस्तक के रूप में लिखी गई है।

इस पुस्तक में सबसे पहले नगरीय समाजशास्त्र का परिचय देने के बाद नगरीय समाज के विवरण पर ग्रामीण और नगरीय की तुलना, नगर का सामाजिक प्रभाव, भारत में नगरों में वृद्धि, नगरीय समुदाय के लक्षण तथा नगरों के प्रकार शीर्षक अध्याय दिये गए हैं। तत्पश्चात नगरीय परिस्थितिशास्त्र और व्यक्तित्व, नगरीय परिवार तथा नगरीय जीवन के सांस्कृतिक तथा सामाजिक-राजनैतिक पहलुओं का विवेचन किया गया है।

आधुनिक भारतीय नगरों पर विशेष प्रभाव डालने वाले कारक हैं : औद्योगीकरण, पश्चिमीकरण, लौकिकीकरण, आधुनिकीकरण तथा राजनीतिकरण। इन सभी की चर्चा पृथक-पृथक अध्यायों में की गई है। इसके बाद प्रमुख नगरीय समस्याओं जैसे नगरीय बेकारी, भीड़-भाड़ और गन्दी बस्तियाँ, वेश्यावृत्ति, भिक्षावृत्ति, अपराध, किशोरापराध आदि का विवेचन पृथक-पृथक अध्यायों में किया गया है।

अन्त में नगरीय दृष्टिकोण और सामाजिक परिवर्तन तथा नगर नियोजन का विश्लेषण करने के बाद अन्तिम अध्याय में नगरीय आवास एवं विकास पर भारत सरकार के प्रयासों को नवीनतम आंकड़ों से स्पष्ट किया गया है।

विषय के प्रस्तुतीकरण की विश्लेषणात्मक प्रणाली, सरल भाषा, प्रामाणिक आंकड़े, अभ्यास के लिए प्रश्न तथा विवादस्पद विषयों में सर्वांगीण प्रणाली इस पुस्तक की ऐसी विशेषतायें हैं जिनसे यह एक आदर्श पाठ्यपुस्तक सिद्ध होगी।

पुस्तक के आगामी संस्करणों में सुधार के लिये लेखक को सुविज्ञ पाठकों के सुझावों की प्रतीक्षा रहेगी।

अर्चना *डॉ० राजेन्द्र कुमार शर्मा*
सिविल लाइन्स, मेरठ

विषय-सूची

1

नगरीय समाजशास्त्र का परिचय

(Introduction to Urban Sociology)

नगरीय समाजशास्त्र, समाजशास्त्र की एक महत्त्वपूर्ण शाखा है। अत: उसमें सामाजिक सम्बन्धों का अध्ययन किया जाता है। ये सामाजिक सम्बन्ध कौन-से हैं? जैसा कि नगरीय समाजशास्त्र के नाम से स्पष्ट है, उसमें नगरीय सम्बन्धों का अध्ययन किया जाता है। नगरीय समाजशास्त्र नगरीय समाज (Urban Society) का अध्ययन करता है। यह अध्ययन समाजशास्त्रीय पद्धतियों से किया जाता है। समाजशास्त्रीय पद्धतियाँ वैज्ञानिक हैं। नगरीय समाजशास्त्र एक विज्ञान है। वह नगरीय समाज का विज्ञान है। वह वैज्ञानिक पद्धतियों से नगरीय समाज का अध्ययन करता है। यह अध्ययन विशिष्ट भी हो सकता है, सामान्य भी हो सकता है। सभी नगरों में कुछ सामान्य तत्त्व पाये जाते हैं जो ग्रामीण तत्त्वों से साफ अलग दिखलाई पड़ते हैं। उदाहरण के लिए नगरों में व्यक्तियों के सम्बन्ध निर्वैयक्तिक होते हैं। यह सभी नगरों में देखा जा सकता है। परन्तु इन सामान्य तत्वों के अलावा अलग-अलग नगरों की कुछ विशिष्ट समस्यायें और दशायें भी हो सकती हैं जो सभी नगरों में एक-सी नहीं पाई जातीं। नगरीय समाजशास्त्र में इनका भी अध्ययन किया जाता है।

नगर की परिभाषा

नगर की परिभाषा से भी नगरीय समाजशास्त्र का स्वरूप स्पष्ट होगा। कुछ लोग नगर और गाँव में केवल आकार का अन्तर समझते हैं। यह ठीक है कि आमतौर से गाँव छोटा होता है और नगर अपेक्षाकृत बड़ा होता है परन्तु फिर भी केवल आकार मात्र से गाँव और नगर में अन्तर नही किया जा सकता। भिन्न-भिन्न देशों में गाँव और नगरों में अन्तर करने वाली जनसंख्या की सीमा भी भिन्न-भिन्न है। संयुक्त

राज्य अमरीका में 2,500 की जनसंख्या तथा उससे अधिक होने पर नगर माना जाता है। फ्रांस में यह सीमा 2,000 और उससे ऊपर है। बेल्जियम में यह सीमा 5,000 और उससे ऊपर है और मिस्र में यह सीमा 11,000 है। स्पष्ट है कि अमरीका, फ्रांस तथा बेल्जियम के बहुत-से नगर मिस्र में गाँव कहलायेंगे और मिस्र के बहुत-से गाँव इन देशों में नगर कहलायेंगे। कुछ व्यक्ति सामुदायिक जीवन के प्रकार के आधार पर गाँव और नगर में अन्तर करते हैं। यह कसौटी आकार से अधिक उपयुक्त है। परन्तु अकेले इससे ही काम नही चल सकता। कुछ नगरों में सीमावर्ती प्रदेशों में ग्रामीण सामुदायिक जीवन के चिन्ह देखे जा सकते हैं। इसी प्रकार नगरों के निकट के अनेक गाँवों में नगरीय समुदाय के लक्षण पाये जाते हैं। इसी प्रकार लोगों की आदतों और स्वभाव आदि के आधार पर भी ग्राम और नगर में अन्तर नहीं किया जा सकता क्योंकि नगरों में अनेक ग्रामीण स्वभाव के व्यक्ति देखे जा सकते हैं जबकि गाँवों के बहुत-से लोगों का स्वभाव नगरीय लोगों से मिलता-जुलता हो सकता है।

अतः नगर की परिभाषा करना और गाँव तथा नगर में अन्तर करना बड़ा कठिन है। गिस्ट और हेलबर्ट ने ठीक ही लिखा है, "अतः 'ग्रामीण' और 'नागरिक' का सुपरिचित विभाजन सामुदायिक जीवन के तथ्यों पर आधारित होने के स्थान पर अधिकतर एक मौखिक प्रत्यय है।"[1] बर्गल के शब्दों में, "हर व्यक्ति यह जानता प्रतीत होता हैं कि नगर क्या है परन्तु किसी ने उसकी सन्तोषजनक परिभाषा नहीं दी है।"[2] गाँव और नगर में अन्तर करने में मुख्य कठिनाइयाँ निम्नलिखित हैं—

(1) गाँव और नगर की कोई सार्वभौम परिभाषा नहीं है।

(2) गाँव और नगर में केवल अंशों का अन्तर है।

(3) गाँव और नगर दोनों बदलते रहते हैं।

अतः गाँव और नगर में अन्तर करना कठिन है। परन्तु फिर भी आधुनिक समाजशास्त्रियों ने व्यवसाय, परिवेश, समुदायों का आकार, जनसंख्या का घनत्व, जनसंख्या की सजातीयता और विजातीयता, सामाजिक विभेदीकरण और स्तरीकरण तथा अन्तःक्रिया की पद्धति आदि के आधार पर गाँव और नगर में अन्तर किया है। सामाजिक संगठन में परिवार, विवाह, स्त्रियों की दशा, पड़ौस, हम की भावना, वर्गों की विषमता आदि में गाँव और नगर में अन्तर देखा जा सकता है। दोनों में सामाजिक

---

1. "Thus the familiar dichotomy between 'Rural' and 'Urban' is more of a theoretical concept than a division based upon the facts of community life."
—Gist and Helbert, *Urban Society* (1954), p. 3.
2. "Everybody seems to know what a city is but no one has given a satisfactory definition."
—Bergel, E.E., *Urban Sociology,* McGraw Hill Series (1955), p. 5.

नियन्त्रण की मात्रा और प्रकार में अन्तर होता है। प्रगतिशीलता, राजनीतिक चेतना, धर्म और आचार, भाग्यवाद, कृत्रिमता, सामाजिक विघटन आदि को लेकर दोनों में दृष्टिकोण की अन्तर देखा जा सकता है। गाँव और नगर की आर्थिक व्यवस्था और सामाजिक संरचना में अन्तर स्पष्ट होता है। गाँव और नगर के अन्तर का आगे विस्तार से वर्णन किया गया है। पहले नगरीय समुदाय के लक्षणों का वर्णन किया गया है। अतः यहाँ संक्षेप में इतना ही कहना पर्याप्त है कि नगर एक निश्चित या उससे अधिक जनंसख्या वाला न्यूनाधिक विशिष्ट प्रकार की अर्थव्यवस्था, राजनीतिक स्थिति और सामाजिक लक्षण रखने वाला समुदाय है। नगर की इस परिभाषा में सामाजिक लक्षण सबसे अधिक महत्त्वपूर्ण हैं। ये हैं सामाजिक विजातीयता, माध्यमिक सम्पर्क, सामाजिक सहिष्णुता, माध्यमिक नियन्त्रण, सामाजिक गतिशीलता, ऐच्छिक समितियाँ, वैयक्तिकता, सामुदायिक भावना का अभाव, नैतिक शिथिलता, असन्तुलित व्यक्तित्व, अपराधों की बहुलता, सामाजिक विघटन, विषमता, गतिशील जीवन, समिति निर्माण की तीव्र गति, कृत्रिम जीवन इत्यादि। नगरीय समाजशास्त्र इन सब विशेषताओं वाले विशिष्ट समुदायों का और उनके सामुदायिक जीवन का अध्ययन करता है।

नगरीय समाजशास्त्र का उद्‌गम

यूँ तो स्वयं समाजशास्त्र विषय का अध्ययन प्रारम्भ हुए भी अधिक वर्ष नहीं हुए फिर भी नगरीय समाजशास्त्र तो उसकी एक शाखा ही है। अतः नगरीय समाजशास्त्र का उद्‌गम बीसवीं शताब्दी के प्रारम्भ में माना जाना चाहिये। वैसे इसका विकास भी बीसवीं शताब्दी में ही हुआ। ग्रामीण समाजशास्त्र के समान नगरीय समाजशास्त्र के अध्ययन में भी सबसे अधिक महत्त्वपूर्ण कार्य संयुक्त राज्य अमरीका में हुआ। इस शताब्दी में अमरीका में नगरों के वर्गीकरण, नगरीयता, नगरों का विकास, नगरीय परिस्थिति शास्त्र, नगरों में सामाजिक विघटन, जनसंख्या की प्रवृत्तियाँ, सामूहिक जीवन और व्यक्तित्व पर उसके प्रभाव, वर्ग व्यवस्था, नगरीय अभिवृत्तियाँ, नगरीय जीवन का संगठन, आर्थिक व्यवस्था, पारिवारिक जीवन आदि के अध्ययन के अनेक ग्रन्थ प्रकाशित हुए हैं। नगरीय पुनर्निर्माण की दिशा में भी काफी काम हुआ है और नगर में समाज कल्याण, अवकाश का उपयोग, धार्मिक, शैक्षिक और सांस्कृतिक क्रियाओं के संगठन तथा आवास के प्रबन्ध और सामुदायिक नियोजन पर बहुत कुछ लिखा गया है। परन्तु खेद है कि भारतवर्ष में नगरीय समाजशास्त्र की दिशा में कार्य नहीं के बराबर है।

नगरीय समाजशास्त्र का क्षेत्र

नगर की विशेषताओं और लक्षणों के वर्णन तथा नगरीय समाजशास्त्र के विभिन्न विषयों के उपरोक्त सिंहावलोकन से नगरीय समाजशास्त्र का क्षेत्र स्पष्ट होता है। नगरीय समाजशास्त्र का क्षेत्र बड़ा विस्तृत है उसमें नगरीय समाजशास्त्र के सामान्य सिद्धान्तों, नगरों के विकास, विघटन आदि के अध्ययन के अलावा नगरीय

सामाजिक संगठन के विभिन्न पहलुओं, नगरीय समस्याओं तथा नगरीय पुनर्निर्माण और नियोजन का अध्ययन किया जाता है। नगरीय समाजशास्त्र, नगर के परिस्थिति शास्त्र और मानव व्यवहार पर उसके प्रभाव का अध्ययन करता है। वह नगरीय परिवार की संरचना, प्रवृत्तियों, कार्य स्थायित्व, विघटना तथा परिवर्तन का अध्ययन करता है। इसी प्रकार वह नगर में विवाह के आधारों, प्रवृत्तियों, परिवर्तनों और विघटन के कारकों का अध्ययन करता है। नगरीय समाजशास्त्र नगर में वर्ग व्यवस्था, वर्ग संघर्ष तथा सामाजिक गतिशीलता का अध्ययन करता है। उसमें नगर में अपराध, किशोरापराध, वेश्यावृत्ति, भिक्षावृत्ति, बेकारी, रोग, गन्दी बस्तियाँ, जुआ, मद्यपान तथा सामाजिक और व्यक्तिगत विघटन की स्थिति, कारणों और उपचारों का अध्ययन किया जाता है। उसमें नगर के उद्योगों, मालिक मजदूर के सम्बन्धों, उनकी समस्याओं, समस्याओं के कारणों तथा उनके उपचार और आर्थिक जीवन के विभिन्न पहलुओं का अध्ययन किया जाता है। नगरीय समाजशास्त्र केवल नगरीय समस्याओं का तथ्यात्मक अध्ययन ही नहीं करता बल्कि उनके सुलझाव के उपाय भी बतलाता है। वह तनावों को कम करने, अवकाश का उचित उपयोग करने, धार्मिक तथा सांस्कृतिक कार्यक्रमों के संगठन तथा नगर नियोजन के विषय में सुझाव भी देता है। इस प्रकार नगरीय समाजशास्त्र का क्षेत्र केवल मौखिक न होकर व्यावहारिक भी है।

नगरीय समाजशास्त्र का महत्त्व

अतः नगरीय समाजशास्त्र का महत्त्व स्पष्ट है। नगर आधुनिक देशों में सामाजिक, आर्थिक और राजनीतिक क्रान्तियों के अग्रदूत और विकास के गढ़ हैं। औद्योगीकरण तथा अन्य कारणों से आधुनिक देशों में बड़ी तेजी से नगरीकरण होता जा रहा है। नगरीकरण से अनेक प्रकार की आर्थिक, सामाजिक और सांस्कृतिक समस्यायें उत्पन्न होती हैं। उससे लोगों की प्रवृत्तियों में परिवर्तन होता है, परिवार और विवाह के प्रतिमानों में अन्तर आता है और अपराध, व्यभिचार, विघटन आदि बढ़ते हैं। उससे आवास की विकट समस्या उत्पन्न होती है। उससे शारीरिक और मानसिक स्वास्थ्य की समस्या उत्पन्न होती है। अतः उसके विकास को नियोजित करने तथा उसकी समस्याओं को सुलझाने की आवश्यकता सभी जागृत सरकारों और चिन्तनशील व्यक्तियों को महसूस होती है। यहीं नगरीय समाजशास्त्र की आवश्यकता पड़ती है। नगरीय समाजशास्त्री नगरीय समाज के एक इन्जीनियर या डॉक्टर के समान उसकी संरचना का अध्ययन करता है और उसके दोषों के कारणों का पता लगाता है। अतः उसकी सहायता के बिना नगरीय समस्याओं को नहीं सुलझाया जा सकता। इसलिए समाज सुधारकों, राजनीतिज्ञों और सरकार को नगरीय समाजशास्त्री के विशेषीकृत ज्ञान और परामर्श की आवश्यकता पड़ती है। नगरीय पुनर्निर्माण की मौखिक पृष्ठभूमि तैयार करने के लिए नगरीय समाजशास्त्र का अध्ययन अनिवार्य है।

अभ्यास के लिये प्रश्न

1. नगरीय समाजशास्त्र की व्याख्या करो और उसके स्वरूप और क्षेत्र का उल्लेख करो।
2. नगरीय समाजशास्त्र के स्वरूप तथा क्षेत्र की परिभाषा कीजिये। उसकी प्रमुख अध्ययन पद्धतियों का निर्देशन कीजिये।
3. नगरीय समाजशास्त्र की विषय-वस्तु का वर्णन कीजिये।

2

ग्रामीण और नगरीय की तुलना
(Rural-Urban Contrast)

तुलना में कठिनाईयाँ

ग्रामीण तथा नगरीय समाज में तुलना करना बड़ा कठिन है। इन कठिनाइयों के कारण ही गिस्ट और हेलबर्ट ने लिखा है "अतः 'ग्रामीण' और 'नगरीय' का सुपरिचित विभाजन सामुदायिक जीवन के तथ्यों पर आधारित होने के स्थान पर अधिकतर एक मौखिक प्रत्यय है।"[1] साधारणतया ये कठिनाइयाँ निम्नलिखित हैं–

(1) गाँव और नगर की कोई सार्वभौम परिभाषा नहीं है–गाँव और नगर के समाज की तुलना करने में सबसे बड़ी कठिनाई यह है कि ऐसी कोई सार्वभौम परिभाषा नहीं है जिससे गाँव और नगर में स्पष्ट अन्तर किया जा सके। मैकाइवर ने लिखा है कि "यह नहीं कहा जा सकता कि गाँव कहाँ खत्म होता है और नगर कहाँ प्रारम्भ होता है।" बम्बई नगर से बीस मील की दूरी पर एक महल बनाया जाये तो उसको नगर में नहीं कहा जा सकता। यदि नगर के बीचों-बीच में गाँव का वातावरण बना दिया जाये तो उसको गाँव नहीं कहा जायेगा। किसी स्थान को गाँव या नगर ठहराने के लिये हर एक देश में कसौटियाँ भी अलग-अलग हैं। नगर कहलाने के लिये फ्रांस में 2000, अमरीका में 2500, भारत में 5000 तथा जापान में 30,000 जनसंख्या की आवश्यकता पड़ती है। दूसरे, केवल जनसंख्या के आधार पर ही किसी स्थान को नगर नहीं मान लिया जाता। उसके अतिरिक्त

1. "Thus the familiar dichotomy between 'Rural' and 'Urban' is more of a theoretical concept than a division based upon the facts of community life."
—Gist and Helbert, *Urban Society* (1954), p. 3.

और भी बहुत से कारक होते हैं जो सभी देशों में एक-से नहीं माने जाते। इस तरह गाँव और नगर की कोई सब कहीं मानी जाने वाली परिभाषा नहीं है। बर्गल के शब्दों में "हर व्यक्ति यह जानता प्रतीत होता है कि नगर क्या हैं परन्तु किसी ने उसकी सन्तोषजनक परिभाषा नहीं दी है।"[1]

(2) गाँव और नगर में केवल अंशों का अन्तर—वास्तव में गाँव और नगर में केवल अंशों का अन्तर है। इसलिये उनमें स्पष्ट अन्तर करना बड़ा कठिन है। हर एक गाँव में नगर के कुछ तत्व और शहर में गाँव के कुछ तत्व पाये जाते हैं। मैकाइवर और पेज ने ठीक ही लिखा है, "परन्तु दोनों के बीच यह बतलाने के लिये कोई स्पष्ट विभाजन नहीं है कि कहाँ नगर समाप्त होता है। और कहाँ गाँव प्रारम्भ होता है।"[2]

(3) गाँव और नगर के परिवेश पृथक्-पृथक् हैं—गाँव और नगर के परिवेश भी अलग-अलग हैं। एक ही नगर में तरह-तरह के परिवेश पाए जाते है। अतः गाँव और नगर में तुलना कैसे की जाय? नगर के परस्पर विरोधी परिवेशों में से किसको नगर माना जाय और किसको नहीं और किससे गाँव के परिवेशों की तुलना की जाय?

(4) नगर और गाँव दोनों बदलते रहते हैं—गाँव और नगर की तुलना में चौथी बड़ी कठिनाई यह है कि दोनों बराबर बदलते रहते हैं। दोनों पर एक दूसरे का प्रभाव पड़ता रहता है। औद्योगीकरण से गाँव का रूप बराबर बदलता जा रहा है इस परिवर्तन में यह निश्चय करना बड़ा कठिन है कि कब तक उनको गाँव कहा जाय और कब नगर में गिना जाये। शिक्षा, बिजली तथा नई-नई वस्तुओं के गाँवों में पहुँचने से नगर और गाँव का अन्तर बराबर कम हो रहा है। ऑगबर्न और निमकॉफ के अनुसार, "जनसंख्या की बहुत-सी विशेषतायें जैसे जन्म की दर और परिवार में दोनों एक-से हैं।"

गाँव और नगर के समाज में अन्तर

परन्तु इन कठिनाईयों के होते हुए भी समाजशास्त्रियों ने गाँव और नगर के समाज में भेद बतलाया है। Principles of Rural and Urban Sociology में सोरोकिन और जिमरमैन ने गाँव और नगर का अन्तर बतलाने के लिए अग्रलिखित तालिका उपस्थित की है—

---

1. "Everybody seems to know what a city is but no one has given a satisfactory definition."
—Bergel, E. E. *Urban Sociology*, McGraw Hills series (1945) p.5
2. "But between the two there is no sharp demarcation to tell where city ends and country begins."
—MacIver & Page, *Society*, p. 311.

सोरोकिन और जिमरमैन की बनाई हुई तालिका

आधार	ग्रामीण जगत	नगरीय जगत
(1) व्यवसाय (Occupations)	(1) सारे किसान और उनके परिवार, समुदाय में खेती के अतिरिक्त साधारणत: अन्य व्यवसायों के कुछ प्रतिनिधि होते हैं।	(1) सब लोग विशेषत: वस्तुओं का निर्माण, यांत्रिक कार्य, व्यापार, उद्योग, व्यवसाय, शासन के तथा दूसरे खेती के अतिरिक्त व्यवसाय करते हैं।
(2) परिवेश (Environment)	(2) मानवीय सामाजिक परिवेश पर प्रकृति की प्रबलता होती है। लोगों का प्रकृति से प्रत्यक्ष सम्बन्ध होता है।	(2) प्रकृति से अधिक पृथकता। प्राकृतिक परिवेश पर मनुष्य के बनाये हुए परिवेश की प्रबलता। बुरी हवा, पत्थर और लोहा।
(3) समुदायों का आकार (Size of communities)	(3) छोटे समुदाय। कृषिवाद और समुदाय के आकार में आपस में नकारात्मक (Negative) सम्बन्ध है।	(3) उसी देश और उसी काल में ग्रामीण समुदाय की अपेक्षा नगरीय समुदायों का आकार निश्चित रूप से बड़ा होता है। अर्थात् नगरीयता (Urbanity) और समुदाय के आकार में आपस में सकारात्मक (Positive) सम्बन्ध है।
(4) जनसंख्या का घनत्व (Density of population)	(4) उसी देश और उसी काल में नगरीय समुदाय की अपेक्षा जनसंख्या का घनत्व कम होता है। साधारणतया घनत्व और ग्रामीणता (Rurality) में आपस में नकारात्मक सम्बन्ध है।	(4) ग्रामीण समुदायों से कहीं अधिक घनत्व। नगरीयता और घनत्व में आपस में सकारात्मक संबंध है।
(5) जनसंख्या की सजातीयता और विजातीयता (Homogeneity and heterogeneity of the population)	(5) नगरीय जनसंख्या की तुलना में ग्रामीण समुदायों में प्रजातीय और मानसिक लक्षणों में अधिक सजातीयता होती है। (विजातीयता से नकारात्मक पारस्परिक सम्बन्ध)।	(5) ग्रामीण समुदायों की तुलना में (उसी देश और उसी काल में) अधिक विजातीयता। नगरीयता और विजातीयता में सकारात्मक पारस्परिक सम्बन्ध है।

आधार	ग्रामीण जगत	नगरीय जगत
(6) सामाजिक विभेदीकरण और स्तरीकरण (Social Differentiation and Stratification)	(6) ग्रामीण विभेदीकरण और स्तरीकरण नगरीय की अपेक्षा कम।	(6) विभेदीकरण और स्तरीकरण का नगरीयता से सकारात्मक पारस्परिक सम्बन्ध प्रतीत होता है।
(7) गतिशीलता (Mobility)	(7) जनसंख्या की प्रादेशिक, व्यवसायात्मक और दूसरे प्रकार की गतिशीलता तुलनात्मक दृष्टि से कम गहन होती हैं साधारणतया गाँवों से नगरों को अधिक लोग जाते हैं।	(7) नगरीयता और गतिशीलता में आपस में सकारात्मक सम्बन्ध है, केवल सामाजिक आपदाओं (भयंकर) के समय में ही नगरों से गाँवों की ओर अपेक्षाकृत अधिक लोग जाते हैं।
(8) अन्तःक्रिया की पद्धति (System of Social interaction)	(8) प्रति मनुष्य कम संख्या में सम्पर्क। उसके सदस्यों और पूरे समाज के लिये अन्तः क्रिया पद्धति का संकुचित क्षेत्र। प्राथमिक सम्पर्कों का अधिक महत्व। वैयक्तिक और अपेक्षाकृत अधिक स्थायी सम्बन्धों की प्रबलता। सम्बन्धों में तुलनात्मक सरलता और निष्कपटता। मनुष्य के साथ मानव प्राणी की तरह अन्तः क्रिया होती है।	(8) अधिक संख्या में सम्पर्क। प्रति मनुष्य और प्रति समूह अन्तः क्रिया पद्धति का अधिक विस्तृत क्षेत्र। माध्यमिक सम्पर्कों की प्रबलता। अवैयक्तिक, अवसर के अनुकूल और थोड़े समय तक रहने वाले सम्पर्कों की प्रबलता। अधिक जटिलता, अनेक रूपता, छिछलापन और सम्बन्धों का प्रतिमाणीकरण। मनुष्य के प्रति 'संख्या' या 'पता' (Address) की तरह अन्तः क्रिया होती है।

ग्रामीण तथा नगरीय समाज में अन्तर

ग्रामीण तथा नगरीय समुदायों में बहुत से भेद दिखाये पड़ते हैं । सबसे बड़ा भेद सामाजिक संगठनों में होता है । इनमें अग्रलिखित बातों में भेद दिखाई पड़ता है—

(1) सामाजिक संगठन में अन्तर

(1) परिवार–गाँवों और नगरों में परिवारों में निम्नलिखित अन्तर दिखलाई पड़ते हैं–(अ) गाँवों में परिवार नगरों की अपेक्षा अधिक शक्तिशाली होता है। नगरों में परिवार की अपेक्षा व्यक्ति को अधिक महत्त्व दिया जाता है । (ब) गाँवों में नगरों की अपेक्षा संयुक्त परिवार की व्यवस्था अधिक पाई जाती है । (स) गाँवों में नगरों की अपेक्षा परिवार में अधिक अनुशासन, घनिष्ठता और संगठन होता है। (द) नगरों में गाँवों की अपेक्षा परिवार के काम धीरे-धीरे कम होते जा रहे हैं ।

(2) विवाह–गाँव और नगर के समाजों में विवाह में निम्नलिखित भेद पाये जाते हैं–(1) नगरों में गाँवों की अपेक्षा प्रेम-विवाह की अधिकता होती है । (2) नगरों में गाँव की अपेक्षा तलाक अधिक होते हैं । (3) नगरों में गाँव की अपेक्षा जीवन साथी चुनने में अधिक स्वतन्त्रता होती है ।

(3) स्त्रियों की दशा–साधारणतया गाँवों में स्त्रियों में शिक्षा बहुत कम होती है और उनका सामाजिक स्तर भी नीचा होता है ।

(4) पड़ौस–गाँवों में नगरों की अपेक्षा पड़ौस का अधिक महत्त्व होता है और पड़ौसियों से बड़े घनिष्ठ सम्बन्ध होते हैं । नगरों में कभी-कभी पड़ौसी-पड़ौसी को पहचानता भी नहीं ।

(5) हम की भावना–ग्रामीण समुदाय में नगरीय समुदाय की अपेक्षा "हम की भावना" अधिक पाई जाती है । वहाँ व्यक्ति पर समुदाय का अनुशासन भी नगरों की अपेक्षा अधिक कठोर होता है ।

(6) वर्गों की विषमता–नगरों में गाँवों की अपेक्षा वर्गों की विषमता बहुत अधिक होती है और उनमें संघर्ष भी अधिक होते हैं । बोगार्ड्स के शब्दों में, "अत्यधिक वर्ग विषमतायें नगर का लक्षण है ।"[1]

(2) सामाजिक नियन्त्रणों में अन्तर

ग्रामीण और नगरीय समुदाय में सामाजिक नियन्त्रण में बड़ा भेद पाया जाता है । गाँव में सामाजिक नियन्त्रण के बारे में बीसन्ज और बीसन्ज लिखते हैं, "ग्रामीण समुदाय में प्रथा राजा है; रीति-रिवाज और रूढ़ियाँ अधिकतर व्यवहार पर नियन्त्रण करती हैं ।"[2] दूसरी ओर नगरीय लोगों पर समाज का नियन्त्रण बहुत कम होता है । नगरों की भीड़-भाड़ और जीवन की तीव्र गति में किसी को किसी की देखभाल करने का अधिक अवकाश नहीं होता । किंग्सले डेविस के शब्दों में, "वह (नगर निवासी) जब भी चाहे, अपरिचितों के सागर में विलीन होकर किसी भी प्राथमिक

---

1. "Class extremes characterize the city."
—Bogardus, *Sociology*, p. 144.
2. "In the rural community, custom is king; the folkways and mores control most of the behaviour." —Biesanz & Biesanz, *Modern Society*, p. 114.

समूह के कठोर, नियन्त्रण से बच सकता है ।"[1] परन्तु नगरों में गाँवों की अपेक्षा पुलिस, कानून, कचहरी इत्यादि का अधिक नियन्त्रण रहता है ।

(3) सामाजिक सम्बन्धों में अन्तर

गाँवों और नगरों के लोगों के सामाजिक सम्बन्धों में निम्नलिखित भेद देखे जा सकते हैं–

(1) गाँवों में नगरों की अपेक्षा सामाजिक सम्बन्ध अधिक वैयक्तिक होते हैं। गिस्ट और हालबर्ट के शब्दों में, "नगर...... वैयक्तिक सम्बन्धों की अपेक्षा निर्वैयक्तिक सम्बन्धों को अधिक प्रोत्साहन देता है ।"[2]

(2) गाँवों में मनुष्य का सम्बन्ध अधिकतर प्राथमिक समूहों, परिवार, बिरादरी आदि से रहता है । नगरों में उनका सम्बन्ध द्वैतीयक समूहों आदि से अधिक रहता है ।

(4) सामाजिक अन्तःक्रियाओं में अन्तर

ग्रामीण और नगरीय समुदाय में सामाजिक अन्तर्क्रियाओं में निम्नलिखित भेद पाये जाते हैं–

(1) गाँवों में नगरों की अपेक्षा सामाजिक सम्बन्ध बहुत कम होते हैं और जो कुछ होते हैं वे वैयक्तिक होते हैं । दूसरी ओर नगरों में सामाजिक सम्बन्धों की भरमार होती है जिनमें बहुत से अप्रत्यक्ष और निर्वैयक्तिक होते हैं ।

(2) गाँवों की अपेक्षा नगरों में अधिक श्रम-विभाजन और विशेषीकरण पाया जाता है । इस प्रकार नगरों में सामाजिक सहयोग का क्षेत्र भी गाँवों से कहीं अधिक बढ़ा हुआ होता है ।

(3) गाँवों की अपेक्षा नगरों में प्रतिस्पर्धा की प्रक्रिया कहीं अधिक तेज होती है ।

(4) गाँवों में संघर्ष अधिकतर प्रत्यक्ष और नगरों में अधिकतर अप्रत्यक्ष रूप से होता है ।

(5) गाँवों की अपेक्षा नगरों में सहिष्णुता अधिक होती है और इसलिये अनुकूलन (Accommodation) भी अधिक होता है ।

(6) सांस्कृतिक भिन्नता कम होने के कारण गाँवों में सात्मीकरण (Assimilation) की क्रिया बहुत मन्द होती है । नगरों में विभिन्न संस्कृतियों के लोग पाये जाते हैं, अतः वहाँ सात्मीकरण की प्रक्रिया भी तेज होती है ।

---

1. "He can escape the oppressive control of any primary group when he wishes, simply by disappearing into the sea of strangers."

—K. Davis, , *Human Society,* p. 331.

2. "The city... encourages impersonal rather than personal relationship."

—Gist and Helbert, *Urban Society,* p. 263.

(5) सामाजिक दृष्टिकोण में अन्तर

ग्रामीण और नगरीय समुदाय में सामाजिक दृष्टिकोण में निम्नलिखित भेद पाये जाते हैं–

(1) न्यूमेयर के अनुसार, "ग्रामीण संस्कृति रूढ़िवादिता की ओर झुकी रहती है ।"[1]

दूसरी ओर रॉस के शब्दों में, "नगर जगन्मित्र होता है जबकि गाँव राष्ट्रवादी और स्वदेशाभिमान होता है ।"[2] इस प्रकार नगर गाँव से अधिक प्रगतिशील है।

(2) नगरों में गाँवों की अपेक्षा राजनीति में अधिक दिलचस्पी होती है और अधिक सक्रिय भाग लिया जाता है ।

(3) गाँवों में नगरों की अपेक्षा धर्म और नीति के विचार का अधिक महत्व होता है । जहाँ गाँव वालों में धर्म श्रद्धा पर आधारित रहता है वहाँ नगर में वह बुद्धि पर अधिक निर्भर है ।

(4) गाँव वाले शहरियों की अपेक्षा अधिक भाग्यवादी होते हैं क्योंकि गाँव के लोगों पर प्राकृतिक शक्तियों का बड़ा प्रभाव पड़ता है और शहरी लोगों को विज्ञान की सहायता से प्राकृतिक विपदाओं और कष्टों का सामना कम करना पड़ता है ।

(5) नगरों में गाँवों की अपेक्षा अधिक कृत्रिमता है । बोगार्ड्स ने लिखा है कि, "गाँव के लोग स्पष्ट बोलने वाले, निष्कपट और सत्यनिष्ठ होते हैं, वे नगरीय जीवन के बहुत से पक्षों की कृत्रिमता से घृणा करते हैं ।"[3]

(6) शहरों में गाँवों की अपेक्षा सामाजिक विघटन अधिक है ।

(6) सामाजिक गतिशीलता और स्थायित्व में भेद

सोरोकिन और जिमरमैन ने लिखा है, "ग्रामीण समुदाय एक घड़े में शान्त जल के समान है और शहरी समुदाय केतली के उबलते हुए पानी के समान ...... स्थायित्व का एक विशेष लक्षण है, गतिशीलता दूसरे का गुण है ।"[4] इस तरह नगर गाँवों की अपेक्षा अधिक गतिशील है ।

---

1. "Rural culture tends to be conservative." —Newmeyer, M. H., *Social Problems and the Changing Society,* D. Van Nostrand Co. Ins. New York. p. 63.
2. "The city is cosmopolitan, whereas the country is nationalistic and patriotic." —Ross, E.A., *Principles of Sociology,* p. 77.
3. "Rural people are frank, open and genuine; they scorn the artificiality of many phases of city life." —Bogardus, *Sociology,* p. 133.
4. "The rural community is similar to calm water in a pail and the urban community to boiling water in a kettle.... stability is the typical trait for the one; mobility is the typical for the other." —Sorokin and Zimmerman, *Principles of Rural-Urban Sociology,* Henry Holt & Co., New York (1929), p. 44.

(7) आर्थिक जीवन में भेद

गाँव और शहर के आर्थिक जीवन में बड़ा भेद है । इस बारे में मुख्य भेद निम्नलिखित हैं–

(1) सिम्स ने लिखा है कि, "जीविकोपार्जन की दो मौलिक रूप से भिन्न रीतियों ने ग्रामीण और नगरीय संसार को अलग कर दिया है ।"[1] गाँव में मुख्य व्यवसाय खेती है। नगर में मुख्य व्यवसाय उद्योग हैं ।

(2) रुपया कमाने के साधनों के सीमित होने के कारण गाँव में जीवन का स्तर नगरों की अपेक्षा नीचा होता है । धनोपार्जन के साथ-साथ शहरी लोग गाँव वालों से अधिक खर्चीले होते हैं । रॉस के शब्दों में, "ग्रामीण जीवन सुझाव देता है "बचाओ !" नगरीय जीवन सुझाव देता है "खर्च करो ।"[2] इसके साथ ही गाँव वालों को खर्च के अवसर भी कम आते हैं जबकि शहर में उपभोग की इतनी अधिक चीजें हैं कि कितना भी पैसा हो कम पड़ता है ।

(8) सांस्कृतिक जीवन में भेद

गाँव और शहर के सांस्कृतिक जीवन में निम्नलिखित भेद दिखाई पड़ते हैं–

(1) नगरों की अपेक्षा गाँवों की संस्कृति अधिक स्थिर है । नजमुल करीम ने भारत के गावों के बारे में लिखा है, "एक राजवंश के बाद दूसरा राजवंश खत्म होता गया, क्रान्ति के बाद क्रान्ति होती गयी...... परन्तु ग्रामीण समुदाय वैसे के वैसे ही हैं ।"[3]

(2) गाँवों में संस्कृति का आधार जाति और पवित्रता होती है । शहरों में संस्कृति का आधार धर्म निरपेक्ष (Secular) है ।

(3) ग्रामीण संस्कृति में परम्पराओं का बड़ा भारी महत्त्व है । नगरीय संस्कृति में परम्पराओं का महत्त्व बहुत कम है ।

शहरी और देहाती जीवन का अन्तर आगे दी गई सारणी से और भी स्पष्ट हो जायेगा।

---

1. "Two fundamentally different modes of getting a living set the rural and urban worlds apart."

   —Sims, N.L., *Elements of Rural Sociology,* p. 649.

2. "Country life, then suggests 'save'! city life suggests `spend'!"

   —Ross, E.A., *Principles of Sociology,* p. 76.

3. "Dynasty after dynasty tumbles down; revolution succeeds revolution... but the village communities remain the same."

   —Nazmul Karim, A. K., *Changing Society in India and Pakistan,* Oxford University Press, Dacca (1956), p. 8.

सारणी—भारत में ग्रामीण और शहरी साक्षरता दर का तुलनात्मक अध्ययन

राज्य/कुल केन्द्रशासित प्रदेश	शहरी ग्रामीण	साक्षरता दर (%) व्यक्ति	पुरुष	स्त्री
1	2	3	4	5
राज्य				
1. आन्ध्र प्रदेश	कुल	44.09	55.13	32.72
	ग्रामीण	35.74	47.28	23.92
	शहरी	66.35	75.87	56.41
2. अरुणाचल प्रदेश	कुल	41.59	51.45	29.69
	ग्रामीण	37.02	47.00	25.31
	शहरी	71.59	77.99	62.23
3. असम	कुल	52.89	61.87	43.03
	ग्रामीण	49.32	58.66	39.19
	शहरी	79.39	84.37	73.32
4. बिहार	कुल	38.48	52.49	22.89
	ग्रामीण	33.83	48.31	17.95
	शहरी	67.89	77.72	55.94
5. गोवा	कुल	75.51	83.64	67.09
	ग्रामीण	72.31	81.71	62.87
	शहरी	80.10	86.33	73.38
6. गुजरात	कुल	61.29	73.13	48.64
	ग्रामीण	53.09	66.84	38.65
	शहरी	76.54	84.56	67.70
7. हरियाणा	कुल	55.85	69.10	40.47
	ग्रामीण	49.85	64.78	32.51
	शहरी	73.66	81.96	64.06
8. हिमाचल प्रदेश	कुल	63.86	75.36	52.13
	ग्रामीण	61.86	73.89	49.79
	शहरी	84.17	88.97	78.32
9. कनार्टक	कुल	56.04	67.26	44.34
	ग्रामीण	47.69	60.30	34.76
	शहरी	74.20	82.04	65.74
10. केरल	कुल	89.81	93.62	86.17
	ग्रामीण	88.92	92.91	85.12
	शहरी	92.25	95.58	89.06

1	2	3	4	5
11. मध्य प्रदेश	कुल	44.20	58.42	28.85
	ग्रामीण	35.87	51.04	19.73
	शहरी	70.81	81.32	58.92
12. महाराष्ट्र	कुल	64.87	76.56	52.32
	ग्रामीण	55.52	69.74	40.96
	शहरी	79.20	86.41	70.87
13. मणिपुर	कुल	59.89	71.63	47.60
	ग्रामीण	55.79	67.64	43.26
	शहरी	70.53	82.11	58.67
14. मेघालय	कुल	49.10	53.12	44.85
	ग्रामीण	41.05	44.83	37.12
	शहरी	81.74	85.72	77.32
15. मिजोरम	कुल	82.27	85.61	78.60
	ग्रामीण	72.47	77.36	67.03
	शहरी	93.45	95.15	91.61
16. नागालैण्ड	कुल	61.65	67.62	54.75
	ग्रामीण.	57.23	63.42	50.36
	शहरी	83.10	85.94	79.10
17. उड़ीसा	कुल	49.09	63.09	34.68
	ग्रामीण	45.46	60.00	30.79
	शहरी	71.99	81.21	61.18
18. पंजाब	कुल	58.51	65.66	50.41
	ग्रामीण	52.77	60.71	43.85
	शहरी	72.08	77.26	66.12
19. राजस्थान	कुल	38.55	54.99	20.44
	ग्रामीण	30.37	47.64	11.59
	शहरी	65.33	78.50	50.24
20. सिक्किम	कुल	56.94	65.74	44.69
	ग्रामीण	54.38	63.49	43.98
	शहरी	80.89	85.19	74.94
21. तमिलनाडु	कुल	62.66	73.75	51.33
	ग्रामीण	54.59	67.18	41.84
	शहरी	77.99	86.06	69.61

1	2	3	4	5
22. त्रिपुरा	कुल	60.44	70.58	49.65
	ग्रामीण	56.08	67.07	44.33
	शहरी	83.09	89.00	76.93
23. उत्तर प्रदेश	कुल	41.60	55.73	25.31
	ग्रामीण	36.66	52.05	19.02
	शहरी	61.00	69.98	50.38
24. पश्चिम बंगाल	कुल	57.70	67.81	46.56
	ग्रामीण	50.50	62.05	38.12
	शहरी	75.27	81.19	68.25
केन्द्रशासित प्रदेश				
1. अण्डमान निकोबार द्वीपसमूह	कुल	73.02	78.99	65.46
	ग्रामीण	69.73	75.99	61.99
	शहरी	81.69	86.59	75.08
2. चण्डीगढ़	कुल	77.81	82.04	72.34
	ग्रामीण	59.12	65.67	47.83
	शहरी	79.87	84.09	74.57
3. दादरा और नागर हवेली	कुल	40.71	53.56	26.98
	ग्रामीण	37.00	50.04	23.30
	शहरी	78.44	86.35	68.42
4. दमन व दीव	कुल	71.20	82.66	59.40
	ग्रामीण	61.55	75.23	46.70
	शहरी	81.61	91.14	72.35
5. दिल्ली	कुल	75.29	82.01	66.99
	ग्रामीण	66.90	78.46	52.15
	शहरी	76.18	82.39	68.54
6. लक्षद्वीप	कुल	81.78	90.18	72.89
	ग्रामीण	78.89	88.66	68.72
	शहरी	83.99	91.31	76.11
7. पांडिचेरी	कुल	74.74	83.68	65.63
	ग्रामीण	65.36	76.44	53.96
	शहरी	79.88	87.70	71.98

स्रोत : *भारत की जनगणना 1991, सिरीज–1 1991 का पत्र 2 कुल जनसंख्या अंतिम।*

ग्रामीण समाजों पर नगरीय प्रभाव

परन्तु नगरीय और ग्रामीण समुदायों का उपरोक्त अन्तर उन्हीं ग्रामीण समुदायों में देखा जा सकता है जो नगर से बहुत दूर हों और जिन पर नगरों का प्रभाव न पड़ा हो । भारतवर्ष में कलकत्ता, बम्बई, दिल्ली आदि बड़े-बड़े नगरों के निकट के ग्रामीण समाजों पर नगरीय जीवन का स्पष्ट प्रभाव देखा जा सकता है । यह प्रभाव सामाजिक संगठन, पारिवारिक संगठन, खान-पान, रहन-सहन, वेष-भूषा, तौर-तरीके, प्रसाधन की सामग्रियों आदि से लेकर धर्म-कर्म, विश्वासों आदि तक पर देखा जा सकता है । इस प्रभाव के विवेचन से यह ज्ञात होगा कि आजकल ग्रामीण जीवन की कौन-सी विशेषतायें नष्ट होती जा रही हैं ।

(1) सामाजिक जीवन में परिवर्तन—गाँवों के सामाजिक जीवन पर नगर का सबसे अधिक प्रभाव जाति-व्यवस्था पर पड़ा है । जाति और व्यवसाय का सम्बन्ध अब अनिवार्य नहीं रहा । लोग जातिगत व्यवसायों को छोड़कर रुचि तथा लाभ के अनुसार नये-नये व्यवसाय अपनाते जा रहे हैं। दुकानदारों में सभी जाति के लोग देखे जा सकते हैं। दूध-दही आदि का व्यवसाय केवल ग्वाले ही नहीं करते। अनाज आदि के व्यापार पर केवल बनियों का ही अधिकार नहीं है । ब्राह्मण सभी प्रकार के व्यवसाय करते देखे जा सकते हैं । छूआछूत के पुराने विचार टूटते जा रहे हैं । अन्तर्जातीय विवाह अब भी गाँवों में अपवाद ही हैं परन्तु विभिन्न जातियों में, कम से कम ब्राह्मण, क्षत्रिय और वैश्य जातियों में आपस में खानपान, उठने-बैठने के सम्बन्ध में बन्धन बहुत कम रह गये हैं, बसों, ताँगों, रेलों, आदि के कारण छूआछूत के नियम बहुत ढीले पड़ गये हैं । अछूत लोग सब प्रकार के अधिकारों की मांग कर रहे हैं और कानूनी रूप से उनके ये अधिकार मिल भी चुके हैं परन्तु गाँव में अब भी लोग उन्हें सब प्रकार के समान अधिकार देने को तैयार नहीं हुए हैं ।

(2) पंचायतों के प्रभाव में कमी—गाँव के सामाजिक जीवन पर शहर का दूसरा प्रभाव पंचायतों के प्रभाव पर दिखाई पड़ता है । गाँव में जाति बिरादरी की पंचायतों का प्रभाव धीरे-धीरे खत्म हो रहा है क्योंकि उनके दण्ड को कोई नहीं मानता और न लोग हुक्का-पानी बन्द होने की बात से डरते हैं । फिर भी गाँव में लोगों के आचार-विचार पर अब भी समाज का और परिवार का पर्याप्त नियन्त्रण है । ग्राम पंचायतों का रूप भी बदल गया है । नगर के प्रभाव से अब उनकी उपेक्षा होने लगी है ।

(3) पारिवारिक संगठन में परिवर्तन—ग्रामीण जीवन में नगर का प्रभाव परिवार के संगठन पर बहुत अधिक पड़ा है । पहले गाँव में परिवार बड़ी संगठित अवस्था में होते थे। बड़े-बूढों की आज्ञा वेद वाक्य मानी जाती थी । सगाई-विवाह आदि का वे ही प्रबन्ध करते थे। युवक-युवतियों के आचरण पर परिवार का बड़ा

नियन्त्रण रहता था । हर एक बात में परिवार की इज्जत का ध्यान रखा जाता था। अधिकतर संयुक्त परिवार की प्रथा थी जिसमें चाचा-ताऊ, भाई-भतीजे, ननद-देवरानियाँ, सास-बहू आदि बड़े सहयोग से रहते थे। अब गाँवों में संयुक्त परिवार की प्रथा उठती जा रही है । परिवार छोटे होते जा रहे हैं और उनमें विघटन के चिन्ह स्पष्ट दिखाई पड़ने लगे हैं । गाँव से नगर में पढ़ने आने वाले नौजवान सिनेमा तथा शहर के भड़कीले जीवन के प्रभाव से बनाव-शृंगार सीख जाते हैं और उनके नैतिक स्तर गिर जाते हैं । नगर से गाँव में वापिस आकर अब वे बड़े-बूढों को "सठियाया हुआ और दकियानूसी" समझते हैं और उनके नियन्त्रण को नहीं सहन करना चाहते । सगाई-विवाह आदि में नहीं बल्कि अपने आचार-विचार में भी वे बड़े-बूढ़ों का नियन्त्रण अनुचित समझते हैं । गाँव में नगर की सुविधाओं और आराम के साधन बिजली, सिनेमा, रेडियो, अखबार, पार्क, क्लब, होटल, पुस्तकालय, वाचनालय, डाकखाने, कालेज आदि के अभाव के कारण गाँव के शिक्षित नौजवान गाँव के जीवन से घृणा करने लगते हैं और गाँव में खेती करने की जगह पर शहर में क्लर्की या मजदूरी करना अच्छा समझते हैं । इससे परिवार का संगठन बिखरता जा रहा है । नगर के प्रभाव से ग्रामीण परिवारों की शक्ति नष्ट हो गयी है, संगठन टूट गया है और नैतिकता का स्तर गिर गया है, खर्चे बढ़ गये हैं, बनावट आने लगी है, स्वार्थ, व्यक्तित्ववाद, बुद्धिवाद, भौतिकता, नास्तिकवाद आदि घर करते जा रहे हैं ।

(4) यातायात तथा व्यवसायों में अन्तर– शहर के प्रभाव से गाँव के यातायात के साधनों में बड़ा अन्तर हो गया है । पहले लोग बीसों मील का सफर पैदल ही तय करते थे। अब घण्टों बस का इन्तजार करके भी पैदल चलना नहीं पसन्द करते । साइकिलों और मोटर साइकिलों का रिवाज बड़ी तेजी से बढ़ रहा है । जमींदार और धनी व्यापारी मोटरों का भी प्रयोग करने लगे हैं । सड़कों की मरम्मत होने लगी है । रेलों के सफर का रिवाज बढ़ता जा रहा है । यातायात के साधनों में परिवर्तन के साथ-साथ गाँव में नये-नये व्यवसाय बढ़ रहे हैं । आटा पीसने की चक्कियाँ, तेल, दाल, चावल निकालने और कपास ओटने की मशीनें, कपड़ा बुनने की मशीनें आदि दिखाई पड़ने लगी हैं । खेती के नये-नये औजारों के प्रचार से उनकी मरम्मत करने का काम गाँव में ही होने लगा । गाँव के लुहार, नाई, सुनार, बढ़ई आदि पुराने औजारों को छोड़कर अब नये औजारों का प्रयोग करने लगे हैं । खेती में नित्य नये औजारों का प्रयोग बढ़ाता जा रहा है ।

(5) मनोरंजन के साधन तथा अन्य सुविधायें– शहर के प्रभाव से गाँव में मनोरंजन के साधन बढ़ते जा रहे हैं । रेडियो तथा ग्रामोफोन दिखाई पड़ने लगे हैं । गाँव के स्कूलों में वॉलीबाल, फुटबाल आदि खेले जाते हैं । ताश, चौपड़, शतरंज आदि गाँवों में खूब खेले जाते हैं । मनोरंजन के साधनों के अलावा शहर के प्रभाव से गाँव में जीवन की अन्य सविधायें भी बढ़ती जा रही हैं । अब हर बड़े

गाँव में छोटा-मोटा डाक्टर देखा जा सकता है । गाँव में बिजली की सुविधा भी पहुँचने लगी है । गाँव-गाँव में स्कूल खुलने लगे हैं । गाँव के मेले में शहर के सिनेमा, थियेटर आदि पहुँचने लगे हैं । शहर के निकट के गाँवों में अखबार भी पहुँचते हैं और लोग बहुधा शहर जाकर सिनेमा आदि का आनन्द ले आते हैं और जरूरत की चीजें खरीद लाते हैं ।

(6) **रहन-सहन आदि में परिवर्तन**– शहर का ग्रामीण लोगों के रहन-सहन वेषभूषा, खान-पान, आदि पर बड़ा प्रभाव पड़ता है । गाँव के नौजवान कालर वाली कमीज, बुशर्ट, कोट, पेंट, जूता आदि का प्रयोग करने लगे हैं । स्त्रियाँ रंग-बिरंगी साड़ियाँ और ऊँचे ब्लाउज पहनने लगी हैं । बच्चों को भी फ्रॉक, जाँघिये आदि शहरी ढंग के कपड़े पहनाये जाने लगे हैं । शीशे, अल्युमिनियम तथा चीनी मिट्टी के बर्तनों का गाँव में भी प्रयोग होने लगा है । शहर के प्रभाव से गाँव में चाय, पान, तम्बाकू, वनस्पति घी, बीड़ी-सिगरेट आदि का खूब प्रचार हो गया है । घड़ियों, धूप के चश्मों, फाउन्टेन पैनों, टार्चों तथा सेफ्टीरेजरों और प्रसाधन की सामग्रियों का गाँव में धड़ल्ले से प्रयोग होने लगा है ।

अभ्यास के लिए प्रश्न

1. आप सोरोकिन तथा जिमरमैन के नगरीयता तथा ग्रामीणता के अन्तर स्पष्ट करने वाले चरों की प्रामाणिकता का आलोचनात्मक परीक्षण कीजिये।
2. भारत में ग्रामीण जीवन पर नगरीकरण के प्रभाव की विवेचना कीजिये।
3. संक्षिप्त टिप्पणी लिखिये–

   (अ) ग्रामीण तथा नगरीय व्यक्तित्व

   (ब) नगरीय तथा ग्रामीण स्तरीकरण

   (स) नगरीय तथा ग्रामीण नियोजन

3

नगर के सामाजिक प्रभाव

(Social Effects of the City)

संसार के लगभग सभी देशों में औद्योगीकरण के कारण नगरों की जनसंख्या बराबर बढ़ती जा रही है। जनसंख्या के बढ़ने से नगरों में अत्यधिक भीड़-भाड़ की समस्यायें उत्पन्न हुई हैं। औद्योगीकरण से भी अनेक समस्यायें उत्पन्न हुई हैं। मशीनीकरण की समस्यायें अलग हैं। इन सबसे नगरीय समाज में तेजी से परिवर्तन हो रहा है। नगर के मुख्य सामाजिक प्रभाव निम्नलिखित हैं—

(1) **सामाजिक भावना का ह्रास**—देश में नगरीय जनसंख्या बढ़ने का सबसे पहला सामाजिक परिणाम सामाजिक भावना का उत्तरोत्तर ह्रास है। गाँव में सामाजिक भावना नगर से अधिक रहती है। अत: ग्रामीण जनसंख्या की कमी और नगरीय जनसंख्या की वृद्धि से सामुदायिक भावना (Community Sentiment) का ह्रास स्वाभाविक है। नगरों में हर एक व्यक्ति अपने या अपने साथियों के स्वार्थों की ही चिन्ता करता है, वह समुदाय की परवाह नहीं करता।

(2) **सामाजिक नियन्त्रण में कमी**—सामुदायिक भावना के ह्रास से देश में सामाजिक नियन्त्रण बराबर घटता जा रहा है। ज्यों-ज्यों नगरीय जनसंख्या बढ़ती है त्यों-त्यों जातीय तथा सामाजिक संगठनों की नियन्त्रण शक्ति घटती जाती है। नगरों की देखा-देखी गाँव में भी जातीय पंचायतों का नियन्त्रण समाप्त हो रहा है। इससे व्यवहार में उच्छृंखलता बढ़ रही है।

(3) **पारिवारिक नियन्त्रण में कमी**—नगरीय जनसंख्या की वृद्धि के साथ-साथ नगरों में पारिवारिक नियन्त्रण में भी बराबर कमी आई है। नगरों में जहाँ पर स्त्री-पुरुष दोनों काम पर जाते हैं, वहाँ पर बालकों पर कोई नियन्त्रण नहीं हो पाता। लाखों मजदूर शहरों में अपने परिवार के बिना अकेले रहते हैं जिससे धीरे-धीरे उन पर से परिवार का नियन्त्रण समाप्त हो जाता है। गाँव में पहुँच कर वहाँ भी वे परिवार के नियन्त्रण को नहीं मानते तथा उनकी देखा-देखी अन्य लोग

भी वैसा ही करने लगते हैं। सिनेमा, आधुनिक शिक्षा, फैशनपरस्ती, शहरों का भड़कीला वातावरण और स्त्री-पुरुषों के सम्बन्धों में परिवर्तन आदि कारक नगरों में पारिवारिक नियन्त्रण को कम कर रहे हैं और गाँव में भी उसका प्रभाव पड़ रहा है।

(4) **धर्म के प्रभाव में कमी**–नगरों की संख्या बढ़ने से समाज में धर्म का प्रभाव भी कम होता जाता है। नगरों में भौतिकवाद का बोलबाला होता है। अतः नास्तिकता को बल मिलता है। नगरों के प्रभाव में आने वाले ग्रामीण समुदायों में भी क्रमशः धर्म का प्रभाव कम होता जा रहा है!

(5) **स्त्रियों की दशा में परिवर्तन**–नगरों में स्त्रियों की दशा में भी परिवर्तन हुआ है। उनको आर्थिक स्वन्तन्त्रता मिल रही है, उनमें शिक्षा का प्रचार बढ़ रहा है। उनमें अपने अधिकारों के प्रति जागृति बढ़ रही है, परन्तु साथ-ही-साथ उच्छृंखलता, अनुचित यौन-सम्बन्ध, तलाक, विवाह-पूर्व तथा विवाह से बाहर यौन-सम्बन्ध, फैशन, भोगवाद आदि भी बढ़ रहे हैं।

(6) **विवाह की संस्था में परिवर्तन**–नगरों की जनसंख्या की वृद्धि से विवाह की संस्था में भी कुछ परिवर्तन हुए हैं। क्रमशः विवाहों में जीवन-साथी चुनने में युवक-युवतियों की इच्छाओं का ख्याल रखा जाने लगा है। प्रेम-विवाहों (Love Marriages) की और साथ ही तलाकों की संख्या भी बढ़ रही है।

(7) **परिवार की संस्था में परिवर्तन**–नगरीकरण ने परिवार की शक्ल ही बदल दी हैं। संयुक्त परिवार कम होते जा रहे हैं। परिवार छोटे होते जा रहे हैं। परिवार नियोजन बढ़ता जा रहा है। परिवार के बहुत से काम अन्य संस्थायें ले रही हैं। अतः परिवार का विघटन हो रहा है।

(8) **जनसंख्या में पुरुषों की अधिकता**–अधिकतर नगरों की जनसंख्या में स्त्रियों की संख्या से पुरुषों की संख्या अत्यधिक बढ़ गई है। इसका कारण यह है कि नगरों में मकानों की अत्यधिक कमी होने के कारण लाखों मजदूर तथा अन्य नौकरी पेशा लोग शहरों में अकेले रहने को बाध्य होते हैं। पुरुषों की अधिकता और स्त्रियों की कमी से व्यभिचार और वेश्यागमन के साथ-साथ विभिन्न प्रकार के अपराधों को भी प्रोत्साहन मिलता है।

(9) **व्यापारिक मनोरंजन**–नगरों में व्यापारिक मनोरंजन का खूब विस्तार हुआ है। नगरों में सिनेमा धनी-निर्धन सभी की जेबें खाली कर रहा है। वेश्यायें और नाचने वालियाँ दोनों हाथों से लूटती हैं।

(10) **निवास स्थान की कमी**– नगरों में निवास-स्थान की भयंकर कमी दिखलाई पड़ती है। जिस नगर में जितना ही औद्योगिक विकास होता है उनमें निवास स्थान की उतनी ही अधिक कमी दिखलाई पड़ती है। बम्बई, कलकत्ता, दिल्ली जैसे नगरों में हजारों लाखों परिवार एक-एक कमरे में रहने को मजबूर होते हैं जिससे

विवाहित सदस्यों को निजत्व की कमी रहती है और अविवाहित सदस्यों पर उनके व्यवहार का बुरा प्रभाव पड़ता है तथा वे यौन-अपराधों की ओर प्रवृत्त होते हैं। मकानों की इस कमी से नाना प्रकार के रोग फैलते हैं और स्वास्थ्य का स्तर गिरता है।

(11) **गन्दी बस्तियों का विकास**– आवासों की अत्यधिक कमी होने से बड़े-बड़े नगरों में गन्दी बस्तियों (Slums) का विकास हुआ है। इनमें श्रमिक और गरीब लोग रहते हैं। इन गन्दी बस्तियों में रहने वालों का स्वास्थ्य बिगड़ता है, नैतिक चरित्र गिरता है और अपराधी प्रवृत्ति बढ़ती है। कानपुर के 'अहाते', दिल्ली की 'झुग्गियाँ', बम्बई की 'चाल' और मद्रास की 'चेरी' भारतीय सभ्यता पर कलंक हैं। इन गन्दे घरों में न हवा का, न पानी या रोशनी का प्रबन्ध होता है। घर के एक मात्र दरवाजे पर पड़ा टाट का गन्दा पर्दा इन बस्तियों की कहानी का सजीव विज्ञापन है। एक ओर शहर के मिल मालिक और पूँजीपतियों के रहने की विशाल अट्टालिकायें और दूसरी ओर मजदूरों के ये स्लम देश के "समाजवादी आदर्शों" और "जनतन्त्रीय सिद्धान्तों" के खोखलेपन पर अट्टहास करते हैं। इसी कारण देश के सभी विचारकों और नेताओं ने इन स्लमों के सुधार के लिए आवाज उठाई है। "इन्हें जला दो, ये मनुष्य के अधिकतम अन्त:पतन की परिचायक हैं। इस अवस्था के लिये जिम्मेदार व्यक्तियों को फाँसी दी जानी चाहिए।" पं० जवाहरलाल नेहरू के ये रोषपूर्ण शब्द प्रत्येक सहृदय व्यक्ति की भावनाओं की पुकार हैं। डॉ० राधाकमल मुकर्जी ने ठीक ही लिखा है, "भारत के औद्योगिक केन्द्रों की हजारों गन्दी बस्तियों में पुरुषत्व का निश्चय ही पाश्वीकरण किया जाता है, स्त्रियों को अपमानित किया जाता है और बचपन को उसके उद्‌गम में ही विष दे दिया जाता है।"[1]

(12) नैतिक मूल्यों में परिवर्तन—नगरों ने नर-नारियों के नैतिक मूल्यों में परिवर्तन कर दिया है। औद्योगीकरण का आवश्यक परिणाम मशीनीकरण है और मशीनीकरण व्यक्ति के जीवन को यन्त्रवत् बना रहा है तथा उसकी स्वाभाविक स्वतन्त्रता और विधायकता को नष्ट करता जा रहा है। औद्योगीकरण ने एक ऐसी सभ्यता का निर्माण किया है जिसमें सभी स्त्री-पुरुष मशीन के पुर्जे हैं, सभी साधन हैं, सभी अपनी परिस्थितियों से बाध्य हैं। कारखानों और ऑफिसों में स्त्री-पुरुष सभी के कार्य करने से यौन सम्बन्धों के प्रति नैतिक दृष्टिकोण में अन्तर आता जा रहा है। औद्योगीकरण से स्त्रियों को भी काम मिलने के कारण अब वे पुरुष से समानता अनुभव करने लगीं हैं। नये आविष्कारों से स्त्रियों को घर के कामों में बड़ी सुविधा हुई है जिससे उनके जीवन के मूल्यों में भारी परिवर्तन हुआ है। भौतिकवाद और भोगवाद बढ़ रहा है।

---

1. "In the thousand slums of India's Industrial centres manhood is, unquestionably brutalized, women dishonoured and childhood poisoned at its very source."
—R. K. Mukerjee

(13) संयुक्त परिवार का विघटन—नगरों में संयुक्त परिवारों का बराबर विघटन होता जा रहा है और अधिकतर परिवार वैयक्तिक परिवार हो गये हैं। गाँवों से लोग आजीविका की तलाश में शहर में आने लगे हैं और शहरों में बड़े परिवारों का साथ रहना सम्भव नहीं है। इस प्रकार संयुक्त परिवार सब कहीं टूटने लगे हैं।

(14) दुर्व्यसनों में वृद्धि—नगरों में अनेक प्रकार के दुर्व्यसन पाये जाते हैं। कारखानों और ऑफिसों में काम करने की दशायें स्वास्थ्यप्रद न होने के कारण, शोषण और यन्त्रवत् जीवन के कारण तथा नगरों में शराब, जुआ, वेश्या आदि सुलभ होने के कारण दुर्व्यसन बढ़ रहे हैं।

(15) अपराधों में वृद्धि—दुर्व्यसनों की वृद्धि के साथ-साथ नगर में अपराधों की संख्या बढ़ी है। इसमें सिनेमा, नगरों का उत्तेजक वातावरण, शोषण, निराशा, गरीबी, वर्गवाद, सामाजिक नियन्त्रण और पारिवारिक नियन्त्रण का अभाव, मूल्यों में परिवर्तन आदि कितने ही कारण जिम्मेदार हैं।

(16) किशोरापराध में वृद्धि—नगरों में किशोरापराध में वृद्धि हुई है। बहुत से बालक-बालिकायें कारखानों में काम करते हैं जिससे उनकी शिक्षा नहीं हो पाती और उनको भ्रष्ट होने के अवसर अधिक मिलते हैं। अतः वे सहज ही अपराधों की ओर बढ़ जाते हैं। जिन परिवारों में स्त्री-पुरुष दोनों काम पर जाते हैं वहाँ बालकों में परिवार का नियन्त्रण नहीं रहता जिससे वे अपराध में लग जाते हैं। इसके अलावा सिनेमा आदि भी किशारोपराध को बढ़ाते हैं।

(17) भ्रष्टाचार, संघर्ष, प्रतिस्पर्द्धा—नगरों में आर्थिक क्षेत्र में गलाकाट प्रतियोगिता होने लगी है। व्यापारियों और व्यापारियों में ही नहीं, बल्कि मिल मालिकों और मालिकों तथा मिल मालिकों और मजदूरों में भी संघर्ष बढ़ता जाता हैं। अत्यधिक संघर्ष से फिर गलत साधन अपनाये जाते हैं और भ्रष्टाचार फैलता है। चोर बाजारी औद्योगीकरण का अभिशाप है।

नगरों में उपरोक्त सामाजिक प्रभाव न्यूनाधिक सभी देशों में देखे जा सकते हैं। इनमें कुछ वांछनीय हैं और कुछ अवांछनीय हैं। अवांछनीय प्रभावों की रोक-थाम के लिये प्रगतिशील देशों में नगर नियोजन की ओर ध्यान दिया जा रहा है।

पृष्ठदेश पर नगर का प्रभाव
(City's Influence on Hinterland)

पृष्ठदेश क्या है?

पृष्ठदेश, जैसा कि उसके नाम से स्पष्ट है, उस प्रदेश को कहते हैं जो किसी की पृष्ठभूमि में होता है। इस प्रकार प्रत्येक बड़े नगर का एक पृष्ठदेश होता है जिसका उस नगर से आर्थिक तथा अन्य प्रकार का सम्बन्ध होता है। उदाहरण के

लिये कलकत्ता नगर से लगा हुआ बंगाल का पचासों वर्ग मील ऐसा प्रदेश है जिसकी उपज कलकत्ता नगर में बिकती है, जिसके निवासी अपनी आवश्यकता की चीजें लेने के लिये कलकत्ता आते हैं तथा अन्य प्रकार से कलकत्ता नगर पर निर्भर हैं। यह प्रदेश कलकत्ता नगर का पृष्ठदेश कहा जायेगा। बन्दरगाहों के आस-पास जिन प्रदेशों का माल उनसे बाहर जाता है वे उसके पृष्ठदेश में कहे जाते हैं। इसी प्रकार बड़ी-बड़ी मण्डियों के आस-पास लगे सैंकड़ों गाँवों का माल मण्डी में आता है और किसान वहाँ से अपनी जरूरत की चीजें खरीद कर ले जाते हैं। ये गाँव उन मण्डियों के पृष्ठदेश में कहे जाते हैं।

आर्थिक क्षेत्र में प्रभाव

पृष्ठदेश की उपरोक्त व्याख्या से स्पष्ट है कि किसी नगर के पृष्ठदेश के आर्थिक जीवन और आर्थिक क्रियाओं पर उसका बहुत अधिक प्रभाव पड़ता है। पृष्ठदेश की अधिकतर उपज नगर में बिकने को आती है। पृष्ठदेश के लोग रोजाना के जीवन की सैंकड़ों वस्तुयें नगर से खरीद कर ले जाते हैं। जिन चीजों की नगर में माँग नहीं रहती, पृष्ठदेश में उनका बनना बन्द हो जाता है। पृष्ठदेश से हजारों मजदूर नगर में मजदूरी के लिये आते हैं। पृष्ठदेश से सैंकड़ों नवयुवक नगर में नौकरी के लिये आते हैं। बन्दरगाहों के पृष्ठदेश का सारा माल उन्हीं से बाहर भेजा जाता है। रेलवे स्टेशनों के पृष्ठदेश का माल भी उन्हीं से बाहर जाता है। पृष्ठदेश से नगर में कच्चा माल आता है जिससे नगर में तैयार माल बनाया जाता है।

सामाजिक क्षेत्र में प्रभाव

परन्तु पृष्ठदेश पर नगर का आर्थिक प्रभाव ही पड़ता हो, ऐसी बात नहीं है। सामाजिक क्षेत्र में भी पृष्ठदेश पर नगर का प्रभाव पड़ता है। बड़े-बड़े औद्योगिक नगरों में पृष्ठदेश से हजारों नौजवान मजदूरी तथा अन्य काम करने आते हैं। इससे पृष्ठदेश में संयुक्त परिवारों का विघटन होता है। ये पुरुष यदि नगरों में अकेले रहते हैं तो उनके नैतिक जीवन पर बुरा प्रभाव पड़ता है। इससे वे पृष्ठदेश के अपने गाँवों में जाकर वहाँ के लोगों के नैतिक जीवन को भी प्रभावित करते हैं। नगर में आकर उनके मूल्य बदलते हैं। वे जब अपने गाँवों को वापस जाते हैं तब उनकी देखा-देखी उनके गाँवों के लोगों के मूल्य भी बदलते हैं। रहन-सहन, बनाव श्रृंगार, तौर-तरीके, वेशभूषा आदि अनेक बातों में नगर का फैशन पृष्ठदेश के लोगों को प्रभावित करता है। नगर के सामाजिक क्षेत्र में अनेक परिवर्तन पृष्ठदेश में लोगों के सामाजिक क्षेत्र में भी उसी प्रकार के परिवर्तन उत्पन्न करते हैं। स्त्री-पुरुष के सम्बन्धों पर भी नगर का प्रभाव पड़ता है। पृष्ठदेश के गाँवों के लोग समय-समय पर नगर में जाकर सिनेमा आदि देख आते हैं। अतः उनके जीवन पर सोचने-विचारने के ढंगों तथा मूल्यों और आदर्शों पर कुछ न कुछ प्रभाव पड़ता है। पृष्ठदेश के लोग नगर में उच्च

शिक्षा पाने के लिये आते हैं। इस प्रकार पृष्ठदेश के शिक्षित समाज पर नगर का बड़ा प्रभाव पड़ता है और यह शिक्षित वर्ग अन्य लोगों को प्रभावित करता है।

राजनीतिक क्षेत्र में प्रभाव

पृष्ठदेश के राजनीतिक जीवन पर भी नगर का बड़ा प्रभाव पड़ता है। नगर में राजनीतिक जीवन गर्मागर्म होता है। उसमें समिति निर्माण की गति तीव्र होती है। उसमें तीव्र प्रतियोगिता होती है, संघर्ष होता है और क्रांति की आग होती है। उनमें अनेक राजनीतिक दल पाये जाते हैं। भारतीय गणतन्त्र में वयस्क मताधिकार होने के कारण चुनावों में गाँव वालों के वोट अधिक महत्त्वपूर्ण हो जाते हैं। अतः नगर के राजनीतिक दल अपने कार्यक्षेत्र में पृष्ठदेश के ग्रामीण समाज को भी शामिल किये रहते हैं। इस प्रकार नगर का पृष्ठदेश के राजनीतिक जीवन पर प्रत्यक्ष प्रभाव पड़ता हैं नगर में छिपे अखबार भी ग्रामीण जनों के मतों को प्रभावित करते हैं। इस प्रकार प्रत्यक्ष अप्रत्यक्ष दोनों पहलुओं में नगर का पृष्ठदेश के जीवन पर प्रभाव पड़ता हैं।

सांस्कृतिक क्षेत्र में प्रभाव

जैसा कि पहले कहा चुका है, नगर के मूल्यों, विचारों, आदर्शों, फैशनों आदि का पृष्ठदेश पर प्रभाव पड़ता है और वहाँ भी उनके अनुसार परिवर्तन होता है। इस प्रकार सांस्कृतिक क्षेत्र में भी पृष्ठदेश पर नगर का प्रभाव पड़ता है। नगर के अनेक नेता और सुधारक गाँवों में जाकर भी काम करते हैं। पिछले वर्षों में नगर के लोगों ने गाँव्रों में जाकर रात्रि पाठशालायें चलायी थीं और प्रौढ़ शिक्षा का प्रचार किया था।

अभ्यास के लिये प्रश्न

1. नगरों में सामाजिक प्रभाव पर एक निबन्ध लिखिये।
2. संक्षिप्त टिप्पणी लिखिये—पृष्ठदेश पर नगर का प्रभाव।

4

भारत में नगरों की वृद्धि
(Growth of Cities in India)

भारतवर्ष में 1971 की जनगणना से ज्ञात हुआ है कि 54.79 करोड़ जनसंख्या में केवल 1091 करोड़ अर्थात् 20 प्रतिशत जनसंख्या शहरों में रहती है। बाकी 43.89 करोड़ अर्थात् देश की 80 प्रतिशत जनसंख्या गांवों में रहती है, परन्तु इसका अर्थ यह नहीं है कि देश में शहरों की जनसंख्या में वृद्धि नहीं हुई है। वास्तव में जैसा कि नीचे दी हुई सारणी से स्पष्ट मालूम पड़ता है, भारत में नगरों की जनसंख्या का अनुपात सन् 1901 से बराबर बढ़ा है।

सारणी : ग्रामीण तथा शहरी जनसंख्या :1901-1991

जनगणना वर्ष	जनंसख्या (दस लाख)		कुल जनसंख्या का प्रतिशत	
	ग्रामीण	शहरी	ग्रामीण	शहरी
1	2	3	4	5
1901	213	26	89.2	10.8
1911	226	26	89.7	10.3
1921	223	28	88.8	11.2
1931	246	33	88.0	12.0
1941	275	44	86.1	13.9
1951	299	62	82.7	17.3
1961	360	79	82.0	18.0
1971	439	109	80.1	19.9
1981	524	159	76.7	23.3
1991**	629	218	74.3	25.7

स्त्रोत : *भारतीय जनगणना 1991- कुल जनसंख्या अंतिम। 1981 में असम में जनगणना नहीं हो सकी। असम के लिए 1981 की जनसंख्या अन्तर-गणन के आधार पर तैयार की गयी है।*

**जम्मू-कश्मीर की प्रक्षिप्त जनसंख्या भी इसमें शामिल है।

"आधुनिक अवस्थाओं में किसी भी राष्ट्र के जीवन के औद्योगीकरण की सर्वोत्तम कसौटी उस राष्ट्र में नगरों के विकास की दर और स्वरूप है।" भारत में नगरों के विकास की दर और स्वरूप की अन्य देशों में नगरों के विकास की दर और स्वरूप से तुलना करने पर इस कथन की सत्यता स्पष्ट मालूम पड़ती है। कुछ प्रगतिशील देशों में जनसंख्या में नागरिक जनसंख्या का प्रतिशत निम्न तालिका से मालूम पड़ता है–

इंग्लैण्ड और वेल्स	80	प्रतिशत
फ्रांस	49	प्रतिशत
उत्तरी आयरलैण्ड	50.8	प्रतिशत
कनाडा	53.7	प्रतिशत
संयुक्त राज्य अमरीका	80	प्रतिशत

विभिन्न प्रगतिशील देशों की नागरिक जनसंख्या की इस तालिका से भारत का अत्यधिक पिछड़ापन स्पष्ट मालूम पड़ता है।

जैसा कि पहले बतलाया जा चुका है। भारत में नागरिक जनसंख्या बराबर बढ़ रही है।

भारत में नगरीय जनसंख्या की वृद्धि की इस दर से देश में औद्योगीकरण का विकास मालूम पड़ता है। अधिकांश जनसंख्या औद्योगिक नगरों में ही बढ़ी है। भारत के बड़े नगरों में जनसंख्या के विकास की नीचे दी गई सारणी से भी यही बात सिद्ध होती है–

सारणी : दस लाख से ऊपर की जनसंख्या वाले शहर

शहर	जनसंख्या 1981 (हजार में)	1951	वृद्धि दर 1981/1951	1981 स्त्री/पुरुष अनुपात	साक्षरता दर
कलकत्ता	9,194	4,670	1.97	781	65
ग्रेटर बंबई	8,243	2,967	2.78	772	68
दिल्ली	5,729	1,437	3.99	808	63
मद्रास	4,289	1,542	2.78	930	67
बंगलूर	2,922	786	3.72	896	64
हैदराबाद	2,546	1,131	2,25	919	58
अहमदाबाद	2,548	877	2.91	869	63
कानपुर	1,639	705	2.32	804	55
पुणे	1,686	609	2.77	880	67
नागपुर	1,302	485	2.68	910	66
लखनऊ	1,008	497	2.03	832	58
जयपुर	1,015	304	3.34	861	54

स्रोत : *पार्ट III-ए (ii) सीरीज I इंडिया*
सामान्य जनसंख्या सारणी ए-4

औद्योगिक नगरों की जनसंख्या के इस विकास से मालूम पड़ता है कि देश में औद्योगीकरण से जनसंख्या बढ़ी है।

नगरों के विकास के कारण

शहरों की उत्पत्ति कब और कहाँ हुई, यह बतलाना बहुत कठिन है। गिस्ट और हेलबर्ट के शब्दों में "स्वयं सभ्यता के जन्म के समान ही नगर का जन्म भी भूत के अन्धरे में खो गया है।"[1] नगरों की उत्पत्ति जहाँ एक ओर मनुष्यों की जनसंख्या बढ़ने से सम्बन्धित है वहाँ दूसरी ओर उसकी नींव उद्योग और व्यापार पर टिकी हुई है। उत्पादन बढ़ने के साथ कार्य-विभाजनं बढ़ता है और कल-कारखानों, दुकानों, गोदामों, यातायात के साधनों और बाजारों की जरूरत पड़ती है। इनके साथ-साथ होटलों, दफ्तरों तथा आवास स्थानों की संख्या बढ़ती है और गाँव का कस्बा तथा कस्बे से नगर बन जाता है। कहीं पर विशाल उद्योग या बड़े-बड़े व्यापार स्थापित होने पर मजदूर और व्यापारी आकर बस जाते हैं। फिर स्कूल, कालिज, विश्वविद्यालय खुलते हैं, सड़कें बनती हैं, इमारतें खड़ी की जाती हैं, बाजार बसते हैं, डाक्टर, वकील, अध्यापक, व्यापारी इकट्ठे होते हैं, जिनकी जान-माल की व्यवस्था के लिए पुलिस थाने तथा न्यायालय बनाये जाते हैं और नगर बस जाते हैं। कहीं कोई विश्वविद्यालय स्थापित किया जाता है तो हजारों विद्यार्थी पढ़ने आते हैं, सैंकड़ों अध्यापक पढ़ाने आते हैं, उनके लिये रहने के मकान बनते हैं, तरह-तरह की चीजों की दुकानें खुलती हैं, बाजार बनते हैं, होटल और सिनेमाघर खुलते हैं और धीरे-धीरे एक नगर बस जाता है। जहाँ खनिज पदार्थ खूब पाये जाते हैं वहाँ बड़े-बड़े कारखाने खड़े किये जाते हैं जिनमें हजारों मजदूर काम करते हैं, धीरे-धीरे दुकानें लगती हैं, बाजार बनते हैं, स्कूल कालिज खुलते हैं, फिर होटल, सिनेमाघर तथा बस मोटरें दिखाई पड़ती हैं और एक नगर बस जाता है। समुद्र तट पर कोई स्थान जहाजों के ठहरने के लिए अच्छा होता है तो इससे लगे हुये प्रदेश की सारी उपज वहीं से बाहर जाती है और बाहर की चीजें वहीं से देश में आती हैं। इससे वहाँ व्यापारिक कम्पनियाँ खड़ी होती हैं, गोदाम बनाये जाते हैं, जहाजों के ठहरने के स्थान बनते हैं, मजदूरों के लिये घर बनते हैं, परदेशियों के लिए होटल खुलते हैं, फिर स्कूल, कालिज, सड़कें, आफिस, डाक्टरों की दुकानों के क्रमशः बढ़ने से पहले छोटा-मोटा और फिर बड़ा नगर बस जाता है। इसी तरह धार्मिक स्थानों और रमणीक प्राकृतिक स्थानों पर भी नगर बस जाते हैं।

नये नगरों के विकास के कारण

नगरों की उत्पत्ति के उपरोक्त विवेचन से यह स्पष्ट हो गया कि किसी एक कारण को नगरों के विकास का एकमात्र कारण नहीं ठहराया जा सकता। विभिन्न नगरों के बसाये जाने के सभी मूल कारणों का वर्णन करना असम्भव है, क्योंकि

---

1. "Like the origin of civilization itself the origin of the city is lost in the obscurity of the past."
—Gist and Helbert *Urban Society,* p. 16.

सामान्य कारणों के साथ-साथ अनेक नगरों की उत्पत्ति के व्यक्तिगत इतिहास भी हैं। उदाहरण के लिए जब कोई स्थान किसी राज्य की राजधानी बन जाता है, तब स्वभावत: वहाँ एक बड़ा नगर बस जाता है। मोटे तौर से नगरों के विकास के मुख्य कारण निम्नलिखित हैं–

(1) व्यापारिक क्रान्ति–नगर व्यापार के केन्द्र होते हैं। व्यापारिक क्रान्ति ने बड़े-बड़े उद्योग-धन्धों को प्रोत्साहित किया जिससे बड़े-बड़े कारखाने खुले जिनमें उत्पादन बढ़ा और बहुत तरह की चीजों की मण्डियाँ और बाजार स्थापित हुये। छोटे-छोटे उद्योग-धन्धे भी विकसित हुये। इससे कुछ स्थान व्यापार के केन्द्र बन गये और वहाँ बड़े नगर बस गये। सिम्स (Sims) के शब्दों में "व्यापार नगर के अस्तित्व के लिए उतना ही जरूरी है जितना एक शरीर में रक्त का संचालन।"[1]

(2) औद्योगिक क्रान्ति–नगरों के विकास में सबसे अधिक हाथ औद्योगिक क्रान्ति का है। औद्योगिक क्रान्ति से बड़े-बड़े उद्योगों की संख्या बढ़ती जाती है और बड़े पैमाने पर उत्पादन की सुविधा हो गई है। जैसे-जैसे नये-नये उद्योग-धन्धे बढ़ते जाते हैं, वैसे-वैसे नये-नये नगर बसते जाते हैं। कहीं चूड़ियाँ बनाई जाती हैं, कहीं हवाई जहाज। कहीं इस्पात के कारखाने हैं, कहीं कपड़े की मिलें। वाष्प और विद्युत की शक्ति से ऐसे-ऐसे कारखाने बनाये गये हैं जिनमें हजारों मजदूर और सैंकड़ों अन्य कर्मचारी काम करते हैं। माल को लाने ले जाने के लिये यातायात के साधन बढ़ते हैं और नगर बस जाता है।

(3) कृषि क्रान्ति–आधुनिक युग में विज्ञान के नये-नये आविष्कारों से खेती के सैंकड़ों नये-नये यन्त्र और बिजली तथा डीजल से चलने वाली विशालकाय मशीनें बनीं जिससे अब बहुत थोड़े ही आदमी मीलों लम्बे खेतों का काम सम्भाल सकते हैं और पहले से अधिक उत्पादन कर सकते हैं। इससे बहुत से लोग अन्य उद्योग धन्धों में लग सके। वे काम की तलाश में कल-कारखानों के पास जा पहुँचे और नगर बसने लगे। पश्चिमी देशों में कृषि क्रान्ति नगरों के विकास का एक महत्वपूर्ण कारण है।

(4) आवागमन के साधनों में विकास–नगरों के विकास में आवागमन के साधनों के विकास का बड़ा हाथ है। रेलों, बसों, ट्रकों के बिना नगर व्यापार के केन्द्र नहीं बन सकते थे। पहले पशुओं तथा गाँवों के सहारे माल इधर से उधर ढोया जाता था जिससे बड़ी कठिनाईयाँ होती थीं और अधिक व्यय में कम माल इधर से उधर जा पाता था। अब मोटरों, रेलों, वायुयानों तथा जहाजों के सहारे माल कम किराये पर कुछ ही दिनों में हजारों मील दूर शहरों में पहुँचाया जा सकता है। इसीलिये बड़े-बड़े नगरों में बड़ी-बड़ी दूर से माल आता है और बड़े-बड़े राष्ट्रीय तथा अन्तर्राष्ट्रीय बाजार बन जाते हैं। कलकत्ता जैसे व्यापारिक नगरों के विकास का एक बड़ा कारण यातायात के साधनों का विकास है।

---

1. "Trade is as necessary to the existence of the city as is the circulation of blood to an organism."
—Sims N.L. *Elements of Rural Sociology,* Third Ed. Thomas Y.Crowell Co. New York (1947), p. 635.

(5) संदेशवहन के साधनों का विकास—डाक, तार, बेतार के तार, टेलीफोन, रेडियो, समाचार-पत्रों आदि की सहायता से आजकल सभी स्थानों पर व्यापारिक समाचार आसानी से पहुँच जाते हैं। दूर-दूर के व्यापारी इच्छा होते ही एक दूसरे से हजारों मील दूर बैठकर बात कर सकते हैं और समाचार भेज सकते हैं। इन सब सुविधाओं से व्यापार का अभूतपूर्व विकास हुआ है। बड़े-बड़े नगरों में हजारों मील दूर के देशों से व्यापार होता है। जिससे उनके विकास में बड़ी प्रगति हुई है।

(6) राजनीतिक कारण—राजनीतिक कारणों से भी कुछ स्थानों का महत्त्व बढ़ जाता है और वहाँ बड़े-बड़े नगर बन जाते है। संसार के सब देशों में राजधानियों का बड़े-बड़े नगरों में विकास हुआ है। दिल्ली, लन्दन, न्यूयार्क, टोकियो आदि की प्रगति का मुख्य कारण उनका क्रमश :— भारत, ब्रिटेन, संयुक्त राज्य तथा जापान की राजधानी होना है। राजधानियों के अलावा सेना के अड्डों तथा हथियार आदि के कारखानों के पास भी बड़े नगर बस जाते हैं।

(7) शिक्षा केन्द्र—उच्च शिक्षा के केन्द्र भी शीघ्र ही बड़े नगर बन जाते हैं क्योंकि वहाँ देश-विदेश से हजारों विद्यार्थी पढ़ने के लिये आते हैं जिनकी आवश्यकताओं की पूर्ति के लिये तरह-तरह की वस्तुओं की दुकानें बन जाती हैं और बाजार विकसित होने लगते हैं, होटल और सिनेमाघर खुल जाते है तथा नगर की सभी चीजें इकट्ठी हो जाती हैं।

(8) जनसंख्या की वृद्धि—जनसंख्या की वृद्धि से कोई भी स्थान स्वभावत: ही नगर बन जाता है। भारत में देश के विभाजन के बाद अनेक छोटे-छोटे स्थानों पर हजारों शरणार्थी आकर बस गए जिससे उन स्थानों की आबादी एकदम बहुत बढ़ गई। गाँव कस्बे हो गये और कस्बे शहर बन गये। जनसंख्या बढ़ जाने पर बाजार आदि स्वयं बढ़ जाते हैं।

(9) सुरक्षा—नगरों में थाना पुलिस होने के कारण जानमाल की सुरक्षा का अधिक प्रबन्ध होता है। इसलिये व्यापारी लोग अधिकतर नगरों में ही बसते हैं। सामाजिक सुरक्षा के साथ-साथ नगरों में प्राकृतिक विपत्तियों, बाढ़ तथा आग आदि से सुरक्षा का अधिक प्रबन्ध होता है।

(10) नगरीय सुविधायें तथा सुख उपभोग के साधन—नगर में स्कूल, कालेज, विश्वविद्यालय, संगीतालय, नाट्यशाला, मैडिकल कालिज तथा औद्योगिक कालेजों आदि की सुविधायें होती हैं जिनमें मनुष्य अनेक प्रकार की योग्यतायें बढ़ा सकता है। गांव में पैसा रहने पर भी उसमें सुखोपयोग करने के साधन नहीं होते। नगरों में सिनेमाघर, क्लब, होटल आदि मनोरंजन के अनेक साधन होते हैं जहां जीवन का आनन्द लिया जा सकता है। इस आकर्षण से बहुत से लोग गांवों को छोड़-छोड़कर आने लगे हैं। नगरों के आकर्षण, मनोरंजन, विकास और शिक्षा तथा पैसा कमाने के साधनों के कारण नगरों का बड़ा विकास हुआ है।

नगरों के विकास में औद्योगीकरण का महत्त्व

पीछे बतलाया जा चुका है कि नगरों के विकास का एक महत्त्वपूर्ण कारण औद्योगिक क्रान्ति है। परन्तु कुछ लोगों ने औद्योगीकरण को नगरों की उत्पत्ति का एकमात्र कारण माना है। इस मत की परीक्षा भी प्रासंगिक होगी। भारतवर्ष में नये नगरों में अधिकांश का विकास औद्योगीकरण के कारण हुआ है। भारतवर्ष में औद्योगिक राज्यों में अन्य राज्यों की अपेक्षा नगरीय जनसंख्या का अत्यधिक विकास हुआ है। नगरों की संख्या औद्योगिक क्षेत्रों में ही अधिक बढ़ी है। भारतवर्ष में सबसे अधिक नगर बम्बई राज्य में हैं जो कि देश में सबसे अधिक औद्योगिक राज्य है।

सारणी 2 कस्बों के फैलाव से शहरीकरण में वृद्धि

		1901	1951	1961	1971	1981	1991
1		2	3	4	5	6	7
I	1,00,000	6,661	27,507	39,883	61,226	94,504	138,802
		(26.0)	(44.63)	(51.42)	(57.24)	(60.42)	(65.20)
II	50,000–99,999	2,892	6,137	8,713	11,680	18,190	23,309
		(11.29)	(9.96)	(11.23)	(10.92)	(11.63)	(10.95)
III	20,000–49,999	4,007	9,688	13,139	17,126	22,409	28,079
		(15.64)	(15.72)	(16.94)	(16.01)	(14.33)	(13.19)
IV	10,000–19,999	5,335	8,399	9,902	11,706	14,930	16,531
		(20.83)	(13.63)	(12.77)	(10.94)	(9.54)	(7.77)
V	5,000–9,999	5,159	7,993	5,329	4,756	5,603	5,532
		(20.14)	(12.97)	(6.87)	(4.45)	(3.58)	(2.60)
VI	पाचं हजार से कम	1,562	1,906	0,597	473	784	614
		(6.10)	(3.09)	(0.77)	(0.44)	(0.50)	(0.29)
सभी वर्ग		25,616	61,630	77,562	106,967	156,420	212,867
		(100.00)	(100.0)	(100.0)	(100.0)	(100.0)	(100.0)
कुल जनसंख्या में शहरी जनसंख्या का प्रतिशत		10.84	17.29	17.97	19.91	23.34	25.72

विभिन्न राज्यों की जनसंख्या के विकास की सारणी से मालूम पड़ता है कि सबसे अधिक जनसंख्या महाराष्ट्र, उत्तर प्रदेश, आन्ध्र प्रदेश, मैसूर, पश्चिमी बंगाल, दिल्ली आदि उन्हीं राज्यों में बढ़ी है। जिनमें बड़े बड़े नगरों की संख्या बढ़ी है और जिनमें औद्योगीकरण अधिक हुआ है अतः यह कहा जा सकता है कि भारत में नगरों

के विकास में औद्योगीकरण का बड़ा हाथ है। विभिन्न नगरों में जनसंख्या के विकास की सारणी से भी यही मालूम पड़ता है कि औद्योगिक नगरों में सबसे अधिक जनसंख्या बढ़ी है। परन्तु इससे यह निष्कर्ष नहीं निकाला जा सकता कि नये नगरों के विकास का एकमात्र कारण औद्योगीकरण है। औद्योगीकरण के अलावा अन्य अनेक कारक भी भारत में नये नगरों के विकास के कारण हैं जिनका वर्णन पीछे किया जा चुका है।

भूतकाल में भारत में नगरों के विकास के उत्तरदायी कारक

यहाँ पर तुलनात्मक दृष्टि से भारत में भूतकाल में नगरों के विकास के लिये उत्तरदायी कारकों का विश्लेषण भी प्रासंगिक होगा। इस सम्बन्ध में मुख्य कारक निम्नलिखित है—

(1) धार्मिक महत्त्व के स्थान—भारत सदा से एक धर्मपरायण देश रहा है। भूतकाल में देश में धर्म का और भी अधिक बोलबाला था। अतः धार्मिक महत्त्व के स्थानों पर बड़े-बड़े नगर बसे हुये हैं प्रयाग, काशी, हरिद्वार, मथुरा, पुरी आदि सैंकड़ों छोटे-बड़े नगर धार्मिक स्थानों पर बसे हुये हैं।

(2) अनुकूल भौगोलिक अवस्थायें—भारत में नगरों की स्थापना का दूसरा बड़ा कारण अनुकूल भौगोलिक अवस्थायें हैं। इसी कारण देश में सबसे अधिक नगर गंगा-सिन्धु के मैदान में बसे। भारत में ही क्या संसार में सभी जगह नदियों के मैदानों में नगरों की संख्या सबसे अधिक थी और अब भी है। अनुकूल भौगोलिक परिस्थितियों में पर्याप्त वर्षा, सामान्य सर्दी-गर्मी और अच्छी भूमि आदि आते हैं। भारत में राजपूताने के रेगिस्तान में तथा पहाड़ों पर भूतकाल में बहुत कम नगर थे।

(3) आवागमन की सुविधा—प्राचीन काल में आवागमन के आधुनिक साधन उपलब्ध न थे अतः दुर्गम अथवा आवागमन की असुविधा वाले प्रदेशों में नगर नहीं बस सकते थे। आवागमन नदियों में नावों द्वारा होता था। अतः अधिकतर नगर नदियों के किनारे या मैदानों में बसे।

(4) खेती की सुविधायें—खेती की सुविधाओं में पर्याप्त पानी, अच्छी जमीन, अच्छी जलवायु आदि आते हैं। प्राचीन काल में बड़े पैमाने पर उद्योग का विकास न हुआ था। भारतवर्ष में उद्योगों से अधिक खेती का ही प्रचार था। अतः अधिकांश नगर नदियों के किनारे या समतल मैदानों में ऐसे स्थानों पर स्थापित हुए जहाँ खेती की सुविधायें थीं।

(5) सैनिक छावनियाँ—प्राचीन भारत में देश में सैंकड़ों हजारों छोटी-छोटी रियासतें और राज्य थे। छोटे-बड़े सभी राजे और सरकार अपनी-अपनी सेनायें रखते थे और किलों में रहते थे जिनमें सैनिकों की छावनियाँ हुआ करती थीं। इस प्रकार बड़े-बड़े दुर्गों और सैनिक छावनियों के आस-पास भी नगर बस गये क्योंकि सैनिकों को आवश्यकता की वस्तुएँ जुटाने के लिए व्यापारी लोगों की तथा शिल्पकारों की आवश्यकता थी। राजस्थान में अधिकांश नगर इसी प्रकार के थे।

(6) **राजधानियाँ**—सैनिक छावनियों के समान ही छोटे-बड़े राज्यों की राजधानियों के स्थान भी नगर बन गये। यह स्वाभाविक था क्योंकि इन स्थानों का राजाओं ने विकास किया और नगर बसाये।

(7) **सांस्कृतिक महत्त्व के स्थान**—भारत में प्राचीन काल से ही संस्कृति को बड़ा महत्त्व दिया जाता था। अत: सांस्कृतिक महत्त्व के स्थानों की रक्षा की ओर भी ध्यान दिया जाता था। इससे सांस्कृतिक महत्त्व के अनेक स्थानों पर नगर बस गये।

(8) **शिक्षा केन्द्र**—प्राचीन भारत में अनेक स्थान ऐसे थे जहाँ हजारों विद्यार्थी शिक्षा केन्द्रों में पढ़ते थे। इन विद्यार्थियों की आवश्यकताओं को पूरा करने के लिए इन शिक्षा केन्द्रों के निकट छोटे-मोटे नगर बस गये। नालन्दा और तक्षशिला इसी प्रकार के नगर थे।

(9) **शिल्प केन्द्र**—सभी देशों में कुछ विशेष स्थान, कुछ विशेष प्रकार के शिल्प और कला-कौशल के लिये अधिक उपयुक्त होते हैं। अत: इन स्थानों पर विशेष प्रकार के कला-कौशल विकसित हो जाते हैं और क्रमश: नगर बस जाते हैं। भारतवर्ष में कन्नौज, बरेली, मुरादाबाद, कानपुर आदि नगरों की उत्पत्ति का यही कारण है।

(10) **व्यापार केन्द्र**—अनेक कारणों से कुछ स्थान व्यापार के केन्द्र बन जाते हैं। बहुधा नदी अथवा समुद्र के किनारे के स्थान व्यापार की सुविधा के कारण व्यापार केन्द्र बन जाते हैं। कुछ अन्य स्थानों पर आस-पास के समृद्ध प्रदेश का माल बिकने आता है। इस प्रकार की मंडियाँ और व्यापार केन्द्र भी क्रमश: नगर बन जाते हैं। प्राचीन भारत में इस प्रकार बहुत से नगर बस गये थे।

प्राचीन भारत में नगरों के बसने में सहायक कुछ मुख्य कारणों के इस विवरण से यह बात स्पष्ट होती है कि नगरों के बसने के कारक सामुदायिक, सामाजिक और आर्थिक संगठन के स्वरूप पर निर्भर होते हैं। प्राचीन भारत में राजतन्त्र था अथवा छोटे-मोटे गणतन्त्र राज्य थे, खेती मुख्य-व्यवसाय था, आवागमन के साधन अधिक विकसित न थे, जनता में धर्म का बड़ा आदर था। इन सब कारकों का नगरों के विकास में बड़ा महत्त्व रहा।

अभ्यास के लिए प्रश्न

1. क्या आप इस मत से सहमत हैं कि औद्योगीकरण के फलस्वरूप ही नगरों का विकास हुआ है? संक्षेप में उन कारकों की विवेचना कीजिए जो भूतकाल में नगरों के विकास के लिए उत्तरदायी थे।
2. भारत के आर्थिक विकास में नगरों की भूमिका की विवेचना कीजिए।
3. भारतीय नगरों के विकास पर संक्षिप्त लेख लिखिए।
4. भारत के नगरीकरण की प्रमुख विशेषताओं को रूपरेखित कीजिए।

5

नगरीय समुदाय के लक्षण
(Characteristics of Urban Community)

ग्रामीण समुदाय के समान ही नगरीय समुदाय भी सामुदायिक जीवन का एक विशेष प्रकार है। सामुदायिक विघटन का महत्त्वपूर्ण तत्त्व नगरीय विघटन है। नगरीय विघटन एक दशा भी है और एक प्रक्रिया भी है। नगरों की उत्पत्ति के बाद कुछ समय तक तो वे बढ़ते रहते हैं। परन्तु शीघ्र ही उनमें भीड़भाड़ इतनी बढ़ जाती है कि विघटन के चिन्ह प्रकट होने लगते हैं। इस नगरीय विघटन में औद्योगीकरण और प्रौद्योगिकी का भी भारी हाथ है।

नगरीय समाज का लक्षण

समाजशास्त्रीय तत्व के रूप में नगरीय समाज में निम्नलिखित लक्षण देखे जा सकते हैं–

(1) सामाजिक विजातीयता (Social Heterogeneity)–यदि गाँव सांस्कृतिक एकता के प्रतीक हैं तो नगरों में अनेक संस्कृतियों और प्रजातियों के लोग मिलते हैं । गाँव प्राचीन संस्कृति को अक्षुण्ण रखते हैं तो नगर अनेक संस्कृतियों की संस्थाओं, विचारों, आदर्शों आदि के सम्मिलन से संस्कृति का विकास करते हैं और उनमें परिवर्तन उत्पन्न करते हैं । एकता गाँव के समाज की प्रकृति है । नगर के समाज में सैंकड़ों व्यवसायों, व्यापारों, जातियों और विचाराधराओं के लोग बसते हैं।

(2) माध्यमिक नियन्त्रण (Secondary Control)–नगरों में बहुत से माध्यमिक समूह होते हैं, अतः माध्यमिक नियन्त्रण ही अधिक प्रबल होता है । परिवार जाति, बिरादरी का कोई भय नहीं होता । कानून, जेल और पुलिस का भय लोगों के व्यवहार का नियन्त्रण करता है ।

(3) सामाजिक गतिशीलता (Social Mobility)–नगरीय औद्योगिक समाज की सबसे बड़ी विशेषता उसकी सामाजिक गतिशीलता है । नगर में व्यक्ति की सामाजिक स्थिति उसके जन्म से नहीं बल्कि उसके कर्मों और आर्थिक स्थिति से निश्चित होती है अतः हर एक व्यक्ति को परिश्रम और बुद्धि के बल पर समाज

में चाहे जितना आगे बढ़ने के अवसर मिलते हैं । नगरों में जात-पाँत के बन्धन टूट रहे हैं । अन्तर्जातीय विवाहों की संख्या बढ़ रही है । स्त्री शिक्षा का प्रचार हो रहा है और स्त्री, पुरुष, ब्राह्मण, शूद्र सभी को मौलिक मानवीय अधिकार मिल रहे हैं। समाज के नये सुधारों को नगर के लोग गाँव वालों की अपेक्षा अधिक शीघ्र ग्रहण करते हैं ।

(4) ऐच्छिक समितियाँ (Voluntary Associations)—नगर में व्यवसाय, वर्ग, धर्म, संस्कृति, आदि की इतनी विविधता के कारण वहाँ ऐच्छिक समितियाँ अधिक बनती हैं और परिवार जैसे प्राथमिक समूह तक में स्वेच्छा की प्रवृत्तियाँ पाई जाती हैं ।

(5) वैयक्तिकता (Individualism)—ऐच्छिक समितियाँ तथा माध्यमिक नियन्त्रण इत्यादि अनेक कारणों से नगर निवासियों में वैयक्तिकता विकसित हो जाती है । आदर्शों, विचारों और व्यवहारों की इतनी अधिक भिन्नता को देखकर शहर के व्यक्ति पर आचार-विचार के सम्बन्ध में परम्पराओं का नियन्त्रण उठ जाता है । वह स्वयं अपनी रुचि, स्वार्थ और संस्कारों तथा विचारों के अनुसार अपने तौर-तरीके और आदर्श निश्चित करता है । इससे जहाँ उसके व्यवहार में कभी-कभी उच्छृंखलता आती है वहाँ दूसरी ओर उसके व्यक्तित्व का भी विकास होता है ।

(6) सामुदायिक भावना का अभाव—नगर में गाँव के समान सामुदायिक भावना दिखाई नहीं पड़ती । वहाँ न लोक निन्दा का भय होता है और न पास-पड़ौस का ख्याल । सब अपने-अपने कामों में मस्त रहते हैं । किसी को किसी की ओर देखने की फुरसत नहीं होती ।

(7) पारिवारिक एकता का अभाव—केवल समुदाय की भावना का ही नहीं बल्कि नगरों में पारिवारिक एकता का भी बड़ा अभाव दिखाई पड़ता है । स्त्री-पुरुष, पिता-पुत्र, भाई-बहन सभी की अपनी-अपनी सोसाइटी होती है और अपने-अपने प्रोग्राम, किसी को किसी से मतलब नहीं रहता । कभी-कभी घर एक होटल से अधिक नहीं रहता जहाँ लोग भोजन करने और आराम करने आते हैं ।

(8) नैतिक शिथिलता—सामुदायिक भावना और पारिवारिक एकता के अभाव तथा पाश्चात्य संस्कृति के प्रभाव से और भोग-विलास के वातावरण के कारण नगरों में चरित्र और नैतिकता में बड़ी शिथिलता दिखाई पड़ती है । नगर की भीड़-भाड़ में व्यक्ति पर समाज अथवा परिवार का नियन्त्रण नहीं समझा जाता । अतः विवाह के पूर्व (Pre-marital) तथा विवाह के बाहर (Extra-marital) यौन सम्बन्धों की भरमार रहती है ।

(9) असन्तुलित व्यक्तित्व—चरित्र की शिथिलता, अप्राकृतिक वातावरण, सिनेमा आदि का प्रभाव, उद्दाम महत्त्वाकांक्षा तथा भोगलिप्सा और भौतिकवादी विचारधारा ने मिलकर नगर के लोगों का व्यक्तित्व असन्तुलित बना दिया है । इसमें

विशेषीकरण का भी बड़ा हाथ है । शहर में झूठे दिखावे के पीछे लोग दीवाने से रहते हैं और बाहरी तड़क-भड़क के पीछे पागल से भागते हैं । शहर के शिक्षित और उच्च वर्ग में भी प्रोफेसर, डाक्टर, वकील, आफिसर आदि तो दिखाई पड़ेंगे परन्तु "मनुष्य" बहुत कम दिखाई पड़ेंगे । लोगों का विकास तीव्र गति से होता है परन्तु अधिकतर एकांगी होता है ।

(10) अपराधों की बहुलता—उपरोक्त सब विशेषताओं के कारण नगरीय समाज में चोरियाँ, खून, व्यभिचार तथा भ्रूणहत्या और गर्भपात से लेकर जालसाजी और डकैती तक के नाना प्रकार के अपराध खूब होते हैं ।

(11) सामाजिक विघटन—इन सब कारणों से नगरीय समाज विघटित होता है, लोगों में असन्तोष और अशान्ति रहती है । उनकी इच्छायें बढ़ती ही जाती हैं । नगरों में प्रत्यक्ष और अप्रत्यक्ष संघर्ष बराबर चलते रहते हैं । वर्गवादी भावनायें प्रबल होती हैं । आये दिन हड़तालें और दंगे होते रहते हैं । साम्प्रदायिकता और दलबन्दी अधिक होती है । व्यक्ति और व्यक्ति, व्यक्ति और परिवार तथा व्यक्ति और समाज के सम्बन्धों में सामंजस्य नहीं दिखाई पड़ता ।

(12) वैवाहिक जीवन की विशेषतायें—नगरीय समाज में विवाह अधिक आयु में होते हैं । विवाह के पूर्व तथा विवाह से बाहर यौन सम्बन्धों पर कठोर नियन्त्रण नहीं होता । बहुत से युवक-युवतियाँ अविवाहित रहना पसन्द करते हैं । तलाकों की संख्या अधिक होती है । प्रेम विवाह भी अधिक होते हैं । गर्भ निरोधक (Contraceptive) उपायों के प्रयोग से सन्तानें कम होती हैं । परिवार छोटे होते हैं। रोमांस अधिक दिखाई पड़ता है । वेश्यायें और सोसाइटी गर्ल आदि भी दिखाई पड़ती हैं । नगर में पुरुष अधिक और स्त्रियाँ कम होती हैं ।

(13) विषमता—संसार में लगभग सभी जगह नगरों में अमीरों और गरीबों के घरों, रहन-सहन आदि में घोर विषमता दिखाई देती है । जहाँ एक ओर लोग विशाल अट्टालिकाओं में रहते हैं वहाँ दूसरी ओर सैकड़ों लोग अत्यधिक ठण्डी रातों में भी फुटपाथों पर पड़े रहते हैं । नगरों में खान-पान, रहन-सहन, वेषभूषा, बोली, धर्म, संस्कृति, शिक्षा, रीति-रिवाज, सामाजिक व्यवहार आदि सभी में असमानता दिखाई पड़ती है । नगर में भिन्न-भिन्न धर्मों, वर्गों, जातियों, देशों और विचारधाराओं के लोग रहते हैं जिनकी मानसिक प्रवृत्तियाँ और आदर्शों में भारी अन्तर होता है । नगर और गाँव के लोगों की प्रवृत्तियों में भी बहुत अधिक अन्तर होता है । ग्रामीणों के विरुद्ध नगर निवासी महत्त्वाकांक्षी, व्यक्तिवादी, बुद्धिवादी, भौतिकवादी, धर्म निरपेक्ष, चौकन्ना, तेज और स्पर्द्धा करने वाला होता है ।

(14) गतिशील जीवन—नगर का जीवन गाँव के जीवन की अपेक्षा बहुत अधिक गतिशील होता है । उसमें फैशन, शिक्षा, पैसा, शानो-शौकत, सुखोपभोग, पद आदि को लेकर होड़ सी लगी रहती है । इसके अतिरिक्त भिन्न-भिन्न वर्गों,

व्यवसायों, व्यापारों, राजनैतिक, सामाजिक तथा आर्थिक विचारधाराओं आदि के लोगों में तीव्र प्रतिद्वन्द्विता दिखाई पड़ती है । एक ओर सहयोग की चेष्टायें की जाती हैं, नये-नये संगठन बनते हैं, दूसरी ओर संघर्ष की चिन्गारी सुलगती है और नई-नई समितियाँ बनती हैं । नागरिक समाज का जीवन बहुरंगी है ।

(15) नगरों में समिति बनाने की गति तीव्र होती है—गाँव के विरुद्ध नगर में जीवन की गति तीव्र होती है । लोग अपने अधिकारों पर अधिक जोर देते हैं । वे महत्त्वपूर्ण सामाजिक तथा राजनैतिक व आर्थिक समस्याओं पर भिन्न-भिन्न दृष्टिकोण से विचार करते हैं और उन विचारों को कार्यान्वित करने के लिये समितियाँ बनाते हैं । शिक्षा के प्रचार के कारण नगर निवासियों की अपनी व्यक्तिगत रायें होती हैं । वे पुरानी लकीर के फकीर नहीं होते । उनमें अत्याचारों और शोषण के विरुद्ध आग होती है जो थोड़ी सी आहुति पाकर भड़क उठती है । इसीलिये नगरों में सामाजिक, आर्थिक तथा राजनैतिक मतभेदों को लेकर नित्य नई समितियाँ बनाई जाती हैं और समिति बनाने की क्रिया की गति तेज होती है ।

(16) कृत्रिम जीवन—नगरों के औद्योगिक समाज का जीवन कृत्रिम होता है । नगर में घनी जनसंख्या और ऊँचे-ऊँचे मकानों के बीच प्राकृतिक पेड़-पौधे कहीं देखने को नहीं मिलते । नगर के घने बसे भागों में, तंग गलियों में, मकानों में अच्छी तरह धूप और रोशनी का भी प्रबन्ध नहीं रहता । कारखानों के धुएं और तरह-तरह की दुर्गन्धों से नगर की वायु स्वच्छ नहीं रह पाती । कारखानों में मजदूर और दफ्तरों के बाबू लोग दिन में भी बिजली की रोशनी में काम करते हैं । बड़े कारखानों में मजदूर की स्थिति मशीन के एक पुर्जे से अधिक नहीं रहती । उसको यह नहीं मालूम कि पूरी वस्तु किस तरह बनती है । वह केवल उस पुर्जे को जानता है जो उसे साइकिल, कार या इंजिन आदि में फिट करना पड़ता है । काम का इतना विशेषीकरण हो गया है कि कोई भी आदमी व्यक्तित्व का सर्वांग विकास नहीं कर पाता । शहरों में प्रोफेसर, डाक्टर, वकील, नेता तो दिखाई पड़ते हैं परन्तु "मनुष्य" नहीं दिखाई पड़ते । ये सब लोग अपने-अपने विशेष क्षेत्र में इतने घुसे रहते हैं कि उनको जीवन के बाकी पक्षों का पता भी नहीं रहता । इस तरह एक ओर प्राकृतिक वातावरण की कमी और दूसरी ओर व्यवसाय तथा पेशों की कृत्रिम अवस्थायें शहर के लोगों के जीवन को कृत्रिम बनाये रहती हैं । शहर में रहन-सहन भी बनावटी होता है । लोगों के चेहरे पर स्वाभाविक सुर्खी नहीं दिखाई पड़ती । स्त्रियाँ अपने निस्तेज चेहरों को बराबर प्रसाधनों से आकर्षक बनाये रखने की चेष्टा करती रहती हैं । लोगों का ध्यान स्वास्थ्य के स्थान पर स्वाद और आराम के स्थान पर फैशन पर अधिक रहता है । ड्राइंग रूम इसलिये नहीं सजाये जाते कि उनसे आराम मिले बल्कि इसलिये कि वे व्यक्ति की आर्थिक हैसियत का विज्ञापन करें । यदि नगर के लोग किसी स्थान के दृश्य देखने भी पहुँच जाते हैं तो उनका ध्यान प्राकृतिक सौन्दर्य का आनन्द लेने की ओर नहीं रहता बल्कि उसका फोटो लेने की ओर रहता

है ताकि अपने मित्रों को दिखाकर वह कह सकें कि उन्होंने वह स्थान देखा है । नगरों में मनोरंजन के साधन तक कृत्रिम होते हैं । सिनेमाओं, नाटकघरों और उपन्यासों की धूम रहती है जिनमें मनुष्य बिल्कुल निष्क्रिय रहता है । नगरों का मिलना-जुलना, बोलचाल, आवभगत, शिष्टाचार, हल्लो और 'टाटा' सभी में कृत्रिमता और खोखलापन दिखाई पड़ता है । एक अजीब खामोशी, एक निरर्थक शोर, एक खोखली हँसी, एक अर्थहीन मुस्कराहट, नगरों की ये सब वस्तुयें एक अजीब षड्यन्त्र सा मालूम पड़ती हैं जिसमें कोई किसी को अपना भेद नहीं देना चाहता, जिसमें किसी को किसी पर विश्वास नहीं, जिसमें सभी दौड़ते जाते हैं क्योंकि रुकना मौत है, परन्तु जिसमें किसी को यह नहीं मालूम कि कहाँ जाना है । नगर के बाबू लोग सूरज निकलने के बाद आँखें खोलते हैं और आँखें खोलते ही हाथ में चाय का प्याला लेकर अखबार पर जुट जाते हैं । अखबार पढ़कर जल्दी-जल्दी निबटकर, नहा-धोकर, खाना खाकर दफ्तर भागते हैं और शाम को दिन छिपने पर घर वापिस आते हैं । दिन भर के थके कुछ देर आराम करते, फिर खाना खाते, रात को रेडियो सुनते और फिर सो जाते हैं । इसी तरह दिन, महीने, वर्ष, जीवन एक अर्थहीन दिनचर्या में बीत जाता है जिसमें इन्सान की हस्ती एक मशीन के पुर्जे से अधिक कुछ नहीं है । यही हाल करोड़ों मजदूरों और सरकारी कर्मचारियों का भी है ।

अभ्यास के लिये प्रश्न

1. आप नगर से क्या समझते हैं? इसके भौतिक, आर्थिक जनसंख्यात्मक एवं सामाजिक आयामों के अन्तः सम्बन्धों की विवेचना कीजिये।
2. जीवन के स्तर पर नागरिकवाद की व्याख्या करो।
3. भारतीय नगर के देहकीय लक्षणों पर प्रकाश डालिये।
4. नगरीय समाज संरचना के विशेष लक्षणों को स्पष्टतया समझाइये।
5. नगरीय समुदाय की विषम जनसंख्या तथा सामाजिक सम्बन्धों की अवैयक्तिता के क्या सामाजिक परिणाम हैं?
6. नगर की परिभाषा दीजिये तथा नगरीय जीवन की विशेषताओं का वर्णन कीजिये।
7. 'नगर एक जीवन शैली है।' विवेचना कीजिये।
8. नगरीय समुदाय की विषम जनंसख्या तथा सामाजिक सम्बन्धों की अवैक्तिकता के क्या परिणाम हैं?

6

नगरों के प्रकार

(Types of Cities)

सन् 1971 की जनमत गणना के अस्थायी आंकड़ों के अनुसार भारतवर्ष में एक लाख या उससे अधिक जनसंख्या वाले लगभग 147 नगर हैं। इनके अलावा देश में छोटे-छोटे हजारों नगर हैं। इनमें से कोई भी नगर एक दूसरे के बिल्कुल समान नहीं है। प्रत्येक नगर की परिस्थितियाँ, जनसंख्या की विशेषतायें तथा अन्य अनेक लक्षण दूसरे नगरों से कुछ न कुछ विशिष्ट होते हैं। इस प्रकार दिल्ली संघ सरकार की राजधानी है जबकि कानपुर एक औद्योगिक नगर है। बम्बई एक बड़ा बन्दरगाह है जबकि मसूरी एक ग्रीष्म आगमस्थान हैं। इन निजी विशेषताओं के होते हुए भी अनेक नगरों में कुछ समानतायें भी पाई जाती हैं जैसे कि आगरा, कानपुर, कलकत्ता, बम्बई, अहमदाबाद, गाजियाबाद आदि भारत में बीसों नगर औद्योगिक नगर कहे जा सकते हैं। इस प्रकार कुछ मूलभूत समानताओं के आधार पर नगरों का वर्गीकरण किया जा सकता है। उनके विभिन्न प्रकार बतलाए जा सकते हैं। उपरोक्त सभी नगर उत्पादन केन्द्र हैं। यहाँ भिन्न-भिन्न प्रकार की चीजें निर्माण की जाती हैं परन्तु फिर भी यह ध्यान रखना आवश्यक है कि इन सभी नगरों में अपनी-अपनी विशेषतायें भी हैं। उदाहरण के लिए कानपुर और बम्बई दोनों औद्योगिक नगर हैं। दोनों में कपड़े की कितनी ही बड़ी-बड़ी मिलें हैं परन्तु फिर कानपुर रेलवे जंकशन है, बम्बई रेलवे जंकशन होने के साथ-साथ एक बड़ा बन्दरगाह भी है। कानपुर में चमड़े का काम बहुत होता है, बम्बई देश में फिल्म उद्योग का सबसे बड़ा केन्द्र है। इस प्रकार एक ही प्रकार के नगरों में भी कुछ अपनी-अपनी विशेषतायें पाई जाती हैं।

नगरों के प्रकार

नगरों की स्थूल समानताओं के आधार पर उनको कुछ प्रकारों में बाँटा जा सकता है। स्थूल रूप से ये प्रकार निम्नलिखित हैं–

(1) उत्पादन केन्द्र (Production Centres)

(2) व्यापार और वाणिज्य के केन्द्र (Centres of Trade and Commerce)

(3) राजधानियाँ (Capitals)

(4) स्वास्थ्य और मनोरंजन के केन्द्र (Health and Recreation Centres)

(5) सांस्कृतिक केन्द्र (Cultural Centres)

(6) विविध प्रकार के नगर (Diversified cities)।

जैसा कि पहले संकेत किया जा चुका है, नगरों के प्रकारों का यह वर्गीकरण सापेक्ष है। अनेक नगर इनमें से कई प्रकारों में एक साथ रखे जा सकते हैं। उदाहरण के लिये दिल्ली को प्रथम तीनों वर्गों में रखा जा सकता है। बम्बई को पहले पांचों वर्गों में रखा जा सकता है। वह महाराष्ट्र राज्य की राजधानी होने के साथ-साथ एक बड़ा औद्योगिक नगर है और व्यापार तथा वाणिज्य का केन्द्र भी है। फिल्म उद्योग का केन्द्र होने के कारण बम्बई एक सांस्कृतिक केन्द्र भी है। समुद्रतट पर बसा होने के कारण बम्बई की जलवायु समशीतोष्ण है, वह मनोरंजन का एक बड़ा केन्द्र है। इसका अर्थ यह नहीं हुआ कि बम्बई को समान रूप से इन पांचों वर्गों में रखा जा सकता है। यदि ध्यान से देखा जाय तो बम्बई का महत्त्व उसके महाराष्ट्र राज्य की राजधानी होने में इतना नहीं है जितना कि उसके एक बड़ा बन्दरगाह होने में है। वह भारत का मुख्य द्वार कहलाता है। उसका विशेष महत्त्व इसलिए नहीं है कि वह मनोरंजन और सांस्कृतिक कार्यक्रमों का महत्त्वपूर्ण क्षेत्र है बल्कि इसलिए कि विदेशों से आयात-निर्यात का एक बड़ा भाग बम्बई के बन्दरगाह से ही होता है। यूँ तो बम्बई नगर अपने कपड़ा उद्योग तथा अन्य उद्योगों के कारण देश में एक महत्त्वपूर्ण उत्पादन केन्द्र है, परन्तु उसका महत्त्व उत्पादन से अधिक व्यापार और वाणिज्य के क्षेत्र में है। अतः बम्बई को पीछे बतलाए गए प्रकारों में से दूसरे प्रकार में रखा जायेगा। वहाँ यह ध्यान रखने की बात है कि बम्बई में अन्य विशेषतायें होते हुए भी उसको इस वर्ग में इसलिये रखा गया है क्योंकि इस वर्ग की विशेषतायें सबसे प्रमुख हैं। इसी प्रकार यद्यपि दिल्ली नगर एक बड़ा उत्पादन केन्द्र है और व्यापार तथा वाणिज्य का अड्डा भी है परन्तु उसको तीसरे वर्ग में रखा जायेगा क्योंकि दिल्ली का अधिकतर महत्व उसके भारतीय संघ सरकार की राजधानी होने में है।

प्रकार विशुद्ध नहीं हैं

अतः यह ध्यान रखने की बात है कि नगरों के प्रकारों का यह वर्गीकरण उनकी अपेक्षाकृत मुख्य विशेषताओं के आधार पर किया गया है। ये प्रकार विशुद्ध नहीं हैं। बहुधा यह देखा जाता है कि राज्यों की राजधानियों में नये-नये कारखाने खुलने लगते हैं और व्यापार तथा वाणिज्य बढ़ने लगता हैं इस प्रकार अधिकतर नगर राजधानी बन जाने के बाद उत्पादन तथा व्यापार और वाणिज्य में प्रगति करने लगते हैं। परन्तु दूसरी ओर कुछ ऐसे नगर भी हैं जो प्राथमिक रूप से उत्पादन केन्द्र हैं और उसी में उनका महत्त्व है। अतः आधुनिक समाज में विशुद्ध प्रकार कठिनता से ही देखे जा सकते हैं। उपरोक्त विवेचन से यह भी स्पष्ट है कि प्रकारों का यह

वर्गीकरण कार्यात्मक है अर्थात् किस नगर को किस वर्ग में रखा जायेगा वह उसके विशेष व्यवसाय अथवा कार्य पर निर्भर है। अब नगरों के इन प्रकारों का विस्तृत विवेचन सामयिक होगा।

(1) उत्पादन केन्द्र

संसार के बड़े-बड़े नगरों में अधिकतर औद्योगिक केन्द्र हैं। आधुनिक देशों में बढ़ते हुए नगरीकरण में सबसे प्रमुख कारण औद्योगीकरण हैं। औद्योगीकरण क्रान्ति के बाद से सभी देशों में नगरों की संख्या तेजी से बढ़ी है। भारत में एक लाख तथा उससे अधिक जनसंख्या वाले नगरों में अधिकतर औद्योगिक नगर हैं। उत्पादन के प्रकार के अनुसार उत्पादन केन्द्रों को भी दो वर्गों में विभाजित किया जा सकता है।

(अ) प्राथमिक उत्पादन केन्द्र (Primary Production Centres)—इनमें वे उत्पादन केन्द्र आते हैं जिनमें प्राथमिक उत्पादन अधिक या विशेष रूप से होता है। प्राथमिक उत्पादन वह है जिससे कोई चीज निकाली जाती है जैसे मिट्टी का तेल; खनिज पदार्थ, लकड़ी आदि। इन केन्द्रों की जनसंख्या अधिक नहीं होती। बहुधा इनमें वे ही लोग रहते हैं जो कि उस उत्पादन से किसी न किसी रूप में सम्बन्धित हों। यातायात के साधनों के द्वारा ये निर्माण केन्द्रों से सम्बन्धित होते हैं जहाँ इनके निकाले पदार्थ से तरह-तरह की चीजें बनाई जाती हैं। भारतवर्ष में इस वर्ग के मुख्य नगर हैं, नैलौर, मसुलीपटनम, रांची, गोहाटी, मैसूर, कोलार, देहरादून, बरेली इत्यादि। देहरादून तथा बरेली आदि में जंगलों से आई लकड़ी की चिराई आदि होती है और उसको बाहर भेजा जाता है। बरेली बांस का बड़ा भारी केन्द्र है और इसलिये उसको बाँस बरेली भी कहा जाता है। कोलार में सोने की प्रसिद्ध खानें हैं। गोहाटी में मिट्टी के तेल के कुएँ हैं। अन्य स्थानों पर विभिन्न खनिज पदार्थ निकाले जाते हैं।

(ब) द्वैतीयक उत्पादन केन्द्र (Secondary Production Centres)—अधिकांश उत्पादन केन्द्र इसी वर्ग में आते हैं। द्वैतीयक उत्पादन केन्द्रों में द्वैतीयक उत्पादन होता है अर्थात यहाँ दूसरे स्थानों से कच्चा माल मंगाकर तरह-तरह की चीजें बनाई जाती हैं। इनमें जनसंख्या अधिक होती है और बढ़ती जाती है। जिस प्रकार से अधिकांश प्राथमिक उत्पादन केन्द्र किसी विशेष पदार्थ का उत्पादन करने में विशेषीकरण कर लेते हैं उसी प्रकार यद्यपि द्वैतीयक उत्पादन केन्द्रों में से एक से अधिक तथा बहुधा दर्जनों चीजों के कारखाने होते हैं, परन्तु वे किसी एक या दो वस्तुओं का निर्माण करने के लिये विशेष रूप से प्रसिद्ध होते हैं, जैसे फीरोजाबाद चूड़ियों के लिये, कानपुर चमड़े की चीजों के लिये, मुरादाबाद कलई के बर्तन के लिये, ग्वालियर चीनी मिट्टी के बर्तनों के लिये, अलीगढ़ ताले और कैंचियों के लिये, जमशेदपुर लोहे की चीजों के लिये, बम्बई कपड़े के लिये, रामपुर छुरी चाकुओं के लिये, बरेली फर्नीचर के लिये, बनारस जरी के काम के लिये, तथा बंगलौर साड़ियों के

लिए प्रसिद्ध हैं। इन नगरों में अधिकतर इन्हीं मुख्य कामों से सम्बन्धित लोग दिखलाई पड़ते हैं इन मुख्य उद्योगों का इनकी सामाजिक और आर्थिक व्यवस्था पर विशेष प्रभाव पड़ता है। कुछ नगरों में एक ही प्रकार का उत्पादन होता है। उदाहरण के लिए मुरादाबाद में बर्तनों का काम ही सबसे बड़ा और लगभग एक मात्र उद्योग है। अन्य नगरों में एक से अधिक प्रकार के उत्पादन होते हैं। बम्बई में वस्त्र उद्योग और फिल्म उद्योग दोनों चोटी पर हैं और इनके अलावा और भी बहुत उद्योग हैं। नगर में एक से अधिक उद्योग होने पर आर्थिक अपकर्ष से बेकारी फैलने का भय इतना अधिक नहीं रहता क्योंकि एक उद्योग के बन्द हो जाने पर लोग दूसरे उद्योग में लग जाते हैं परन्तु जहाँ पर हजारों मजदूर एक ही बड़े उद्योग में काम करते हैं वहाँ उन उद्योगों के बन्द हो जाने पर हजारों आदमियों के बेकार हो जाने का खतरा उपस्थिति हो जाता है।

(2) व्यापार और वाणिज्य के केन्द्र

यूँ तो अधिकतर उत्पादन केन्द्र व्यापार और वाणिज्य के केन्द्र भी होते हैं, परन्तु कुछ नगरों में व्यापार और वाणिज्य प्रधान होता है तथा उत्पादन गौण होता है। उदाहरण के लिये भारत में जितने भी बड़े बन्दरगाह हैं—उनमें से अधिकतर में विशेषतया व्यापार और वाणिज्य का ही काम होता है। भारत के मुख्य बन्दरगाह हैं बेदीबन्दर, ओखा, पोरबन्दर, सूरत, कान्दला, बम्बई, मरमुगाओ, मंगलौर, कालीकट, कोचीन, एलेप्पी, क्वीलन, तुतीकोरिन, धनुष्कोडि, नेगापटट्म, कारीकल, कुदलौर, पौण्डीचेरी, मद्रास, मसुलीपट्टम, काकीनड, विशाखापटनम और कलकत्ता। इनमें कलकत्ता, बम्बई और मद्रास को छोड़कर सभी केवल व्यापार और वाणिज्य के लिए ही प्रसिद्ध हैं और इसी वर्ग में गिने जायेंगे। मद्रास भी इसी वर्ग में आना चाहिए यद्यपि उसका महत्त्व तमिलनाडु राज्य की राजधानी होने के कारण भी कम नहीं है। बम्बई और कलकत्ता को इस वर्ग में न रखकर पहले वर्ग में रखना ही अधिक उपयुक्त होगा। परन्तु इस दूसरे वर्ग में केवल बन्दरगाह ही नही आते। वास्तव में बन्दरगाहों से अधिकतर आयात निर्यात का काम होता है। व्यापार और वाणिज्य के मुख्य केन्द्र तो वे व्यापारिक मण्डियाँ हैं जहां दूर-दूर के व्यापारी चीजों को खरीदने बेचने आते हैं। उदाहरण के लिये उत्तर प्रदेश में हापुड़ अनाज की बड़ी भारी मण्डी है। मेरठ गुड़ की मण्डी है। देहरादून चावल की मण्डी है। कुछ मण्डियों में बाहर से माल आता है और वह दूर-दूर के स्थानों में वितरित किया जाता है। कुछ मण्डियों में चारों ओर से माल इकट्ठा करके बाहर भेजा जाता है। लन्दन, न्यूयार्क, कलकत्ता, दिल्ली, कानपुर आदि माल के आने-जाने के भारी केन्द्र हैं।

(3) राजधानियाँ

संसार में जितने भी नगर किसी राज्य की राजधानी है वे महत्त्वपूर्ण बन गये हैं। उनकी महत्ता उनके व्यापार अथवा उत्पादन के कारण न होकर उनकी राजनीतिक स्थिति के कारण है। औद्योगिक क्रान्ति के बाद औद्योगिक नगर ही सबसे बड़े नगर

बन गये। परन्तु अधिकांश राजधानियाँ अति शीघ्र ही उद्योग और व्यापार के केन्द्र बन जाते हैं। लन्दन, न्यूयार्क, दिल्ली, बर्लिन, मास्को आदि इसके कितने ही उदाहरण दिये जा सकते हैं। परन्तु फिर भी इनका राजनीतिक महत्त्व औद्योगिक महत्त्व से अधिक है। उद्योग के क्षेत्र में कानपुर लखनऊ से कहीं आगे है। परन्तु लखनऊ का महत्त्व उसके उत्तर प्रदेश की राजधानी होने के कारण है। कुछ नगरों का महत्त्व तो केवल उनके राजधानी होने के कारण है जैसे शिलांग (असम), भुवनेश्वर (उड़ीसा), चंडीगढ़ (पंजाब), जयपुर (राजस्थान), भोपाल (मध्य प्रदेश), पटना (बिहार), हैदराबाद (आन्ध्र प्रदेश), त्रिवेन्द्रम (केरल), इत्यादि। बम्बई, कलकत्ता, मद्रास, बंगलौर, अहमदाबाद, श्रीनगर आदि नगर क्रमशः महाराष्ट्र, पश्चिमी बंगाल, तामिलनाडू, मैसूर, गुजरात और जम्मू-काश्मीर राज्य की राजधानियाँ हैं। परन्तु इनका महत्त्व राजधानियाँ होने से भी अधिक अन्य कारणों से है। बम्बई, कलकत्ता, मद्रास, बंगलौर आदि उत्पादन और व्यापार के केन्द्र हैं। अहमदाबाद कपड़े के उत्पादन के लिये प्रसिद्ध है। श्रीनगर मनोरंजन और स्वास्थ्य के लिए प्रसिद्ध आगम स्थान है।

(4) स्वास्थ्य और मनोरंजन के केन्द्र

अनेक नगर अपनी विशिष्ट भौगोलिक स्थिति के कारण बड़े स्वास्थ्यप्रद बन जाते हैं और दूर-दूर से लोग वहाँ स्वास्थ्य लाभ हेतु आते रहते हैं। इस प्रकार के अधिकतर नगर बाहर से आने वालों के लिए नाना प्रकार के प्राकृतिक और कृत्रिम मनोरंजन प्रदान करते हैं। भारत जैसे गर्म देश में स्वास्थ्य और मनोरंजन के केन्द्रों में सबसे पहले पर्वतीय स्टेशनों की गिनती होती है। इस प्रकार के पर्वतीय स्टेशन भारत के लगभग सभी राज्यों में हैं। प्रत्येक राज्य की सरकार उनके विकास का प्रयत्न कर रही है ताकि वहाँ दूर-दूर से यात्री आयें। देश के मुख्य पर्वतीय स्टेशन हैं—उत्तर प्रदेश में अल्मोड़ा, भुवाली, चकरौता, लेन्सडौन, मसूरी, नैनीताल, रानीखेत, मैसूर में बंगलौर, आसाम में चेरापूंजी और शिलांग, मद्रास राज्य में कुनूर, कोदईकैनाल तथा उटकमंड, पंजाब में डलहौजी, कुल्लू, कसौली तथा शिमला,पश्चिमी बंगाल में दार्जिलिंग और कालिम्पोग, महाराष्ट्र में महाबलेश्वर, राजस्थान में आबू, बिहार में राँची। इन स्थानों पर आने-जाने वालों की संख्या अधिक रहती है और स्थायी रूप से कम लोग रहते हैं। यहाँ के व्यापारी तथा अन्य लोगों की आय आने जाने वालों पर ही अधिक निर्भर रहती है। यहाँ बड़े-बड़े और नाना प्रकार का मनोरंजन उपस्थित करने वाले होटल, शराब-खाने तथा अन्य स्थानों के अलावा पहाड़ी दृश्य तथा शीतल जलवायु मिलती है। यहाँ आने-जाने वाले अधिकतर लोग खूब खर्च करते हैं। अधिकतर लोगों के आते-जाते रहने से ऐसे नगरों का जीवन अस्थायी रहता है। आने जाने वाले लोगों की आदतों और तौर-तरीकों से ही यहाँ की संस्थायें बनती हैं। इन्हीं से इन नगरों का व्यक्तित्व बनता है। इनमें से अनेक स्थानों पर विशेष प्रकार के रोगी या उस रोग से अभी मुक्त हुए लोग अधिक आते हैं क्योंकि वहाँ की

जलवायु उनके लिये अधिक उपयुक्त होती है। इस प्रकार भुवाली में तपेदिक के रोगी, रांची में मानसिक रोगी तथा कसौली में भी रोगी आते हैं। वहाँ इनके लिए बड़े-बड़े विशेष अस्पताल भी हैं। भुवाली में टी. बी. सेनेटोरियम है। कसौली में एक पास्चर इन्स्टीट्यूट (Pasteur Institute) है। राँची में एक मानसिक अस्पताल है।

(5) सांस्कृतिक केन्द्र

भारत जैसे धर्म प्रधान देश के अनेक नगर पवित्र स्थान (Shrines) होने के कारण प्रसिद्ध हो गये हैं। भिन्न-भिन्न धर्मानुयायियों के विभिन्न पवित्र स्थान हैं। उदाहरण के लिए अमृतसर सिखों का पवित्र स्थान है। अजमेर आदि नगर मुसलमानों के पवित्र स्थान है। अयोध्या, काशी, हरिद्वार, प्रयाग, पुरी, मथुरा, रामेश्वरम् आदि नगर हिन्दुओं के तीर्थ स्थान हैं। बुद्ध गया और सारनाथ बौद्ध लोगों के पवित्र स्थान हैं। इन स्थानों पर दूर-दूर से यात्री आते हैं। भारत में अनेक स्थान अपनी ऐतिहासिक इमारतों के कारण प्रसिद्ध हैं जैसे आगरा ताजमहल और किले के लिये, बीजापुर गोल गुम्बज के लिए, चित्तौरगढ़ कीर्तिस्तम्भ के लिए, दिल्ली लाल किला, जामा मस्जिद आदि के लिए, फतेहपुर सीकरी बुलन्द दरवाजा के लिए, नालन्दा प्राचीन विश्वविद्यालय के लिए तथा साँची और भारहुत बौद्ध स्तूपों के लिए प्रसिद्ध हैं। अनेक नगर अपने विश्वविद्यालयों के कारण ही प्रसिद्ध हैं—जैसे इलाहाबाद, कुरुक्षेत्र, गोरखपुर, रुड़की, सागर, तिरुपति, कटक, उज्जैन, शांति निकेतन, वाल्टेयर, अन्नामलाई नगर, बर्दवान, जादवपुर, धारवाड़ आदि। इन स्थानों पर विश्वविद्यालय के साथ-साथ अनेक सांस्कृतिक और शिक्षात्मक संस्थायें विकसित हो जाती हैं जैसे प्रयाग में हिन्दी साहित्य सम्मेलन, महिला विद्यापीठ तथा संगीत सम्मेलन आदि बड़ी-बड़ी सांस्कृतिक और शैक्षिक संस्थायें विकसित हो गई हैं। अनेक नगर महापुरुषों के जन्म-स्थान होने के कारण भी प्रसिद्ध हो जाते हैं जैसे अयोध्या रामचन्द्र जी का जन्म स्थान कहा जाता है। इसीलिए उसका महत्त्व भी है। कृष्ण के क्रीड़ा क्षेत्र होने के कारण मथुरा और वृन्दावन आदि का महत्त्व है। अनेक स्थान विभिन्न आन्दोलनों के कारण प्रसिद्ध हो जाते हैं। उदाहरण के लिए आजकल श्री अरविन्द आश्रम के कारण पांडिचेरी का नाम दुनिया में दूर-दूर प्रसिद्ध हो गया है।

(6) विविध प्रकार के नगर

उपरोक्त प्रकार के नगरों के अलावा बहुत से नगर ऐसे भी हैं जिनको किसी विशेष प्रकार में रखना अत्यधिक कठिन है। क्योंकि उनमें किसी एक काम या व्यवसाय को सबसे अधिक महत्त्वपूर्ण ठहराना सम्भव नहीं है। वहाँ विश्वविद्यालय भी है, वह राजधानी भी है, वह तीर्थ स्थान भी है और व्यापार का केन्द्र भी है। अतः उसको किसी एक वक्र में रखना कठिन है। ऐसे नगरों में जीवन बड़ा विविध दिखलाई पड़ता है। उदाहरण के लिए बनारस हिन्दुओं का प्रसिद्ध तीर्थ स्थान है।

वहाँ एक प्रसिद्ध विश्वविद्यालय भी है। वहाँ का जरी का काम भी बहुत दूर-दूर तक प्रसिद्ध है। वह आस-पास के व्यापार का भी केन्द्र है। अतः वहाँ जहाँ एक ओर विश्वविद्यालय के स्नातक और प्रोफेसर दिखलाई पड़ते हैं वहाँ दूसरी ओर भारी संख्या में साधू, भिखारी, विधवायें, वेश्यायें आदि भी देखी जा सकती हैं। ऐसे नगरों में विविधता को प्रोत्साहन मिलता है और अन्य नगरों से अधिक जटिलता दिखाई पड़ती है।

भारत एक विशाल देश है। यहाँ नगरीकरण बराबर बढ़ रहा है। अतः सभी नगरों का विस्तृत विवेचन तथा वर्गीकरण करने के लिए तो एक स्वतन्त्र ग्रन्थ की ही आवश्यकता पड़ेगी। फिर भी स्थूल रूप से नगरों के पीछे बतलाये गये प्रकार में भारत के अधिकांश नगर आ जायेंगे। भारत के ही क्यों संसार के सभी देशों के अधिकांश नगर इन वर्गों में रखे जा सकते हैं।

अभ्यास के लिए प्रश्न

1. नगरों के प्रकारों का निर्देशन कीजिए तथा नगरों को कार्य दृष्टि से कैसा वर्गीकृत किया जा सकता है यह स्पष्टतया समझाइये।

7

नगरीय परिस्थितिशास्त्र और व्यक्तित्व

(Urban Ecology and Personality)

नगरीय परिस्थितियों का व्यक्तित्व और व्यक्तियों के व्यवहार पर बड़ा प्रभाव पड़ता है। इस प्रभाव को समझने से पहले नगरीय परिस्थिति के विभिन्न तत्त्वों को समझना जरूरी है। इसके लिए नगरों का परिस्थितिशास्त्रीय विश्लेषण किया जाना चाहिए।

नगरों का परिस्थितिशास्त्रीय विश्लेषण

नगरों की बनावट में कुछ विशेष बातें स्पष्ट दिखलाई पड़ती हैं। नगर में कुछ मुहल्लों में कोई विशेष व्यवसाय या उद्योग आदि होता है। कहीं होटल या बाजार आदि होते हैं। कहीं जुआ, व्यभिचार आदि अपराध के अड्डे होते हैं। किसी भाग में चोरियाँ और आत्म-हत्यायें अधिक होती हैं। समाजशास्त्र के अनुसार शहर के सामाजिक जीवन और परिस्थिति में बड़ा भारी सम्बन्ध रहता है जैसे जमीन की ऊँचाई निचाई के साथ जीव और वनस्पति का विकास बदलता रहता है वैसे ही ऊँचाई-निचाई और केन्द्र से दूरी या निकटता के साथ शहर का जीवन भी बदलता रहता है। परिस्थितिशास्त्र (Ecology) में स्थान और सामाजिक जीवन के सम्बन्ध का अध्ययन किया जाता है।

पार्क और बर्गेस के अनुसार यदि हम शहर के केन्द्र को बिन्दु मानकर कई परिधियों के दायरे खीचें तो हमें नगर का विभाजन इस तरह मिलेगा—

(1) बीच में बाजार या व्यवसाय का स्थान होगा। (2) चारों ओर बड़े या छोटे उद्योग धन्धों की जगह होगी। (3) बाद में निम्न वर्ग के लोगों की जगह होगी। (4) जिसके बाद मध्यम श्रेणी, व (5) उच्च श्रेणी के लोगों का निवास स्थान होता

है। पार्क और बर्गेस का नगर का यह विभाजन सभी नगरों पर लागू नहीं हो सकता।

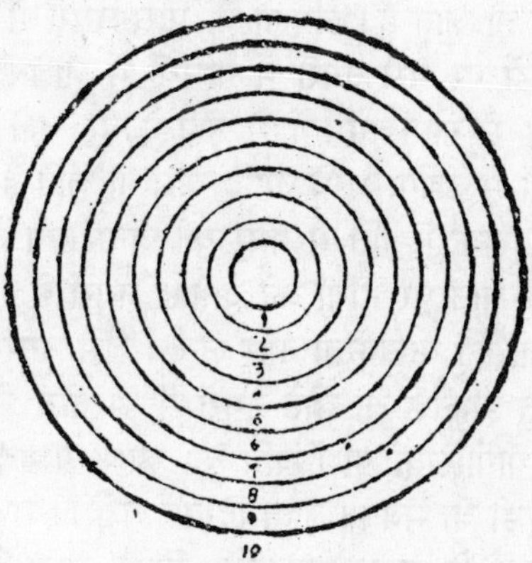

नगरों में व्यक्तियों के जीवन पर प्रभाव डालने वाले परिस्थितिशास्त्र सम्बन्धी तत्व एक तरह के नहीं होते। सरकारी कार्यालयों वाले नगर में जीवन उन्हीं के चारों ओर केन्द्रित होता है। इसी तरह कहीं सैनिक छावनी, कहीं कोई बड़ा उद्योग आदि नगर के केन्द्र होते हैं। बड़े-बड़े और औद्योगिक नगरों में स्कूलों, कालिजों और विश्वविद्यालय के अलावा सरकारी दफ्तर, बड़े-बड़े क्लब, नाचघर, सिनेमाघर, होटल, शराबखाने आदि मिलते हैं। मजदूरों की गन्दी बस्तियाँ अलग बसी होती हैं। सम्पन्न परिवार बड़ी-बड़ी विशाल अट्टालिकाओं में अलग मोहल्ले में रहते हैं। व्यापारिक मण्डियों में व्यापारिक स्थानों के चारों ओर घनी आबादी मिलती है। औद्योगिक नगर आमतौर से अधिक घने बसे होते हैं। ऐसे ही नगरों में ताड़ीघर, शराबखाने, वेश्यालय और क्लब आदि अधिक दिखाई पड़ते हैं। जिन नगरों में छोटे-मोटे उद्योग होते हैं वहाँ ये सब नहीं दिखलाई पड़ते, क्योंकि मजदूर लोग अक्सर शाम को नजदीक के गाँवों में अपने-अपने घरों को चले जाते हैं। ऐसे नगरों की जनसंख्या बहुत अधिक नहीं होती और उनके निवासियों में विचार और दृष्टिकोण में गाँव की ओर अधिक झुकाव मिलता है, क्योंकि व्यापार में उनका गाँव वालों से अधिक सम्पर्क आता है। इन शहरों में सामाजिक संगठन अधिक सुदृढ़ होता है और सामाजिक नियन्त्रण भी अधिक पाया जाता है। ऐसे नगरों में सामाजिक एकता भी अधिक मिलती है। यहाँ बड़े-बड़े औद्योगिक नगरों की सी हड़तालें, अपराध तथा वर्गवाद नहीं पाया जाता। न उतने अधिक सांस्कृतिक कार्यक्रम दिखाई पड़ते हैं और न वैसी गर्मागर्म राजनीति दिखाई पड़ती है। यहाँ बड़े नगरों की-सी अनैतिकता भी नहीं दिखाई पड़ती है।

नगर में परिस्थितिशास्त्र सम्बन्धी तत्त्व

उपरोक्त विवेचन से यह मालूम पड़ता है कि नगर के जीवन को प्रभावित करने वाले परिस्थितिशास्त्र सम्बन्धी तत्त्व निम्नलिखित हैं—

(1) **भौगोलिक परिस्थिति**—किसी नगर की भौगोलिक स्थिति का उसके निवासियों के खान-पान, रहन-सहन, आर्थिक, सामाजिक, सांस्कृतिक और राजनीतिक जीवन आदि पर बड़ा असर पड़ता है। नदियों के किनारों के नगरों में साधारणतया जनसंख्या घनी होती है। खनिज पदार्थों के नजदीक नगरों में बड़े-बड़े उद्योग धन्धे

खड़े हो जाते हैं। जंगलों के पास नगरों में लकड़ी आदि का काम अधिक होता है। पहाड़ों पर बसे नगरों में गर्मियों में जीवन की गति तेज रहती है, क्योंकि मैदानों से बहुत से लोग गर्मियों में पहाड़ों पर चले आते हैं। साधारणतया रेगिस्तानों में बसे नगरों में उद्योग धन्धे आदि कम हो जाते हैं और आबादी भी कम होती है। इस तरह भौगोलिक स्थिति से नगर की जनसंख्या और व्यवसाय पर स्पष्ट प्रभाव पड़ता है। खान-पान पर गाँवों की अपेक्षा नगरों में भौगोलिक परिस्थिति का प्रभाव बहुत कम पड़ता है। कलकत्ता और लन्दन जैसे नगरों में सभी तरह का खाना मिल सकता है। परन्तु इंगलैंड के छोटे नगरों में भारतीय भोजन मिलना बहुत कठिन है। रहन-सहन पर भौगोलिक परिस्थिति का स्पष्ट प्रभाव पड़ता है। जापान में बड़े बड़े नगरों में लकड़ी के मकान बहुत दिखाई पड़ेंगे। राजस्थान में नगरों के अधिकतर मकान और इमारतों में पत्थर का प्रयोग किया जाता है। वस्त्र आदि में भी छोटे-छोटे नगरों में विज्ञान के प्रभाव से जलवायु का प्रभाव बहुत कम होता जाता है परन्तु औसत नगरों में जीवन के सभी पक्षों में यह प्रभाव दिखाई पड़ता है। बड़े नगरों में छोटे नगरों की अपेक्षा नैतिकता का स्तर आमतौर से नीचा पाया जाता है। वहाँ का राजनीतिक और सामाजिक जीवन अधिक जटिल और गतिशील होता है क्योंकि वहाँ पर अनेक प्रकार की संस्कृतियाँ पाई जाती हैं।

(2) यातायात के साधन—नगरों के निवासियों के जीवन को प्रभावित करने वाले परिस्थितिशास्त्र सम्बन्धी तत्त्वों में दूसरा महत्त्वपूर्ण तत्त्व यातायात के साधन हैं। यातायात के साधनों की कमी होने पर नगर की जनसंख्या बहुत कम होती है, व्यापार की हालत खराब रहती है, लोग सांस्कृतिक दृष्टि से संकीर्ण विचारों वाले होते हैं। सामाजिक जीवन रूढ़िवादी और बहुत कम गतिशील होता है। दूसरी ओर यातायात के साधन रेलों, बसों तथा दूसरे साधनों की बहुतायत होने पर नगर की आबादी बढ़ती है, व्यापार में वृद्धि होती है, लोगों की आर्थिक सम्पन्नता बढ़ती है, सामाजिक, आर्थिक और राजनीतिक जीवन गतिशील बनता है और सांस्कृतिक विकास होता है तथा दृष्टिकोण की उदारता बढ़ती है।

(3) व्यवसाय और उद्योग—नगर के उद्योग धन्धों और व्यवसायों का भी नागरिकों के जीवन पर बड़ा प्रभाव पड़ता है। यदि नगर में बड़े-बड़े कारखाने हों तो वहाँ का जीवन एक विशेष प्रकार का होता है जिसमें स्लमों, होटलों, विशाल अट्टालिकाओं, गन्दी बस्तियों, बड़े-बड़े बाजारों, ट्रामों, बसों आदि की बहुतायत होती है। दूसरी ओर यदि नगर में व्यापार होता हो या अनाज की मण्डी हो तो वहाँ का जीवन दूसरे प्रकार का होता है।

(4) आर्थिक, सामाजिक और सांस्कृतिक संगठन—उपरोक्त तत्त्वों के अतिरिक्त नगर का आर्थिक, सामाजिक और सांस्कृतिक संगठन भी नगर निवासियों के जीवन पर बड़ा प्रभाव डालता है। इससे नगर के भिन्न-भिन्न भागों का परस्पर

सम्बन्ध निर्धारित होता है। इनके प्रतिमानों के आधार पर नगर के लोगों के रहन-सहन, खान-पान वस्त्रादि तथा जीवन के दूसरे पक्षों का रूप निश्चित होता है।

नगरीय परिस्थितिशास्त्र और मानसिक अव्यवस्था

जैसा कि नगर के परिस्थितिशास्त्रीय विश्लेषण से ज्ञात होता है, नगर में जीवन की गति बहुत तीव्र होती है। उसमें व्यक्ति को अधिक सोचने का समय नहीं मिलता। अनेक महत्त्वपूर्ण विषयों में वह दूसरों के पचे-पचाये विचार ग्रहण कर लेता है। दूसरे नगर का जीवन विविध, बहुरंगी और परिवर्तनशील होता है। उसमें बाह्य तड़क-भड़क और प्रवृत्तियों को उत्तेजित करने वाले सामान अधिक होते हैं। ये नित्य नई उत्तेजनायें नगर निवासियों में नई-नई आवश्यकतायें (NeeosG) उत्पन्न करती हैं। उत्तेजनायें असीम होने के साथ-साथ आवश्यकतायें भी लगभग असीम हो जाती हैं। उदाहरण के लिए शहर में लड़कियाँ फैशन के अनुसार वस्त्र पहनने मर अधिक जोर देती हैं। यह फैशन बराबर बदलता रहता है और फैशनेबिल रहने की दौड़ के कारण लड़कियों को नए-नए वस्त्रों की आवश्यकता बराबर बनी रहती है और उनको परेशान किये रहती है। नगरीय व्यक्ति का जीवन कृत्रिम और यान्त्रिक हो जाता है, क्योंकि न तो उसको प्रकृति का सान्निध्य मिल पाता है और न नगर की वस्तुएँ उसको इतना अवकाश ही देती हैं कि वह प्रकृति की ओर आँख उठाकर देखें।

इन सब तथा अन्य प्रवृत्तियों का परिणाम यह होता है कि नगर निवासी में अन्तर्द्वन्द्व बढ़ता जाता है। अनेक वस्तुयें विरोधी प्रवृत्तियाँ उत्पन्न करती हैं। अनेक वस्तुयें वासनाओं को भड़काती हैं और क्योंकि सभी वासनायें पूरी होना कठिन होता है अतः अन्तर्द्वन्द्व उत्पन्न होता है। इस अन्तर्द्वन्द्व से थकान बढ़ती है और तनाव बढ़ते हैं। उधर जीवन की गति तीव्र होने के कारण झुँझलाहट अलग बढती है। परिणाम यह होता है कि नगर निवासियों का व्यक्तित्व विघटित होने लगता है और मानसिक अव्यवस्था दिखलाई पड़ने लगती है। इस प्रकार यद्यपि यह तो नहीं कहा जा सकता कि देश में मानसिक अव्यवस्था नगरीकरण के अनुपात में बढ़ती है, परन्तु यह अवश्य कहा जा सकता है कि नगरीकरण बढ़ने से, जब तक कि उसको नियोजित न किया जाय मानसिक अव्यवस्था के अवसर भी बढ़ते हैं। यह निष्कर्ष विभिन्न नगरों से मिले तथ्यों से भी स्पष्ट होता है। आज संयुक्त राज्य अमरीका में नगरीकरण की गति सबसे अधिक तीव्र है और वहीं मानसिक रोग और मानसिक अव्यवस्था की दर भी सबसे अधिक है। दूसरे, अनेक खोजों से यह ज्ञात हुआ है कि मानसिक अव्यवस्था ग्रामीण लोगों में नगरीय लोगों से बहुत कम हो जाती है और जो पाई भी जाती है उसके कारण ग्रामीण परिस्थितियाँ न होकर दूसरे होते हैं जबकि नगरों में नगरीय परिस्थितियाँ मानसिक अव्यवस्था का मुख्य कारण पाई गई हैं। स्नायविक रोग तो विशेष तौर से नगरीय जीवन का ही परिणाम हैं।

अभ्यास के लिए प्रश्न

1. नगर के परिस्थितिशास्त्रीय प्रतिमानों का निर्माण करने वाले मुख्य सिद्धान्तों में से कुछ सिद्धान्तों का वर्णन कीजिये।
2. निम्नलिखित अध्ययन विषय की चर्चा कीजिए—नगर की परिस्थिति।
3. नगरीय तथा ग्रामीण व्यक्तित्व के लक्षणों के बीच का अन्तर भारत के संदर्भ में स्पष्ट कीजिये।
4. आप नगरीय व्यक्तित्व से क्या समझते हैं? यह ग्रामीण व्यक्तित्व से किस प्रकार भिन्न है?

8
नगरीय परिवार
(Urban Family)

नगरीय परिवार की प्रमुख विशेषतायें निम्नलिखित हैं–

(1) अधिकतर केन्द्रक परिवार–ग्रामीण परिवारों की तुलना में समाजशास्त्रीय दृष्टि से नगरीय परिवारों में अन्तर देखा जा सकता है। उदाहरण के लिये जबकि गाँव में अधिकतर परिवार संयुक्त रहते हैं, नगरों में केन्द्रक परिवारों की ओर अधिक प्रवृत्ति होती है। इसका कारण यह है कि नगरों में बड़े-बड़े मकान सुलभ नहीं होते जिससे कि अनेक परिवार एक साथ रहे सकें। इसलिए यही अधिक अच्छा होता है कि छोटे-छोटे परिवार अलग-अलग रहें। नगरों में नौकरी के लिए आने वाले व्यक्ति अधिकतर नगरों की मँहगाई और मकानों के ऊँचे किराए के कारण गाँव में केवल स्त्री बच्चों को ही अपने साथ ला पाते हैं और परिवार के बाकी सदस्य गाँव में ही छूट जाते हैं। इस प्रकार नगरों में अधिकतर केन्द्रक परिवार होते हैं। आजकल संयुक्त परिवार की संस्था के विघटन गाँव की अपेक्षा नगर में अधिक तेजी से हुआ है जिसमें उपरोक्त कारणों के अलावा अन्य मुख्य कारण व्यक्तिवाद, भोगवाद, स्वार्थ, भौतिकवाद, स्वतन्त्रता की इच्छा, स्त्रियों की शिक्षा आदि नगर सुलभ विशेषताएँ भी हैं।

(2) स्त्रियों की उच्च स्थिति किन्तु समरसता का अभाव–ग्रामीण परिवारों के समान नगरीय परिवारों में भी स्त्रियों की स्थिति ऊँची होती है। यही नहीं बल्कि नगर में परिवार में स्त्री की स्थिति यदि वह पढ़ी-लिखी है तो उसकी ग्रामीण बहन से अधिक ऊँची होती है, किन्तु दूसरी ओर नगरीय परिवारों के सदस्यों में उतनी अधिक समरसता दिखलाई नहीं पड़ती जितनी की ग्रामीण परिवारों में देखी जाती है। यह ठीक है कि बहुत से पढ़े-लिखे पति-पत्नी आपस में जितने अधिक मधुर सम्बन्ध बनाये रहते हैं वैसे ग्रामीण परिवारों में नहीं देखे जा सकते, परन्तु जब इन वैवाहिक सम्बन्धों का विघटन शुरू होता है तो वह शीघ्र ही इतना अधिक बढ़

जाता है जितना ग्रामीण पति-पत्नी में बहुत कम बढ़ता है। नई पीढ़ी के युवक-युवतियों में नगरीय परिवार में जितना व्यक्तिवाद, स्वतन्त्रता और उच्छृंखलता मिलती है वह गाँव में नहीं होता। यह बात विशेषतया लड़कियों के बारे में कही जा सकती है।

(3) धार्मिकता और आध्यत्मिकता की कमी—ग्रामीण परिवार की विशेषता धार्मिकता और आध्यात्मिकता नगरीय परिवारों में बहुत कम दिखलाई पड़ती है क्योंकि नगर निवासी उतने अधिक धार्मिक और आध्यात्मिक नहीं होते। इसका मुख्य कारण यह है कि वे प्रकृति के उतने निकट सम्पर्क में नहीं रहते जितने कि ग्रामीण लोग रहते हैं। दूसरी ओर वे वैज्ञानिक उपकरणों, यन्त्रों और धर्म-निरपेक्ष साहित्य के अधिक निकट सम्पर्क में रहते हैं। धर्म और आध्यात्मिकता की कमी तथा भौतिकवाद और भोगवाद की प्रगति का एक मुख्य कारण नगरीय परिवारों के सदस्यों पर सिनेमा का प्रभाव है।

(4) औपचारिक अतिथि सत्कार—ग्रामीण परिवारों में आज भी अतिथि सत्कार की जो परम्परा दिखलाई पड़ती है वैसी परम्परा नगरीय परिवारों में नहीं देखी जा सकती भले ही औपचारिक रूप से सभी लोग मेहमानों की आवभगत करते हैं। इसका मुख्य कारण यह है कि नगरों में जीवन की दौड़ इतनी तीव्र होती है और लोगों की प्रवृत्ति इतनी अधिक आत्मकेन्द्रित और भोगवादी होती है कि उन्हें दूसरों की ओर देखने की अधिक फुर्सत नहीं होती।

(5) सन्तान का आर्थिक कार्यों में सहयोग नहीं—ग्रामीण परिवार के समान अनेक नगरीय परिवारों में भी पढ़ी लिखी स्त्रियाँ आर्थिक कार्यों में सहयोग करती हैं। कुछ घर से बाहर नौकरी करती हैं और कुछ अन्य घर में ही रहकर पति के कामों में उसका हाथ बँटाती हैं, किन्तु जहाँ ग्रामीण परिवारों में लड़के लड़कियाँ भी आर्थिक कार्यों में माता-पिता का हाथ बँटाते हैं वहाँ निम्न वर्गों को छोड़कर मध्यम और उच्च वर्गीय नगरीय परिवारों में लड़के-लड़कियाँ माता-पिता के आर्थिक कार्यों में किसी भी प्रकार से भाग नहीं लेते और काफी बड़ी आयु तक उन्हीं की आय पर निर्भर रहते हैं।

(6) अनुशासन और नियन्त्रण की कमी—गाँवों में परिवार के सदस्यों में अनुशासन अधिक होता है क्योंकि लड़के-लड़कियाँ बुजुर्गों की नजर से बचकर बहुत कम काम कर सकते हैं। दूसरी ओर नगरों की भीड़-भाड़ में घर से बहुत दूर स्कूलों, कालिजों और विश्वविद्यालयों में पढ़ने वाले लड़कियों, लड़कों पर उनके माता-पिता का नियन्त्रण नहीं रह पाता। बहुधा जवान लड़कियाँ भी प्रातःकाल खाना बाँधकर और किताबें लेकर विद्यालय के लिये निकल जाती हैं और सन्ध्या के समय तथा कभी कभी तो रात को घर वापिस आती हैं। कुछ तो एक दो रात भी अपनी सहेली के यहाँ ही गुजार देती हैं। ऐसी परिस्थिति में यह स्वाभाविक है कि उन पर घर का वह अनुशासन नहीं रह सकता जो गाँव में सम्भव होता है। अनुशासन के अभाव में माता-पिता और बालकों के सम्बन्ध भी घनिष्ठ न रहकर

औपचारिक हो जाते हैं। नगरीय परिवारों में माता-पिता भी इस बात की विशेष चिन्ता नहीं करते कि लड़के, लड़कियाँ घर से बाहर अथवा विद्यालय में क्या करते हैं। वे छोटी-छोटी बातों से खानदान की इज्जत की भावनाओं को नहीं जोड़ते और न उनमें यह भावना इतनी अधिक प्रबल ही होती है जैसी कि ग्रामीण परिवार में दिखलाई पड़ती है।

(7) परम्पराओं का कम सम्मान—जबकि ग्रामीण परिवारो में प्राचीन परम्पराओं को बनाये रखने की कोशिश की जाती है, नगरीय परिवार में उनका बहुत कम सम्मान होता है, नई पीढ़ी के लड़के लड़कियाँ तो उन परम्पराओं को बनाये रखने के स्थान पर उनको तोड़ने में ही अधिक विश्वास करते हैं। वे हर पुरानी लीक और रीति-रिवाज के विरुद्ध विद्रोह करते हैं और अपने मनमाने ढंग से जीवन व्यतीत करना चाहते हैं।

(8) पिता के अलावा माता और बच्चों की सत्ता—ग्रामीण परिवारों में अधिकतर पिता की सत्ता चलती है। यही बात सामान्य रूप से नगरीय परिवारों के बारे में कही जा सकती है, किन्तु अनेक नगरीय परिवारों में पिता की नहीं; बल्कि माता की सत्ता चलती है ये वे परिवार हैं जिनमें पत्नी पति से अधिक कमाती है अथवा जिनमें वह पति से अधिक पढ़ी लिखी है। फिर, कुछ परिवारों में माता-पिता की नहीं बल्कि लड़के, लड़कियों की चलती है और जैसा वे चाहते हैं माता-पिता वैसा ही करते हैं। इस प्रकार नगरीय परिवारों में सामाजिक नियन्त्रण को उस तरह से लागू नहीं किया जाता जैसा कि ग्रामीण परिवारों में होता है।

(9) परिवार का कम महत्त्व—ग्रामीण समाज में पारिवारिक सम्बन्धों का अत्यधिक महत्त्व होता है और उनके आधार पर बहुत से सम्बन्ध निर्धारित होते हैं। नगरों में व्यक्तियों के सामाजिक, आर्थिक, राजनीतिक आदि सम्बन्धों में पारिवारिक सम्बन्धों का हस्तक्षेप लगभग नहीं के बराबर होता है यहाँ तक कि अनेक परिवारों में भाई बहिनों के सम्बन्ध पारिवारिक सम्बन्धों से नहीं बल्कि अन्य प्रकार के सम्बन्धों से निर्धारित होते हैं। नगरीय परिवार में सदस्यों में व्यक्तिवाद अधिक होता है। बहुधा परिवार उनके लिये एक होटल से अधिक नहीं होता जहाँ वे खाना खाने और आराम करने के लिये आते हैं। नगरों में परिवार के बहुत से काम अन्य एजेन्सियों ने ले लिये हैं। नगरीय परिवार में अनेक कारक बराबर परिवर्तन कर रहे हैं। उनमें अनेक नई प्रवृत्तियाँ दिखलाई पड़ती हैं। उनके सामने नई-नई समस्यायें हैं। वर्तमान काल में वे अस्थिर और विघटित हैं, इन सब कारकों का विस्तृत विवेचन करने से नगरीय परिवार की प्रकृति और भी अधिक स्पष्ट होगी।

नगरीय परिवार का कार्य लेने वाली एजेन्सियाँ

आधुनिक नगरों में अनेक एजेन्सियाँ परिवार के कार्यों को लेती जा रही हैं। इन एजेन्सियों में मुख्य अग्रलिखित हैं—

(1) मातृत्व अस्पताल (Maternity Hospitals)।

(2) स्त्रियों के अस्पताल (Women Hospitals)।

(3) बच्चों के अस्पताल (Baby Clinics)।

(4) शिशुशालायें (Creches) तथा बालोद्यान (Kindergarten)।

(5) बाल-पालक (Baby Sitters)।

(6) होटल तथा रेस्तरां।

(7) परिवार को राजकीय सहायता।

(8) क्लब, सिनेमा आदि मनोरंजन के साधन।

(1) मातृत्व अस्पताल—पहले प्रसूति का काम परिवार में होता था और केवल बालक होने के समय दाई को बुला लिया जाता था। अब समृद्ध परिवारों में अधिकतर यह कार्य मातृत्व अस्पतालों में होता है। गर्भावस्था में स्त्रियाँ बराबर डाक्टर की राय लेती रहती हैं। प्रसूति काल के कुछ समय पहले वे मातृत्व अस्पतालों में भर्ती हो जाती हैं और बच्चा होने के बाद भी कुछ दिन वहीं ठहरती हैं। सरकार की ओर से मातृत्व अस्पताल खुल जाने से अब मध्यम परिवारों में धीरे-धीरे यह प्रथा बढ़ती जा रही है। वास्तव में इस व्यवस्था से बड़ा लाभ है। इससे माता और शिशु योग्य चिकित्सकों की देख-रेख में रहते हैं और उनको समय पर हर प्रकार की औषधि मिल जाती है। केस बिगड़ जाने पर आसानी से और ठीक समय पर ऑपरेशन हो जाता है। घरों में न तो दवाई की सुविधा हो सकती है और न ऑपरेशन का प्रबन्ध जिससे बड़ी पेरशानी होती है और कभी-कभी तो माता या शिशु की जान पर ही आ बनती है। मातृत्व अस्पतालों में प्रसूति की प्रथा बढ़ने का एक कारण संयुक्त परिवार का विघटन भी है। आधुनिक काल में साधारणतया विवाह के बाद नव-दम्पति अपने परिवार से पृथक् रहते हैं। प्रसूति के समय उनके पास कोई भी बड़ी-बूढ़ी नहीं होती जो कि उन्हें ठीक राय दे और काम संभाल ले। दूसरे, आजकल शहरों में घर इतने छोटे हैं कि अन्य रिश्तेदारों के रहने का प्रबन्ध कठिन हो जाता है। ऐसी अवस्था में यही बात सहज पड़ती है कि डाक्टर की राय के अनुसार गर्भवती स्त्री को प्रसूतिगृह या मातृत्व अस्पताल में भर्ती करा दिया जाये और सब प्रकार की परेशानियों तथा खतरों से बचा जाये।

(2) स्त्रियों के अस्पताल—विशेषीकरण के आधुनिक युग में सभी प्रकार के रोगों के विशेषज्ञ होने लगे हैं। आजकल लगभग सभी बड़े कस्बे और शहरों में स्त्री रोगों के विशेषज्ञ मिल जाते हैं। अतः अब वे ही स्त्रियों के रोगों का इलाज करते हैं। पहले ये कार्य परिवार में ही होते थे।

(3) बच्चों के अस्पताल—स्त्रियों के उपचार के साथ-साथ आजकल बच्चों के उपचार के भी विशेषज्ञ डाक्टर होने लगे हैं। पहले बच्चों के छोटे-मोटे

रोगों का उपचार परिवार में ही होता था। अब यह कार्य बच्चों के अस्पताल में होता है। इस प्रकार रोगियों की परिचर्या का अधिकांश उत्तरादायित्व डाक्टरों पर रहता है। परन्तु इसका अभिप्राय यह नहीं है कि परिवार से यह कार्य बिल्कुल ही उठ गया हो।

(4) शिशुशालायें व बालोद्यान—आधुनिक प्रगतिशील देशों में शिशुशालाओं और बालोद्यानों का विकास हो रहा है। कारखानों में काम करने वाली स्त्रियाँ अपने दूध पीते बच्चों को शिशुशालाओं (Creches) में छोड़ जाती हैं जहाँ शिक्षित स्त्रियाँ उनकी देखभाल करती हैं, समय पर उनको दूध पिलातीं और खिलौने आदि से उनको बहलाती हैं। इस प्रकार की संस्थाओं का आधुनिक देशों में विशेषतया रूस में बड़ा विकास हुआ है।

इसी प्रकार तीन से छः वर्ष के बालकों के लिये पाश्चात्य देशों में सब कहीं मान्टेसरी पद्धति के स्कूलों, नर्सरियों तथा बालोद्यानों का विकास हुआ है। इनमें बालकों की सब तरह से देखभाल रक्खी जाती है। भारत में शिशुशालाओं और नर्सरियों की संख्या अभी बहुत ही कम है।

(5) बाल-पालक—शिशुशालाओं तथा नर्सरियों आदि के साथ-साथ पश्चिमी देशों में बच्चों की देखभाल और पालन-पोषण का बहुत सा कार्य बाल-पालकों (Baby sitters) ने ले लिया है। बाल-पालक प्रायः स्त्रियाँ ही होती हैं। वे बच्चों को बहलाती हैं और घण्टों के हिसाब से फीस लेती है। अमरीका में जब किसी स्त्री को कुछ घण्टों के लिये ऐसे आवश्यक काम के लिये बाहर जाना होता है जिसमें बच्चों से असुविधा होती है तब वह उन्हें बालपालक के पास छोड़ जाती है।

(6) होटल और रेस्तराँ—पहले परिवार के प्रत्येक सदस्य का भोजन अनिवार्य रूप से परिवार में ही बनता था। आजकल अनेक कारणों से परिवार के बाहर खाने पीने और आराम करने का चलन बढ़ता जाता है। संसार के सभी सभ्य देशों में, नगरों में होटलों और रेस्तरांओं की भरमार होती है जिनमें बड़ी संख्या में लोग नाश्ता और भोजन लेते तथा आराम करते हैं। इस प्रकार भोजन तथा आराम की व्यवस्था करने का परिवार का कार्य होटल और रेस्तरां लेते जा रहे हैं यद्यपि अधिकतर लोग अब भी परिवार में ही खाते और आराम करते हैं।

(7) राजकीय सहायता—पहले परिवार का एक मौलिक कार्य स्त्री, बच्चों के साथ-साथ अपाहिजों, बूढ़ों और बेकारों की सहायता करना भी था। परिवार में इनके लिये भी अन्य सदस्यों के समान खाने, कपड़े आदि का समुचित प्रबन्ध होता था। आजकल बहुत से देशों में यह कार्य सरकारी सहायता से होने लगा है और इस दिशा में परिवार का उत्तरादायित्व कम हो गया है। यूरोप के अनेक देशों में बूढ़े, असहाय, बेकार लोगों तथा अनाथ बच्चों को सरकार की ओर से सहायता दी जाती है। कनाडा और अमरीका में भी इस प्रकार की व्यवस्था है। कारखानों में काम करने वाली स्त्रियों को प्रसूति के दिनों में वेतन सहित छुट्टी मिलती है और निःशुल्क

चिकित्सा की सुविधा मिलती है। बीमे और पेन्शन की सुविधाओं से सरकार सब कहीं बूढ़े अनाथों की सहायता करती है। अनेक देशों में तो बच्चे बढ़ने पर सरकार से प्रत्येक बच्चे पर कुछ भत्ता दिया जाता है। रूस, स्वीडन, जर्मनी और इटली में इस प्रकार की सहायता की विशेष व्यवस्था है।

(8) क्लब, सिनेमा आदि मनोरंजन के साधन—आजकल मनोरंजन व्यावसायिक स्तर पर किया जाने लगा है। संसार के सभी देशों के नगरों में सिनेमा की धूम रहती है। नगरों में सब कहीं क्लब पाये जाते हैं। ये क्लब भी तरह तरह के होते हैं—कहीं खेल होते हैं तो कहीं नाच गाना होता है। नर नारी भिन्न-भिन्न प्रकार के क्लबों के सदस्य बन जाते हैं और उनके द्वारा अपना मनोरंजन करते हैं। शिक्षित परिवारों में स्त्री-पुरुष कभी एक ही और कभी अलग-अलग क्लबों में जाते हैं। अतः मनोरंजन का केन्द्र परिवार नहीं रह गया है।

इस प्रकार आजकल अनेक संस्थायें परिवार के कार्यों में उसकी सहायता करती हैं। होटल, रेस्तराँ आदि भोजन और आराम की व्यवस्था करते हैं। सिनेमा, क्लब आदि मनोरंजन की व्यवस्था करते हैं। इस प्रकार ये संस्थायें परिवार से उसके बहुत से काम बाँट लेती हैं, परन्तु ये परिवार का स्थान नहीं ले सकतीं। ये केवल उसकी सहायता कर सकती हैं।

नगरीय परिवार के परिवर्तन के कारक

इलियट और मैरिल के अनुसार आधुनिक परिवार पर प्रभाव डालने वाले विभिन्न कारकों को निम्नलिखित वर्गों में बाँटा जा सकता है—

(1) आर्थिक कारक (Economic Factors)

(2) राजनीतिक कारक (Political Factors)

(3) दार्शनिक कारक (Philosophical Factors)

(4) सामाजिक कारक (Social Factors)

(1) आर्थिक कारक—वर्तमान काल में आर्थिक परिवर्तन ने परिवार के स्वरूप और प्रकृति पर गहरा प्रभाव डाला है। औद्योगिक क्रान्ति के कारण परिवार उत्पादन की इकाई नहीं रह गया। उत्पादन में मशीनों का जोर-शोर से उपयोग होने लगा, नये-नये कारखाने खुलने लगे और उनमें स्त्रियाँ तथा बच्चे भी काम करने लगे। इससे स्त्रियाँ पुरुष पर आश्रित नहीं रह गईं और आर्थिक दृष्टि से स्वतन्त्र हो गईं। स्त्री-पुरुष दोनों के आर्थिक क्षेत्र में उतरने से विवाह के बन्धन ढीले पड़ने लगे और उनका आधार केवल प्रेम अथवा वासनापूर्ति रह गया जिसके अभाव में तलाकों की संख्या बढ़ने लगी। आटा पीसने, कपड़े धोने आदि घर के अनेक कार्यों के लिए नई-नई मशीनों के आविष्कार से घर में स्त्रियों पर काम का भार हल्का हो गया और वे पुरुषों के साथ अन्य कार्यों में हाथ बँटाने लगीं। इससे क्रमशः

स्त्री–पुरुष की समानता का प्रचार हुआ और व्यक्तिवाद बढ़ने लगा। शहरों में जनसंख्या बढ़ने से भी परिवार पर बड़ा प्रभाव पड़ा। परिवार के अनेक कार्य अन्य एजेन्सियों ने ले लिए। आर्थिक उत्पादन कारखानों में, शिक्षा स्कूल और बालधर तथा मनोरंजन क्लबों और सिनेमा गृहों में होने लगा। इससे केन्द्रापगामी (Centrifugal) प्रवृत्तियाँ प्रबल होने लगीं और परिवार की दृढ़ता कम होने लगी। इस संक्षिप्त वर्णन से यह स्पष्ट है कि आर्थिक परिवर्तन ने परिवार के स्वरूप और प्रकृति पर बड़ा प्रभाव डाला है।

परन्तु इससे परिवार की (Biological) जैवकीय आवश्यकता पर कोई प्रभाव नहीं पड़ता। परिवार में ही मानव शिशु का जन्म होता है और परिवार में वह पलता है। राल्फ लिन्टन, एलमर और हैवलॉक ऐलिस आदि विद्वानों ने शिशु के विकास के लिए परिवार की आवश्यकता पर बड़ा जोर दिया है। हैवलॉक ऐलिस के अनुसार माँ के दूध पर पलने वाले बच्चों में शिशु मृत्यु संख्या तथा रोग संख्या उन बच्चों से बहुत कम होती है जो शिशु केन्द्रों में पाले जाते हैं। परिवार में बालक को केवल शारीरिक विकास के लिए नहीं बल्कि मानसिक विकास के लिए भी समुचित अवसर मिलता है। मनोवैज्ञानिकों ने बालक के मानसिक विकास में माता–पिता के स्नेह और सहानुभूति का बड़ा महत्व माना है। परिवार में प्रत्येक बालक का व्यक्तिगत रूप से ध्यान रखा जाता है और उसकी आवश्यकताओं की पूर्ति की जाती है। सन्तान के उत्पादन तथा पालन के अतिरिक्त मैकाइवर ने परिवार के दो अन्य जैवकीय प्रयोजन भी माने हैं—एक तो यौन आवश्यकता की स्थायी सन्तुष्टि तथा दूसरे घर की व्यवस्था। मानव ने अभी तक परिवार के अतिरिक्त किसी ऐसी व्यवस्था अथवा समिति की खोज नहीं की जिसके द्वारा मनुष्य की यौन (Sex) सम्बन्धी आवश्यकताओं की स्थायी रूप से सन्तुष्टि हो सके। यौन–वासना केवल शारीरिक आवश्यकता ही नहीं है, उसके आध्यात्मिक और मानसिक पक्ष भी हैं। जिनका संतोष स्थायी वैवाहिक सम्बन्धों में ही हो सकता है। न्यूयार्क की एक गणना में यह पता लगा कि तीस से चालीस वर्ष की आयु में मरने वालों में अविवाहितों की संख्या विवाहितों की संख्या से दुगुनी है। इसी प्रकार एक अन्य गणना से यह ज्ञात हुआ है कि आत्महत्या और शराब के प्रभाव से मरने वालों में अधिकतर अविवाहित ही होते हैं। इस प्रकार विवाहित व्यक्ति अविवाहितों की अपेक्षा स्वस्थ और दीर्घजीवी पाये गये। वास्तव में परिवार में जो सुख तथा दाम्पत्य प्रेम मिलता है वह अन्यत्र दुर्लभ है। परिवार से घर की व्यवस्था बनी रहती है। भारत में एक कहावत प्रचलित है 'बिन घरनी घर भूत का डेरा' घर वाली से घर की जो शोभा और व्यवस्था बनी रहती है वह किसी भी विवाहित व्यक्ति के घर में देखी जा सकती है। इसका विशेष पता तब लगता है जबकि घरवाली अपने मायके चली गई हो। उस समय घर की जो दुद्रशा होती है वह कहने की बात नहीं बल्कि देखने की बात है। अविवाहित और विधुर व्यक्ति भी घर की व्यवस्था में स्त्री का महत्त्व खूब

समझते हैं। इस प्रकार केवल सन्तान का उत्पादन और पालन-पोषण ही नहीं, बल्कि यौन आवश्यकताओं की स्थायी सन्तुष्टि तथा घर की व्यवस्था के लिये परिवार आज भी नितान्त आवश्यक है।

जैवकीय आवश्यकताओं के समान परिवार की सामाजिक आवश्यकता पर भी आर्थिक परिवर्तन का नकारात्मक प्रभाव नहीं पड़ा है। पति-पत्नी एक दूसरे के जीवन साथी कहे जाते हैं। एक दूसरे के रहते उन्हें कभी अकेलापन नहीं अनुभव होता और जीवन में सदैव उत्साह और आनन्द बना रहता है। वास्तव में एक विशेष आयु आने पर युवक-युवती सभी को अकेलापन खलने लगता है और वे किसी के हो जाने के लिये, किसी को पाने के लिये, किसी को सदैव नजरों के सामने रखने के लिये, सोते, जागते, उठते-बैठते किसी के साथ के लिये बेचैन रहते हैं। केवल युवावस्था में पति-पत्नी के रूप में ही नहीं, बल्कि बचपन में परिवार के सदस्य के रूप में भी मनुष्य अपनी सामाजिक आवश्यकताओं की पूर्ति करते हैं। परिवार के इस कार्य को कोई भी अन्य संस्था या समिति पूरा नहीं कर सकती। परिवार से व्यक्ति की सामाजिक आवश्यकताओं की जो पूर्ति होती है वह किसी भी अन्य प्रकार से नहीं हो सकती।

इस प्रकार यद्यपि वर्तमान अर्थिक परिवर्तनों से परिवार के स्वरूप और कार्यों पर बड़ा प्रभाव पड़ा है, परन्तु परिवार के मौलिक, जैवकीय तथा सामाजिक कार्य अब भी वैसे ही हैं। मैकाइवर तथा पेज ने अपनी प्रसिद्ध पुस्तक 'Society, An Introductory Analysis' में ठीक ही लिखा है, "आर्थिक परिवर्तन ने परिवार के स्वरूप और प्रकृति पर गहरा प्रभाव डाला है परन्तु इसने मौलिक, जैवकीय और सामाजिक आवश्यकताओं पर कोई प्रभाव नहीं डाला। जो कि परिवार के प्रमुख कार्यों का सृजन करती है।"[1]

(2) राजनीतिक कारक—आर्थिक कारकों के अतिरिक्त विवाह और परिवार के प्रतिमानों में नवीन परिवर्तन के राजनीतिक कारक भी हैं। इनमें मुख्य निम्नलिखित हैं—

(i) राज्य के क्षेत्र और प्रभुता का विस्तार—यातायात तथा संदेशवहन के साधनों के विकास और अन्य वैज्ञानिक सुविधाओं के कारण राज्य का क्षेत्र तथा प्रभुता बढ़ती जाती है और धीरे-धीरे राज्य परिवार के अनेक कार्यों को परिवार से ले रहा है। राज्य की प्रभुता बढ़ने से परिवार के सदस्यों पर से पिता की प्रभुता बहुत कम हो गयी है। पहले पिता को अपनी सन्तान को दण्ड देने का अधिकार था। परन्तु अब वह उसको उसकी इच्छा के विरुद्ध किसी काम के लिये बाध्य नहीं कर

---

1. "Economic change has deeply effected the form and character of the family, but does not effect the basic biological facts and social needs which create the essential functions of the family." —*Op. Cit.*

सकता। अमरीका में राज्य परिवार में बच्चों के मामले में भी हस्तक्षेप कर सकता है। राज्य ने परिवार से शिक्षा आदि अनेक कार्यों को ले लिया है। वह बालकों के शारीरिक तथा मानसिक स्वास्थ्य के साथ-साथ उनके भविष्य का भी ध्यान रखता है। राज्य के नियन्त्रण का क्षेत्र बढ़ने के साथ-साथ बच्चों पर परिवार के नियन्त्रण का क्षेत्र कम होता जा रहा है।

(ii) स्त्रियों को मताधिकार की प्राप्ति (Enfranchisement of the Women)—विवाह और परिवार के प्रतिमानों में नवीन परिवर्तन का दूसरा राजनीतिक कारण स्त्रियों को मताधिकार मिलना है। इससे जहाँ एक ओर स्त्रियों को पुरुषों के समान राजनीतिक समानता मिली है वहाँ दूसरी ओर उन्होंने विधान सभाओं में स्थान लेकर ऐसे विधान बनवाने आरम्भ किये हैं जिनसे स्त्रियों को सभी क्षेत्रों में पुरुष के समान अधिकार मिलें।

(3) दार्शनिक कारक—राजनीतिक तथा आर्थिक कारकों के अतिरिक्त विवाह और परिवार में नवीन परिवर्तनों में दार्शनिक कारकों का भी हाथ है। इन दार्शनिक कारकों में आधुनिक युग में प्रचलित भौतिकवाद (Materialism), सुखवाद (Hedonism), व्यक्तिवाद (Individualism) तथा बुद्धिवाद (Intellectualism) की विचारधारायें हैं। इनसे विवाह धार्मिक बन्धन न रहकर सामाजिक समझौता मात्र रह गया है। उन्मुक्त-प्रेम (Free-Love) के आदर्श के कारण विवाह-पूर्व (Pre-marital) और विवाह के बाहर (Extra-marital) यौन सम्बन्धों की संख्या बढ़ रही है। भौतिक सुखवाद तथा व्यक्तिवाद से पारिवारिक नियन्त्रण कम होता जा रहा है और विघटन प्रारम्भ हो गया है।

(4) सामाजिक कारक—दार्शनिक कारकों के अतिरिक्त विवाह और परिवार में नवीन परिवर्तनों में सामाजिक कारकों का भी बड़ा महत्त्व है। इन सामाजिक कारकों में मुख्य निम्नलिखित हैं—

(i) स्त्रियों की दशा में उन्नति—आधुनिक समुदायों में स्त्रियों में शिक्षा के प्रसार, मताधिकार की प्राप्ति तथा आर्थिक समानता से उनकी दशा बड़ी उन्नत हो गई है। इससे विवाह तथा परिवार में परिवर्तन हुये हैं। शिक्षा प्रसार के साथ-साथ स्त्रियों में विवाह की आयु बढ़ रही है और अविवाहित रहने की प्रवृत्ति भी बढ़ती जाती है। विवाह का आधार प्रेम रह गया है। अतः जीवन-साथी के चुनाव में स्वतन्त्रता बढ़ती जाने लगी है। युवक-युवती स्वयं मिलकर विवाह निश्चित करने लगे हैं। प्रेम-विवाहों की संख्या बढ़ने के साथ-साथ तलाकों की संख्या भी बढ़ रही है क्योंकि आर्थिक दृष्टि से स्वतन्त्र हो जाने के बाद विवाह में प्रेम न मिलने पर वह स्त्री के लिये व्यर्थ हो जाता है। विवाह करने के बाद स्त्रियों को अनेक प्रकार के बन्धनों में रहना पड़ता है और वे अपना मनचाहा जीवन-स्तर भी नहीं रख पातीं, इसलिये अविवाहित रहने की प्रवृत्ति बढ़ रही है। स्त्रियों की दशा उन्नत होने से परिवार का आकार भी छोटा होता जा रहा है। आधुनिक शिक्षित स्त्रियाँ अधिक

संतान उत्पन्न करके अपना स्वास्थ्य बर्बाद करना नहीं चाहतीं। अधिक सन्तान होने से जीवन-स्तर भी गिरता है और स्त्री पुरुष के वैवाहिक आनन्द में भी बाधा पड़ती है। अधिक बच्चे होने पर भी स्त्री घर से बाहर काम नहीं कर सकती। इन सब कारणों के साथ गर्भ-निरोध के वैज्ञानिक साधनों के आविष्कारों से भी आधुनिक परिवारों में बच्चों की संख्या कम होती है।

(ii) **यौन नैतिकता** (Sex Morolity) **के दोहरे मापदण्ड की समाप्ति**—स्त्रियों की दशा के उन्नत होने के साथ-साथ यौन नैतिकता के दोहरे मापदण्ड की समाप्ति ने भी आधुनिक समुदायों में परिवार और विवाह के स्वरूप पर प्रभाव डाला है। आधुनिक समाजों में यौन नैतिकता के विषय में स्त्री-पुरुष के लिये अधिकतर एक से नियम हैं। स्त्री-पुरुष किसी के भी व्यभिचारी होने पर दूसरा उसको किसी प्रकार का शारीरिक कष्ट नहीं दे सकता, परन्तु दोनों में से कोई भी दूसरे को तलाक़ दे सकता है। इस प्रकार विवाह के बन्धन में स्त्री-पुरुष दोनों के लिए बहुत कुछ समान नियम हैं। इससे विवाह की संस्था का रूप ही बदल गया है। परिवार में स्त्री-पुरुष में समानता आ गई है। अधिकतर शिक्षित पति-पत्नी या तो दोनों उन्मुक्त भोगी होते हैं और कोई किसी को नहीं रोकता या फिर उनकी वैवाहिक नैतिकता बड़ी सुदृढ़ रहती है। इससे आधुनिक परिवार में दोहरी नैतिकता समाप्त हो गई है।

नगरीय परिवार में नवीन प्रवृत्तियाँ

इस प्रकार आधुनिक काल में परिवार की संस्था में बड़ी तेजी से परिवर्तन हो रहा है। इस विषय में मुख्य-मुख्य नवीन प्रवृत्तियाँ निम्नलिखित हैं—

(1) परिवार के आर्थिक कार्यों में कमी—आधुनिक काल में परिवार के बहुत से आर्थिक कार्य कल-कारखाने, सरकारी सहायता तथा अन्य समितियों द्वारा होने लगे हैं।

(2) परिवार के अन्य कार्यों में कमी—परिवार के और बहुत से कार्य अन्य एजेसियों ने ले लिये हैं। बच्चों की देखभाल और पालन-पोषण का कार्य शिशुशालाओं, बालोद्यानों, किंडरगार्टन स्कूलों और बाल-पालकों द्वारा किया जाने लगा है। प्रसूति और उपचार का कार्य अस्पतालों में होता है। हजारों परिवारों को भोजनालय भोजन प्रदान करते हैं।

(3) पारिवारिक मनोरंजन में कमी और वृद्धि—आजकल एक ओर मनोरंजन का कार्य सिनेमा तथा क्लब आदि ले रहें हैं परन्तु दूसरी ओर परिवार में मनोरंजन के साधन भी बढ़ते जा रहे हैं। रेडियो, टेलीविजन तथा घर में खेले जाने वाले खेलों से आधुनिक परिवार मनोरंजन के केन्द्र बन गये हैं। वास्तव में, जैसा कि फोल्सम ने लिखा है, "मनोरंजन सम्बन्धी कार्य कुछ परिवार को और कुछ परिवार से हस्तांतरित किए जा रहे हैं।"[1]

---

1. "Recreational functions are being transferred some to and some from the family".
—Folsom, J.K.

(4) वैवाहिक और यौन-सम्बन्धों में ढिलाई—आधुनिक परिवार में वैवाहिक और यौन सम्बन्ध ढीले पड़ते जा रहे हैं और विवाह-पूर्व तथा विवाह के बाहर यौन सम्बन्धों की संख्या बढ़ती जा रही है। सदरलैंड और वुडवर्ड के शब्दों में, "यौन नियमों में परिवर्तन से परिवार पर अत्यधिक प्रभाव पड़ा है।"[1]

(5) स्त्री-पुरुष के सम्बन्धों में परिवर्तन—आधुनिक परिवार में स्त्री को पुरुष के बराबर अधिकार मिलने से उनके सम्बन्धों में बड़े परिवर्तन हो गये हैं। मौरर ने ठीक ही लिखा है कि, "अनेक परिवारों में पति अब परिवार का अध्यक्ष नहीं रह गया है यद्यपि यह तथ्य है कि वह अब भी पारिवारिक नाम और धार्मिक नाम प्रदान करता है जिसको उसकी पत्नी अधिक औपचारिक अवसरों पर प्रयोग करती है।'' परन्तु पारिवारिक क्षेत्र के अन्दर अब वह निरंकुश सत्ताधारी नहीं है। जिसका शब्द ही कानून हो। सच तो यह हैं कि वह भाग्यशाली है यदि उसके बच्चे उसको कोई हस्तक्षेप करने वाला बाहरी व्यक्ति अथवा बच्चों के किसी कार्यक्रम के प्रति पत्नी के विरोध को तोड़ने में सहायता की आवश्यकता के अवसर पर राजी करने वाला एक सहपक्षी नहीं समझते।

दूसरी ओर, पत्नी परिवार में अपने को यदि पति से श्रेष्ठ नहीं तो बराबर अवश्य पाती है। वह परिवार समूह के भाग्य पर सहानुभूतियुक्त परन्तु दृढ़ हाथ से शासन करती है। वह अब अन्य दिनों के समान श्रमिक अथवा दासी नहीं रही। जहाँ तक बालकों का सम्बन्ध है उसकी आज्ञाओं पर पिता की आज्ञाओं की तुलना में भी अधिक ध्यान देने की आवश्यकता है।"[2]

(6) बच्चों के महत्त्व में वृद्धि-आधुनिक परिवार में बच्चों का महत्व बढ़ गया है। अब उनको शारीरिक दण्ड बहुत कम दिया जाता है। आधुनिक परिवार बच्चों पर केन्द्रित परिवार (Filiocentric Family) होते जा रहे हैं। अर्नेस्ट मौरर के शब्दों में वे "वास्तव में दृश्य (Scene) पर छा जाने की प्रवृत्ति रखते हैं, उनकी

---

1. "The family has been greatly affected by the changes in sex mores."
—Sutherland and Woodword, *Introductory Sociology,* p. 608.
2. "The husband is no longer the head of the household in many families, inspite of the fact that he still provides the family name as well as the Christian name which his wife uses upon more formal occasions. Within the family circle, however, he is no longer the autocrate whose word is law. In fact, he is lucky if his children look upon him other than as a meddle-some outsider or as an alley to be catered to when support is needed in breaking down his wife's opposition to some programme of the children.
The wife, on the other hand, finds herself quite the equal of her husband in family circle, if not superior. She rules the destiny of the family group with a sympathetic, but nonetheless determined hand. She is no longer the drudge and slave of the other days. So far as the children are concerned her commands are even more to be taken into account than those of father."
—Earnest R. Mowrer, *The Family* (1932), pp. 274-275.

इच्छायें परिवार की नीति निर्धारित करती हैं। इस प्रकार बच्चों पर केन्द्रित परिवार की ओर प्रवृत्ति दिखलाई पड़ती है जिसमें बालक का ही मुख्य स्थान होता है।"[1]

(7) रक्त सम्बन्धियों के महत्व में कमी-आधुनिक परिवार में रक्त सम्बन्धियों का महत्व कम होता जा रहा है। परिवार में पति-पत्नी और बच्चे ही रहते हैं।

(8) संयुक्त परिवार का विघटन- आधुनिक परिवार अब संयुक्त परिवार नहीं रहे हैं। संयुक्त परिवार का तेजी से विघटन हो रहा है।

(9) छोटे परिवार- गर्भ निरोधक औषधियों के प्रचार से और सन्तान को जीवन के सुख भोग तथा प्रगति में बन्धन समझने से जन्म-दर बराबर गिरती जा रही है और आधुनिक परिवार छोटे होते जा रहे हैं। फोल्सम के शब्दों में "दो बालकों का परिवार वर्तमान व्यापक सामाजिक मानदण्ड अथवा आदर्श है।"[2]

(10) पारिवारिक विघटन-आधुनिक परिवार में विघटन (Disorganisation) की क्रिया स्पष्ट दिखाई पड़ती है। तलाकों की संख्या बढ़ती जा रही है। व्यक्ति पर से परिवार का नियन्त्रण उठता जा रहा है।

(11) परिवार की अस्थिरता-आधुनिक परिवार अब स्थायी समिति नहीं रहा। वह अस्थिर है। उसको कभी भी तोड़ा जा सकता है। विवाह एक सामाजिक समझौता मात्र रह गया है जिसको थोड़ी-सी भी अनबन पर तोड़ना कठिन नहीं है। आधुनिक परिवार प्राचीन और मध्यकालीन परिवार की अपेक्षा कहीं अधिक दुर्बल और अस्थिर है।

नगरीय परिवार की समस्यायें

इस प्रकार आधुनिक परिवार के सामने अनेक नई समस्यायें हैं। इनमें से मुख्य समस्यायें निम्नलिखित हैं-

(1) पति-पत्नी के सामंजस्य की समस्या- आधुनिक परिवार में सबसे अधिक कठिन समस्या पति-पत्नी का परस्पर सामंजस्य है। आज की पढ़ी-लिखी और जागृत नारी जीवन के सभी क्षेत्रों में पति के साथ समानता चाहती है परन्तु पति अभी इतने उदार नहीं बन पाये हैं। अतः दोनों में संघर्ष होना निश्चित है। यौन-सम्बन्धों में ढिलाई और विवाह के सम्बन्धों में अस्थिरता भी पति-पत्नी के सम्बन्धों में संघर्ष उत्पन्न करते हैं।

---

1. "They in fact tend to dominate the scene, their wishes determining the policy of the family. Thus the trend seems to be towards the filiocentric family in which the child plays the dominant role." —Earnest R. Mowrer.
The Family, University of Chicago Press, (1932), p. 274.
2. "The two child family is now the prevailing social standard or ideal."
—Folsom, J.K., *The Family and the Democratic Society.* p. 188.

(2) यौन-सामंजस्य की समस्या—यौन-सम्बन्धी मूल्यों में परिवर्तन के कारण आधुनिक परिवार के सामने यौन-सामंजस्य की समस्या उत्पन्न हो गई है। पश्चिमी साहित्यकारों में डी॰ एच॰ लारेन्स (D. H. Lawrence) ने अपने उपन्यासों में इस समस्या का बड़ा सुन्दर चित्र खींचा है। मनोविश्लेषणवादी साहित्य ने भी यौन-सम्बन्धों के प्राचीन आदर्शों को ठोकर दी। आजकल यौन-वासनाओं की तृप्ति पर बड़ा जोर दिया जाता है। कुछ लोग तो यहां तक कहने लगे हैं कि यौन-सम्बन्धों में विविधता वांछनीय ही नहीं बल्कि अनिवार्य है। इससे विवाह के पूर्व तथा विवाह के बाहर यौन-सम्बन्ध बढ़ते जाते हैं। इन सब बातों से पति-पत्नी में यौन-वैषम्य (Sex Disharmony) की समस्या उत्पन्न होती है जिससे हजारों, लाखों परिवारों का विघटन होता जा रहा है।

(3) रोमांचक प्रेम पर आधारित विवाह- आधुनिक परिवार के सामने एक दूसरी बड़ी समस्या रोमांचक प्रेम पर आधारित विवाहों से उत्पन्न होती है। इस प्रकार के विवाहों के बाद जब परिवार में पति-पत्नी के रोमांचक प्रेम सम्बन्धी स्वप्न पूरे नहीं होते तो उनको बड़ी चोट पहुंचती है। वे एक दूसरे को दोष देने लगते हैं और अन्त में या तो जीवन भर कलह करते रहते हैं या विवाह का सम्बन्ध तोड़ देते हैं। Social Disorganisation नामक पुस्तक में इलियट और मैरिल ने तलाकों को रोमांचक विवाहों का अनिवार्य दुष्परिणाम बतलाया है।

(4) विवाह विच्छेद की समस्या-आधुनिक परिवार की एक बड़ी समस्या विवाह-विच्छेद की संख्या में वृद्धि है। विवाह एक सामाजिक समझौता मात्र रह गया है। भौतिकवाद, व्यक्तिवाद, बुद्धिवाद आदि के कारण सहिष्णुता और प्रेम कम हो गया है। यौन सुख, भोग पर अधिक जोर दिया जाता है। स्त्रियाँ अब पुरुषों पर कम आश्रित रह गई हैं। तलाक के नियम भी कठिन नहीं हैं। इन सब कारणों से तलाकों की संख्या बराबर बढ़ती जा रही है।

(5) काम करने वाली स्त्रियों की समस्यायें-आजकल घर से बाहर काम करने वाली स्त्रियों की संख्या बढ़ती जाती है। इन स्त्रियों को बच्चों की आवश्यक देखभाल करने का समय नहीं मिलता। काम से थक कर आने पर वे पति और बच्चों की सेवा एवं टहल नहीं कर सकतीं। इससे बच्चों के विकास में बाधा पड़ती है और पति-पत्नी में मन-मुटाव और संघर्ष बढ़ता है। अतः घर से बाहर काम करते हुए भी घर की सुख शान्ति बनाये रखने की समस्या उपस्थित होती है।

(6) पारिवारिक जीवन के लिये शिक्षा-पारिवारिक जीवन के लिये शिक्षा देना आधुनिक परिवार में एक आवश्यक समस्या बन गई है। विचारों, आदर्शों और परिस्थितियों में तीव्र गति से परिवर्तन होने के कारण पारिवारिक विघटन का

खतरा उपस्थित हो गया है जब तक कि स्त्री-पुरुष इन नवीन परिवर्तनों से सामंजस्य न कर लें।

(7) पारिवारिक अनुशासन में शिथिलता-आधुनिक परिवार में एक बड़ी समस्या परिवार के सदस्यों पर परिवार का नियन्त्रण कम होने से उपस्थित हो गई है। इससे परिवार का अनुशासन शिथिल हो गया है। लड़के-लड़कियाँ, पति-पत्नी, भाई-बहन सभी अपने-अपने रास्ते पर जाना चाहते हैं और कोई किसी प्रकार की रोक-टोक पसन्द नही करता।

(8) पारिवारिक संघर्ष और कलह-पारिवारिक संघर्ष और कलह की समस्या उत्पन्न हो गई है। आधुनिक परिवार में पारिवारिक नियन्त्रण कम होने और मूल्यों में परिवर्तन होने से पति-पत्नी में और माता-पिता तथा बच्चों में संघर्ष बढ़ गया। बहुधा यह संघर्ष अप्रत्यक्ष रहता है, परन्तु इससे परिवार की शान्ति भंग हो जाती है, परस्पर का विश्वास उठ जाता है और मनोवैज्ञानिक सुरक्षा की भावना नहीं रह पाती।

(9) न्यून जन्मदर-देर से विवाह, गर्भ निरोधक औषधियों का अत्यधिक प्रयोग तथा बच्चों को भार समझने के कारण आधुनिक परिवार में जन्मदर बराबर गिर रही है। इससे परिवार की अस्थिरता बढ़ती है क्योंकि बच्चों की अनुपस्थिति में पति-पत्नी में उत्तरदायित्व की भावना कम होती है और पारिवारिक बन्धन भी घनिष्ठ नहीं रह पाता।

संक्षेप में, यह कहा जा सकता है कि नगरीय समाज के सामने परिवार के विघटन की समस्या उपस्थित है। इस समस्या से लगी हुई कितनी ही समस्यायें सामाजिक सम्बन्धों को खोखला कर रही हैं।

नगरीय परिवार की अस्थिरता के कारण

नगरीय परिवार अस्थिर है। परित्याग (Desertion), पृथक्करण (Separation), तलाक (Divorce) आदि की संख्या की वृद्धि इसका प्रमाण है। इस अस्थिरता के मुख्य कारण निम्नलिखित हैं-

(1) पारिवारिक संकटों में सामाजिक संरक्षण की कमी (Absence of Social Protection in Family Crises)- पहले पारिवारिक संकट अर्थात् पति-पत्नी में असामंजस्य होने पर बड़े-बूढ़े, बिरादरी वाले और सामाजिक रूढ़ियाँ और परम्परायें उनको रोकती थीं और परिवार टूटने से बच जाता था। परन्तु अब सामाजिक संकटों में पति-पत्नी को सही रास्ता दिखाने वाला कोई नहीं मिलता और क्रोध तथा प्रतिकार की भावना के आवेश में वे प्यार से लगाये गृहस्थी के पौधे को अपने हाथों से उखाड़ फेंकते हैं चाहे आवेश उतर जाने पर उन्हें अपने इस कार्य का कितना ही पश्चाताप क्यों न हो। पहले आर्थिक दृष्टि से पति पर निर्भर होने

के कारण पत्नी-पति के अनेक अत्याचारों को चुपचाप सहन करती रहती थी और उसको छोड़ नहीं सकती थी। अब जो स्त्रियाँ स्वयं कमाने योग्य हैं, वे केवल प्यार पाने के लिए शादी करती हैं, और जब वही उनको नहीं मिलता तब उन्हें उसे तोड़ते भी देर नहीं लगती। कहीं-कहीं पर तलाक नियम अत्यधिक सरल होने के कारण परिवार बहुत ही अस्थिर हो गया है।

(2) प्रभुता के स्थान पर सहयोग (Replacement of Domination by Co-operation)-मैकाइवर तथा पेज के अनुसार, अब परिवार में पति-पत्नी के सम्बन्ध का आधर प्रभुता न रहकर सहयोग हो गया है। पहले पूर्व और पश्चिम में सभी सभ्य देशों में पत्नी पर पति की प्रभुता थी। अतः पति के निरंकुश होने पर भी परिवार स्थायी था। परन्तु आधुनिक काल में यह प्रभुता हट जाने पर सहिष्णुता, सहानुभूति और सहयोग के बल पर ही परिवार को स्थिर रखा जा सकता है। इन गुणों को उत्पन्न करना साधारणतया सरल नहीं है। अतः आधुनिक काल में परिवार की अस्थिरता बढ़ गई है।

(3) पारिवारिक विघटन—नगरीय परिवार विघटित है। इस मत की विस्तृत समालोचना करने से पूर्व पारिवारिक विघटन का अर्थ समझ लेना आवश्यक है। इलियट और मैरिल के अनुसार "सर्वाधिक विस्तृत अर्थों में पारिवारिक विघटन अनेक प्रकार के परिवारों में से किसी भी प्रकार का असामंजस्यपूर्ण कार्य सम्मिलित करता हुआ समझा जा सकता है।"[1] पारिवारिक विघटन परिवार का विघटन है। परिवार एक प्राथमिक समूह है जिसमें पति-पत्नी और बच्चे अत्यन्त घनिष्ठ प्रत्यक्ष सम्बन्धों द्वारा बँधे रहते हैं। अतः "पारिवारिक विघटन परिवार के सदस्यों में सामंजस्य का टूटना है।"[2]

नगरीय पारिवारिक विघटन के कारण

पारिवारिक विघटन के कारणों का भिन्न-भिन्न लेखकों ने भिन्न-भिन्न प्रकार से वर्णन किया है। फोल्सम ने पारिवारिक विघटन के निम्नलिखित चार कारक माने हैं—

(अ) फोल्सम का मत

(1) परिस्थिति सम्बन्धी या गैर-व्यक्तित्व कारक (Circumstantial or Non-Personality Factors)—जैसे बुरा स्वास्थ्य, बुरी आर्थिक परिस्थितियाँ, सम्बधियों का हस्तक्षेप, किसी प्रकार का दुर्भाग्य, अवाँछित सन्तान इत्यादि।

---

1. "In the broadest sense family disorganisation may be thought to include any sort of non-harmonious functioning within any of several types of family."
—Elliott and Merrill, *Social Disorganisation,* p. 352.
2. "Family disorganisation is the disruption of the harmony among family members."
—The Author.

(2) व्यक्तित्व के दोष (Personality Defects)—पति-पत्नी में से किसी में मानसिक विकार, मद्य-सेवन, नपुंसकता, बाँझपन, अस्वाभाविक यौन प्रवृत्तियों या व्यक्तित्व की विकृतियों का होना।

(3) व्यक्तित्व विभिन्नतायें (Personality Differentials)—पति-पत्नी में बौद्धिक, सामाजिक, आर्थिक, कलात्मक पृष्ठ-भूमि, आर्थिक तथा वेदनाशक्ति सम्बन्धी अन्तर होना।

(4) असंगत कार्य (Incompatible roles)—नैराश्य (Frustrations) इत्यादि का होना।

(ब) क्रूगर का मत

पारिवारिक विघटन के मुख्य कारण विभिन्न प्रकार के तनाव (Tensions) हैं। क्रूगर (Krueger) ने पारिवारिक तनावों के निम्नलिखित पक्ष बतलाये हैं-

(1) सामान्य उद्देश्य समाप्त हो जाना और पारिवारिक लक्ष्यों का स्थान व्यक्तिगत लक्ष्यों द्वारा लिया जाना।

(2) सब सहयोगी प्रयासों का बन्द हो जाना।

(3) परस्पर सेवाओं का बन्द हो जाना।

(4) पति-पत्नी के सम्बन्धों की घनिष्ठता समाप्त हो जाना।

(5) अन्य सामाजिक समूहों के साथ परिवारों के बाहरी सम्बन्धों में परिवर्तन होना।

(6) पति-पत्नी की उद्वेगात्मक मनोवृत्तियों (Emotional Attitudes) का परस्पर विरोधी हो जाना या उनकी जगह पर उदासीनता की अभिवृत्ति का स्थापित हो जाना।

(स) मौरर का मत

मौरर (Mowrer) ने निम्नलिखित चार तनावों का वर्णन किया है—

(1) आर्थिक तनाव,

(2) सांस्कृतिक तनाव,

(3) जीवन निर्वाह के ढंग से सम्बन्धित तनाव,

(4) स्नेह और यौन सम्बन्धी तनाव।

(द) बर्गेस का मत

बर्गेस (Burgess) के अनुसार अग्रलिखित सात प्रकार के तनाव परिवार का विघटन करते हैं—

(1) आर्थिक, (2) यौन सम्बन्धी, (3) स्वास्थ्य सम्बन्धी, (4) आदर सम्बन्धी, (5) संस्कृति सम्बन्धी, (6) स्वभाव (Temperament) सम्बन्धी, (7) जीवन प्रतिमान (Patterns of Life) सम्बन्धी।

पारिवारिक विघटन उत्पन्न करने वाले तनाव

उपरोक्त मतों से स्पष्ट है कि पारिवारिक तनाव पारिवारिक विघटन के सबसे अधिक महत्त्वपूर्ण कारण हैं। पारिवारिक तनाव की परिभाषा करते हुए इलियट और मैरिल ने लिखा है, "पारिवारिक तनाव से हमारा तात्पर्य किसी भी संघर्ष की परिस्थिति से है जो कि दो सदस्यों, विशेषतया पति-पत्नी में विरोधी प्रवृत्तियाँ उत्पन्न करती है।"[1]

(1) प्राथमिक तनाव

अनेक समाजशास्त्रियों ने पारिवारिक विघटन उत्पन्न करने वाले उपरोक्त विभिन्न तनावों को दो भागों मे विभाजित किया है—प्राथमिक (Primary) और द्वैतीयक (Secondary) तनाव। प्राथमिक तनाव व्यक्तिगत विशेषताओं के कारण होते हैं जैसे—स्वभाव, मानसिक विकार इत्यादि। द्वैतीयक तनाव विभिन्न बाह्य परिस्थितियों के कारण होते हैं। प्राथमिक तनाव निम्नलिखित हैं-

(1) विरोधी स्वभाव (Clashing Temperaments)—टर्मैन (Terman) ने दुःखी पति-पत्नी के स्वभाव में ये विशेषतायें बतलाई हैं-शीघ्र क्रोध होना, अपनी इच्छानुसार कार्य करने के लिए झगड़ा करना, दूसरों की आलोचना करना, दूसरों की भावनाओं की परवाह न करना, पारिवारिक अनुशासन या नियमों के विरुद्ध काम करना, दूसरों के प्रति घृणा प्रदर्शित करना, प्रशंसा अथवा दोषारोपण से शीघ्र प्रभावित होना, आत्म-विश्वास की कमी, बहुधा उत्तेजित रहना, बिना किसी कारण के सुख को दुःख में परिवर्तित करना। इस प्रकार के विरोधी स्वभावों के कारण परिवार का विघटन होता है।

(2) जीवन दर्शन (Philosophy of Life) में भारी अन्तर-यदि पति-पत्नी के जीवन दर्शन में भारी अन्तर होता है तो उनमें परस्पर संघर्ष होता है। यदि पति-पत्नी दोनों परिवार के बाहर यौन सम्बन्धों को बुरा न समझते हों तो अवैध सम्बन्ध रखने पर भी उनमें संघर्ष न होगा, परन्तु यदि कोई उन्हें बुरा समझता हो, जबकि दूसरा अच्छा समझता हो तो संघर्ष अवश्यम्भावी है। इसी प्रकार भोगवादी पत्नी और आदर्शवादी पति में बहुधा संघर्ष के अवसर आ सकते हैं।

---

1. "By family tension we mean any conflict situation which generates opposing attitudes between two members particularly between husband and wife."
—Elliott and Merrill, *Social Disorganisation,* p. 385.

(3) व्यक्तिगत व्यवहार प्रतिमानों में विरोध (Opposition in Personal Behaviour Patterns)- व्यक्तिगत व्यवहार के प्रतिमानों के परस्पर विरोधी होने से भी पारिवारिक विघटन होता है। उदाहरण के लिए मेज-कुर्सी पर खाना, शराब पीना, सिगरेट पीना आदि को लेकर पति-पत्नी में झगड़ा हो सकता है।

(4) स्नेह और यौन सम्बन्धी तनाव-स्नेह और यौन सम्बन्धी इच्छाओं को परस्पर सन्तुष्ट न कर सकने से भी पति-पत्नी में तनाव होते हैं। अनेक मनोवैज्ञानिकों और समाजशात्रियों के अनुसार यह पारिवारिक विघटन का एक प्रमुख कारण है।

(5) मानसिक विकार-ग्रस्त व्यक्तित्व (Psychopathic Personalities)—पति-पत्नी में से किसी के या दोनों के मानसिक विकार-ग्रस्त होने से उनमें संघर्ष होना स्वाभाविक है। अपराधी भावना या अन्य किसी प्रकार की मानसिक ग्रन्थि भी पारिवारिक शान्ति को खो देती है।

(2) द्वैतीयक तनाव

निम्नलिखित द्वैतीयक तनाव (Secondary Tensions) भी पारिवारिक विघटन का कारण होते हैं-

(1) **आर्थिक तनाव** (Economic Tensions)-द्वैतीयक तनावों में सबसे प्रमुख आर्थिक तनाव है। मुख्य आर्थिक तनाव निम्नलिखित हैं-

(i) **निर्धनता मात्र** (Sheer Poverty)—निर्धनता से पति-पत्नी का मानसिक सन्तुलन ठीक रहना कठिन हो जाता है। अभाव उनके स्वभाव को चिड़चिड़ा बना देता है। चिन्तायें उनकी मानसिक शान्ति को नष्ट कर देती हैं और बात-बात में झगड़ा होने लगता है।

(ii) **व्यापारिक विपर्यस्त** (Business Reverses)—व्यापारिक विपर्यस्त से परिवार की आय घट जाने पर नवीन परिस्थितियों से अनुकूलन की समस्या आ जाती है। जीवन-स्तर गिरने पर बहुत से पति-पत्नी दुखी और चिड़चिड़े हो जाते हैं।

(iii) **पत्नी की आर्थिक स्वतन्त्रता**—धनोपार्जन करने वाली स्त्रियाँ न तो घर की ओर समुचित ध्यान दे पाती हैं और न बहुधा उसको आवश्यक ही समझती हैं। कभी-कभी पत्नी पति से अधिक धनोपार्जन करती है। इन सब परिस्थितियों में तनाव के अवसर आ सकते हैं।

(iv) **पत्नी की अत्यधिक निर्भरता**—परन्तु यदि पत्नी पैसे-पैसे के लिए पति पर निर्भर रहे तो भी उसका मानसिक स्वास्थ्य सन्तुलित नहीं रह पाता।

(2) व्यावसायिक तनाव—(Occupational Tensions)—बहुधा जिन व्यवसायों में पति बहुत अधिक समय तक या असमय घर से अथवा नगर से बाहर

रहता हो, उन पति–पत्नी में असन्तोष के अवसर अधिक आते हैं। मुख्य व्यावसायिक तनाव निम्नलिखित हैं–

(i) **अस्थायी व्यवसाय**–(Unstable Occupations)–बारम्बार व्यवसाय बदलने के अवसर आने से सामंजस्य की समस्या बराबर बनी रहती है जिससे तनाव बढ़ते हैं।

(ii) **अरुचिकर व्यवसाय**–अरुचिकर व्यवसाय व्यक्ति को असन्तुष्ट और चिड़चिड़ा बना देता है जिससे वह घर पर क्रोधित होता, गाली बकता या मारपीट तक उतर आता है।

(iii) **व्यावसायिक विशेषतायें**–कुछ व्यवसाय जिनमें भिन्न–लिंगीय व्यक्तियों से मिलने के अवसर अधिक आते हैं, पारिवारिक विघटन उत्पन्न करते हैं। उदाहरण के लिए अभिनेताओं (Actors) में तलाकों की दर सबसे अधिक पाई जाती है।

(3) सांस्कृतिक पृष्ठभूमि का अन्तर–पति–पत्नी में सांस्कृतिक पृष्ठभूमि का अन्तर होने से उनके मूल्यों, आदर्शों, तौर–तरीकों, और सोचने के ढंगों आदि में भारी अन्तर होता है जिससे परस्पर संघर्ष के अवसर उत्पन्न होते हैं।

(4) सांस्कृतिक विशेषतायें–पति–पत्नी में से यदि कोई इतना अधिक महत्वाकांक्षी हो जाय कि उसे रुपये, पद अथवा यश के पीछे दूसरे की चिन्ता ही न रहे तो इससे पारिवारिक शान्ति भंग हो जाती है।

(5) बाल–विवाह और बेमेल विवाह–अल्पायु में विवाहित पति–पत्नी विवाह के उत्तरदायित्व को नहीं समझ सकते अतः उनमें सामंजस्य कठिन हो जाता है। पति–पत्नी की आयु में अत्यधिक अन्तर होने पर भी परस्पर संतोष नहीं रह पाता। पति–पत्नी के वयस्क होने और पति की आयु पत्नी से चार–पाँच वर्ष अधिक होने पर उनमें अधिक अच्छा सामंजस्य हो सकता है।

(6) अन्य कारण–उपरोक्त कारणों के अतिरिक्त पति–पत्नी में से किसी के अधिकतर अस्वस्थ रहने, सास–श्वसुर का दुर्व्यवहार, पति–पत्नी में से किसी का दुराचार आदि अनेक कारण परिवार में तनाव बढ़ाते हैं जिनसे विघटन बढ़ता है और तलाक तक की नौबत आ जाती है।

पारिवारिक विघटन के अन्य कारण

उपरोक्त तनावों के अतिरिक्त पारिवारिक विघटन के अन्य कारण निम्नलिखित हैं। ये ही पारिवारिक विघटन के लक्षण भी हैं–

(1) पारिवारिक एकता में कमी–आजकल परिवारों के सदस्यों में उद्देश्यों, महत्वाकांक्षाओं, विचारों तथा आदर्शों की एकता समाप्त होती जा रही है। स्त्री–पुरुष, लड़के–लड़कियाँ, सभी के अपने–अपने आदर्श हैं, अपनी योजनायें हैं,

अपने प्रोग्राम हैं और अपने विचार हैं जिनमें वे दूसरों का हस्तक्षेप बिल्कुल पसन्द नहीं करते। इस प्रकार साथ रहते, साथ खाते-पीते हुए भी उनका एक दूसरे से कोई मतलब नहीं रहता। घर मानो होटल बन जाता है जिसमें परिवार के सदस्य केवल खाने और आराम करने को ही एकत्रित होते हैं। जहाँ पति-पत्नी दोनों नौकरी या व्यवसाय आदि करते हैं वहाँ उनमें भी यही अन्तर देखने को मिलता है। इस मनोवृत्ति से परिवार विश्रृंखलित हो जाता है।

(2) **पारिवारिक नियन्त्रण में कमी**—आजकल परिवार के सदस्यों पर से परिवार का नियन्त्रण बराबर उठता जा रहा है। कोई किसी की बात सुनना नहीं चाहता। युवक-युवतियों को बड़े-बूढ़ों की बातें बड़ी कड़वी लगती हैं। वे किसी बात में उन का नियन्त्रण नहीं मानना चाहते। नौकरी लगते ही या विवाह होते ही वे परिवार से अलग हो जाना चाहते हैं। इस प्रकार परिवार का विघटन स्पष्ट दिखलाई पड़ता है।

(3) **कलह**—आजकल परिवारों में कलह बढ़ता जाता है क्योंकि न तो परिवार का कोई नियन्त्रण रह गया है और न सदस्यों में एकता की भावना ही है। संयुक्त परिवार का तेजी से विघटन हो रहा है। मारपीट, मुकदमेबाजी अधिक देखने में आते हैं। एक दूसरे का विश्वास उठता जा रहा है। एक ही घर में कई-कई चूल्हे जलते हैं। इससे परिवार का विघटन स्पष्ट दिखाई पड़ता है।

(4) **मूल्यों में अन्तर**—मानव परिवार के सदस्य कुछ मूल्यों के आधार पर एक दूसरे से बँधे रहते हैं। उदाहरण के लिए परिवार में यह आदर्श रहता है कि परिवार का सामूहिक हित हो और सामूहिक हित के लिए व्यक्ति अपने स्वार्थ का त्याग करे। इसी प्रकार परिवार में पति-पत्नी, भाई-बहन, पिता-पुत्र आदि के व्यवहार के विषय में आदर्शस्वरूप कुछ निश्चित प्रतिमान होते हैं जैसे पुत्र को पिता की आज्ञा का पालन करना चाहिये, पत्नी को तन-मन से पति की सेवा करनी चाहिये आदि। परन्तु परिवार के सदस्यों के आपसी व्यवहार के ये प्रतिमान और आदर्श सदैव बदलते रहते हैं। पतिव्रता का जो आदर्श था वह आधुनिक नारी को पति की दासता मालूम पड़ती है। पहले पिता की आज्ञा मानने का जो आदर्श था वह नई रोशनी के युवक-युवतियों को मानसिक दासता प्रतीत होती है। प्राचीन मूल्य और व्यवहार के प्रतिमान आज की पीढ़ी को मान्य नहीं हैं। इस प्रकार नई पीढ़ी के विचारों में पिछली पीढ़ी से कुछ न कुछ अन्तर अवश्य होता है। परिवार में बाबा से पोते, परपोते तक तीन-चार पीढ़ियों के व्यक्ति एकत्रित हो जाते हैं जिनके आदर्शों, मूल्यों और व्यवहार के प्रतिमानों में भारी भेद हो जाता है। यदि बुजुर्ग इस बात को समझ लें कि जमाना बराबर बदलता रहता है और पुरानी रूढ़ियों के पालन की जिद न करें तो उनका नई पीढ़ियों से संघर्ष न होगा। दूसरी ओर यदि नवयुवक बुजुर्गों के संस्कारों को ध्यान में रखकर संघर्षों के अवसरों पर चुप रहें तो पारिवारिक

कलह टाला जा सकता है, परन्तु न तो बुजुर्ग साधारणतया इतने उदार और प्रगतिशील होते हैं और न नवयुवक ठण्डे दिमाग से सोचते हैं। इसलिये परिवार में विभिन्न पीढ़ियों के व्यक्तियों में संघर्ष की सम्भावना बाराबर बनी रहती है और छोटी-छोटी बातों को लेकर कलह होता रहता है।

(5) रोमान्स पर आधारित विवाह—रोमान्टिक प्रेम की आधुनिक महत्ता ने वैवाहिक सम्बन्ध को अस्थिर बना दिया है। आधुनिक युवक-युवतियों के सामने जीवन का सबसे बड़ा अरमान सबसे प्यारा स्वप्न, जीवन का सार, रोमान्टिक प्रेम होता है जिसके लिए वे माँ-बाप, समाज, बिरादरी, धर्म और कैरियर को भी ठोकर मारने में संकोच नहीं करते। सिनेमा तथा उपन्यास ने इस आदर्श को स्थगित करने में और भी सहायता की है। आज के अधिकांश युवक-युवतियों के लिए विवाह एक सतत् रोमान्स है जिसमें दुनिया को भूले हुये दो प्रेमी मुहब्बत के गीत गाते हैं, चाँदनी रातों में नौका विहार करते हैं और स्वप्नों की दुनियाँ में खोये रहते हैं। वैवाहिक जीवन के इसी आदर्श को लेकर वे विवाह कर बैठते हैं और जब जीवन की कठोरताओं, एक दूसरे के स्वभाव की विशेषताओं, रोग, शोक, बेकारी, गरीबी, दैनिक जीवन की परेशानियों, बच्चों का उत्तरदायित्व, उनकी सेवा सुश्रूषा तथा आये दिन की बीमारियों से उनकी सुरक्षा, पति की सेवा, सास-श्वसुर की टहल, दफ्तर की कठिन नौकरी के बाद घर के और बाजार के काम आदि जीवन की सैकड़ों परेशानियाँ सामने आती हैं तो उनके स्वप्न कुछ ही दिनों में टूट जाते हैं और वे एक दूसरे को कोसने लगते हैं कि उन्होंने विवाह करके ये आफतें क्यों मोल ले लीं। यदि ईश्वर की दया से पैसे की कमी न हुई और इनमें से कोई मुसीबत सामने न आई तब भी एक आध साल जोर-शोर से प्रेम लीला करने के बाद उन्हें एक दूसरे से घोर बोरियत अर्थात् ऊब हो जाती है। उनका रोमांटिक मन नित नये-नये रोमांस की खोज में भागा फिरता है, परन्तु वैवाहिक जीवन के शान्त सरोवर में वे लहरें कहाँ जिन्हें वे ढूढ़ँते फिरते हैं। इस ऊब का परिणाम यह होता है कि क्रमशः पति-पत्नी एक दूसरे से खिंचते हैं फिर संघर्ष होता है, तब घृणा और अन्त में विवाह विच्छेद। इलियट और मैरिल के अनुसार, "इस प्रकार रोमांटिक विवाह रोमांटिक तलाक की ओर ले जाता है।"[1]

(6) वैवाहिक बन्धन में शिथिलता—परिवार का आधार विवाह का बन्धन है। विवाह के बन्धनों के ढीला पड़ने से परिवार के बन्धन भी ढीले पड़ते हैं। आजकल विवाह एक धार्मिक संस्कार न रहकर एक सामाजिक समझौता मात्र रह गया है जिसको जी ऊब जाने पर किसी प्रकार का मनमुटाव होने पर सहज ही तोड़ा जा सकता है। इस कारण तलाकों की संख्या बराबर बढ़ रही है। कहना न होगा

1. "Romantic marriage thus leads to romantic divorce."
--Elliott, M. A. and Merrill F. E., *Social Disorganisation,* p. 367.

कि पारिवारिक विघटन की संख्या तलाकों की संख्या से कहीं अधिक है। डॉसन और गेटिस के शब्दों में, "इन संख्याओं की तुलना में निःसन्देह ही पारिवारिक विघटन कहीं अधिक व्यापक तथ्य है क्योंकि यह सांख्यिकी की उन दशाओं को बतलाती है जहाँ पर प्रक्रिया व्यवहारिक रूप से पूर्ण हो जाती है।"[1] वैवाहिक सम्बन्धों के ढीले होने का एक बड़ा कारण यह भी है कि स्त्रियों की शिक्षा के साथ पुरुष अपने को नई परिस्थिति के अनुसार नहीं बदल पाये हैं। पहले स्त्रियाँ सब प्रकार से पति पर ही निर्भर रहती थीं। अब शिक्षित हो जाने के बाद वे भी पति के समान धनोर्पाजन करती हैं या कम से कम ऐसा करने की योग्यता रखती हैं। अब वे अपने अधिकारों को पहचानने लगी हैं। अब वे जीवन के सभी क्षेत्रों में पुरुष के कन्धे से कन्धा मिलाकर चलना चाहती हैं। अब वे पुरुषों से भी वैसी ही सच्चाई चाहती हैं जैसी कि वह उनसे चाहता है। जब पुरुष स्त्रियों को बराबरी का दर्जा नहीं देना चाहता तभी कलह आरम्भ हो जाता है जिससे परिवार का विघटन होने लगता है।

(7) माता-पिता और बच्चों में संघर्ष—आजकल पारिवारिक विघटन का एक बड़ा चिन्ह माता-पिता और बच्चों के संघर्ष में दिखाई पड़ता है। युवक-युवतियों पर से परिवार के बड़े-बूढ़ों का नियन्त्रण बराबर उठता जा रहा है। अब वे अपने उठने-बैठने, मिलने-जुलने और शादी-विवाह आदि में माता-पिता की आज्ञा नहीं मानना चाहते। इस प्रकार उनमें मनमुटाव बढ़ता जाता है जिससे परिवार का विघटन बढ़ता है।

(8) सुरक्षा का अभाव—पति-पत्नी और माता-पिता तथा बच्चों के संघर्ष के कारण परिवार में मनोवैज्ञानिक सुरक्षा क्रमशः खत्म होती जा रही है जिससे परस्पर विश्वास उठता जा रहा है और पारिवारिक संगठन छिन्न-भिन्न होता जा रहा है।

(9) उद्योगवाद—पहले परिवार आर्थिक क्रियाओं का केन्द्र था। परिवार में सब सदस्य मिलकर खेती या कपड़ा बुनना या अन्य व्यवसाय करते थे। इससे परिवार में सामूहिक भावना बनी रहती थी और संगठन स्थायी रहता था। आजकल परिवारों में उत्पादन का कार्य बन्द हो गया है। जुताई, कटाई आदि की मशीनों से खेती करने में अब पूरे परिवार की आवश्यकता नहीं पड़ती। शिल्प तथा नाना प्रकार की वस्तुओं के उत्पादन की बड़ी-बड़ी मशीनें बन जाने से अब उत्पादन का काम कल कारखानों में होता है। मशीनों के निकल आने से भारी काम कम हो गया।

---

1. "Family disorganisation is no doubt a far more widespread phenomenon than such statistics indicate for they deal only with those cases where the process is practically complete." —Dawson and Gettys, *Introductory Sociology.* p. 246.

अतः स्त्रियों और बच्चों को भी कारखानों में काम मिलने लगा है। कारखानों में काम करने के लिए लाखों लोग गाँवों से नगर में आने लगे हैं। नगरों में मकानों की तंगी होने के कारण वे अपने परिवार को अपने पास नहीं रखते और अकेले ही रहते हैं। दिनभर घोर परिश्रम, सब तरह का अपमान, नगर का लुभाने वाला जीवन और पारिवारिक तथा सामाजिक नियन्त्रण की अनुपस्थिति में हजारों श्रमिक शराब, वेश्यागमन, जुआ आदि की बुरी आदतों में पड़ जाते हैं। जो श्रमिक अपने परिवार को नगर में ले भी आते हैं वे गन्दी गलियों में तंग और अंधेरी कोठरियों में रहते हैं जिनमें रोग के कीटाणु पलते हैं। गरीबी और अभाव उनके जीवन की शान्ति समाप्त कर देता है। उद्योगवाद का एक और बड़ा परिणाम जीवन का यंत्रवत् बन जाना है। यह यंत्रवत् जीवन ही मध्यम वर्ग के क्लर्कों, अध्यापकों तथा नौकरी पेशा लोगों और श्रमिकों की जीवनी शक्ति को खाये जा रहा है। आल्डस हक्सले, टालस्टाय, महात्मा गाँधी तथा श्री अरविन्द आदि संसार के बड़े-बड़े विचारकों ने आधुनिक यंत्रवादी सभ्यता के इस भयंकर अभिशाप की ओर लोगों का ध्यान आकर्षित किया है। ऑसवाल्ड स्पेंगलर ने लिखा है कि यह यंत्रवादी सभ्यता स्वयं ही अपने को खा जायेगी। इस प्रकार उद्योगवाद से वैयक्तिक विघटन हो रहा है। उससे परिवार का संगठन विशृंखलित होता जा रहा है।

(10) भौतिकवादी और व्यक्तिवादी विचारधारा—केलर ने लिखा है, "कोई भी मानव-सम्बन्ध आनन्दमय तो क्या रहने योग्य भी नहीं है जब तक कि उसमें भाग लेने वाले व्यक्ति अपने को नित्य प्रति एक दूसरे के अनुसार उन बातों में ढ़ालने के लिए तैयार नहीं रहते जोकि उनकी व्यक्तिगत स्वतन्त्रता को सीमित करते हैं।"[1] आधुनिक काल की भौतिक तथा व्यक्तिवादी विचारधारा में परिवार के सदस्यों में यह सामंजस्य नहीं रह गया है। इससे परिवार का विघटन होना स्वाभाविक है।

(11) सामाजिक ढ़ाँचे में परिवर्तन—आधुनिक काल में समाज की व्यवस्था में तीव्र गति से परिवर्तन हो रहा है जिससे परिवार के सदस्यों की स्थिति तथा कार्य भी बदल रहे हैं। जिन परिवारों में माँ-बाप, पति-पत्नी, इन बदलती हुई स्थितियों और कार्यों के अनुसार सामंजस्य करने को तैयार नहीं होते उनमें विघटन आरम्भ हो जाता है।

आधुनिक परिवार का भविष्य

परिवार के विघटन से कुछ लोग यह शंका करने लगे हैं कि क्या आजकल के अत्यधिक औद्योगीकृत और यन्त्रीकृत समाजों में परिवार वर्तमान संकट से बच जायेगा? सोरोकिन ने लिखा है, "तदनुसार संविदायुक्त परिवार अपने विकास की

1. "No human relationship whatsoever is livable, not to say happy, unless those who share it are prepared to adjust themselves daily in ways that limit their personal freedom." —Keller.

प्रगति में अनायास ही एक बिन्दु पर पहुँच गया है जहाँ कि वह अपने अधिकांश कार्यों और अधिकारों को खो बैठा है और जो बचे भी हैं उनमें से अधिकतर व्यर्थ और अकुशल रूप से सम्पादित होते हैं। वह आकार में सिकुड़ गया है। वह अधिकाधिक अस्थिर और दुर्बल हो गया है। वह सुख और आराम का भी कम से कम प्रबन्ध करता है जोकि सुखवादी संविदायुक्त परिवार में मौलिक उद्देश्य है। जब कोई संस्था अपने को इस रूप में पाती है, तब वह विनाश की प्रक्रिया में है। यही आज सुखवादी संविदायुक्त परिवार की स्थिति है।''[1] प्रश्न यह है कि परिवार का भविष्य क्या होगा? क्या परिवार एक प्राथमिक समिति के रूप में जीवित बचेगा? वास्तव में परिवार के जीवित रहने के विषय में कभी भी सन्देह नहीं किया जा सकता क्योंकि उसका आधार मनुष्य की अनेक मूल प्रवृत्तियाँ और भावनायें हैं। यह कहा जाये तो कोई अतिशयोक्ति नहीं होगी कि जब तक मानव-समाज का अस्तित्व है तब तक चाहे कितने भी परिवर्तन हों परन्तु परिवार का अस्तित्व भी अवश्य रहेगा यद्यपि यह दूसरी बात है कि परिवार का संविदात्मक या अन्य कोई रूप नष्ट होकर नया रूप ले ले। सन्तानोत्पत्ति की कामना मनुष्य की स्वाभाविक कामना है। परिवार के बाहर न तो वैध सन्तान उत्पन्न की जा सकती है और न उसके पालन-पोषण का समुचित प्रबन्ध हो सकता है। स्त्री-पुरुष की यौन आवश्यकताओं को स्थायी रूप से सन्तुष्ट करने के लिए किसी न किसी प्रकार का परिवार आवश्यक है। परिवार में स्त्री-पुरुष की शारीरिक आवश्यकताओं को ही नहीं, बल्कि मनोवैज्ञानिक आवश्यकताओं, प्रेम करने और प्रेम पाने की इच्छा, मनोवैज्ञानिक सुरक्षा की भावना आदि की भी सन्तुष्टि होती है। परिवार व्यक्ति पर समाज का नियन्त्रण रखता है। परिवार ऐसा परिवेश निर्माण करता है जिसमें पलकर बालक का व्यक्तित्व समुचित रूप से विकसित हो सके और वह एक आदर्श नागरिक बन सके। मैकाइवर ने लिखा है कि बहुत से अध्ययनों से यह ज्ञात हुआ है कि कि तीस वर्ष से अधिक आयु के अविवाहित स्त्री-पुरुषों की मृत्यु संख्या विवाहित स्त्री-पुरुषों की संख्या से दुगनी है। क्षय, दुर्घटनाओं, आत्महत्या, मद्यपान और यौन सम्बन्धी रोगों से मरने वाले लोगों में अविवाहितों की संख्या विवाहितों से बहुत अधिक होती है। ट्रक्सल और मैरिल के शब्दों में, ''पति-पत्नी का परस्पर प्रेम एक जटिल समाज की अनेक मानसिक और भौतिक व्याधाओं से व्यक्ति की रक्षा करता है।''[2] इससे स्पष्ट है कि

---

1. "Accordingly contractual family, in the progress of its development has unexpectedly reached the point where it has lost most of its functions and prerogatives, even those it retains are often atrophied and poorly performed. It has shrunk in size. It has become increasingly unstable and fragile. Less and less does it furnish even pleasure and comfort, the primary object of the sensate contractual family. When any institution finds itself in such a situation it is in the process of decay. This is precisely the position of the contractual sensate family to-day."
— Sorokin P., *The Crisis of Our Age*, p. 192.
2. "Mutual affection guards against many of the mental and physical tribulations of a complicated society." —Truxall and Merrill.

परिवार की संस्था से मनुष्यों को कितने लाभ हैं। वास्तव में परिवार समाज की एक प्राथमिक और मौलिक इकाई है। वह सारे सामाजिक जीवन की नींव है। वह व्यक्ति का समाजीकरण करता है। और जीवन-साथी के चुनाव में सहायता करता है। वह उत्तराधिकार निश्चित करता है और धन सम्पत्ति का प्रबन्ध करता है। परिवार के समस्त प्रत्यक्ष लाभों का वर्णन करना कठिन है। वह मानव प्रकृति का एक अभिन्न अंग है। वह सामाजिक भवन की नींव है। अतः बरगेस और लॉक का यह कथन उचित ही प्रतीत होता है कि "बदलती हुई परिस्थितियों से सामंजस्य करने के परिवार के लम्बे इतिहास के कारण और व्यक्तित्व के विकास में तथा व्यक्तिगत सन्तोष में स्नेह के आदान-प्रदान के उसके काम में महत्त्व के कारण, इन कारणों से यह भविष्यवाणी करना सुरक्षित प्रतीत होता है कि परिवार जीवित रहेगा।"[1]

नगरीय परिवार का पुनर्गठन

अतः पारिवारिक विघटन पारिवारिक परिवर्तन में केवल एक पक्ष है। ऑगबर्न और निमकॉफ ने ठीक ही लिखा है, "परिवार एक अत्यन्त प्रतिरोधक और नमनीय संस्था सिद्ध हुई है। रूपों और कार्यों में मौलिक परिवर्तन होते हुए भी परिवार हमें ज्ञात प्रत्येक समाज में चलता जा रहा है।" इस प्रकार जहाँ एक ओर परिवार का विघटन करने वाले तत्व सक्रिय हैं वहाँ दूसरी ओर, कुछ कारक उसका पुनर्गठन भी करते जाते हैं। पारिवारिक परिवर्तन की इन परस्पर विरुद्ध क्रियाओं का निर्देश करते हुए वेबर ने लिखा है, "युद्ध के पश्चात् परिवार के लिए एक कठिन समय आता है परन्तु वह समूल नष्ट होने का खतरा नहीं है—व्यक्तिगत परिवार यहाँ तक टूट जायेंगे कि उनको कभी सुधारा नहीं जा सकेगा परन्तु उनका स्थान लेने के लिए नये उत्पन्न होंगे। युद्ध के पश्चात् विवाह-विच्छेद बढ़ेंगे। कुछ समय तक किशोरापराध की दर ऊँची रहेगी और अनेक घरों में पारिवारिक अनुशासन और माता-पिता की सत्ता पुनः स्थापित नहीं होगी; यौन मानदण्ड जो पहले से ही गिर चुके हैं उनको ऊँचा उठाना भी बहुत कठिन होगा। आर्थिक तूफान भाग्यहीन और अस्थिर परिवारों को एक बड़ी संख्या में नष्ट कर देगा। परन्तु नये युवक-युवतियों में विवाह प्रचलित रहेगा, जिनको सदैव यह निश्चय रहता है कि यद्यपि अन्य सब असफल रहे हैं परन्तु वे अवश्य सफल होगें। अधिक सामाजिक कार्य, उन्नत शिक्षा प्रणालियाँ, माता-पिता की अधिक अच्छी शिक्षा और अधिक संख्या में परिवार परामर्शदात्री एजेन्सियाँ सब रचनात्मक पक्ष में गिनी जायेंगी। इस बात का पर्याप्त प्रमाण है कि समाज अभी पारिवारिक प्रतिमान में कोई मौलिक परिवर्तन नहीं चाहता और जिसको भी वह

---

1. "It seems safe to predict that the family will survive, both because of its long histroy of adaptability to changing conditions and because of the importance of its functions of affection, giving and receiving in personal satisfaction and in personality development."
—Burgess and Locke.

खतरनाक समझेगा उसका जोर-शोर से विरोध करेगा। सम्भवतया सबसे बड़ा खतरा अधिकांश लोगों की यह देखने की अयोग्यता से है कि कौन-सा कारक परिवारों को सबसे अधिक दुर्बल बनाता है और इसलिए कहाँ सबसे अधिक विशेष प्रयास की अवश्यकता है। तत्कालिक दृष्टिकोण उज्जवल नहीं है परन्तु दीर्घकालीन दृष्टिकोण उत्साहवर्धक है।"[1]

उपरोक्त लम्बे उद्धरण से स्पष्ट है कि पारिवारिक विघटन के साथ-साथ आजकल पारिवारिक संगठन की प्रक्रिया भी चल रही है। जिस प्रकार पारिवारिक विघटन का अर्थ परिवार के सदस्यों में सामंजस्य कम होना है, उसी प्रकार पारिवारिक पुनर्गठन का अर्थ परिवार के सदस्यों में सामंजस्य का बढ़ाना है। "वर्तमान प्रवृत्तियाँ केवल विघटन का ही नहीं, बल्कि पुनर्गठन का भी प्रतिनिधित्व करती हैं।"[2] यह पुनर्गठन विशेषतया मनोवैज्ञानिक कारकों पर जोर के कारण हो रहा है। इस दृष्टि से आधुनिक एकांकी परिवार पुराने संयुक्त परिवारों से कहीं अधिक सुदृढ़ हैं। परिवार में बालकों के महत्त्व से भी परिवार की दृढ़ता बढ़ी है। एक ओर यदि तलाकों की संख्या बढ़ी है तो दूसरी ओर पुनर्विवाहों की संख्या भी बढ़ रही है। भारतीय समाज को ही लीजिये—यदि विवाह-विच्छेदों की संख्या बढ़ रही है तो इतने विधवा पुनर्विवाह भी किसी काल में नहीं हुए।

वास्तव में आधुनिक परिवार एक संक्रमणकाल से गुजर रहा है। इस संक्रमण में उसके उद्देश्यों, आदर्शों और कार्यों में भारी परिवर्तन हुआ है। परन्तु न तो उसके कार्य ही समाप्त हुए हैं और न उसका मूल्य ही नगण्य हो पाया है। परिवार मानव में प्रेम पाने और प्रेम करने, मनोवैज्ञानिक सुरक्षा खोजने और यौन सम्बन्धों के साथ-साथ मानसिक और आध्यात्मिक सम्बन्ध खोजने की प्रवृत्ति पर टिका है। इन प्रवृत्तियों के रहते हुए यौन सम्बन्धी प्रथाओं और नियमों में कितना भी परिवर्तन होने पर भी परिवार अवश्य रहेगा। मानव की ये प्रवृत्तियाँ विघटित परिवार को बारम्बार पुनर्गठित करती रहेंगी। फिर विघटन और संगठन भी तो केवल सापेक्ष शब्द हैं। कोई भी वास्तविक परिवार न तो पूर्णतया संगठित है और न नितान्त विघटित। अतः जब तक परिवार बिल्कुल ही न टूट जाये तब तक उसके पुनर्गठन की क्रियायें काम करती रहती हैं और यदि कोई परिवार बिल्कुल ही टूट जाये तो इससे परिवारों की संस्था नहीं टूटती। पुराने परिवारों के स्थान पर नवीन परिवार आ जाते हैं और एक संस्था के रूप में परिवार सदैव बना रहता है। इसका अर्थ यह नहीं कि विघटन की आधुनिक प्रवृत्तियों को रोकने के लिए प्रयास की आवश्यकता नहीं है बल्कि केवल

1. R.E. Veber, '*Marriage and Family after the War*', Annals of the Academy of Political and Social Science, Vol. 292. (Sept. 1943), pp. 164-175.
2. "Present trends represent not only disorganisation but reorganisation." —Burgess and Locke, *The Family,* (1950), p. 715.

यह है कि पुनर्संगठन के प्रयास में यह विश्वास बनाये रखना चाहिये कि परिवार जीवित रहेगा यद्यपि देश काल के अनुसार उसका रूप अवश्य बदलेगा।

अभ्यास के लिए प्रश्न

1. नगरीय परिवार किन दृष्टियों से ग्रामीण परिवार से भिन्न है ? क्या भारतीय नगरों में संयुक्त परिवार का ह्रास हो रहा है ?
2. नगरीय परिवार की विशेषताओं की विवेचना कीजिये।
3. औद्योगिक नगरों में पारिवारिक जीवन की समस्याओं का समाजशास्त्रीय विश्लेषण कीजिये।
4. उन परिवर्तनों का उल्लेख कीजिये जो आधुनिक परिवार की संरचना एवं प्रकार्यों में औद्योगीकरण एवं नगरीकरण की प्रक्रिया के फलस्वरूप हो रहे हैं। आधुनिक परिवार का भविष्य क्या है ?

9

नगरीय जीवन के सांस्कृतिक और सामाजिक-राजनीतिक पहलू
(Cultural and Socio-Political Aspects of Urban Life)

सांस्कृतिक, सामाजिक और राजनीतिक पहलुओं में नगरीय समुदाय में कुछ अपनी विशेषतायें दिखलाई पड़ती हैं। ये विशेषतायें नगरीय सामाजिक संगठन की विशेषतायें हैं। प्रस्तुत अध्याय में इन्हीं पहलुओं का अध्ययन किया जायेगा।

नगरीय जीवन का सांस्कृतिक पहलू
(Cultural Aspect of Urban Life)

यूं तो आगे जो नगरीय जीवन के सामाजिक और राजनीतिक पहलू का विवेचन किया जायेगा उसी से नगरीय जीवन के सांस्कृतिक पहलू पर काफी प्रकाश पड़ेगा। परन्तु इस सम्बन्ध में संक्षेप में सांस्कृतिक संस्थाओं का अध्ययन भी प्रासंगिक होगा। नगर की मुख्य सांस्कृतिक संस्थायें हैं पुस्तकालय, वाचनालय, नाट्य क्लब, अजायब घर, कला केन्द्र, संगीत समितियाँ इत्यादि। बड़े-बड़े नगरों में इनमें से प्रत्येक को देखा जा सकता है। भारत में कलकत्ता, बम्बई, दिल्ली, लखनऊ, मद्रास, जयपुर आदि बीसों बड़े-बड़े नगरों में अजायबघर से लेकर नाटक क्लब तक सभी प्रकार की सांस्कृतिक समितियाँ देखी जा सकती हैं। छोटे नगरों में अजायबघर नहीं होते। परन्तु पुस्तकालय और वाचनालय सभी नगरों में देखे जा सकते हैं। अधिकतर नगरों में कई-कई पुस्तकालय और वाचनालय होते हैं। बहुधा नगरों में एक बड़ी म्युनिसिपल लाइब्रेरी होती है और भिन्न-भिन्न वार्डों में अलग-अलग पुस्तकालय होते हैं। कोई भी व्यक्ति थोड़ा सा चन्दा देकर इन पुस्तकालयों का सदस्य बन सकता है और उनसे लाभ उठा सकता है। कहीं-कहीं नगरों में चलते-फिरते पुस्तकालय भी होते हैं। भिन्न-भिन्न नगरों में जनता की पढ़ने की रुचि और पढ़ने

की गति में अन्तर होता है। साधारणतया इन पुस्तकालयों में उपन्यास, जीवन चरित्र तथा अन्य साहित्यिक पुस्तकों के अलावा राजनीति, इतिहास, अर्थशास्त्र, मनोविज्ञान, समाजशास्त्र आदि से सम्बन्धित पुस्तकें होती हैं। बहुधा इन पुस्तकालयों में विज्ञान, गणित, वाणिज्य आदि विषयों की पुस्तकें नहीं रक्खी जातीं क्योंकि साधारण जनता को इनमें विशेष रुचि नहीं होती। पुस्तकालयों में अंग्रेजी और हिन्दी के अतिरिक्त स्थानीय भाषाओं की पुस्तकें होती हैं।

भारत के बड़े-बड़े नगरों में संगीत और कला की समितियाँ और संस्थायें हैं। देश में कला और संस्कृति को प्रोत्साहन देने के लिये तीन बड़ी अकादमी हैं—साहित्य अकादमी, ललितकला अकादमी और संगीत नाटक अकादमी। इनके अलावा भारतीय विद्या भवन, प्रयाग संगीत सम्मेलन जैसी गैर सरकारी संस्थायें भी भारत में नगरों में कला और संस्कृति का विकास कर रही है। भारत के छोटे-बड़े सभी नगरों में कई-कई नाट्य क्लब और समितियाँ हैं जो कि त्यौहार, स्वतन्त्रता दिवस अथवा विशेष अवसरों पर जनता के सम्मुख अभिनय करते हैं। नाट्य समितियों के अलावा चित्रशालायें और कला केन्द्र भी अधिकतर बड़े नगरों में मिल जायेंगे। दिल्ली, बम्बई जैसे बड़े नगरों में बड़े-बड़े कलाकार अपनी कृतियों को समय-समय पर प्रदर्शित करते रहते हैं। इनके अलावा नगर के सांस्कृतिक जीवन में रेडियो, टेलीविजन, सिनेमा आदि का भी बड़ा महत्त्व है क्योंकि इनका नगर निवासियों के विचारों, भावनाओं, अनुभूतियों आदि पर व्यापक प्रभाव पड़ता है। आजकल नगरों की कलात्मक, साहित्यिक और सांस्कृतिक समितियों तथा संस्थाओं को भारत सरकार एवं राज्य सरकार की ओर से भी सहायता मिलती है। नगरों में सांस्कृतिक जीवन की गति को बनाये रखने में कुछ साहित्यिक और कला प्रेमी व्यक्तियों का महत्त्वपूर्ण हाथ होता है। सिनेमा के आविर्भाव के बाद से भारत के नगरों में लोग नाटक में बहुत कम रुचि लेते हैं परन्तु सरकारी प्रोत्साहन से इस दिशा में कुछ प्रगति की सम्भावना है।

नगरीय जीवन का सामाजिक पहलू

नगरीय परिस्थितियों की भिन्नता के कारण नगर का सामाजिक जीवन ग्रामीण सामाजिक जीवन से भिन्न होता है। अब नगरीय जीवन के सामाजिक पहलू की मुख्य-मुख्य विशेषताओं का वर्णन किया जायेगा।

(1) सामाजिक सम्बन्धों की निर्वैयक्तिकता—नगरीय जीवन के सामाजिक पहलू की सबसे बड़ी विशेषता सामाजिक सम्बन्धों की निर्वैयक्तिकता है। इसका मुख्य कारण यह है कि नगर में लोग एक दूसरे के प्रति व्यक्तियों के समान नहीं, बल्कि वस्तुओं के समान व्यवहार करते हैं। नगर के आर्थिक व्यवहार वस्तुओं के लेन-देन पर आधारित न होकर मुद्रा के माध्यम से होते हैं। नगर में प्रत्येक वस्तु का मूल्य मुद्रा में आँका जाता है। यहाँ तक कि मानव सम्बन्धों का मूल्य भी रुपये पैसे में आँका जाता है। भौतिकवाद के जोर के कारण नगर में अनेक वस्तुयें और

अनेक प्रकार के मानव सम्बन्ध पैसे से खरीदें जा सकते हैं। वेश्यावृत्ति की संस्था में स्त्री-पुरुष का यौन सम्बन्ध जैसा गूढ़ मानव सम्बन्ध भी पैसे से खरीदा जा सकता है। अतः रुपये के आधार पर सब व्यवहार होता है जिसमें व्यक्तियों का महत्त्व गौण होता है। नगर के दुकानदार को किसी से कोई दिलचस्पी नहीं। उसको तो जो अधिक दाम देगा वही ग्राहक पसन्द आयेगा और उसी के हाथ वह वस्तु बेचेगा। नगर के बाजारों में, दफ्तरों में, पार्कों में, सिनेमाघरों में, क्लबों में और दुकानों में अधिकतर मनुष्य व्यक्ति न होकर एक भीड़ का सदस्य होता है। इससे निर्वैयक्तिकता को प्रोत्साहन मिलता है। नगरों में परिवार, जाति, बिरादरी और समाज का नियन्त्रण बहुत कम होता है। अधिकतर नियन्त्रण प्राथमिक न होकर माध्यमिक होता है। कानून, पुलिस, जेल आदि व्यक्तियों के व्यवहार पर नियन्त्रण रखते हैं। इनकी गिरफ्त में न आने तक व्यक्ति कितने भी अपराध करके नगर के जनसमुदाय में विलीन हो सकता है। नगर में मनुष्य की आवश्यकतायें बढ़ती ही जाती हैं जिनको सन्तुष्ट करने के लिये उसको धन की जरूरत पड़ती है। धन होने पर व्यक्ति को सम्मान भी मिलता है और सुख भी, चाहे वह धन कैसे भी साधनों से क्यों न कमाया गया हो। अतः नगर में व्यक्ति येन-केन प्रकारेण धन कमाने के लिये प्रयत्नशील रहते हैं। इसमें वे किसी का भी शोषण करने में नहीं हिचकते। दूसरे व्यक्ति उनके लिये साध्य न होकर साधन मात्र बन जाते हैं। इससे सम्बन्धों की निर्वैयक्तिकता बढ़ती है।

(2) यन्त्रवत् सामाजिक जीवन—सामाजिक सम्बन्धों की निर्वैयक्तिकता, औद्योगीकरण तथा यन्त्रीकरण के कारण नगरों में सामाजिक जीवन यन्त्रवत् हो जाता है। मनुष्य को कब क्या काम करना है यह घड़ी नामक यन्त्र निश्चित करता है। यन्त्र मनुष्यों पर शासन करते हैं। वे मनुष्यों की दिनचर्या निर्धारित करते हैं। यदि सुबह कारखाने को जाने वाली बस या दफ्तर को जाने वाली बस दस बजे छूटती हो तो मजदूर अथवा बाबू को सब काम करके दस बजे से पहले ही बस स्टाप पर आ ही जाना होगा चाहे उसने खाना न खाया हो, चाहे उसकी अभी और रुकने की इच्छा हो। बस तो किसी का भी इन्तजार नहीं कर सकती। वह तो समय पर आयेगी और जायेगी। नगर के जीवन में कोई भी मनुष्य व्यक्ति नहीं होते। प्रत्येक पर एक न एक लेबिल लगा रहता है। कोई डॉक्टर है, कोई प्रोफेसर है, कोई मरीज, कोई सौदागर, अथवा कोई अमीर है, कोई गरीब है, कोई मिल मालिक है, कोई मजदूर है। मनुष्य कोई नहीं। बात यह है कि नगर में जीवन की गति इतनी तीव्र होती है कि किसी को किसी की ओर देखने तक की फुर्सत नहीं, किसी को अच्छी तरह जानने का अवकाश नहीं। अतः परस्पर सम्पर्क क्षणिक और अस्थायी होता है। जिससे मनुष्यों की नजर केवल उस मतलब पर रहती है जो कि उन्हें एक दूसरे से साधना होता है। उस मतलब के सध जाने के बाद वे एक दूसरे को भूल जाते हैं, कहीं मिलने पर पहचानते ही नहीं। लोगों पर लगे लेबिल घनिष्ठ सम्बन्ध में बाधक होते हैं और कोई घनिष्ठ सम्बन्ध बढ़ाना भी नहीं चाहता क्योंकि उससे मतलब साधने

में बाधा पड़ती है। इसीलिये नगर में सहृदयता का अभाव दिखलाई पड़ता है। व्यवहार शिष्ट होते हुये भी खोखला और यन्त्रवत् होता है। हजारों लाखों के बीच रहते हुये और सैकड़ों व्यक्तियों से रोज व्यवहार करते हुये भी नगर निवासी सम्बन्धों की अप्रत्यक्षता बनाये रखता है। रेडियो, समाचार-पत्र, सिनेमा, टेलीविजन आदि भी सम्बन्धों की इस अप्रत्यक्षता को बढ़ावा देते हैं, क्योंकि इनकी सहायता से प्रत्यक्ष सम्पर्क के बिना ही अनेक बातों की जानकारी होती रहती है। सम्पर्क की सापेक्षता, अस्थायित्व तथा क्षणभंगुरता के कारण नगर में प्रगाढ़ सम्बन्ध बहुत कम विकसित हो पाते हैं। जहाँ कहीं सम्पर्क प्रत्यक्ष, स्थायी और काफी समय तक भी होता है वहाँ भी उपयोगितावादी (Utilitarian) दृष्टिकोण के कारण सम्बन्ध घनिष्ठ नहीं हो पाते। जहाँ कहीं बाह्य रूप में घनिष्ठता दिखाई भी पड़ती है वहाँ भी आन्तरिक सौहाद्र का नितान्त अभाव होता है। अपनी महत्वाकांक्षायें, आशायें, आकांक्षायें, इच्छयें, और योजनायें व्यक्ति को इतना अवकाश ही नहीं देतीं कि वह दूसरे में भी रुचि ले, उसकी आशाओं, इच्छाओं, दु:ख दद्र को समझे बूझे। जहाँ कहीं कभी-कभी कुछ लोगों में बड़ा संगठन और ऐक्य दिखलाई पड़ता है वहाँ भी सामान्य स्वार्थ का प्रश्न आने पर अधिकांश व्यक्तियों को दूसरों को हानि पहुँचाने में भी देर नहीं लगती है।

(3) माध्यमिक नियन्त्रण—सामाजिक सम्बन्धों की निर्वैयक्तिकता और यन्त्रवत् सामाजिक जीवन के कारण नगर में प्राथमिक नियन्त्रण काम नहीं करते। व्यक्ति पर परिवार, जाति बिरादरी और समूह का भी नियन्त्रण बहुत कम रहता है। उस पर दण्ड व्यवस्था और शासन का नियन्त्रण रहता है। इसलिये नगर में कानून और पुलिस का महत्त्व भी बहुत अधिक होता है। इसलिये वहाँ समितियों और संस्थानों में बहुधा व्यवहार के स्पष्ट नियम बना दिये जाते हैं जिनका पालन करना प्रत्येक सदस्य के लिये आवश्यक होता हैं सदस्य रहते तक तो व्यक्ति को इन नियमों का पालन करना ही पड़ता है और उस समय तक उस पर नियन्त्रण भी रहता है। बहुधा इन समितियों और संस्थानों के सदस्यों में क्रमशः इतनी घनिष्ठता बढ़ जाती है कि उनमें प्राथमिक सम्बन्ध दिखलाई देने लगते हैं। कभी-कभी तो क्लब तथा सभा समितियाँ और गोष्ठियाँ परिवार, पड़ौस और चर्च के समान प्राथमिक सम्बन्धों को विकसित करती हैं क्योंकि लम्बे साहचर्य से क्रमशः सम्बन्धों की घनिष्ठता बढ़ती जाती है।

(4) दिखावा—नगरीय सामाजिक जीवन में दिखावे पर बड़ा जोर होता है। एरिक फ्रॉम ने अपनी प्रसिद्ध पुस्तक The Sane Society में इसका चित्र खींचा है। नगरीय लोगों के उपभोग में दिखावे का महत्त्व इतना अधिक रहता है कि कभी-कभी तो उपभोग का लक्ष्य उपभोग न होकर दिखावा मात्र रह जाता है। रहन-सहन, वेश-भूषा, बाहरी तड़क-भड़क, सजावट आदि पर इतना अधिक जोर दिया जाता है कि बहुधा ये आन्तरिक विकास में भारी बाधा उत्पन्न करते हैं। धनिक लोग अपनी हैसियत का विज्ञापन करने के लिए आलीशान बंगले, नई से नई कारें तथा हर तरह की फिजूलखर्ची का आयोजन करते हैं। मध्यम वर्गीय लोग अल्प आय होने पर भी

उसकी नकल करने से बाज नहीं आते। मध्यम वर्गीय स्त्रियों में कृत्रिम सिल्क, कृत्रिम जेवर और सस्ते प्रसाधनों की धूम है। निम्न वर्ग भी अवसर मिलने पर पीछे नहीं रहता, नौकरी पेशा लोगों के वेतन बहुधा महीना पूरा होने से पहले ही खत्म हो लेते हैं। नित्य-प्रति के जीवन के अलावा सगाई ब्याह तथा अन्य अवसरों पर भी दिखावे पर हजारों रुपया व्यर्थ फूंक दिया जाता है। दिखावे का यह जोर इसीलिये है क्योंकि नगरों में बहुधा उसी से इज्जत भी मिलती है। कोठी, कार, नौकर, चाकर, सूट, साड़ियाँ, जेवर, सैर सपाटे, ये सब आराम से अधिक दिखावे के लिये जुटाये जाते हैं और इनसे नगरीय समाज में व्यक्ति का आदर और नाम बढ़ता है। फलतः उसमें आत्म-विश्वास उत्पन्न होता है। यूँ तो दिखावे की प्रवृत्ति मानव मनोविज्ञान में ही निहित है और गाँवों में भी दिखावा कम नहीं होता, परन्तु आमतौर से गाँवों में फिजूलखर्ची करके दिखावे को लोग बुरा समझते हैं जबकि नगर में इसका रिवाज बढ़ता जाता है। गाँव में बहुत सजावट करने वाले और फिल्म स्टारों की नकल करने वाले लड़के लड़कियों को निन्दा की दृष्टि से देखते हैं और नगर में प्रशंसा की दृष्टि से। अतः नगर में यह प्रवृत्ति बढ़ती जाती है।

परन्तु यहाँ यह ध्यान रखना चाहिये कि नगर में दिखावे पर इतना जोर इसलिये भी है क्योंकि नगर में दिखावे की अधिक जरूरत पड़ती है। जैसा कि पहले बतलाया जा चुका है, नगर में सम्पर्क क्षणिक और अस्थायी होते हैं। अतः दूसरों को प्रभावित करने के लिये इस थोड़े से समय का अधिक से अधिक लाभ उठाने के लिये अधिक से अधिक दिखावे की जरूरत पड़ती है। दुकानदारों, होटल वालों, दफ्तर वालों को हर एक आगन्तुक से शिष्टाचार बर्तना पड़ता है चाहे वे उसे पसन्द करते हों या नापसन्द। इस शिष्टाचार में बनावट और दिखावा तो होता है, परन्तु इससे उनका व्यापार चलता है, सामाजिक सम्बन्ध अच्छे बने रहते हैं।

(5) फैशन—दिखावे की प्रवृत्ति के कारण नगर में फैशन का बोलबाला होता है। फैशन के अधिकतर प्रतिमान नेतागण या फिल्म के अभिनेता, अभिनेत्रियाँ निश्चित करती हैं। स्त्रियों के केश विन्यास में, कपड़ों के चुनाव में, जेवर में, बोल-चाल और रंग ढंग में बहुधा फिल्म अभिनेत्रियों की नकल दिखलाई पड़ती हैं। इसी प्रकार नवयुवकों की वेश-भूषा, बालों के कट, सिगरेट पीने का ढंग, बोलचाल आदि में फिल्म अभिनेताओं की नकल बहुत दिखलाई पड़ती है। नगर में जो चीज फैशन में आ जाती है उसी की बिक्री अधिक होती है। फैशन से निकल जाने पर अच्छी चीजों की भी बिक्री खत्म हो जाती है। अतः नगर में आप दूकानदारों को नई चीजें पेश करते समय बराबर यह कहते पायेंगे कि यही लेटेस्ट फैशन (Latest Fashion) है। फैशन के प्रतिमान अधिकतर बड़े-बड़े नगरों में शुरू होते हैं। छोटे नगर वाले उन्हीं को अपनाते हैं। भारत में बम्बई और दिल्ली आदि बड़े नगरों के स्त्री पुरुष फैशन में अग्रणी समझे जाते हैं और अन्य लोग उनकी नकल करते हैं। यूरोप में पैरिस और अमरीका में न्यूयार्क फैशन निश्चित करते हैं। आधुनिक संसार में संदेशवहन और यातायात के साधनों की अत्यधिक प्रगति होने के कारण पैरिस

और न्यूयार्क के फैशन सारी दुनिया के बड़े-बड़े नगरों में फैशन को प्रभावित करते हैं। फैशन के प्रभाव का तात्पर्य यह नहीं है कि वेशभूषा आदि में स्थानीय प्रभाव न रह गया हो। आज भी दुनिया के नगरों में ऐसे लोग हैं जो फैशन की अवहेलना करते हैं और अपनी परम्परागत वेशभूषा आदि को छोड़ना नहीं चाहते। विशेषतया धार्मिक लोग, राष्ट्रीय प्रवृत्ति के लोग और वृद्ध जन अब भी प्राचीन परम्परा को निभाते देखे जा सकते हैं। दुनिया में लगभग सब कहीं राष्ट्रीय नेतागण अपनी राष्ट्रीय पोशाक में देखे जा सकते हैं परन्तु नई उम्र के युवक-युवतियों में सभी जगह फैशन का प्रभाव है। यह फैशन पश्चिमी नगरों में, पैरिस और न्यूयार्क में निर्धारित होता है। फैशन तेजी से बदलता रहता है, परन्तु अधिकतर फैशन में शरीर के अधिक से अधिक प्रदर्शन और यौन प्रवृत्तियों को अधिक से अधिक उभारने तथा सम्पत्ति के अधिक से अधिक विज्ञापन पर जोर देखा जा सकता है। फैशन में एक प्रयोजन एक से जीवन में परिवर्तन करना भी होता है। संगीत और कला के क्षेत्र में नये-नये फैशनों की यह प्रवृत्ति विशेष तौर से देखी जा सकती है।

(6) **गतिशीलता**—नगरीय जीवन के सामाजिक पहलू की एक अन्य विशेषता ग्रामीण जीवन की अपेक्षा अधिक गतिशीलता है। यह गतिशीलता कई प्रकार की है। उदाहरण के लिये नगर में देशिक गतिशीलता सब कहीं दिखलाई पड़ती है। अधिकतर लोग किराये के मकानों में रहते हैं। अतः अच्छा मकान मिलने पर, वर्तमान मकान में किसी प्रकार की असुविधा होने पर या अन्य किसी कारण से उन्हें एक मौहल्ले में मकान को छोड़कर दूसरे मौहल्ले में किसी और मकान में जा बसने में कोई कठिनाई नहीं होती। सरकारी नौकरी वालों के बारबार तबादले होते रहते हैं जिससे उनको हर तीसरे-चौथे साल आवास बदलना पड़ता है। इसके अलावा नगर में रोज लोग घर से दूर काम पर जाते हैं और शाम को वापस आते हैं। कहीं-कहीं तो दफ्तर तक पहुँचने में बाबू लोगों को दस मील साइकिल पर तय करना पड़ता है। काम से घूमने के अलावा नगर में सदैव कुछ लोग व्यर्थ, कुछ लोग कुछ काम न होने के कारण, कुछ लोग काम की तलाश में, कुछ लोग सामान बेचते हुये और कुछ लोग केवल मनोरंजन के लिए घूमते रहते हैं। यह घूमना रात को कुछ ही घंटों के लिए कम होता है। बड़े-बड़े नगरों में यह दिन-रात कभी भी बन्द नहीं होता है। इसके अलावा व्यापार तथा पारिवारिक अथवा अन्य कामों से लोग बराबर नगर से बाहर आया-जाया करते हैं। इस प्रकार नगर में बराबर गतिशीलता बनी रहती है। इसकी गति समय के अनुसार बदलती रहती है। उदाहरण के लिये सुबह नौ-दस बजे और शाम को पाँच-छः बजे नगर में गतिशीलता बढ़ जाती है क्योंकि सुबह लोग काम पर जाते हैं और शाम को वापस आते हैं। फिर सन्ध्या समय कुछ घन्टों के लिये गतिशीलता बढ़ जाती है क्योंकि इस समय लोग घर से बाहर निकलकर बाजार आदि जाते हैं, सैर सपाटे को जाते हैं या क्लब इत्यादि में मनोरंजनार्थ जाते हैं। नगर के क्लबों और होटलों में इसी समय सबसे अधिक भीड़ रहती है। फिर जैसे-जैसे रात बढ़ती जाती है भीड़ कम हो जाती है। नगर में

गतिशीलता में समय का बड़ा ध्यान रखा जाता है। सब काम घड़ी देखकर शुरू किये जाते हैं। बहुधा नगर निवासियों का सोना-जागना, खाना-पीना, उठना-बैठना और मनोरंजन आदि सभी काम घड़ी देखकर निश्चित किये जाते हैं। इससे दिनचर्या यन्त्रवत् हो जाती है। अतः जीवन में परिवर्तन लाने के लिए अनेक उपाय किये जाते हैं। बहुत से लोग गर्मियों में पहाड़ों पर जाते हैं जिससे गर्मी से बचने के साथ-साथ जीवन में परिवर्तन भी आता है। रविवार को सभी नौकरी वालों की दिनचर्या में कुछ परिवर्तन हो जाता है। भिन्न-भिन्न व्यवसाय वाले और दुकानदार लोग भी आजकल सप्ताह में एक दिन छुट्टी रखते हैं। इससे उनके जीवन में कुछ परिवर्तन हो जाता है और आवश्यक कामों के लिये अवकाश भी मिल जाता है। नगर के आकार प्रकार और परिस्थितिशास्त्रीय प्रतिमानों से उनमें गतिशीलता पर प्रभाव पड़ता है। दिल्ली जैसे बड़े नगरों में गतिशीलता अधिक होती है और मोटरें, साइकिलें, रिक्शे आदि वाहन भी अधिक दिखलाई पड़ते हैं क्योंकि नगर बड़ा होने के कारण लोगों को अपने काम पर पहुँचने के लिये मीलों का रास्ता पैदल करना पड़ता है। छोटे नगरों में गतिशीलता अपेक्षाकृत कम होती है और वाहनों की कम आवश्यकता पड़ती है, क्योंकि नगर छोटा होने के कारण लोगों के काम करने के स्थान उनके घरों से अधिक दूर नहीं होते। कलकत्ता, बम्बई, दिल्ली आदि बड़े-बड़े नगरों में काफी लोग बसों और ट्रामों की सहायता के बिना अपने काम पर नहीं पहुँच सकते। गतिशीलता बढ़ने के साथ-साथ नगरों में दुर्घटना की संख्या भी बढ़ती जाती है। बड़े-बड़े नगरों में रोज दो-चार दुर्घटनायें हो जाना मामूली बात है यद्यपि दुर्घटनाओं को रोकने के लिए शासन की ओर से सब प्रकार का प्रयास किया जाता है।

नगरों की गतिशलता से सामाजिक सम्बन्धों पर भी प्रभाव पड़ता है। आमतौर से गतिशीलता बढ़ने के साथ सम्बन्धों की निर्वैयक्तिकता बढ़ती है और सामाजिक एवं व्यक्तिगत विघटन भी बढता है। इससे सामाजिक नियन्त्रण कम होता है और सामूहिक चेतना के विकास में बाधा पड़ती है। इससे सामाजिक सम्बन्ध विश्रृंङ्खलित होते हैं। इससे व्यक्तिवाद बढ़ता है। इससे दुराचार बढ़ता है। परन्तु गतिशीलता बढ़ने से व्यक्ति अधिक सावधान, अधिक व्यवहार कुशल, अधिक चतुर और अधिक अनुभवी बनता है। नगर के बालकों और युवाओं का गाँव या कस्बे के बालकों और युवाओं से मुकाबला करने पर यह अन्तर स्पष्ट देखा जा सकता है। नगर में पहुँचकर ग्रामीण युवक को सड़क पार करना एक समस्या बन जाती है, जबकि नगर में बालक-बालिका मजे में रास्ता चलते रहते हैं और साइकिलें लिये फिरते हैं। इसी प्रकार नगर निवासी गाँव वाले को बड़ी आसानी से ठग लेता है और गाँव वाला मूर्ख बन जाता है। नगर में कुछ दिन रहने या रोज आने-जाने पर गाँव वाले भी और चतुर बन जाते हैं तथा पढ़े-लिखों के भी कान काटते हैं। नगर में आवास परिवर्तन अधिक होने से पड़ौस की भावना प्रबल नहीं हो पाती।

(7) पड़ौसीपन की कमी—अतः नगरीय सामाजिक जीवन में पड़ौसीपन की भावना की भारी कमी दिखलाई पड़ती है। स्थूल रूप से जो नगर जितना ही

बड़ा और घना बसा होगा उसमें पड़ौसीपन की भावना उतनी की कम दिखलाई पड़ेगी। अधिकतर लोग सुबह ही अपने काम पर निकल जाते हैं और शाम को थके-मांदे घर लौटते हैं। छुट्टी का दिन अन्य काम-काजों में बीत जाता है। अतः काफी लोगों को इतनी फुर्सत ही नहीं मिलती कि वे पड़ौसी का हालचाल पूछें। दूसरे, कभी-कभी एक ही मकान में अनेक परिवार रहते हैं या घर बहुत आस-पास होते हैं। इससे निजत्व बनाये रखना कठिन हो जाता है। ऐसी दशा में पड़ौसियों से घनिष्ठता न बढ़ाना ही अच्छा रहता है क्योंकि फिर चाहे जैसे रहने में कठिनाई नहीं रहती। मनुष्य को अपने घनिष्ठ व्यक्ति से आज शर्म अधिक लगती है। उसके सामने शिष्टाचार का अधिक ध्यान रखना पड़ता है। साधारण परिचित, अनजान या आते-जाते लोगों से उसे उतनी शर्म या झिझक नहीं लगती और वह बेतकल्लुफी से मन चाहे ढंग से रहता है। इसके अलावा नगर में यातायात और सन्देशवहन के साधन अधिक सुलभ होने के कारण अधिकतर लोग कहीं भी अपने मित्र बना लेते हैं और उनकी पड़ौसियों से घनिष्ठता बढ़ाने की जरूरत नहीं पड़ती। नौकरी या व्यवसाय वाले लोग अपने-अपने साथ काम करने वालों के साथ मैत्री बढ़ा लेते हैं। फिर, नगर में प्रत्येक व्यक्ति की अपनी-अपनी रुचियाँ बन जाती हैं। यदि पड़ौसी से रुचि मिल गई तो फिर मेल-जोल बढ़ जाता है वरना वर्षों पास-पास मकानों में रहकर भी लोग एक दूसरे से कोई सरोकार नहीं रखते। फिर, नगर में पड़ौस के बाहर के संगठन और समितियाँ मनुष्य की उन सभी मनोवैज्ञानिक आवश्यकताओं को पूरा करती हैं जिनको पड़ौसियों से पूरा किया जा सकता है। अतः पड़ौसियों में मेल-जोल बढ़ने की नौबत नहीं आती। The City and the Primary Group में वेसले (Roper M. Wesley) ने नगर में पड़ौस के गिरने के अनेक महत्त्वपूर्ण कारकों का सूक्ष्म विश्लेषण किया है।

परन्तु उपरोक्त विश्लेषण से यह निष्कर्ष नहीं निकाला जाना चाहिये कि नगरों में पड़ौस का महत्त्व बिल्कुल नहीं होता। यह ठीक है कि अनेक नगरों में अनेक क्षेत्रों में पड़ौसीपन की भावना लगभग बिल्कुल नहीं दिखलाई पड़ती परन्तु अन्य नगरों में या उसी नगर के अन्य क्षेत्रों में पड़ौसियों में काफी सहयोग दिखलाई पड़ेगा। भारत में केवल मध्यम आकार के नगरों में ही नहीं बल्कि दिल्ली जैसे बड़े नगरों में भी मौहल्ला समितियाँ और पड़ौसियों के संगठन देखे जा सकते हैं जो कि सामान्य हितों की रक्षा करते हैं और परस्पर सम्बन्धों में घनिष्ठता बढ़ाते हैं। जहाँ कुछ मौहल्लों में किसी विशेष धर्म, सम्प्रदाय अथवा जाति या प्रजाति के लोग अधिक पाये जाते हैं वहाँ उनमें पड़ौसीपन का काफी विकास दिखलाई पड़ेगा। वास्तव में नगरों में पड़ौसीपन का ह्रास एक सापेक्ष तथ्य है। इधर कुछ सामुदायिक योजनाओं की सहायता से नगरों में पड़ौसीपन बढ़ाने का भी प्रयास किया जा रहा है। फिर, पुरुषों को चाहे पड़ौसियों से बात करने का अवकाश न भी मिले, बच्चे तो पास-पड़ौस के बच्चों के साथ खेलते हैं। स्त्रियों में भी बात-चीत, लेन-देन होता ही रहता है। बच्चों के माध्यम से बहुधा पड़ौसियों में सम्बन्ध घनिष्ठ हो जाते हैं

यद्यपि इसमें कोई संदेह नहीं कि कभी-कभी बच्चों के कारण कहा सुनी और झगड़े भी हो जाते हैं। एक ही स्थान पर काम करने वाले पड़ौसियों में, अपने निजी मकानों में रहने वाले पड़ौसियों में, समान रुचि वाले पड़ौसियों में साधारणतया घनिष्ठ सम्बन्ध हो जाते हैं। वास्तव में वर्षों पास-पास मकानों में रहकर पड़ौसियों में घनिष्ठता बढ़ना इतना अधिक अस्वाभाविक नहीं जितना कि घनिष्ठता न बढ़ना अस्वाभाविक है।

(5) संघर्ष और प्रतिद्वन्द्विता की अधिकता—नगरीय सामाजिक जीवन में संघर्ष अधिक दिखलाई पड़ते हैं। जीवन की गतिशीलता, यान्त्रिकता और कृत्रिमता बढ़ने के साथ-साथ नगरों में मानसिक अव्यवस्था भी बढ़ती है। नगर के जटिल और भड़कीले जीवन में इतनी अधिक और परस्पर विरोधी इच्छायें और प्रवृतियाँ उद्वेलित होती हैं कि उनका सन्तुष्ट करना लगभग असम्भव सा ही होता है। फलस्वरूप असंतोष और मानसिक संघर्ष बढ़ता है। इसका लाभ उठाकर अनेक प्रकार के तथाकथित मानसिक रोग विशेषज्ञ, पारिवारिक सलाहकार, हस्तेरखा विशारद, ज्योतिषी, आध्यात्मिक साधु, सन्त आदि नगर निवासियों को खूब लूटते हैं।

मानसिक संघर्ष के साथ-साथ नगर में आर्थिक क्षेत्र में तीव्र संघर्ष और प्रतिद्वन्द्विता दिखलाई पड़ती है। गलाकाट प्रतियोगिता नगर के आर्थिक संगठन में हर क्षेत्र में, दुकानदारों में, व्यावसायियों में, कारखानेदारों में और कभी-कभी तो शिक्षा संस्थाओं तक में देखी जा सकती है। सामाजिक क्षेत्र में भी नगर में काफी गर्मागर्मी रहती है। अधिकतर धार्मिक, सामाजिक और राजनीतिक सुधार तथा विद्रोह नगर में ही शुरू होते हैं और नगर में ही पलते हैं। क्रमशः ये आन्दोलन नगर की सीमा के बाहर भी फैल जाते हैं।

(9) समिति निर्माण की तीव्र गति—नगरों के सामाजिक जीवन की एक अन्य विशेषता समिति निर्माण की तीव्र गति है। नगरों में स्वार्थों, रुचियों, लक्ष्यों और प्रयोजनों की विविधता दिखलाई पड़ती है। इनको लेकर इनकी तुष्टि हेतु विभिन्न समितियाँ बनाई जाती हैं। अतः नगरों में समिति निर्माण की धूम रहती है। इसमें से अनेक समितियों ने परिवार और पड़ौस के अनेक कार्य अपने ऊपर ले लिये हैं। यूं तो सभी समितियों का वर्गीकरण लगभग असम्भव है परन्तु स्थूल रूप से नगरों की समितियों को निम्नलिखित वर्गों में बाँटा जा सकता है—

(1) व्यावसायिक समूह—जैसे वकीलों, डाक्टरों, अध्यापकों आदि के समूह।

(2) धार्मिक समूह—जैसे आर्य समाज, वहाबी समाज, सनातन धर्म सभा आदि।

(3) राजनीतिक समूह—जैसे कांग्रेस, समाजवादी दल, भारतीय जनता पार्टी इत्यादि।

(4) **मनोरंजन के समूह**—जैसे किटी पार्टी, क्रिकेट क्लब, जीमखाना क्लब आदि।

(5) **शैक्षिक समूह**—जैसे हिन्दी प्रचारिणी सभा, साहित्यकार संसद, स्टडी सर्किल, रामायण सभा इत्यादि।

(6) **आध्यात्मिक समूह**—जैसे रामकृष्ण आश्रम, सत्संग आश्रम इत्यादि।

(7) **कलात्मक समूह**—जैसे नाटक मण्डली, संगीत सभा, कला केन्द्र इत्यादि।

(8) **भ्रातृत्व समूह**—जैसे कायस्थ सभा, ब्राह्मण मण्डली इत्यादि।

(9) **कल्याण समूह**—जैसे सेवा समिति, स्वयं सेवा दल, महिला सभा इत्यादि।

(10) **असामाजिक या समाज विरोधी समूह**—जैसे गिरहकटों, चोरों, जालसाजों तथा गुण्डों और अपराधियों के संगठन।

नगर निवासी एक समय में इनमें से अनके समूहों में भाग लेते हैं। इससे उनके व्यक्तित्व का बहुविध विकास होता है। कभी-कभी तो वे परस्पर विरोधी समूहों में भी भाग लेते देखे जा सकते हैं जिससे उनके व्यक्तित्व में परस्पर विरोधी पहलू देखे जा सकते हैं। परन्तु समाज विरोधी समूहों को छोड़कर अधिकतर समूह परस्पर विरोधी न होकर परस्पर पूरक होते हैं। अतः इन सब से नगर का जीवन समृद्ध और संगठित बनता है।

नगरों में जाति प्रथा की वर्तमान अवस्था

जाति व्यवस्था एक गतिशील संस्था है। उसका स्वरूप कभी एकसा नहीं रहा। उसमें बराबर परिवर्तन होता रहा है वर्तमान काल में जाति व्यवस्था में बहुत से महत्वपूर्ण परिवर्तन हुए हैं। उसमें नई-नई प्रवृत्तियाँ दिखलाई पड़ रही हैं। इससे उसके भविष्य के विषय में नाना प्रकार की कल्पनायें की जा रही हैं। जाति व्यवस्था में आजकल क्या परिवर्तन हुए हैं? इन परिवर्तनों के मुख्य कारण कौन-कौन से हैं? जाति व्यवस्था में आजकल कौन सी प्रवृतियाँ दिखाई पड़ रही हैं? उसका भविष्य क्या होगा? ये सब ऐसे प्रश्न हैं जिनका उत्तर दिये बिना जाति व्यवस्था का मूल्यांकन नहीं किया जा सकता।

आधुनिक काल में भारतवर्ष में जाति व्यवस्था में बड़ी तेजी से परिवर्तन हो रहे हैं। इन परिवर्तनों के महत्त्वपूर्ण कारक पाश्चात्य सभ्यता का प्रभाव, नयी कानून व्यवस्था, नगरीकरण का प्रभाव, औद्योगीकरण के प्रभाव, आवागमन और सन्देशवहन के साधनों के विकास का प्रभाव, नये सामाजिक वर्गों का उदय, राजनैतिक और सामाजिक सुधार आन्दोलन, आधुनिक शिक्षा तथा सर्वोपरि भारत की स्वतन्त्रता है। इनमें अधिकतर कारकों का वर्णन पिछले अध्याय में कर दिया गया है। अतः यहाँ केवल पहले दो का ही विस्तृत विवेचन किया जायेगा।

(1) पाश्चात्य सभ्यता के प्रभाव से परिवर्तन

पाश्चात्य सभ्यता के प्रभाव से भारतीय जाति प्रथा में निम्नलिखित परिवर्तन हुये हैं–

(1) व्यक्तिवाद का प्रचार–पाश्चात्य सभ्यता के प्रभाव से भारत में व्यक्तिवाद का प्रचार हुआ। इससे जातीय भावना को धक्का लगा और व्यक्ति पर से जाति का नियन्त्रण उठ गया।

(2) भौतिकवाद का प्रचार–पाश्चात्य सभ्यता से भौतिकवाद बढ़ा और उससे जाति के स्थान पर धन का सम्मान होने लगा। इससे लोग जातीय व्यवसायों को छोड़कर जिस व्यवसाय में लाभ हो वही व्यवसाय करने लगे। धन होने पर शूद्र भी निर्धन ब्राह्मण से अधिक सम्मान पाने लगा। इससे जाति प्रथा का सम्मान उठ गया।

(3) अन्तर्जातीय विवाहों का प्रचार–पाश्चात्य सभ्यता के प्रभाव से विवाह का आधार धार्मिक न रहकर सामाजिक और जैवकीय हो गया। विवाह में प्रेम को सबसे अधिक महत्व दिया जाने लगा। इससे अन्तर्जातीय विवाहों को प्रोत्साहन मिला जिससे जाति प्रथा के बन्धन ढीले पड़ने लगे।

(4) अन्य प्रभाव–इसके अतिरिक्त पाश्चात्य सभ्यता के शिक्षित भारतवासियों के रहन-सहन, खान-पान, वेश-भूषा, तौर तरीकों आदि ने प्रभाव डाला और छूआछूत का नियम बहुत कम माना जाने लगा।

(2) नयी कानूनी व्यवस्थाओं से परिवर्तन

पाश्चात्य सभ्यता के अतिरिक्त नवीन कानूनी व्यवस्थाओं ने जाति प्रथा में स्थायी परिवर्तन किये। इसमें मुख्य परिवर्तन निम्नलिखित हैं:–

(1) विशेष विवाह अधिनियम का प्रभाव–1872 के विशेष विवाह अधिनियम (Special Marriage Act) से अन्तर्जातीय विवाहों को कानूनी स्वीकृति मिल गई है।

(2) जाति दोष उन्मूलन अधिनियम का प्रभाव–1950 के जाति दोष उन्मूलन अधिनियम (Caste Disabilities Removal Act) से जाति परिवर्तित करने वालों के उत्तराधिकार सम्बन्धी अधिकार सुरक्षित कर दिये गये। इससे जाति परिवर्तन करने पर से एक बाधा हट गई।

(3) अस्पृश्यता अपराध कानून का प्रभाव–1955 के अस्पृश्यता अपराध कानून से अस्पृश्यता सम्बन्धी अनर्हताओं (Disabilities) को दूसरों पर लादने वाले व्यक्ति को पहले अपराध के लिये 6 मास का कारावास या 500 रुपये जुर्माना या दोनों दण्ड दिये जा सकते हैं। इसके बाद के अपराधों पर यह दण्ड और भी बढ़ाया जा सकता है। इस कानून से अस्पृश्यता को अपराध मान लिया गया। इससे भी जाति प्रथा को धक्का लगा और ऊँची-नीची जातियों में छुआछूत कम हुआ।

नगरों में जाति प्रथा की कुछ प्रवृतियाँ

इस प्रकार जाति व्यवस्था का बराबर विघटन होता जा रहा है। जाति व्यवस्था के विघटन से बहुत से लोग यह अनुमान लगाते हैं कि भविष्य में जाति प्रथा नष्ट हो जायेगी। परन्तु कुछ विद्वानों ने इस सन्देह का निराकरण किया है।

जी. एस. घुरिये (G. S. Ghurye) के अनुसार निम्नलिखित दो परिस्थितियों के कारण निकट भविष्य में जाति प्रथा के उन्मूलन का कोई भय नहीं है—

(1) जाति के दृढ़ होने की प्रवृत्ति

(अ) चुनाव—भारतवर्ष में प्रजातन्त्र की स्थापना से जनता द्वारा चुने हुए प्रतिनिधि शासन प्रबन्ध चलाते हैं। चुनाव की रीति से जाति प्रथा को बड़ा प्रोत्साहन मिला है क्योंकि उम्मीदवार मतदाताओं में जातिवाद उभारकर अपना स्वार्थ सिद्ध कर लेना चाहते हैं। जाति के नाम पर वोट मांगे जाते हैं और चुने जाने के बाद भी नेतागण इस जातिवाद को बनाये रखते हैं। राजनैतिक दल भी विभिन्न स्थानों से ऐसे ही उम्मीदवार को खड़ा करते हैं जिसकी जाति का उस क्षेत्र में बहुमत हो।

(ब) पिछड़े वर्गों को संरक्षण—भारतीय संविधान ने पिछड़ी हुई तथा परिगणित जातियों के लिये विशेष संरक्षण की व्यवस्था की है। उनके लिये सरकारी नौकरियों में कुछ पद सुरक्षित रहते हैं। उनके लिये धारा सभाओं में कुछ सीटें निश्चित रखी जाती हैं। उनकी शिक्षा के लिए सरकार की ओर से सब प्रकार की सुविधायें और विशेष छात्रवृतियाँ दी जाती हैं। इन सब विशेषाधिकारों से इन पिछड़े वर्गों में जातिवाद को भारी प्रोत्साहन मिला है क्योंकि जाति उनके लिये सबसे अधिक लाभदायक सिद्ध हो रही है।

(2) वर्ग चेतना की प्रगति

आधुनिक भारत में जहाँ औद्योगीकरण, नगरीकरण, आवागमन के साधनों में वृद्धि, अंग्रेजी शिक्षा का प्रचार, राजनैतिक तथा सामाजिक जागृति, जनतन्त्रीय सरकार तथा अस्पृश्यता निवारक कानूनों के प्रभाव से जाति प्रथा क्षीण हो रही है वहाँ दूसरी ओर व्यवसाय, पद, हैसियत आदि के आधार पर नवीन संगठन बन रहे हैं जैसे मजदूर संघ इत्यादि। पाश्चात्य सभ्यता के प्रभाव से धन का सम्मान बढ़ने के कारण ऊँच-नीच का भेद भाव जाति के आधार पर न होकर धन और सामाजिक शक्ति के आधार पर होने लगा है। व्यवसायों आदि पर आधारित नवीन संगठनों की वर्ग चेतना जाति चेतना का स्थान ले रही है।

(3) जातिवाद

इन सब परिवर्तनों से कुछ लोग यह समझते हैं कि भविष्य में जाति व्यवस्था क्रमशः वर्ग व्यवस्था का रूप ग्रहण कर लेगी। परन्तु जहाँ एक ओर वर्ग चेतना बढ़ रही है। वहाँ दूसरी ओर जातिवाद भी उसी प्रकार बढ़ता दिखाई पड़ता है जैसा कि डा० धुरिये ने लिखा है "भारत में कुछ विशेष योग्यता के लोगों के लिये दूसरे

व्यवसाय बहुत सीमित हैं और जो प्राप्त भी हैं उनके मार्ग करीब-करीब बन्द हैं। कम आय अथवा बिना सम्पत्ति वाले लोगों के लड़के केवल नौकरी का दरवाजा ढूंढते हैं। अधिकतर पहले से ही सीमित अनेक बड़ी-बड़ी व्यावसायिक संस्थाओं में तथा कभी-कभी शैक्षणिक संस्थाओं में भी यह प्रायः होता है कि नौकरियों में मालिक, व्यवस्थापक तथा उच्च अधिकारियों की ही जाति के लोग लिये जाते हैं।" इसी प्रकार का जातिवाद सरकारी नौकरियों तथा राजनैतिक चुनावों में भयंकर रूप से प्रचलित है। अतः यह नहीं कहा जा सकता कि वर्तमान काल में जाति नष्ट हो रही है और वर्गवाद बढ़ रहा है। वास्तव में भारत में जातिवाद ही वर्गवाद बनता जा रहा है। इसका विस्तृत विवेचन आगे किया जायेगा।

जाति प्रथा का भविष्य

स्पष्ट है कि जाति प्रथा का भविष्य क्या होगा, इसके विषय में निश्चित रूप से कुछ कहना कठिन है। यह ठीक है कि जाति प्रथा पर आधारित विवाह, खान-पान, रहन-सहन, व्यवहार आदि के बन्धन बराबर टूटते जा रहे हैं। परन्तु जैसा कि पीछे दिखलाया गया है, फिर भी जातिवाद बढ़ता जा रहा है और चुनाव तथा सरकार द्वारा पिछड़े वर्गों के संरक्षण से जाति प्रथा को प्रोत्साहन मिल रहा है। वास्तव में यह तो लगभग निश्चित सा ही मालूम पड़ता है कि जाति प्रथा के भारतीय समाज से मिट जाने की निकट भविष्य में कोई सम्भावना नहीं है। जाति प्रथा की जड़ हिन्दू समाज में बहुत गहरी है और उसके मूल में श्रम-विभाजन, विशेषीकरण आदि के महत्त्वपूर्ण और लाभदायक सिद्धान्त भी हैं। भारतवर्ष में एक के बाद एक विदेशी आये और उनके लाख प्रयत्न करने पर भी जाति प्रथा में अधिक परिवर्तन न हो सके। पाश्चात्य शिक्षा और पाश्चात्य संस्कृति के प्रभाव से उस पर अवश्य कुछ प्रभाव पड़ा है और उसके स्वरूप में भारी अन्तर आ गया है। इसमें कोई सन्देह नहीं कि जाति प्रथा का यह रूप और बदलेगा और सम्भवतः भविष्य में इतना बदल जाय कि उसका पहचानना भी कठिन हो जाय। लोकतन्त्र तथा राष्ट्रीयता की भावना के विकास से, औद्योगिक उन्नति से तथा नये राजनैतिक और आर्थिक आन्दोलन से भी उस पर प्रभाव पड़ेगा। परन्तु जाति प्रथा के समूल उन्मूलन की सम्भावना नहीं दिखलाई पड़ती है। संक्षेप में जाति प्रथा के भविष्य के विषय में यह कहा जा सकता है कि उसके रूप में भारी परिवर्तन होंगे परन्तु वह हिन्दू समाज से समूल नष्ट नहीं होगी। जैसा कि श्री एम. एन. श्रीनिवास (M.N. Srinivas) ने संकेत किया है, "देश की अधिकांश जनता, विशेषतः हिन्दू लोग केवल जाति व्यवस्था का विनाश न होना ही नहीं चाहते बल्कि सम्भवतः वे जाति के बिना किसी सामाजिक व्यवस्था की कल्पना भी असम्भव पायेंगे।"[1]

---

1. "The vast majority of population, especially Hindus, not only do not want caste to disappear, but they would probably find it impossible to envisage a social system without caste." —M. N. Srinivas.

नगरीय जीवन के राजनीतिक पहलू

नगरीय जीवन के सामाजिक पहलू की अनेक विशेषतायें उसके राजनीतिक पहलू में भी दिखाई पड़ती हैं। सामाजिक जीवन के समान नगर का राजनीतिक जीवन भी गतिशील, संघर्षमय और जटिल होता है। स्थूल रूप से नगर के राजनीतिक जीवन के दो मुख्य अंग होते हैं—एक तो सरकार द्वारा नियुक्त प्रशासक तथा उनके कर्मचारी और दूसरे नगरपालिका में जनता के चुने हुये प्रतिनिधि। भारतवर्ष में प्रत्येक जिले में एक जिलाधीश होता है जो जिले के मुख्य केन्द्र में रहता है, यह केन्द्र आमतौर से जिले का सबसे बड़ा नगर होता है। जिलाधीश जिले की शान्ति और व्यवस्था के लिये उत्तरदायी होता है। जिलाधीश के अलावा हर एक जिले में अनेक थानेदार होते हैं जो कि अपने-अपने इलाकों की देख-भाल करते हैं। नगर में विभिन्न सर्किलों में अलग-अलग थाने होते हैं जिनमें एक सब-इन्सपैक्टर तथा उसके आधीन अनेक कर्मचारी, हेड कान्स्टेबिल और कान्स्टेबिल होते हैं। ये अपने-अपने सर्किल में शान्ति स्थापित रखते हैं और अपराधियों को पकड़ते हैं। प्रत्येक नगर में एक कोतवाली होती है जिसका प्रमुख अधिकारी शहर कोतवाल होता है। शहर कोतवाल के अलावा बड़े-बड़े नगरों में अथवा जिला केन्द्रों में डिप्टी सुपरिन्टेन्डेन्ट पुलिस तथा सुपरिन्टेन्डेन्ट पुलिस आदि भी रहते हैं। अधिकतर नगरों में एक प्रवीक्षण अधिकरी भी होता है जो कि किशोर अपराधियों की देखभाल करता है। बड़े-बड़े नगरों में एक गुप्त विभाग भी होता है। इन सब सरकारी कर्मचारियों के अलावा नगर में एक म्यूनिसिपल बोर्ड होता है। बड़े-बड़े नगरों में कारपोरेशन होती है। बोर्ड अथवा कारपोरेशन के सदस्य जनता द्वारा चुने जाते हैं। इन चुनावों में राजनीतिक दल अपने प्रतिनिधि खड़े करते हैं। स्वतन्त्र उम्मीदवार भी खड़े होते हैं। चुने जाने पर ये सब मिलकर नगर में सफाई, शिक्षा, पानी, बिजली, सार्वजनिक मनोरंजन, चिकित्सा तथा सांस्कृतिक व सामाजिक विकास और जन-कल्याण के कितने ही काम करते हैं। अलग-अलग कामों के लिये अलग-अलग विभाग बना दिये जाते हैं जो किसी एक सदस्य की अधीनता में काम करते हैं। आजकल बोर्ड एक नगर नियोजन अधिकारी की सेवायें भी प्राप्त करता है। इससे नक्शा पास कराने के बाद ही नगर में कोई व्यक्ति नया मकान बना सकता है।

उपरोक्त विवरण से स्पष्ट है कि नगर की राजनीति दो समूहों द्वारा संचालित होती है—एक तो सरकारी कर्मचारी दूसरे बोर्ड के सदस्य। कभी-कभी इनमें संघर्ष की भी नौबत जा जाती है। बोर्ड के सदस्य बहुधा राजनीतिक दलों की सहायता से चुनाव जीतते हैं, अतः वे बोर्ड में भी अपने दल को सबल बनाने की चेष्टा किया करते हैं। इस प्रकार विभिन्न दलों में आये दिन संघर्ष होता रहता है। यह संघर्ष केवल अप्रत्यक्ष ही नहीं; बल्कि प्रत्यक्ष होता है। यहाँ तक कि कभी-कभी तो विभिन्न दलों के सदस्यों में मुक्के, लात, कुर्सियाँ और जूते तक चलने की नौबत आ जाती है। इसी प्रकार चुनावों में जीतने के लिये हर प्रकार के साधन इस्तेमाल

किये जाते हैं। हर एक दल चुनावों में लाखों रुपये खर्च करता है। प्रत्येक सदस्य को हजारों रुपये खर्च करने पड़ते हैं। इस प्रकार रुपया, चुनाव में जीतने का एक बहुत बड़ा कारक है। इसलिये बहुधा धनी व्यक्ति ही चुनाव में खड़े होते हैं। राजनीतिक दल भी ऐसे व्यक्ति चुनते हैं जो चुनाव में काफी रुपया लगा सकें। इसके अलावा नगर के रईस, व्यापारी तथा कारखानेदार आदि अपना-अपना उल्लू सीधा करने के लिये राजनीतिक दलों को आर्थिक सहायता देते हैं। कुछ व्यापारी और धनिक लोग तो विरोधी दलों को बराबर सहायता देते हैं जिससे चाहे जिस दल का व्यक्ति चुना जाने पर भी उनके हित सुरक्षित रहें। चुनाव में लगाया गया रुपया एक प्रकार का विनियोग (Investment) होता है। चुने जाने के बाद सदस्य और उनके सहायक प्राप्त अधिकारों का पूरा-पूरा फायदा उठाते हैं और खर्च किये हुये धन का कई गुना वसूल कर लेते हैं। बोर्ड के सदस्य हर तरह के ठेके अपने आदमियों को दिलाते हैं। जनता का हजारों लाखों रुपया खर्च होने पर भी बहुधा काम ठीक नहीं होता, क्योंकि ठेका मिलने पर ठेकेदार और ठेका दिलाने वाला तथा अन्य अनेक लोगों का हिस्सा बाँट होता है। इस हिस्सा बाँट में सभी हजारों रुपया उड़ा लेते हैं। कभी-कभी तो ऐसा देखने में आया है कि लाखों रुपये के खर्च से बनी इमारत बिना इस्तेमाल किये ही गिराऊ घोषित कर दी जाती है। ठेकों के अलावा परमिटों के मामलों में भी खूब धांधलेबाजी चलती है और अपने-अपने मतलब साधे जाते हैं।

नगरपालिका के चुनाव में धन के अलावा जाति का भी बड़ा महत्व होता है। भारतवर्ष में नगर में जाति-पांति के भेदों को अधिक नहीं माना जाता और न ही व्यक्ति पर जाति का कोई नियन्त्रण ही होता है परन्तु राजनीतिक स्वार्थों के कारण नगरों में जातिवाद खूब पल रहा है। चुनावों में अधिकतर बहुसंख्यक जाति के सदस्य ही विजयी होते हैं। जाति के नाम पर वोट माँगे जाते हैं और मिलते भी हैं। अतः राजनीतिक दल भी बहुधा बहुसंख्यक जाति के धनी सदस्य को ही टिकट देते हैं।

इस प्रकार नगर में राजनीति एक प्रकार का व्यवसाय ही बन गया है। अपना-अपना मतलब सिद्ध करने के लिये वकील, डाक्टर, व्यवसायी, व्यापारी, कारखानेदार आदि नगरपालिका में जगह पाने के लिये चुनाव लड़ते हैं। इसमें वे किसी भी साधन का प्रयोग करने में नहीं हिचकते। विरोधी उम्मीदवार की बदनामी कराई जाती है, गड़े मुर्दे उखाड़े जाते हैं, अपनी झूठी प्रशंसा कराई जाती है। रुपये देकर और लम्बे-चौड़े वायदे करके गरीबों के वोट खरीदे जाते हैं और कभी-कभी तो गुण्डों की सेवायें प्राप्त करके जबरदस्ती वोट डलवाये जाते हैं या जनता के लीडरों और अगुओं को धमकाया जाता है। चुनाव के दिन सभी उम्मीदवार मतदाताओं को पोलिंग बूथ पर पहुँचाने के लिये मोटरों, रिक्शों, तांगों आदि सवारियों का प्रबन्ध करते हैं। अनेक लोग गरीबों को मुफ्त हलुआ पूरी खिलाते हैं। नमक खाने के बाद दाता को वोट देना लोग अपना कर्त्तव्य समझते हैं। ऐसे समय पर कुछ लोग वोट दिलाने का व्यापार भी करते हैं। ये अपने मुहल्ले में प्रभावशाली लोग होते

हैं। जितने वोट इनके प्रभाव में होते हैं उसी के अनुसार सौदा हो जाता है और मतदाताओं को पता भी नहीं चलता। जाली वोटों का भी शोर रहता है चुनाव के दिनों में अनेक लोग यह भी काम करते हैं। वे कुछ लोगों से दूसरों के नाम से वोट डलवा देते हैं या स्वयं डाल आते हैं। मतदाताओं की सूची बनाने पर भी इसी प्रकार की कार्यवाही होती है। कभी-कभी तो ऐसा देखा गया है कि पचास-पचास मतदाताओं ने एक ऐसी इमारत का पता लिखवाया जो वर्षों से खाली पड़ी है। अवयस्क को वयस्क लिख देना, मतदाताओं की सूची में मृत व्यक्तियों का नाम लिख देना आदि तो मामूली बातें हैं। इसका तात्पर्य यह नही कि नगर में चुनावों में इन सब बातों को रोकने का कोई प्रयास न किया जाता हो परन्तु फिर भी निहित स्वार्थों के कारण अनेक बातों को जान बूझकर भुला दिया जाता है।

परन्तु फिर भी अनेक नगरपालिकाओं ने अपने नगरों की काया भी पलट दी है। उनको आदर्श नगरपालिकायें कहा जा सकता है। परन्तु भारत में अभी इस प्रकार की नगरपालिकाओं की संख्या बहुत थोड़ी है। अधिकतर नगरपालिकाओं में अब भी भ्रष्टाचार और घूँसखोरी का बाजार गर्म है। जातिवाद ने दशा और भी खराब कर रखी है। नगरपालिका के अनेक सदस्य बे पढ़े-लिखे होते हैं और बहुत सी समस्याओं को नहीं समझ पाते। परन्तु दूसरी ओर कुछ सदस्य पढ़े-लिखे, त्यागी, कर्मठ और सेवावृत्ति वाले भी होते हैं। जिस प्रकार के सदस्यों की संख्या अधिक होती है वैसा ही नगरपालिका का काम हो जाता है।

अभ्यास के लिये प्रश्न

1. नगर विकास तथा नगरीकरण का परिणाम भारतीय लोगों का सामाजिक परिवर्तन करने में कितना महत्त्व रखता है यह निर्धारित कीजिए।
2. भारत के नगरीय समुदायों में सामाजिक स्तरीकरण के बदलते हुए प्रतिमानों का विश्लेषण कीजिए। क्या जाति प्रथा वर्ग में परिवर्तित हो जाएगी?
3. चर्चा कीजिए—नगर का सामाजिक संगठन।
4. संक्षिप्त टिप्पणी लिखो—नगरीय शासन।
5. नगरीय समुदाय में पाये जाने वाले अन्तर्जातीय सम्बन्धों के स्वरूप का वर्णन कीजिए तथा उन कारकों का उल्लेख कीजिए जो इस स्वरूप को प्रभावित कर रहे हैं।
6. नगरीय संस्कृति तथा समाज पर एक संक्षिप्त लेख लिखिए।

10

औद्योगीकरण

(Industrialization)

भारत सरकार द्वारा प्रकाशित INDIA में शहरी क्षेत्र को निम्न प्रकार से परिभाषित किया गया है—

(अ) समस्त स्थान जहाँ पर नगरपालिका, अधिसूचित नगर क्षेत्र समिति, कैन्टोनमेंट बोर्ड आदि हैं।

(ब) अन्य समस्त स्थान जो कि निम्नलिखित मापदण्डों की पूर्ति करते हैं—

(i) न्यूनतम 5,000 की जनसंख्या,

(ii) कम से कम 75 प्रतिशत पुरुष जनसंख्या ऐसी हो जो कि गैर-कृषि कार्यों में लगी हो, और

(iii) कम से कम 400 व्यक्ति प्रति वर्ग कि0 मी0 का जनसंख्या घनत्व।

अन्य देशों से तुलना

भारत में नगरों के विकास की दर और स्वरूप के उपरोक्त विवेचन से यह स्पष्ट मालूम पड़ता है कि ये दोनों ही असन्तोषजनक हैं। आधुनिक अवस्थाओं में किसी भी राष्ट्र के जीवन के औद्योगीकरण की सर्वोत्तम कसौटी उस राष्ट्र में नगरों के विकास की दर और स्वरूप हैं। भारत में नगरों के विकास की दर और स्वरूप की अन्य देशों में नगरों के विकास की दर और स्वरूप से तुलना करने पर इस कथन की सत्यता स्पष्ट मालूम पड़ती है।

नगरों के विकास में औद्योगीकरण का महत्त्व

पीछे बतलाया जा चुका है कि नगरों के विकास का एक महत्त्वपूर्ण कारण औद्योगिक क्रान्ति है। परन्तु कुछ लोगों ने औद्योगीकरण को नगरों की उत्पत्ति का एक मात्र कारण माना है। इस मत की परीक्षा भी प्रासंगिक होगी। भारतवर्ष में नये नगरों में अधिकांश का विकास औद्योगीकरण के कारण हुआ है। भारतवर्ष में

औद्योगिक राज्यों में अन्य राज्यों की अपेक्षा नगरीय जनसंख्या का अत्यधिक विकास हुआ है। नगरों की संख्या औद्योगिक क्षेत्रों से ही अधिक बढ़ी है। भारतवर्ष में सबसे अधिक नगर महाराष्ट्र में हैं जो कि देश में सबसे अधिक औद्योगिक राज्य है।

विभिन्न राज्यों की जनसंख्या के विकास को देखने से मालूम पड़ता है कि सबसे अधिक जनसंख्या महाराष्ट्र, उत्तर प्रदेश, आन्ध्र प्रदेश, पश्चिमी बंगाल, दिल्ली आदि उन्हीं राज्यों में बढ़ी है जिनमें बड़े-बड़े नगरों की संख्या बढ़ी और जिनमें औद्योगीकरण अधिक हुआ है। अतः यह कहा जा सकता है कि भारत में नगरों के विकास में औद्योगीकरण का बड़ा हाथ है। परन्तु इससे यह निष्कर्ष नहीं निकाला जा सकता कि नये नगरों के विकास का एक मात्र कारण औद्योगीकरण है। औद्योगीकरण के अलावा अन्य अनेक कारक भी भारत में नये नगरों के विकास के कारण हैं।

औद्योगीकरण और सामाजिक परिवर्तन

भारतवर्ष में औद्योगिकरण बढ़ रहा है यद्यपि अन्य देशों में औद्योगीकरण की प्रगति से तुलना करने पर उसको तीव्र नहीं कहा जा सकता। 1947 ई० में देश स्वतन्त्र होने के पश्चात् गणतन्त्र की सरकार ने देश में औद्योगीकरण के विकास को सहायता और प्रोत्साहन दिया है तथा विकसित देशों की सरकारों की सहायता से देश में भारी उद्योगों (Heavy Industries) के बहुत से कारखाने खोले गये हैं।

भारत में इस बढ़ते हुये औद्योगीकरण से देश में नगरों की जनसंख्या बढ़ी है जिससे सामाजिक जीवन पर बड़ा प्रभाव पड़ा है। औद्योगीकरण से केवल नगरों की जनसंख्या पर ही प्रभाव पड़ा हो ऐसी बात नहीं है, बड़े-बड़े उद्योगों के निकट के गाँवों के निवासियों के सामाजिक जीवन पर भी औद्योगीकरण का प्रभाव पड़ा है।

भारत में औद्योगीकरण के उपलक्षण

भारत में शीघ्र औद्योगीकरण के मुख्य उपलक्षण (Implications) निम्नलिखित हैं—

(1) **नगरीय जनसंख्या में वृद्धि** (Growth of Urban Population)—औद्योगीकरण के प्रभाव से देश में नगरीय जनसंख्या का अनुपात बराबर बढ़ा है।

औद्योगीकरण का विकास ही भारत में अधिकांश नगरीय जनसंख्या की वृद्धि का कारण है। अतः नगरीय जनसंख्या की वृद्धि के सामाजिक प्रभावों को भी अप्रत्यक्ष रूप से औद्योगीकरण के सामाजिक प्रभावों में गिना जायेगा। नगरीय जनसंख्या की वृद्धि के कुछ मुख्य सामाजिक प्रभाव निम्नलिखित हैं—

(i) **सामाजिक भावना का ह्रास**—देश में नगरीय जनसंख्या बढ़ने का सबसे पहला सामाजिक परिणाम सामाजिक भावना का उत्तरोत्तर ह्रास है। गाँव में

सामाजिक भावना नगर से अधिक रहती है। अतः ग्रामीण जनसंख्या की कमी और नगरीय जनसंख्या की वृद्धि से सामुदायिक भावना (Community Sentiment) का ह्रास स्वाभाविक है। नगरों में हर एक व्यक्ति अपने या अपने साथियों के स्वार्थों की ही चिन्ता करता है, वह समुदाय की परवाह नहीं करता।

(ii) **सामाजिक नियन्त्रण में कमी**—सामुदायिक भावना के ह्रास से देश में सामाजिक नियन्त्रण बराबर घटता जा रहा है। ज्यों-ज्यों नगरीय जनसंख्या बढ़ती है त्यों-त्यों जातीय तथा सामाजिक संगठनों की नियन्त्रण शक्ति घटती जाती है। नगरों की देखा-देखी गाँव में भी जातीय पंचायतों का नियन्त्रण समाप्त हो रहा है। इससे व्यवहार में उच्छृंखलता बढ़ रही है।

(iii) **पारिवारिक नियन्त्रण में कमी**—नगरीय जनसंख्या की वृद्धि के साथ-साथ नगरों में पारिवारिक नियन्त्रण में भी बराबर कमी आई है। नगरों में जहाँ पर स्त्री-पुरुष दोनों काम पर जाते हैं, वहाँ पर बालकों पर कोई नियन्त्रण नहीं हो पाता। लाखों मजदूर शहरों में अपने परिवार के बिना अकेले रहते हैं जिससे धीरे-धीरे उन पर से परिवार का नियन्त्रण समाप्त हो जाता है। गाँव में पहुँच कर वहाँ भी वे परिवार के नियन्त्रण को नहीं मानते तथा उनकी देखा-देखी अन्य लोग भी वैसा ही करने लगते हैं। सिनेमा, आधुनिक शिक्षा, फैशनपरस्ती, शहरों का भड़कीला वातावरण और स्त्री-पुरुषों के सम्बन्धों में परिवर्तन आदि कारक नगरों में पारिवारिक नियन्त्रण को कम कर रहे हैं।

(iv) **धर्म के प्रभाव में कमी**—औद्योगीकरण बढ़ने से समाज और परिवार के साथ-साथ धर्म का प्रभाव भी कम होता जाता है। औद्योगिक नगरों में भौतिकवाद का बोलबाला होता है। अतः नास्तिकता को बल मिलता है। औद्योगिक नगरों के प्रभाव में आने वाले ग्रामीण समुदायों में भी क्रमशः धर्म का प्रभाव कम होता जा रहा है।

(v) **विवाह की संस्था में परिवर्तन**—नगरों की जनसंख्या की वृद्धि से विवाह की संस्था में भी कुछ परिवर्तन हुए हैं। क्रमशः विवाहों में जीवन-साथी चुनने में युवक-युवतियों की इच्छाओं का ख्याल रखा जाने लगा है। प्रेम-विवाहों (Love Marriages) की और साथ ही तलाकों की संख्या भी बढ़ रही है।

(vi) **परिवार की संस्था में परिवर्तन**—नगरीकरण ने परिवार की शक्ल ही बदल दी है। संयुक्त परिवार कम होते जा रहे हैं। परिवार छोटे होते जा रहे हैं। परिवार का विघटन हो रहा है।

(vii) **स्त्रियों की दशा में परिवर्तन**—नगरीकरण के साथ स्त्रियों की दशा में भी परिवर्तन हुआ है। उनको आर्थिक स्वन्तन्त्रता मिल रही है, उनमें शिक्षा का प्रचार बढ़ रहा है। उनमें अपने अधिकारों के प्रति जागृति बढ़ रही है, परन्तु साथ-ही-साथ उच्छृंखलता, अनुचित यौन-सम्बन्ध, तलाक, विवाह-पूर्व तथा विवाह से बाहर यौन-सम्बन्ध, फैशन, भोगवाद आदि भी बढ़ रहे हैं।

(2) **जनसंख्या में पुरुषों की अधिकता**—औद्योगीकरण का एक महत्त्वपूर्ण सामाजिक उपलक्षण नगरों की जनसंख्या में स्त्रियों की संख्या से पुरुषों की संख्या का अत्यधिक बढ़ना है। इसका कारण यह है कि नगरों में मकानों की अत्यधिक कमी होने के कारण लाखों मजदूर तथा अन्य नौकरी पेशा लोग शहरों में अकेले रहने को बाध्य होते हैं। पुरुषों की अधिकता और स्त्रियों की कमी से व्यभिचार और वेश्यागमन के साथ-साथ विभिन्न प्रकार के अपराधों को भी प्रोत्साहन मिलता है।

(3) **व्यापारिक मनोरंजन**—औद्योगीकरण के कारण व्यापारिक मनोरंजन का खूब विस्तार हुआ है। नगरों में सिनेमा धनी-निर्धन सभी की जेबें खाली कर रहा है। वेश्यायें और नाचने वालियाँ दोनों हाथों से लूटती हैं।

(4) **निवास स्थान की कमी**—औद्योगीकरण से नगरों में निवास-स्थान की भयंकर कमी दिखाई पड़ती है। बम्बई, कलकत्ता, दिल्ली जैसे नगरों में हजारों लाखों परिवार एक-एक कमरे में रहने को मजबूर होते हैं जिससे विवाहित सदस्यों को निजत्व (Privacy) की कमी रहती है और अविवाहित सदस्यों पर उनके व्यवहार का बुरा प्रभाव पड़ता है तथा वे यौन-अपराधों की ओर प्रवृत्त होते हैं।

(5) **गन्दी बस्तियों का विकास**—औद्योगीकरण के कारण आवासों की अत्यधिक कमी होने से बड़े-बड़े नगरों में गन्दी बस्तियों (Slums) का विकास हुआ है। इनमें श्रमिक और गरीब लोग रहते हैं। इन गन्दी बस्तियों में रहने वालों का स्वास्थ्य बिगड़ता है, नैतिक चरित्र गिरता है और अपराधी प्रवृत्ति बढ़ती है। कानपुर के 'अहाते', दिल्ली की 'झुग्गियाँ', बम्बई की 'चाल' और मद्रास की 'चेरी' भारतीय सभ्यता पर कलंक हैं। इन गन्दे घरों में न हवा का, न पानी या रोशनी का प्रबन्ध होता है। देश के सभी विचारकों और नेताओं ने इन स्लमों के सुधार के लिए आवाज उठाई है। "इन्हें जला दो, ये मनुष्य के अधिकतम पतन की परिचायक हैं। इस अवस्था के लिये जिम्मेदार व्यक्तियों को फाँसी दी जानी चाहिए।" पं॰ जवाहरलाल नेहरू के ये रोषपूर्ण शब्द प्रत्येक सहृदय व्यक्ति की भावनाओं की पुकार हैं। डॉ॰ राधाकमल मुकर्जी ने ठीक ही लिखा है, "भारत के औद्योगिक केन्द्रों की हजारों गन्दी बस्तियों में पुरुषत्व का निश्चय ही पाश्वीकरण किया जाता है, स्त्रियों को अपमानित किया जाता है और बचपन को उसके उद्‌गम में ही विष दे दिया जाता है।"[1]

(6) **औद्योगीकरण के सामाजिक परिणाम**—भारत में औद्योगीकरण धीरे-धीरे बढ़ रहा है। अतः उसके सामाजिक परिणाम भी क्रमशः दिखलाई पड़ रहे हैं। सबसे पहला सामाजिक परिणाम विघटन है। समाज में सामुदायिक भावना कम होती जा रही है। जात-पाँत का भेदभाव कम होता जा रहा है। जाति पंचायतों

---

1. "In the thousand slums of India's Industrial centres manhood is, unquestionably brutalized, women dishonoured and childhood poisoned at its very source."
—R. K. Mukerjee, '*Indian Working Class*', p. 30.

का प्रभाव बहुत कम हो गया है। सामाजिक नियन्त्रण के अन्य कारकों का प्रभाव भी कम होता दिखलाई पड़ता है क्योंकि व्यक्तिवाद बढ़ रहा है। जातीय संगठनों के समान ही परिवार का नियन्त्रण भी कम हो रहा है। संयुक्त परिवारों का विघटन हो रहा है और परिवार बराबर छोटे होते जा रहे हैं। परिवार में बालकों की संख्या बहुत कम होती जा रही है और पारिवारिक विघटन सब कहीं दिखलाई पड़ता है। परिवार के साथ-साथ विवाह की संस्था में भी परिवर्तन हुआ है। विवाह अधिक आयु में होने लगे हैं। प्रेमविवाहों की संख्या बढ़ी है, साथ ही तलाकों की संख्या भी बढ़ी है। स्त्रियाँ आर्थिक दृष्टि से स्वतन्त्र हो गई हैं। अतः वे अन्य क्षेत्रों में भी स्वतन्त्रता और समानता माँगने लगी हैं। स्वतन्त्रता तथा भोगवाद व फैशन के प्रभाव से तथा सामाजिक मूल्यों में परिवर्तन से स्त्री-पुरुषों के सम्बन्धों में परिवर्तन आ गया है। अनुचित यौन-सम्बन्धों की संख्या बढ़ रही है। औद्योगीकरण तथा भौतिकवाद बढ़ा है और धर्म में आस्था कम हुई है। नगरों की जनसंख्या बढ़ने से आवास स्थानों की अत्यधिक कमी हो गई है। अतः गन्दी बस्तियों (Slums) का विकास हुआ है। इन सब कारणों से देश में दुर्व्यसन, अपराध, किशोरापराध, भ्रष्टाचार, शोषण, संघर्ष, प्रतिद्वन्द्विता आदि को प्रोत्साहन मिला है।

(7) **भारत में औद्योगीकरण के आर्थिक परिणाम**—औद्योगीकरण के फलस्वरूप भारत में निम्नलिखित आर्थिक परिणाम विशेष रूप से देखे जा सकते हैं—

(i) **पूँजीवाद का विकास**—औद्योगीकरण से एक ही व्यक्ति लाखों-करोड़ों का व्यापार सम्भाल लेता है और बड़े-बड़े कारखाने खड़े करके लाखों-करोड़ों की आमदनी कर सकता है। अतः अन्य देशों के समान भारत में भी औद्योगीकरण से पूँजीवाद (Capitalism) का विकास हुआ है।

(ii) **बड़े पैमाने पर उत्पादन**—औद्योगीकरण से भारत में भी बड़े पैमाने पर उत्पादन प्रारम्भ हो गया है। लोहा, इस्पात, सीमेण्ट, फर्टिलाइजर आदि कितनी ही चीजों को भारी पैमाने पर बनाने के लिए बड़े-बड़े कारखाने बन गए हैं जिनमें हजारों मजदूर दिन-रात काम करते हैं।

(iii) **व्यापार का विकास**—बड़े पैमाने पर उत्पादन से व्यापार का भी अभूतपूर्व विकास हुआ है। इस विकास में यातायात और सन्देशवहन के साधनों का भी बड़ा भारी हाथ है। भारत में रेल के डिब्बों, टेलीफोन, इंजन आदि का भी निर्माण होने लगा है। विदेशी व्यापार में बड़ी उन्नति हुई है।

(iv) **श्रम-विभाजन और विशेषीकरण**—औद्योगीकरण का एक अन्य आर्थिक परिणाम श्रम-विभाजन (Division of Labour) और विशेषीकरण (Specialisation) है। क्रमशः देश में विशेषज्ञों की संख्या बढ़ रही है।

(v) **जीवन के स्तर में विकास**—औद्योगीकरण से भारतवर्ष में लोगों के रहन-सहन तथा जीवन की सुविधाओं में विकास हुआ है। बिजली के पंखे, स्टोव, रेडियो, बिजली की इस्त्री आदि आराम के साधनों का प्रचार बढ़ता जा रहा है।

(vi) **आर्थिक संकट और बेकारी**—परन्तु जहाँ आराम और विलासिता की वस्तुएँ सुलभ हो गई हैं वहाँ आर्थिक संकट (Economic Crisis) भी अधिक दिखाई पड़ते हैं। बेरोजगारी और निर्धनता का बढ़ते जाना आर्थिक संकट का प्रतीक है।

(vii) **औद्योगिक झगड़े, रोग तथा दुर्घटनाएँ**—औद्योगीकरण से भारत में कारखानों की संख्या बढ़ी है। इसके साथ-साथ औद्योगिक झगड़ों (Industrial Disputes) और दुर्घटनाओं (Accidents) की संख्या भी बढ़ी है। बहुत से कारखानों में काम करने की दशाएँ स्वास्थ्यप्रद न होने के कारण श्रमिकों में विभिन्न रोगों की संख्या भी बढ़ी है।

(viii) **श्रमिकों की समस्याएँ**—औद्योगीकरण के साथ-साथ देश में श्रमिकों की समस्याएँ (Labour Problems) भी बढ़ी हैं। उदाहरण के लिए श्रमिकों की एक बड़ी समस्या अवकाश (Leisure) की समस्या है। एक तो श्रमिकों के काम करने के घण्टे इतने अधिक हैं कि उन्हें आवश्यक अवकाश नहीं मिल पाता, दूसरे जो अवकाश मिलता भी है उसमें स्वस्थ मनोरंजन नहीं मिल पाता। स्त्री तथा बाल-श्रमिकों की कुछ अपनी विशेष समस्याएँ हैं।

(ix) **व्यक्तिवाद और समाजवाद का प्रचार**—श्रमिकों की समस्याओं को लेकर श्रमिकों तथा मिल-मालिकों में झगड़े प्रारम्भ हुए जिनसे निबटने के लिए श्रमिकों ने अपनी यूनियनें बनाईं। राजनीतिक दलों ने भी श्रमिकों का पक्ष लिया और भारत में समाजवादी और साम्यवादी विचारधाराएँ बढ़ीं।

(x) **वर्गवाद और नए वर्गों की उत्पत्ति**—इन परस्पर विरोधी विचारधाराओं में समन्वय न होने के कारण भारत में वर्गवाद बढ़ा और अन्य देशों के समान यहाँ भी वर्ग-संघर्ष शुरू हुआ। मिल-मालिकों और पूँजीपतियों की शोषण की नीति से क्रमशः देश में एक जाग्रत श्रमिक वर्ग विकसित हुआ जो अपने संगठनों के द्वारा अपने अधिकारों की माँग करने लगा। हड़तालें और तालाबन्दी की घटनाएँ भी होने लगी।

(xi) **ग्रामीण उद्योगों का ह्रास**—औद्योगीकरण से भारत में दैनिक आवश्यकताओं की अधिकांश वस्तुएँ कारखानों में अच्छी और सस्ती बनने लगी और व्यापारी इनको धड़ाधड़ गाँवों में पहुँचाने लगे। इससे इन वस्तुओं को बनाने वाले ग्रामीण उद्योगों को बड़ा धक्का लगा। अधिकांश ग्रामवासी मिलों के हाथ कच्चा माल बेचना पसन्द करने लगे क्योंकि बने माल में वे मिलों से प्रतियोगिता नहीं कर सकते थे।

औद्योगीकरण के दुष्परिणामों को रोकने के उपाय

औद्योगीकरण के दुष्परिणाम—भारत में औद्योगीकरण के सामाजिक-आर्थिक परिणामों के उपरोक्त विवेचन से स्पष्ट है कि देश में औद्योगीकरण के बहुत से दुष्परिणाम हुए हैं जैसे नगरों में मकानों की कमी, श्रमिकों की समस्याएँ, शोषण में

वृद्धि, अपराधों में वृद्धि, ग्रामीण उद्योगों का ह्रास, पारिवारिक और सामाजिक तथा वैयक्तिक विघटन, औद्योगिक झगड़े और दुर्घटनाएँ इत्यादि। भारत में औद्योगीकरण के इन दुष्परिणामों को दूर करने के लिए भारत सरकार, राजनीतिक दल, श्रमिक संगठन तथा प्रगतिशील उद्योगपति प्रयत्न कर रहे हैं। इस विषय में निम्नलिखित उपाय सुझाए जा सकते हैं—

(1) **नगरों का सुआयोजन**—भारत में नगरीकरण तथा विशेषकर औद्योगिक नगरों की समस्याओं को सुलझाने के लिए नगरों का सुनियोजित होना अति आवश्यक है। गन्दी बस्तियाँ गिराकर फिर से बनाई जानी चाहिएँ। अधिकतर कारखाने शहर के बाहर होने चाहिएँ।

(2) **कारखानों का सुआयोजन**—नगरों के साथ-साथ कारखाने भी सुआयोजित होने चाहिएँ जिससे श्रमिकों का स्वास्थ्य न बिगड़े और दुर्घटनाएँ कम हों।

(3) **श्रमिक कानूनों का पारित होना**—श्रमिकों की समस्याओं को सुधारने के लिए श्रमिक कानूनों का पारित होना (Enactment of Labour Laws) आवश्यक है। उनके वेतन, काम करने के घण्टे, काम करने की दशाएँ, सामाजिक सुरक्षा के प्रबन्ध आदि के विषय में राज्य को कानून बना देने चाहिएं।

(4) **ग्रामोद्योगों को प्रोत्साहन और सहायता**—सरकार को ग्रामोद्योगों को सब प्रकार से सहायता और प्रोत्साहन देना चाहिए। पूँजी, उत्पादन तथा विक्रय के लिए सहायक समितियाँ बनाई जानी चाहिए जिनको सरकार की ओर से सहायता मिलनी चाहिए।

(5) **उद्योगों का विकेन्द्रीकरण**—औद्योगीकरण के अनेक दुष्परिणाम बहुत से उद्योगों के किसी विशेष स्थान पर केन्द्रित होने से होते हैं। अतः सरकार को उद्योगों का विकेन्द्रीकरण करना चाहिए।

(6) **कुटीर उद्योगों का विकास**—औद्योगीकरण के बहुत से दुष्परिणाम अत्यधिक यन्त्रीकरण और विशेषीकरण का परिणाम हैं। कुटीर उद्योगों को प्रोत्साहन देकर इन दुष्परिणामों को दूर किया जा सकता है। इससे श्रमिकों के झगड़े सम्बन्धी कठिनाइयाँ भी दूर हो जाएँगी।

(7) **गृह निर्माण**—औद्योगीकरण के परिणामस्वरूप नगरों में आवास-स्थानों की कमी की समस्या और गन्दी बस्तियों की समस्या को सुलझाने के लिए बड़े पैमाने पर नए मकानों का निर्माण होना चाहिए।

(8) **स्वस्थ मनोरंजन की व्यवस्था**—औद्योगीकरण के परिणामस्वरूप अपराध, किशोरापराध, वेश्यागमन आदि में वृद्धि का एक कारण स्वस्थ मनोरंजन का अभाव भी है। अतः बालकों और वयस्कों सभी के लिए स्वस्थ मनोरंजन, खेल-कूद आदि का प्रबन्ध होना चाहिए।

औद्योगीकरण के दुष्परिणामों को दूर करने के उपरोक्त सभी सुझावों को भारत सरकार ने किसी न किसी रूप में स्वीकार किया है और उन पर अमल करने की कोशिश बराबर की जा रही है। भारतवर्ष में औद्योगीकरण अभी अधिक विकसित दशा में नहीं है। अंत: उसकी समस्याएँ अभी इतनी उग्र नहीं हैं। ये समस्याएँ अधिकतर बड़े-बड़े औद्योगिक नगरों जैसे कलकत्ता, बम्बई आदि में ही दिखाई पड़ती हैं। परन्तु इस स्तर पर भी इन समस्याओं को सुलझाने के लिए जो प्रयत्न किए जा रहे हैं वे अभी पर्याप्त नहीं हैं। औद्योगिक नगरों में स्लम सब-कहीं दिखाई पड़ते हैं। काम करने की दशाएँ अभी समुचित रूप से स्वस्थ नहीं हैं। स्वस्थ मनोरंजन का कोई विशेष प्रबन्ध नहीं किया गया है। सरकार को अभी इस ओर और भी ध्यान देने की आवश्यकता है। सरकारी प्रयत्न में गैर-सरकारी संस्थाओं, नगरपालिकाओं, श्रमिक संगठनों तथा प्रगतिशील उद्योगपतियों का भी सहयोग होना चाहिए क्योंकि जनतन्त्र में जनता के सहयोग के बिना अकेली सरकार अधिक काम नहीं कर सकती।

अभ्यास के लिये प्रश्न

1. भारत में बढ़ते हुए नगरीकरण का वर्णन करो।
2. औद्योगीकरण के उपलक्षण क्या हैं? उसके दुष्परिणामों को रोकने के उपाय बतलाइये।

11

पश्चिमीकरण

(Westernization)

पश्चिमीकरण और नगरीकरण

भारतवर्ष में पश्चिमीकरण का प्रभाव मुख्य रूप से नगरों में देखा जा सकता है परन्तु इसका अर्थ यह नहीं है कि पश्चिमीकरण नगरीकरण (Urbanization) है। भारत के बहुत से गाँवों में बहुत से लोगों के जीवन में नगरों में रहने वाले बहुत से लोगों की तुलना में अधिक पश्चिमीकरण देखा जा सकता है। नगरों की तुलना में गाँवों में पश्चिमीकरण कम होने पर भी बहुत से लोगों में वह नगरों से भी अधिक है। अस्तु, पश्चिमीकरण नगरीकरण का अनिवार्य परिणाम अथवा लक्षण नहीं है। इसलिए इन दोनों को अलग-अलग समझा जाना चाहिये।

आधुनिक काल में भारतवर्ष में नगरों में सामाजिक परिवर्तन उत्पन्न करने में पश्चिमीकरण का महत्त्वपूर्ण योगदान है। पश्चिमीकरण का अर्थ पाश्चात्य संस्कृति के रंग में रंगने से है। पाश्चात्य संस्कृति का यह प्रभाव भारतवर्ष में अंग्रेजों के शासन काल में पड़ा। इसलिए डॉ० एम० एन० श्रीनिवास ने 'पश्चिमीकरण' शब्द की परिभाषा करते हुए लिखा है, ''मैंने 'पश्चिमीकरण' शब्द को अन्य स्थान पर ब्रिटिश राज्य के डेढ़ सौ वर्ष के शासन के परिणामस्वरूप भारतीय समाज और संस्कृति में उत्पन्न हुए परिवर्तनों के लिए प्रयोग किया है, और यह शब्द प्रौद्योगिकी, संस्थाओं, विचारधारा और मूल्यों—विभिन्न स्तरों पर उत्पन्न होने वाले परिवर्तनों को सम्मिलित करता है।''[1] संक्षेप में पश्चिमीकरण से प्रौद्योगिकी, समाज और संस्कृति के विभिन्न पहलुओं में परिवर्तन हुए।

---

1. "I have used elsewhere the term 'Westernisation' to characterise the change brought about in Indian society and culture as a result of over 150 years of British rule and the term subsumes changes occurring at different levels-technology, institutions, ideology, values" —Srinivas, M. N., *Social Change in Modern India,* University of California Press (1966), p.47.

पश्चिमीकरण और आधुनिकीकरण

बहुत से लोग पश्चिमीकरण को आधुनिकीकरण (Modernization) मान बैठते हैं क्योंकि पाश्चात्य संस्कृति आधुनिक मानी जाती है; किन्तु वास्तव में इन दोनों में अन्तर किया जाना चाहिए। डेनियल लर्नर ने पश्चिमीकरण को आधुनिकीकरण से अधिक सीमित माना है। सभी देशों में पश्चिम के प्रभाव से ही आधुनिकीकरण नहीं हुआ है। उदाहरण के लिए कुछ देशों में पश्चिम की तुलना में जापान और सुदूर-पूर्व के देशों की संस्कृति से आधुनिकीकरण हुआ है। अस्तु, आधुनिकीकरण में वे सभी परिवर्तन आ जाते हैं जो किसी भी संस्कृति के प्रभाव से सन्देशवहन के साधनों में क्रान्ति, नगरीकरण में वृद्धि, साक्षरता में वृद्धि, प्रति व्यक्ति आय में वृद्धि, अधिक लोगों को मतदान देने का अधिकार और सामाजिक गतिशीलता में वृद्धि इत्यादि परिवर्तनों के रूप में दिखलाई पड़ते हैं।

पश्चिमीकरण के लक्षण

चूंकि भारतवर्ष में आधुनिकीकरण पश्चिमीकरण के परिणाम से हुआ है इसलिये यहाँ पर उपरोक्त आधुनिक परिवर्तनों को पश्चिमीकरण का परिणाम माना जा सकता है। पश्चिमीकरण के प्रत्यय को और भी स्पष्ट रूप से समझने के लिए उसकी प्रकृति को समझना आवश्यक है। डॉ० श्रीनिवास के अनुसार पश्चिमीकरण की प्रकृति निम्नलिखित लक्षणों से स्पष्ट होती है–

(1) नैतिक रूप से तटस्थ–आधुनिकीकरण को सामान्य रूप से अच्छा माना जाता है किन्तु पश्चिमीकरण के साथ में यह अनिवार्य नहीं है। पश्चिमीकरण अच्छे और बुरे दोनों ही प्रकार के हुए हैं। वास्तव में पश्चिमीकरण नैतिक रूप से तटस्थ प्रत्यय है, उस पर अच्छे-बुरे का निर्णय नहीं दिया जा सकता।

(2) पश्चिमीकरण की सीमायें–पश्चिमीकरण और पाश्चात्य संस्कृति में भी अन्तर किया जाना चाहिए। पाश्चात्य संस्कृति के सभी तत्व पश्चिम में उत्पन्न नहीं हुए हैं। उदाहरण के लिए ईसाई धर्म की उत्पत्ति एशिया में हुई। दशमलव पद्धति भारतवर्ष में उत्पन्न हुई और अरब से होते हुए यूरोप में पहुँची। बारूद, छापाखाना और कागज का आविष्कार चीन में हुआ। ये सब पाश्चात्य संस्कृति के महत्त्वपूर्ण अंग हैं परन्तु ये पश्चिम की उपज नहीं हैं। फिर पश्चिमी से जो अनेक देशों का बोध होता है उन सब में कोई सामान्य संस्कृति नहीं मिलती। उदाहरण के लिए संयुक्त राज्य अमरीका, कनाडा, ग्रेट ब्रिटेन, फ्रांस, जर्मनी, इटली और रूस आदि पश्चिमी देशों में भारी सांस्कृतिक अन्तर दिखलाई पड़ता है। भारतवर्ष में सामाजिक परिवर्तन के रूप में पश्चिमीकरण की जो प्रक्रिया काम करती है उसे ब्रिटिश संस्कृति का प्रभाव समझा जाना चाहिये।

(3) व्यापक, जटिल और बहुस्तरीय प्रत्यय–पश्चिमीकरण का प्रत्यय एक व्यापक प्रत्यय है। इसमें वे सभी परिवर्तन आते हैं जो पाश्चात्य प्रौद्योगिकी और आधुनिक विज्ञान का परिणाम हैं। दूसरे, पश्चिमीकरण की प्रक्रिया से समाज और

संस्कृति के विभिन्न पहलुओं पर भिन्न-भिन्न प्रभाव पड़े हैं, इस प्रकार वह एक जटिल प्रक्रिया है। तीसरे, पश्चिमीकरण का प्रभाव अनेक स्तरों पर हुआ है। उदाहरण के लिए पहले लोग जमीन पर बैठकर धातु के बर्तन में पत्तों पर भोजन किया करते थे, अब मेज-कुर्सी पर बैठकर छुरी-काँटे से खाना खाते हैं, इससे भोजन धार्मिक क्रिया नहीं रह गई और उसका लौकिकीकरण हो गया। जहाँ पश्चिमीकरण का व्यापक प्रभाव हुआ है वहाँ अनेक क्षेत्रों में पश्चिमीकरण के प्रभाव की सर्वथा अवहेलना की गई है। इस प्रकार पश्चिमीकरण कहने से यह नहीं समझा जाना चाहिए कि उसका सब कहीं एकसा प्रभाव पड़ा है।

(4) चेतन-अचेतन प्रक्रिया—पाश्चात्य संस्कृति के प्रभाव को भारत में सब कहीं जान-बूझकर नहीं अपनाया गया है। जहाँ कुछ क्षेत्रों में जान-बूझकर अंग्रेजों का अनुकरण किया गया है वहाँ अन्य क्षेत्रों में अचेतन रूप से ही ऐसा हुआ है। जो लोग अंग्रेजों के निकट सम्पर्क में आए उन पर अंग्रेजों का प्रभाव पड़ना स्वाभाविक ही था, भले ही वे जानबूझकर ऐसा न करें।

पश्चिमीकरण के परिणाम

भारतवर्ष में पाश्चात्य संस्कृति के प्रभाव के परिणामस्वरूप निम्नलिखित परिवर्तन देखे जा सकते हैं। इस विषय में विस्तार से आगे बतलाया जाएगा। यहाँ पर पश्चिमीकरण के परिणामों के विषय में डॉ॰ श्रीनिवास का मत संक्षेप में बतलाना पर्याप्त है।

(1) संस्थाओं पर प्रभाव—पश्चिमीकरण के प्रभाव से जाति-प्रथा, संयुक्त परिवार इत्यादि अनेक पुरानी संस्थाओं में महत्त्वपूर्ण परिवर्तन हुए, दूसरी ओर समाचारपत्र, मतदान, ईसाई मिशनरी जैसी नई संस्थाओं का जन्म हुआ।

(2) मूल्यों में परिवर्तन—पश्चिमीकरण के परिणामस्वरूप भारतवर्ष में मानवतावाद, समानतावाद तथा लौकिकवाद के मूल्य बढ़े। ब्रिटिश, सिविल और पीनल कानून ने हिन्दू और मुस्लिम कानून में व्यापक परिवर्तन किए। सभी लोगों को न्याय और कानून के सामने समानता दी गई। दास-प्रथा को समाप्त कर दिया गया और प्रत्येक धर्म, प्रजाति तथा जाति के लोगों को विद्यालयों में प्रवेश की अनुमति दी गई। क्रमशः स्त्रियों में भी शिक्षा का प्रचार हुआ। सैद्धान्तिक रूप से सभी लोगों को सामान्य आर्थिक अवसर दिए गए। अनेक तथाकथित धार्मिक प्रथाओं को समाप्त कर दिया गया जो मनुष्य में अन्तर फैलाती थीं। इस प्रकार की प्रथाओं में अस्पृश्यता उल्लेखनीय है।

(3) सरकारी सुधार—पश्चिमीकरण के प्रभाव से समस्त देश में राज्यों की ओर से अनेक सुधार किए गए जिनसे महामारियों को रोकने, अकालों से बचाव और शिक्षा के प्रसार की दिशा में महत्त्वपूर्ण कार्य हुआ।

(4) हिन्दुत्व की पुनः व्याख्या—पाश्चात्य संस्कृति के प्रभाव से आर्य-समाज, ब्रह्म-समाज, प्रार्थना-समाज, थियोसोफिकल सोसाइटी, रामकृष्ण विवेकानन्द मिशन

आदि अनेक समाज-सुधारक आन्दोलनों ने हिन्दू धर्म और संस्कृति की जाँच की और उसके अनेक पहलुओं की आधुनिक विज्ञान की प्रगति के प्रकाश में व्याख्या की। हिन्दू धर्म की व्याख्या करने में महर्षि दयानन्द, रामकृष्ण परमहंस, विवेकानन्द, रवीन्द्रनाथ ठाकुर, श्री अरविन्द, महात्मा गाँधी और राजा राममोहन राय ने महत्त्वपूर्ण कार्य किया। इससे हिन्दू धर्म के अनेक ऐसे पहलुओं की ओर संकेत किया गया जिनमें परिवर्तन आवश्यक था। इससे सती प्रथा-निषेध, बाल-विवाह पर रोक, विधवा पुनर्विवाह की अनुमति, अस्पृश्यता उन्मूलन जैसे महत्त्वपूर्ण सामाजिक सुधार हुए।

(5) विविध राजनीतिक और सांस्कृतिक आन्दोलन—उपरोक्त समाज-सुधार आन्दोलनों के अतिरिक्त पश्चिमीकरण के प्रभाव से भारतवर्ष में राजनीति और संस्कृति के क्षेत्र में अनेक आन्दोलन प्रारम्भ हुए। जहाँ एक ओर राष्ट्रीय आन्दोलन का जन्म हुआ वहाँ दूसरी ओर साम्प्रदायिक, जातिवादी, क्षेत्रवादी, भाषावादी और प्राचीन परम्परावादी आन्दोलन उत्पन्न हुए। इन आन्दोलनों ने अनेक विचारों के प्रचार के लिए शिक्षा, पुस्तकें, समाचारपत्र, पत्रिकायें आदि के माध्यम अपनाए।

(6) शिक्षा का प्रचार--पश्चिमीकरण का सबसे अधिक महत्त्वपूर्ण प्रभाव आधुनिक शिक्षा के व्यापक प्रचार के रूप में दिखलाई पड़ता है। अंग्रेजी शासनकाल में नाना प्रकार के विद्यालय, कालिज और विश्वविद्यालय खुले। देश में अनेक पत्र-पत्रिकायें विभिन्न विचारधाराओं को फैलाने लगीं। साक्षरता आन्दोलन बढ़ा और एक ऐसे शिक्षित वर्ग का निर्माण हुआ जो आधुनिक भारतीय क्रान्ति का अग्रदूत बन गया।

पश्चिमीकरण के वाहक

भारत में पश्चिमीकरण की प्रक्रिया को अंग्रेज और भारतीय दोनों ने ही फैलाया। अस्तु दोनों ही पश्चिमीकरण के वाहक कहे जा सकते हैं। अंग्रेजों में तीन वर्ग के लोगों का प्रभाव देखा जा सकता है, एक तो सैनिक और सिविलियन अधिकारी जो सबसे ऊँचे स्तर पर थे; दूसरे, सौदागर व्यापारी और बगीचों के मालिक जोकि इनसे नीचे स्तर पर थे और तीसरे, मिशनरी अंग्रेजों का वर्ग। इन तीनों ही वर्गों के अंग्रेजों ने भारतवर्ष में पश्चिमीकरण फैलाया दूसरी ओर अनेक भारतीयों ने भी पश्चिमीकरण की प्रक्रिया में योगदान दिया। इनमें निम्नलिखित दो वर्गों के लोग सम्मिलित हैं—

(1) अंग्रेजों के प्रत्यक्ष सम्पर्क में आने वाले—जो भारतीय अंग्रेजों के प्रत्यक्ष सम्पर्क में आए उन पर अंग्रेजों का प्रभाव पड़ना स्वाभाविक था। इनमें एक ओर वे लोग थे जो अंग्रेजों के यहाँ चपरासी, खानसामा आदि की नौकरी करते थे, दूसरी ओर वे लोग थे जो हिन्दू-धर्म छोड़कर ईसाई बन गये थे। इन दोनों का पश्चिमीकरण की प्रक्रिया में गौण महत्त्व है।

(2) अप्रत्यक्ष रूप से प्रभावित—भारतवर्ष में पश्चिमीकरण की प्रक्रिया में उन भारतीयों का अधिक योगदान है जो पाश्चात्य संस्कृति से अप्रत्यक्ष रूप से प्रभावित थे। इनमें एक ओर वे भारतीय सम्मिलित हैं जिन्होंने नई शिक्षा पाई, विभिन्न व्यवसायों में दाखिल हुये, अंग्रेजी नौकरशाही में नौकरी की अथवा बड़े-बड़े नगरों में उद्योग और व्यापार चलाए। इन लोगों में सभी मध्यम वर्ग के नहीं थे। उदाहरण के लिए राजा राममोहन राय और रवीन्द्र नाथ ठाकुर उच्च वर्ग के परिवार में उत्पन्न हुए थे। इन अंग्रेजी पढ़े-लिखे लोगों ने हिन्दू समाज और संस्कृति में व्यापक परिवर्तनों की ओर अनेक आन्दोलन चलाकर उन परितर्वनों को उत्पन्न किया। मुस्लिम समाज में सर सैयद अहमद खाँ इसी वर्ग के भारतीय लोगों में आते हैं जिन्होंने मुस्लिम समाज के पश्चिमीकरण में महत्त्वपूर्ण कार्य किया। पिछड़े वर्गों में डॉ० भीमराव अम्बेडकर ने पश्चिमीकरण की दिशा में महत्त्वपूर्ण कार्य किया। इन उल्लेखनीय महापुरुषों के अलावा हिन्दुओं में अनेक जातियों का विशेष रूप से पश्चिमीकरण हुआ जिनमें उत्तरी भारत के कायस्थ, बंगाल के वैद्य, पश्चिमी भारत के पारसी और बनिया, उत्तर प्रदेश के कुछ मुसलमानों और केरल के नायर लोगों में पाश्चात्य शिक्षा का विशेष प्रभाव पड़ा।

भारतीयों के द्वारा पश्चिमीकरण का विस्तार अंग्रेजी अस्पतालों में रहने वाले रोगियों, अंग्रेजी न्यायालय में जाने वाले वादियों और प्रतिवादियों तथा समाचारपत्रों और पुस्तकों को पढ़ने वालों के माध्यम से भी हुआ। उदाहरण के लिए कलकत्ता, बम्बई और मद्रास में सबसे पहले पश्चिमीकरण हुआ और क्रमशः यह प्रक्रिया देश के बाकी भागों में फैली।

जैसा कि पीछे बतलाया जा चुका है, भारतवर्ष में पश्चिमीकरण से जो कुछ भी ग्रहण किया गया उसमें बहुत कुछ का चुनाव किया गया और कुछ को छोड़ दिया गया, कुछ का विस्तार किया गया और कुछ की फिर व्यवस्था की गई। पश्चिमीकरण की भारतवर्ष में सफलता भारतीय संस्कृति की परम्परागत सहिष्णुता का परिणाम था। भारतवर्ष में उदारता, सहिष्णुता और आत्मालोचन की अति प्राचीन परम्परा रही है। आधुनिक पश्चिमीकरण से प्रभावित विवेकानन्द, रानाडे, गोखले, तिलक, टैगौर, श्री अरविन्द, पटेल, गाँधी, नेहरू, राधाकृष्णन जैसे महापुरुषों ने प्राचीन भारतीय संस्कृति और दर्शन का पाश्चात्य विज्ञान और आधुनिक चेतना से समन्वय करने की चेष्टा की। पूर्व और पश्चिम की संस्कृति के इस मिलन का विश्लेषण इस अध्याय में आगे किया गया है जिससे यह स्पष्ट होगा कि पश्चिमीकरण भारतवर्ष में किस रूप में ग्रहण किया गया है और किस रूप में ग्रहण किया जाना चाहिये।

भारतीय समाज पर पश्चिम का प्रभाव

भारतीय जीवन पर पश्चिम के प्रभाव के सम्बन्ध में श्री हुमायूँ कबीर ने लिखा है, "चपल यूरोपीय भावनाओं ने प्रत्येक वस्तु की सूक्ष्म परीक्षा की। एक

ओर तो भौतिक जीवन की अवस्थाओं में परिवर्तन हो गया। दूसरी ओर विश्वासों और परम्पराओं के आधारों को नष्ट कर दिया गया।'' पश्चिम का यह प्रभाव भारतीय जीवन में जाति-प्रथा, शिक्षा, सामाजिक जागृति, राजनीतिक जागृति, संयुक्त परिवार व्यवस्था, अर्थ-व्यवस्था, विवाह की संस्था, अस्पृश्यता तथा रीति-रिवाजों आदि पर पड़ा।

भारत में जाति-प्रथा पर पश्चिम के प्रभाव में निम्नलिखित उपकरण महत्त्वपूर्ण कारक थे—

1. जाति-प्रथा पर पश्चिम का प्रभाव

(1) औद्योगीकरण—अंग्रेजों के आने से भारत में नए-नए उद्योग-धन्धे बढ़े। कारखानों में सभी धर्म और जातियों के लोग एक साथ काम करते हैं। उनकी समस्यायें एक हैं और उनके स्वार्थ भी एक हैं। साथ-साथ काम करने आदि से परस्पर मिलना-जुलना आवश्यक हो गया। ऐसी परिस्थिति में ऊँच-नीच का भाव चल नहीं सकता। अतः जातिगत भेदभाव के बन्धन ढीले पड़ने लगे।

(2) नगरीकरण—औद्योगीकरण के कारण देश में सैकड़ों छोटे-बड़े नगर बढ़ने लगे और लाखों मजदूर गाँवों को छोड़कर नगरों में काम करने लगे। नगरों की भीड़भाड़ से दूर-दूर से आए हुए लोगों का जात-पांत का विचार कम होने लगा। उन पर जातीय पंचायतों का नियन्त्रण उठ जाने से भी जातीय बन्धन ढीले पड़ने लगे। इस प्रकार नगरीकरण (Urbanization) ने जाति-प्रथा को बड़ा निर्बल किया।

(3) आवागमन के साधन—आवागमन के साधनों से जाति के बन्धन ढीले पड़े। आवागमन के साधन रेल, बस, टैक्सी, रिक्शा आदि में यात्रा करने वाले छुआछूत का विचार नहीं रखते। इसलिए जब पहले रेलगाड़ी चली तो लागों ने घोर विरोध किया, परन्तु अब सभी लोग रेलों और बसों का प्रयोग करते हैं।

(4) अंग्रेजी शिक्षा—भारत में अंग्रेजी शिक्षा के प्रचार से जाति-प्रथा को बड़ा धक्का लगा। अंग्रेजी पढ़ने से लोगों में उदार विचारों का प्रचार हुआ। उनके रहन-सहन, खान-पान, वेशभूषा के साथ-साथ उनके विचारों पर भी पश्चिम के विचारों, स्वतन्त्रता, समानता आदि का प्रभाव पड़ा। इससे पढ़े-लिखे लोगों में अन्तर्जातीय विवाह होने लगे। पढ़ाई के लिए विदेश जाने वाले लोग तो बहुधा पूरे साहब बनकर लौटते थे। प्रारम्भ में विदेश जाने का बड़ा विरोध था परन्तु अब धीरे-धीरे इस प्रकार की संकीर्णता उठती जा रही है। अंग्रेजी शिक्षा के प्रचार से स्त्रियों में स्वतन्त्रता और समानता की भावना फैली।

(5) पाश्चात्य सभ्यता का प्रभाव—पाश्चात्य सभ्यता के प्रभाव से भारत में जाति-प्रथा के बन्धन टूटने लगे। पाश्चात्य सभ्यता के रंग में रंगकर सभी जातियों का खान-पान, वेशभूषा, रहन-सहन, रीति-रिवाज आदि एक से हो गए। उनमें जाति के स्थान पर वर्ग का भेद दिखाई देने लगा। कलकत्ता में जब पहला मैडिकल कालिज खुला तो मुर्दा चीरना अधर्म और जाति भ्रष्ट करने वाला माना जाता था। बाद

में यह मान लिया गया कि शिक्षा की दृष्टि से मुर्दा चीरना बुरा नहीं है। पानी के पाइपों तथा होटलों ने खान-पान में छुआछूत के विचार को बहुत कम कर दिया। डॉ० भगवानदास ने लिखा है, "जब काशी में नल लगाए गए तो लोगों ने उनका इस आधार पर विरोध किया कि जल विभाग में न जाने किन-किन जातियों के लोग काम करेंगे और ऊँची जाति के लोगों को उनके हाथ का पानी पीकर भ्रष्ट होना पड़ेगा, परन्तु अब सभी नल (Pipe) का पानी प्रयोग करते हैं।" प्रारम्भ में अंग्रेजों के लाए हुए आलू, टमाटर आदि को खानें में भी लोग संकोच करते थे। अब ब्राह्मण लोग बिस्कुट, आइस-क्रीम, अण्डों वाला केक आदि बेधड़क खाते हैं।

2. अस्पृश्यता पर पश्चिम का प्रभाव

जाति-प्रथा को दुर्बल बनाने के साथ-साथ पश्चिम के प्रभाव ने भारत में अस्पृश्यता के विचार को मिटाने में भी सहायता की। आवागमन के साधनों, नगरीकरण, औद्योगीकरण आदि के कारण भी अस्पृश्यता का विचार ढीला पड़ा क्योंकि सड़कों पर बसों, रेलों और रिक्शों में, स्टेशनों और होटलों में और कल-कारखानों में किसी की जात पूछकर उठना-बैठना, खाना-पीना आदि नहीं हो सकता। पाश्चात्य शिक्षा के प्रचार से लोगों में समानता की भावना उत्पन्न हुई। देश में सामाजिक राजनीतिक जागृति फैली।

3. स्त्रियों पर पश्चिम का प्रभाव

भारतवर्ष में पश्चिम का प्रभाव स्त्रियों पर बहुत अधिक पड़ा। पाश्चात्य विचारों के प्रकाश में हिन्दू स्त्रियों ने समाज में अपनी स्थिति का मूल्यांकन किया। अंग्रेजी शिक्षा के प्रभाव से उन्होंने यह अनुभव किया कि वे पुरुषों से किसी भी प्रकार कम नहीं हैं। आधुनिक मनोवैज्ञानिक खोजों ने यह सिद्ध कर दिया है कि स्त्री-पुरुष की शक्ति, योग्यता, विचार, रहन-सहन आदि के भेद किसी मौलिक अथवा प्राकृतिक भेद के कारण नहीं हैं बल्कि मनुष्य के बनाये हुए सांस्कृतिक परिवेश के कारण हैं। अतः पाश्चात्य विचारों के प्रभाव से स्त्रियों ने जीवन के प्रत्येक क्षेत्र में पुरुष से समानता की माँग की। भारत में स्त्रियों को ऊँची शिक्षा प्राप्त करने की अनुमति नहीं थी। उनके लिये रामायण बाँचने का ज्ञान होना ही बहुत समझा जाता था। स्त्रियों की शिक्षा के लिए सुधारकों को बड़ा संघर्ष करना पड़ा। सबसे पहले कलकत्ता विश्वविद्यालय ने स्त्रियों को उच्च शिक्षा की स्वीकृति दी। क्रमशः स्त्रियों में उच्च शिक्षा बढ़ने लगी। अंग्रेजी शिक्षा के माध्यम से भारतीय स्त्रियों पर अंग्रेजी सभ्यता का प्रभाव पड़ा। इस प्रभाव से कुछ महत्त्वपूर्ण परिवर्तन दिखाई पड़े जैसे (1) पर्दे का बहिष्कार, (2) पुरुष के साथ समानता की माँग।

4. सामाजिक संरचना पर पश्चिम का प्रभाव

भारतीय सामाजिक संरचना पर भी पश्चिम का महत्त्वपूर्ण प्रभाव पड़ा है। भारतीय सामाजिक संगठन जाति-व्यवस्था पर आधारित है। ये जातियाँ अन्तर्विवाही

समूह हैं और जन्म से निर्धारित की जाती हैं। ये विशेषतः ग्रामीण सामाजिक ढाँचे पर आधारित हैं। पश्चिम के प्रभाव से जाति-व्यवस्था निर्बल पड़ रही है और उसका स्थान पश्चिमी देशों की वर्ग व्यवस्था ले रही है। इस परिवर्तन का एक बड़ा कारण ग्रामीण सामाजिक ढाँचे का विघटन भी है। देश में मशीनों के प्रभाव से बढ़े हुए औद्योगीकरण से ग्रामीण अर्थव्यवस्था के स्थान पर औद्योगिक अर्थव्यवस्था स्थापित हो रही है। पश्चिमी विचारों के प्रभाव से समाज अधिक गतिशील (Dynamic) हो गया है और उसमें पुरानी रूढ़ियाँ बड़ी तेजी से टूट रही हैं। नगरीय व्यवस्था में जात-पाँत के बन्धन चल भी नहीं सकते। मण्डियों, बाजारों, कल-कारखानों, होटलों, चाय की दुकानों, बसों और ट्रामों में जाति का भेदभाव नहीं होता। पश्चिम के प्रभाव से जाति के स्थान पर धन का आदर होने लगा है। अतः अब जाति का विचार छोड़कर सभी लोग धन की दृष्टि से व्यवसाय करते हैं। पाश्चात्य शिक्षा धर्म-निरपेक्ष (Secular) है, अतः उससे धार्मिक कर्मकाण्ड का महत्त्व कम हो जाता है। आज देश में व्यवसायों के आधार पर संगठन बन रहे हैं। जातीय चेतना का स्थान वर्ग-चेतना ले रही है।

5. विवाह की संस्था पर पश्चिम का प्रभाव

सामाजिक संस्थाओं में भारत में पश्चिम का प्रभाव विवाह की संस्था पर सबसे अधिक पड़ा। इस विषय में उल्लेखनीय परिवर्तन निम्नलिखित हैं—

(1) विवाह के आधार में परिवर्तन—आज भारत में विवाह का आधार धर्म नहीं अपितु प्रेम और दाम्पत्य प्रीति हो गया है।

(2) विवाह पद्धति में परिवर्तन—विवाह के आधार के साथ ही साथ विवाह पद्धति में भी थोड़ा बहुत परिवर्तन देखने में आता है। अभी भारत में सिविल मैरिज अधिक नहीं होती हैं परन्तु फिर भी इस ओर प्रवृत्ति अवश्य दिखाई पड़ती है। हिन्दू-विवाहों में पूजा पाठ कम और सजावट आदि अधिक होने लगी है। अब बारातों में अधिक लोग नहीं जाते, विवाह के अपव्यय कम करने का भी प्रयास किया जा रहा है।

(3) जीवन साथी के चुनाव की स्वतन्त्रता—पहले माँ-बाप ही विवाह के लिए लड़का देखते और विवाह तय करते थे। अंग्रेजी शिक्षा और पाश्चात्य सभ्यता के प्रभाव से अब युवक-युवतियाँ स्वयं अपना जीवन-साथी चुनना पसन्द करते हैं, क्योंकि उस पर सारे जीवन का सुख और सफलता निर्भर है।

(4) बाल-विवाह का बहिष्कार—पाश्चात्य विचारों के प्रभाव से और स्त्रियों में उच्च शिक्षा के प्रसार से भारत में बाल-विवाह का बहिष्कार हुआ क्योंकि स्त्रियों के स्वास्थ्य, शक्ति तथा जीवन की बड़ी हानि होती थी, शिक्षा में बाधा पड़ती थी और अवांछित सन्तानें उत्पन्न होती थीं।

(5) अधिक आयु में विवाह—बाल विवाह के बहिष्कार के साथ ही पश्चिम के प्रभाव से विवाह की आयु बढ़ती जाती है। पश्चिम में साधारणतया लोग

शिक्षा समाप्त करके और व्यवसाय, नौकरी आदि निश्चित हो जाने के बाद ही विवाँह करते हैं।

(6) विवाह का अस्थायित्व—'तलाक कानून' पास हो जाने, स्त्रियों की आर्थिक स्वतन्त्रता बढने और विवाह का आधार प्रेम होने के कारण विवाहों का अस्थायित्व (Impermanency) बढ़ रहा है। अब विवाह एक ऐसा धार्मिक बन्धन नहीं रह गया जो कभी भी तोड़ा न जा सकता हो बल्कि वह एक सामाजिक समझौता बन गया है जिसको विशेष परिस्थितियों में तोड़ा जा सकता है।

(7) अन्तर्जातीय विवाह—पाश्चात्य सभ्यता के प्रभाव से तथा प्रेम को विवाह का एक मात्र आधार मान लेने से अब अन्तर्जातीय (Inter-Caste) विवाह होने लगे हैं। कहीं-कहीं अन्तर्धर्म (Inter-Religion) विवाह भी होते देखे जाते हैं।

(8) एक विवाह की प्रवृत्ति—पश्चिम के सभ्य देशों में सब-कहीं एक विवाह (Monogamy) की ही प्रथा है। पश्चिम के प्रभाव से भारत में भी एक विवाह की माँग की गई। 1955 के 'हिन्दू विवाह अधिनियम' से कोई भी व्यक्ति अपना जीवन साथी जीवित रहते हुए कोई दूसरा विवाह नहीं कर सकता।

(9) उन्मुक्त भोग की प्रवृत्ति—पश्चिम के प्रभाव से कुछ पढ़े-लिखे लोगों में उन्मुक्त भोग (Free Enjoyment) और विवाह को झंझट समझकर उससे बचने की प्रवृत्ति बढ़ती जाती है। स्त्री-पुरुष सभी में आजकल आजन्म कुँवारे रहने वाले व्यक्तियों की संख्या बढ़ती जाती है। क्योंकि विवाह के बिना भी यौन-सम्बन्ध सम्भव होने लगे हैं तथा विवाह के बन्धन अवांछनीय माने जाने लगे हैं।

6. परिवार की संस्था पर पश्चिम का प्रभाव

विवाह की संस्था के साथ-साथ पश्चिमी विचारों और आदर्शों ने भारत में परिवार की संस्था को भी प्रभावित किया है। इस विषय में उल्लेखनीय परिवर्तन निम्नलिखित हैं—

(1) संयुक्त परिवार का विघटन—पाश्चात्य विचारों के प्रभाव से भारत में संयुक्त परिवार प्रणाली विघटित होती जा रही है। संयुक्त परिवार के विघटन में पाश्चात्य व्यक्तिवादी (Individualistic) भावनाओं का बड़ा हाथ है। इससे आधुनिक युवक-युवती अपने को परिवार के लिए बलिदान कर देना और बड़ों के नियन्त्रण में जीवन व्यतीत कर देना मूर्खता समझते हैं। आधुनिक नारी सास-सुसर आदि की दासता से घृणा करती है। संयुक्त परिवार में फैशन आदि की भी स्वतन्त्रता नहीं रहती; एकान्त मिलने में भी कठिनाई होती है। इन सब मनोवैज्ञानिक कारकों के अतिरिक्त नगरीकरण, औद्योगीकरण आदि के कारण उत्पन्न हुई सामाजिक गतिशीलता का भी संयुक्त परिवार के विघटन में महत्त्वपूर्ण हाथ है।

(2) परिवार का छोटा होना—पश्चिम के प्रभाव से केवल संयुक्त परिवार का विघटन ही नहीं हुआ है बल्कि परिवार छोटे भी होने लगे हैं। विवाह का आधार

परिवर्तित हो जाने के कारण अब परिवार में बच्चों की संख्या कम होने लगी है। पश्चिम के प्रभाव से भारत में भी अब गर्भ-निरोधक (Contraceptive) औषधियों का प्रभाव बढ़ने लगा है। इन सब कारणों से भारत में भी परिवार बराबर छोटा होता जा रहा है।

(3) परिवार का अस्थायित्व—पाश्चात्य स्त्रियों के समान भारत में पढ़ी-लिखी स्त्रियाँ भी पुरुषों के समान नौकरियाँ करने लगी हैं। स्त्री-पुरुष दोनों के नौकरी करने से उनके जीवन के क्षेत्र बंट जाते हैं। वैयक्तिकता तथा स्वतन्त्रता बढ़ने और विवाह का आधार प्रेम होने के कारण और बच्चों का मोह कम होने से विवाह-विच्छेद अब इतना कठिन नहीं रह गया है। इन सब कारणों से भारत में परिवार का स्थायित्व कम होता जा रहा है।

7. रीति-रिवाजों पर पश्चिम का प्रभाव

भारत में सामाजिक रीति-रिवाजों, खान-पान, रहन-सहन, वेशभूषा आदि पर पश्चिम का अत्यधिक प्रभाव पड़ा है। वेषभूषा में कोट-पैण्ट, जूता, मोजा आदि का रिवाज बढ़ रहा है। रहन-सहन में पश्चिम का स्पष्ट प्रभाव दिखाई पड़ता है। बम्बई और कलकत्ता में कुली भी गोराशाही हिन्दी बोलता है। मद्रास आदि में भंगी भी अंग्रेजी बोलने की चेष्टा करता है। नगरों में रिक्शे वाले तक पैण्ट, कोट, बुशशर्ट आदि का प्रयोग करने लगे हैं। प्रसाधन की सामग्रियों—लिपस्टिक, पाउडर, क्रीम आदि का प्रयोग तो गाँवों की स्त्रियों तक में फैलने लगा है। अंग्रेजी फैशन के बाल रखना एक आम रिवाज हो गया है। स्त्रियों में ऊँची एड़ी के सैंडिल, कमर तक का ब्लाउज, खुला सिर आदि का प्रचार हो गया है। पढ़े लिखे लोग अपने घर में अधिकतर कामों में, मकान की सजावट आदि में पश्चिम का अनुकरण करने लगे हैं और शहरी लोग ही नहीं बल्कि बेपढ़े-लिखे और गाँव के लोगों में भी परिवर्तन दिखाई पड़ते हैं।

8. भारतीय संस्कृति पर पाश्चात्य संस्कृति का प्रभाव

भारतीय रीति-रिवाजों के साथ ही भारतीय संस्कृति के अन्य अंगों पर भी पाश्चात्य संस्कृति का बड़ा प्रभाव पड़ा है। यह प्रभाव 'भाषा साहित्य', संगीत, कला, धर्म, नैतिकता आदि में दिखलाई पड़ता है।

(1) भाषा—भारतीय भाषाओं पर पश्चिम का भारी प्रभाव पड़ा है। भारतीय भाषाओं में जितने अधिक अंग्रेजी के शब्द आये हैं उतने अन्य भाषा के नहीं आये। इतना ही नहीं बल्कि इन शब्दों के बिना भारतीय भाषाओं का शब्द-भण्डार बड़ा अपूर्ण है। वास्तव में आधुनिक सभ्यता के विभिन्न उपकरण, वस्त्र, फैशन की वस्तुएँ, फर्नीचर, यातायात के साधन, सन्देशवहन के साधन, मशीनें, खेती के औजार आदि नागरिक जीवन में सब कहीं दिखलाई पड़ने वाली लाखों वस्तुएँ भारत को पश्चिम की देन हैं, और इस भण्डार में तीव्र गति से वृद्धि हो रही है। पश्चिम ही आधुनिक विज्ञान की प्रगति का केन्द्र है। विज्ञान के क्षेत्र में भारत को उससे बहुत

कुछ सीखना है। अतः आधुनिक विज्ञान की देन सब वस्तुओं के नाम थोड़े-बहुत परिवर्तित होकर भारतीय बोलचाल की भाषा में अपना लिए गए हैं। इस प्रकार भारत में बोलचाल की भाषा में अंग्रेजी के हजारों शब्द प्रयोग किए जाते हैं जैसे प्लेटफार्म, लैटरबक्स, स्टेशन, कार, बस, रेल, टिकट, सिनेमा, रिक्शा, मोटर, स्कूल, कालिज, मीटिंग इत्यादि-इत्यादि।

(2) साहित्य—पाश्चात्य साहित्य का भारतीय साहित्य पर बड़ा प्रभाव पड़ा है। पश्चिमी साहित्य की रोमांचवाद (Romanticism), अस्तित्ववाद (Existentialism), मनोविश्लेषण (Psycho-Analysis) आदि प्रवृत्तियों का स्पष्ट प्रभाव भारतीय साहित्य में उपन्यासों और कहानियों तथा नाटकों में दिखाई पड़ता है। काव्य में पश्चिम का प्रभाव अतुकान्त और प्रगतिवादी कविताओं में दिखाई पड़ता है। पश्चिम के प्रभाव से साहित्य में छोटी कहानियों और एकांकी नाटकों का प्रचार हुआ। इसके अतिरिक्त साहित्य में धर्म-निरपेक्षता, नास्तिकता, भोगवाद, साम्यवाद, प्रगतिवाद तथा स्वतन्त्रता, समानता आदि की प्रवृत्तियाँ पश्चिमी संस्कृति का प्रभाव है। इस विषय में अधिक विस्तार से वर्णन करने की अपेक्षा इतना ही कह देना पर्याप्त होगा कि पश्चिमी साहित्य की प्रत्येक प्रवृत्ति का अनुकरण भारतीय साहित्य में हो रहा है और यदि अभी नहीं हुआ तो भविष्य में होने की सम्भावना है। हिन्दी में खड़ी बोली का साहित्य पाश्चात्य संस्कृति के प्रभाव से ओतप्रोत है।

(3) कला—भाषा और साहित्य के समान कला के क्षेत्र में भी भारतीय संस्कृति पर पश्चिम का प्रभाव स्पष्ट दिखलाई पड़ता है। कला के क्षेत्र में भारतीय फिल्म संसार में नृत्य, संगीत तथा अन्य अनेक बातों में पश्चिम का स्पष्ट अनुकरण मिलता है। पश्चिम के अनेक वाद्यों का भारत में खूब प्रसार हुआ है। इनमें वायलिन, गिटार, बैंजो, माउथ ऑर्गन तथा प्यानों इत्यादि अनेक सर्व-विदित हैं। इन वाद्यों के अतिरिक्त भारतीय संगीत विशेषतः सिनेमा संगीत में लय (Tuning) पर पश्चिम का प्रभाव पड़ा है। मेक-अप (Make-up) की कला भारत में पश्चिम के अनुकरण पर ही विकसित हुई है। नृत्य में पश्चिमी नृत्यों का प्रचार भी बढ़ रहा है, यद्यपि इस दिशा में पश्चिम का अनुकरण बहुत कम हुआ है। चित्रकला में पाश्चात्य विचारधाराओं की स्पष्ट छाप है। माडर्न आर्ट (Modern Art) के नाम से भारतीय चित्रकला में आज जो प्रयोग हो रहे हैं वे अधिकतर पश्चिम के अनुकरण पर ही हो रहे हैं। भवन-निर्माण कला में भारत पश्चिम का बड़ा ऋणी है। इस दिशा में भारत ने पश्चिम से कितना लिया है यह जानने के लिए अंग्रेजों के भारत से चले जाने के बाद बने सरकारी और गैर-सरकारी भवनों तथा नए नगरों पर दृष्टि डालना ही पर्याप्त होगा।

(4) धर्म—भारतीय धर्म पर भी पाश्चात्य संस्कृति का प्रभाव पड़ा है। पश्चिम के बुद्धिवाद (Intellectualism) के प्रभाव से भारतीय लोगों में अनेक धार्मिक अन्धविश्वास उठ गये हैं। कर्मकाण्ड का प्रभाव धीरे-धीरे कम हो रहा है। धर्म या तो दार्शनिक या यन्त्रवत् और व्यावसायिक हो रहा है। जो लोग धार्मिक

रीति-रिवाजों को मानते हैं, वे अधिकतर रूढ़ियों के रूप में ही उसको माने जाते हैं। बहुत से पढ़े-लिखे लोग अब ईश्वर में विश्वास छोड़ते जा रहे हैं। पुराण और धार्मिक ग्रन्थों पर से विश्वास उठता जा रहा है।

भारतीय संस्कृति और सामाजिक व्यवस्था के विभिन्न अंगों पर पश्चिम के प्रभाव के उपरोक्त विवेचन से यह स्पष्ट है कि भारतीय जीवन में पाश्चात्य संस्कृति का प्रभाव तेजी से बढ़ रहा है। पाश्चात्य संस्कृति के प्रभाव से अनेक लोग तो इतने चकाचौंध हो गये हैं कि उनको भारतीय संस्कृति में सब-कुछ गया-बीता मालूम पड़ता है। यह प्रवृत्ति उन लोगों में है जिनको भारतीय संस्कृति के वास्तविक मूल्य का पता नहीं है। स्वतन्त्र भारत में नेतागण इस ओर प्रयत्नशील हैं कि भारत की प्राचीन संस्कृति को प्रकाश में लाकर देश में उसका सम्मान बढ़ाया जाये और भारत विदेश से जो कुछ ले उसको अपनी संस्कृति में पूर्णतः आत्मसात (Assimilate) कर ले।

अभ्यास के लिए प्रश्न

1. पश्चिमीकरण के प्रत्यय का मूल्यांकन कीजिये।
3. संक्षिप्त टिप्पणी लिखिये—पश्चिमीकरण।
4. नगरीय सामाजिक जीवन पर पाश्चात्य संस्कृति के प्रभाव की व्याख्या कीजिये।

12

आधुनिकीकरण
(Modernisation)

आधुनिकीकरण शब्द के पर्यायवाची रूप में, अंग्रेजीकरण (Anglicization), यूरोपीयकरण (Europeanization), पश्चिमीकरण (Westernization), शहरीकरण (Urbanization), उद्विकास (Evolution), विकास (Development), प्रगति (Progress) आदि शब्दों कर प्रयोग भी हुआ है। औद्योगीकरण, नगरीकरण एवं पश्चिमीकरण की तरह आधुनिकीकरण भी एक जटिल प्रक्रिया है। आधुनिकीकरण पर अपने विचार प्रकट करने वाले विद्वानों में कुछ प्रमुख ये हैं– Weiner, Apter, Lerner, Black, Inkeles, Bendix, Marrion J. Levy, Smelser, Eisenstadt, Nettle, A. R. Desai, Y. Singh, S. C. Dube, M. N. Srinivas, Edward Shils, W. C. Smith, आदि।

कुछ लोगों ने आधुनिकीकरण को एक प्रक्रिया (Process) के रूप में माना है तो कुछ ने एक प्रतिफल (Product) के रूप में। आइजनस्टेड ने इसे एक प्रक्रिया मानते हुए लिखा है, ''ऐतिहासिक दृष्टि से आधुनिकीकरण उस प्रकार की सामाजिक, आर्थिक एवं राजनीतिक व्यवस्थाओं की ओर परिवर्तन की प्रक्रिया है जो कि सत्रहवीं से उन्नसवीं शताब्दी तक पश्चिमी यूरोप तथा उत्तरी अमेरिका में और बीसवीं शताब्दी तक दक्षिणी अमेरिकी, एशियाई व अफ्रीकी देशों में विकसित हुई।''[1] आधुनिकीकरण की प्रक्रिया किसी एक ही दिशा या क्षेत्र में होने वाले परिवर्तन को प्रकट नहीं करती वरन् यह एक बहु दिशा वाली प्रक्रिया (Multidimensional Process) है। साथ ही यह किसी भी प्रकार के मूल्यों से भी बँधी हुई नहीं है (Value Free)। परन्तु कभी-कभी इसका अर्थ अच्छाई और इच्छित परिवर्तन से लिया जाता है।[2] उदाहरण के लिए, जब कोई यह कहता है कि सामाजिक,

---

1. "Historically modernisation is the process of change towards the type of social, economic and political systems that have developed in Western Europe and North America from the seventeenth century to the nineteenth and twentieth centuries to the South American, Asian and African countries."
   —Eisenstad., *Modernisation : Protest and Change.*
2. M. N. Srinivas, *Social Change in India*, Hindi edition, p. 65.

आर्थिक और धार्मिक संस्थाओं का आधुनिकीकरण हो रहा है, तब उसका उद्देश्य आलोचना करना नहीं है, वरन् अच्छाई बताना है।

आधुनिकीकरण का प्रारूप
(Model for Modernization)

साधारणतः आधुनिकीकरण के आदर्श पाश्चात्य देश एवं उनमें होने वाले परिवर्तन ही रहे हैं। जैसा कि बैनडिक्स कहते हैं, "आधुनिकीकरण से मेरा तात्पर्य उस किस्म के सामाजिक परिवर्तनों से है जो 1760–1830 में इंग्लैण्ड की औद्योगिक क्रान्ति तथा 1789–1794 में फ्रांस की राजनैतिक क्रान्ति के दौरान उत्पन्न हुए।"[1] वर्तमान प्रजातन्त्र, शिक्षा–प्रणाली और औद्योगिक क्रान्ति का प्रारम्भ अधिकांशतः पश्चिमी देशों में ही हुआ है। अतः यदि उन परिवर्तनों का जो सामाजिक, आर्थिक राजनैतिक और अन्य क्षेत्रों में पश्चिमी देशों में हुए, दूसरे देशों में अनुकरण होता है तो वह आधुनिकीकरण के नाम से जाना जायेगा। अतः इस बात से इन्कार नहीं किया जा सकता कि प्रारम्भ में आधुनिकीकरण का प्रारूप पश्चिमी देश ही रहे हैं, अब चाहे रूस, चीन, जापान या अन्य देश भी आधुनिकीकरण के आदर्श के रूप में हों। रूडोल्फ एवं रूडोल्फ ने भी इस बात की पुष्टि की है।[2] लर्नर का मत है कि पश्चिमी मॉडल केवल ऐतिहासिक दृष्टि से पश्चिमी है, समाजशास्त्रीय दृष्टि से विश्वव्यापी। (The Western Model is only Historically Western, Sociologically it is Global.)

आधुनिकीकरण की परिभाषा

1. मैरियन जे. लेवी (Marrion J. Levy) —"मेरी आधुनिकीकरण की परिभाषा शक्ति के जड़ स्रोतों (Inanimate Sources of Power) और प्रयत्न के प्रभाव को बढ़ाने के लिए उपकरणों के प्रयोग पर आधारित है। मैं इन दो तत्वों में से प्रत्येक को सातत्य (Continuum) का आधार मानता हूँ।"[3]

2. **डेनियल लर्नर** (Daniel Lerner)—ने अपनी पुस्तक *'The Passing of Traditional Society : Modernizing the Middle East'* में आधुनिकीकरण का पश्चिमी मॉडल स्वीकार किया है। वे आधुनिकीकरण में निहित अग्रलिखित विशेषताओं का उल्लेख करते हैं :–

---

1. Bendix, *Tradition and Modernity Recognised,* p. 329.
2. Rudolph and Rudolph, *The Modernity of Tradition,* p. 7.
3. "My definition of modernisation hinges on the use of inanimate sources of power and the use of tools to multiply the effect of. I conceive each of these two elements as the basis of a continuum"
—Marrion J. Levy, *Contrasting Factors in the Modernisation of China and Japan,* (1955).

(अ) बढ़ता हुआ नगरीकरण (Increasing Urbanization)।

(ब) बढ़ती हुई साक्षरता (Increasing Literacy)।

(स) बढ़ती हुई साक्षरता विभिन्न साधनों जैसे समाचारपत्रों, पुस्तकों, रेडियो आदि के प्रयोग द्वारा शिक्षित लोगों के अर्थ पूर्ण विचार विनिमय में सहभागिता को बढ़ाती है (Increasing literacy tends to increase participation of literate people in a meaningful discourse through various media, like newspapers, books, radio and so on.)।

(द) इन सभी से मनुष्य की क्षमता में वृद्धि होती है, राष्ट्र का आर्थिक लाभ होता है जो प्रति व्यक्ति आय को बढ़ाने में योग देता है (Economic development of the country helps to increase per capita income)।

(य) राजनैतिक जीवन की विशेषताओं को उन्नत करने में सहायता देता है (It helps in improving the qualities of political life)।

लर्नर उर्पयुक्त विशेषताओं को शक्ति, तरुणाई, निपुणता तथा तार्किकता (Power Youth, Skill and Rationality) के रूप में व्यक्त करते हैं। वे आधुनिकीकरण को प्रमुखतः मस्तिष्क की एक स्थिति के रूप में स्वीकार करते हैं, प्रगति की अपेक्षा, वृद्धि की ओर झुकाव तथा परिवर्तन के अनुरूप अपने को ढालने की तत्परता के रूप में मानते हैं (Modernity is primarily a state of mind, expectation of progress, propensity to growth, readiness to adopt ourself to change)। परानुभूति (Empathy) भी आधुनिकीकरण का एक मुख्य तत्व है जिसमें अन्य लोगों के सुख-दुख में भाग लेने और संकट के समय उनको सहायता देने की प्रवृत्ति बढ़ती है।

3. **आइजनस्टेड** (Eisenstadt)—इन्होंने अपनी पुस्तक 'Modernization : Protest and Change' (1966) में विभिन्न क्षेत्रों में आधुनिकीकरण को निम्न प्रकार से व्यक्त किया है—

(अ) **आर्थिक क्षेत्र में**—प्रौद्योगिकी का उच्च स्तर।

(ब) **राजनीतिक क्षेत्र में**—समूह में शक्ति का प्रसार तथा सभी वयस्कों को शक्ति प्रदान करना (मताधिकार द्वारा) एवं संचार के साधनों द्वारा प्रजातन्त्र में भाग लेना।

(स) **सांस्कृतिक क्षेत्र में**—विभिन्न समाजों के साथ अनुकूलन की क्षमता में वृद्धि तथा दूसरे लोगों की परिस्थितियों के प्रति परानुभूति (Empathy) में वृद्धि।

(द) **संरचना के क्षेत्र में**—सभी संगठनों के आकार का बढ़ना, उनमें जटिलता एवं विभेदीकरण की दृष्टि से वृद्धि।

4. **सी. ई. ब्लैक** (C. E. Black)[1] —इन्होंने आधुनिकीकरण को ऐतिहासिक रूप में स्वीकार किया है और इसे परिवर्तन की एक ऐसी प्रक्रिया माना है जो पश्चिमी यूरोप और उत्तरी अमेरिका में सत्रहवीं सदी में विकसित, सामाजिक, आर्थिक एवं राजनैतिक व्यवस्थाओं से बीसवीं सदी के अमेरिका तथा यूरोप आदि देशों की ओर अग्रसर होती है। आधुनिकीकरण एक ऐसी मनोवृत्ति का परिणाम है जिसमें यह विश्वास किया जाता है कि समाज को बदला जा सकता है और बदला जाना चाहिए तथा परिवर्तन वांछनीय हैं। आधुनिकीकरण में व्यक्ति को संस्थाओं के बदलते हुए कार्यों के अनुरूप समायोजन करना होता है, इससे व्यक्ति के ज्ञान में वृद्धि होती है जिसके परिणामस्वरूप वह पर्यावरण पर नियन्त्रण प्राप्त कर लेता है। ब्लैक के अनुसार आधुनिकीकरण का प्रारम्भ तो यूरोप व अमेरिका से हुआ परन्तु बीसवीं सदी तक इसका प्रसार सम्पूर्ण विश्व में हो गया और इसने मानवीय सम्बन्धों के स्वरूप को ही परिवर्तित कर दिया।

5. **डॉ. एस. सी. दुबे** (Dr. S. C. Dube)—इन्होंने "Modernization : Its Meaning and Models' (1964) तथा 'Modernization and Education' (1969) में आधुनिकीकरण पर अपने विचार प्रकट किये हैं। आपने अपनी पुस्तक 'Contemporary India and Its Modernization' में भारत के सन्दर्भ में आधुनिकीकरण की प्रक्रिया को दर्शाने का प्रयत्न किया है। डॉ॰ दुबे आधुनिकीकरण को मूल्यों से मुक्त मानते हैं। आप इसके लिए कोई एक निश्चित मॉडल या मार्ग भी नहीं मानते, जैसा कि कुछ विद्वानों ने माना है। भारत में हमने राजनैतिक क्षेत्र में प्रजातन्त्र, धर्म-निरपेक्षता तथा समाजवाद को अपनाया है तथा पश्चिम को मॉडल माना है, वहीं हमने समतावादी समाज के लिए रूस और चीन को मॉडल माना है।[2] आधुनिकीकरण के फलस्वरूप व्यक्तियों में तर्क, परानुभूति, गतिशीलता एवं सहभागिता बढ़ती है। डॉ॰ दुबे इसमें प्रमुखतः तीन बातों को सम्मिलित करते हैं :—

(1) मानव समस्याओं के हल के लिए जड़ शक्ति का प्रयोग।

(2) ऐसा व्यक्तिगत रूप से न करके सामूहिक रूप से किया जाता है, परिणामस्वरूप जटिल संगठनों का निर्माण होता है।

(3) इस प्रकार के जटिल संगठनों को चलाने के लिए व्यक्तित्व, समाज और संस्कृति में परिवर्तन लाना आवश्यक है।[3] डॉ॰ दुबे शिक्षा को आधुनिकीकरण का एक सशक्त साधन मानते हैं क्योंकि शिक्षा ज्ञान की वृद्धि करती है एवं मूल्यों तथा धारणाओं में परिवर्तन लाती है जो आधुनिकीकरण के उद्देश्य तक पहुँचने के लिए बहुत आवश्यक है।

---

1. C. E. Black, *The Dynamics of Modernisation* (New York,) 1966.
2. S. C. Dube, *Contemporary India and its Modernisation,* p. 15.
3. S. C. Dube, *Modernisation and Education,* quoted by A. R. Desai *op. cit,* pp. 505-506.

6. **डॉ० एम० एन० श्रीनिवास** (M. N. Srinivas)— इन्होंने 'Social Change in Modern India' (1966) तथा 'Modernization : A Few Queries' (1969) में आधुनिकीकरण के सम्बन्ध में अपने विचार व्यक्त किये हैं। आप आधुनिकीकरण को एक तटस्थ शब्द नहीं मानते। आपके अनुसार आधुनिकीकरण का अर्थ अधिकांशतः 'अच्छाई' से लिया जाता है। किसी भी पश्चिमी देश के प्रत्यक्ष या परोक्ष सम्पर्क के कारण किसी गैर-पश्चिमी देश में होने वाले परिवर्तनों के लिए प्रचलित शब्द आधुनिकीकरण है। आप आधुनिकीकरण में निम्नलिखित बातों को सम्मिलित करते हैं: बढ़ा हुआ नगरीकरण, साक्षरता का प्रसार, प्रति व्यक्ति आय में वृद्धि, वयस्क मताधिकार तथा तर्क का विकास।

डॉ० श्रीनिवास ने आधुनिकीकरण के तीन प्रमुख क्षेत्र बताये हैं:

(1) भौतिक संस्कृति का क्षेत्र (इसमें तकनीकी भी सम्मिलित की जाती है);

(2) सामाजिक संस्थाओं का क्षेत्र; और

(3) ज्ञान, मूल्य एवं मनोवृतियों का क्षेत्र।

ऊपरी तौर पर तो ये तीनों क्षेत्र भिन्न-भिन्न मालूम पड़ते हैं, परन्तु ये परस्पर सम्बन्धित हैं। एक क्षेत्र में होने वाले परिवर्तन दूसरे क्षेत्र को भी प्रभावित करते हैं।

आधुनिकीकरण पर भारतीय और पश्चिमी विद्वानों के उपर्युक्त विचारों से स्पष्ट है कि उन्होंने इस अवधारणा का प्रयोग परम्परात्मक, पिछड़े तथा उपनिवेश वाले देशों की पश्चिमी, पूँजीवादी एवं औद्योगीकरण व शहरीकरण कर रहे देशों के साथ तुलना करने के लिए किया है जो कि उनमें हो रहे नवीन परिवर्तनों की ओर इंगित करती है। बौद्धिक क्षेत्र में आधुनिकीकरण का अर्थ भौतिक एवं सामाजिक घटनाओं की तार्किक व्याख्या करना तथा उन्हें कार्य-कारण के आधार पर स्वीकार करना है। सामाजिक क्षेत्रों में आधुनिकीकरण होने पर गतिशीलता बढ़ती है, पुरानी प्रथाओं के स्थान पर नवीन मूल्य पनपते हैं, जटिल संस्थाओं का जन्म होता है, परिवार, रक्त-सम्बन्ध आदि में शिथिलता आती है। राजनैतिक क्षेत्र में सत्ता को अलौकिक शक्ति की देन नहीं माना जाता, सत्ता का लोगों में विकेन्द्रीयकरण और वयस्क मताधिकार द्वारा सरकार का चयन होता है। आर्थिक क्षेत्र में मशीनों का उपयोग बढ़ता है तथा उत्पादन जड़-शक्ति के प्रयोग द्वारा होता है। यातायात के साधनों का विकास होता है और औद्योगीकरण बढ़ता है। परिस्थिति जन्य क्षेत्र में नगरीकरण बढ़ता है। सांस्कृतिक क्षेत्र में आधुनिकीकरण का तात्पर्य नये सांस्कृतिक दृष्टिकोण का विकास और व्यक्ति में नवीन गुणों के प्रादुर्भाव से है।

आधुनिकीकरण के सूचक
(Indicators of Modernization)

किसी भी समाज का आधुनिकीकरण हो रहा है अथवा नहीं या कितनी मात्रा में हुआ है, इसका पता हम आधुनिकीकरण के सूचकों द्वारा लगा सकते हैं, जो

निम्नांकित हैं :

(1) घटनाओं की विवेकपूर्ण व्याख्या,

(2) सामाजिक गतिशीलता में वृद्धि,

(3) धर्मनिरपेक्षता एवं लौकिकीकरण,

(4) प्रजातन्त्र की स्थापना, लोगों को वयस्क मताधिकार की प्राप्ति एवं लोगों की राजनैतिक सत्ता का हस्तान्तरण,

(5) नगरीकरण में वृद्धि,

(6) औद्योगीकरण,

(7) प्रति व्यक्ति आय में वृद्धि,

(8) शिक्षा का प्रसार,

(9) वैज्ञानिक दृष्टिकोण,

(10) परानुभूति में वृद्धि,

(11) उत्पादन में जड़ शक्ति का प्रयोग,

(12) प्रदत्त के स्थान पर अर्जित पदों के महत्त्व में वृद्धि,

(13) श्रम-विभाजन एवं विशेषीकरण में वृद्धि,

(14) यातायात एवं सन्देशवहन के साधनों में वृद्धि,

(15) चिकित्सा एवं स्वास्थ्य में वृद्धि,

(16) कृषि के प्राचीन तरीकों के स्थान पर नवीन प्रविधियों के प्रयोग में वृद्धि,

(17) मशीन, तकनीकी एवं नवीन औजारों एवं यन्त्रों के प्रयोग में वृद्धि,

भारत में आधुनिकीकरण
(Modernization in India)

1. **डॉ० एस० सी० दुबे के विचार**—भारत में परम्परा और आधुनिकता विरोधाभास के रूप में मौजूद हैं। विकास की योजनाओं में परम्पराएँ बाधक सिद्ध हुई हैं। जातीयता व साम्प्रदायिकता ने राष्ट्रीय दृष्टिकोण में रोड़ा पैदा किया है। पवित्रता और अपवित्रता की प्राचीन धारणा धर्म-निरपेक्षता के मार्ग में बाधक रही है। धर्म और धार्मिक संस्कार तथा कर्म-काण्ड विवेक के विकास में बाधक हैं। प्रदत्त व अर्जित पदों का तालमेल नहीं बैठ पाया है। परम्परा प्रदत्त पदों को चाहती है तो आधुनिकता अर्जित पदों की पुष्टि करती है। आधुनिकता तटस्थता चाहती है तो परम्परा भावात्मकता चाहती है। हिन्दुओं के प्राचीन सिद्धान्त जैसे कर्म का सिद्धान्त, जीवन चक्र का सिद्धान्त, संस्तरण खण्डात्मकता, परलोकवाद, पवित्रता-अपवित्रता की धारणा, पुरुषों की प्रधानता तथा कौटुम्बिकता आदि

आधुनिकीकरण में बाधक है। आज का भारत परम्परा और आधुनिकता की दुविधा में फँस गया है। उसके सामने एक द्वन्द है कि वह किस सीमा तक परम्परा को छोड़े एवं किस सीमा तक आधुनिकता को अपनाये। 80 प्रतिशत लोग जो गाँवों में रहते हैं, परम्परावादी हैं। दूसरी ओर गाँव आधुनिकता से बिल्कुल अछूते भी नहीं हैं। यातायात, रेल, मोटर, सड़क, संचार, रेडियो, समाचारपत्र, शिक्षा, प्रशासन, सामुदायिक योजनाएँ आदि ने वहाँ आधुनिकीकरण की प्रक्रिया को बढ़ावा दिया है। गाँवों में भौतिक और सांस्कृतिक परिवर्तन हो रहे हैं और नये मूल्य, सम्बन्ध व आकांक्षायें भी पनप रहे हैं। वर्तमान में गाँवों में भी परिवर्तन की हवा चलने लगी है, अब उन्हें हम स्थिर और जड़ नहीं कह सकते।

गाँवों की समाज व्यवस्था भाई-चारा, जाति एवं स्थानीयता पर आधारित थी। परिवार, वंश एवं जाति से जुड़ा हुआ था, अब उसका स्वरूप बदला है। परिवार में व्यक्तिवाद उभर रहा है, जबकि पहले सामूहिकता को महत्त्व दिया जाता था। अब समूह में लिंग, आयु व सम्बन्ध के आधार पर अधिकार का निर्धारण न होकर योग्यता अनुभव तथा ज्ञान के आधार पर होता है। संयुक्त परिवार के सदस्यों के पारस्परिक सम्बन्ध बदले हैं। स्त्रियों का परिवार में महत्त्व बढ़ा है। जाति के क्षेत्र में विवाह, व्यवसाय, संस्तरण, कर्म-काण्ड व पवित्रता की धारणा में परिवर्तन हुआ है, अन्तर्विवाह की धारणा यद्यपि अभी भी दृढ़ है। जातियों में छुआछूत को कम करने के आन्दोलन हुए हैं तथा नगरों में विभिन्न जातियों के मेलजोल के अवसर बढ़े हैं। गाँवों में भी जजमानी प्रथा व व्यवसाय में परिवर्तन हुए हैं। राजनीति में अन्तर्जातीय समझौते हुए हैं। अल्पसंख्यक उच्च जातियों के पास सत्ता और शक्ति है। साथ ही वे बहुसंख्यक निम्न जातियों के दबाव के सामने झुकी हैं और उनसे समझौते भी किये हैं। जातियों की पारस्परिक दूरी कम हुई है। जातियाँ नये रूप में संगठित हो रही हैं तथा उनके स्थानीय, प्रान्तीय और राष्ट्रीय संगठन बने हैं। धार्मिक विश्वास के क्षेत्र में भी परिवर्तन हुए हैं। कर्मकाण्ड व भाग्यवादिता में विश्वास कम हुआ है एवं नास्तिकता बढ़ी है। नयी शिक्षा-प्रणाली, नयी अर्थव्यवस्था, प्रशासन, सामुदायिक विकास योजना, नगरीकरण, औद्योगीकरण, यातायात व संचार, प्रेस, अखबार तथा नये सामाजिक एवं धार्मिक आन्दोलनों ने उपरोक्त परिवर्तनों को संजोया है।

2. **डॉ० योगेश अटल के विचार**—डॉ० अटल के अनुसार भारत में परम्परा व आधुनिकता साथ-साथ चल रही हैं। नयी शिक्षा और नये व्यवसाय के कारण लोग शहरों में आकर रहते हैं तथा यहाँ उनकी परिवार व्यवस्था में भी परिवर्तन आते है। स्थानीय दूरी ने पारिवारिक दूरी अधिक नहीं बढ़ायी है और सदस्यगण, विवाह, त्यौहार, उत्सव, जन्म, मृत्यु और छुट्टियों के अवसर पर मिलते हैं। विवाह पर खर्च चाहे केन्द्रीय परिवार करे परन्तु विवाह निमन्त्रण पत्रिका पर पितृवंशीय कुल के बुजुर्ग के नाम अंकित रहते हैं। करों ने भी परिवार के ढांचे को बदला है। आय-कर के कारण दुकानों के खाते अलग-अलग सदस्यों के नाम से चलते हैं। वे मकान

और भूमि का बँटवारा कर देते हैं। घर और कार्यालय की परिस्थितियाँ भिन्न-भिन्न हैं। ऑफिस से लौटकर नयी पोशाक के साथ ही आधुनिकता को भी लोग खूंटी पर टाँग देते हैं और धोती पहनकर भोजन करते हैं। इस बात का उल्लेख आन्द्र बैते ने अपनी पुस्तक 'Caste, Class and Power' में भी किया है। स्त्रियाँ घर में परम्परात्मक हैं तो दूसरी ओर आधुनिक प्रसाधनों जैसे गैस का चूल्हा, प्रेशर कुकर का प्रयोग, चप्पल पहने खड़े-खड़े खाना बनाना, पार्टियों व होटलों में जाना, स्त्रियों द्वारा नौकरी करना, मम्मी-पापा आदि शब्दों का प्रयोग, अंग्रेजी भाषा का प्रयोग तथा प्रेम-विवाह की आकांक्षाएँ आदि और आधुनिकता का मिश्रित रूप प्रकट करते हैं।

(3) **रूडोल्फ एवं रूडोल्फ के विचार**—रूडोल्फ एवं रूडोल्फ के अनुसार अंग्रेजों ने भारत में आधुनिकीकरण की नींव रखी। उन्होंने भारत को नयी अर्थव्यवस्था और राजनैतिक एकता दी। प्रेस व नयी शिक्षा प्रणाली ने भारत में नये शिक्षित वर्ग को जन्म दिया। नवीन प्रविधियों, सिंचाई के साधनों तथा यातायात की वर्तमान सुविधाओं ने कृषि में क्रान्ति ला दी। गाँवों की पृथकता व जड़ता सड़कों ने समाप्त कर दी। रेल यातायात ने उद्योगों को जन्म दिया जिससे परम्परात्मक जाति-व्यवस्था पर आधारित समाज व्यवस्था में कई परिवर्तन आये। एक तरफ जाति ने प्राचीन ग्राम्य व्यवस्था को बनाये रखा तो दूसरी तरफ प्रजातन्त्र को भी। भारत में राजनीति व जाति के सम्बन्ध तीन रूपों में देखने को मिलते हैं—

(i) **उदग्र गतिशीलता** (Vertical Mobility)—इसमें उच्च जाति के और प्रभावशाली लोग निम्न जातियों का सहारा परम्परात्मक वफादारी व अर्थव्यवस्था के नाम पर लेते हैं।

(ii) **क्षैतिज गतिशीलता** (Horizontal Mobility)—के अन्तर्गत प्रत्येक जाति ने अपने जातीय संगठन बनाये हैं और अपने सदस्यों के सामाजिक, आर्थिक एवं राजनैतिक हितों को प्रोत्साहन दिया है। नये जातीय संगठनों का नेतृत्व नवीन एवं शिक्षित पीढ़ी के हाथ में है जो जनतान्त्रिक विचारों से ओतप्रोत हैं और जिनमें परम्परात्मक व आधुनिक विशेषताओं का सम्मिश्रण है।

(iii) **विभेदमूलक गतिशीलता** (Differential Mobility) इसके अन्तर्गत राजनैतिक दल प्रत्यक्ष या अप्रत्यक्ष रूप से बहुमत पाने के लिए मतदाताओं से प्रार्थना करते हैं। इसके लिए वे जाति का सहारा भी लेते हैं। उम्मीदवारों का चुनाव करते समय राजनैतिक दल क्षेत्र की जातीय स्थिति को भी ध्यान में रखते हैं।

रूडोल्फ ने भारत में कानून व न्याय व्यवस्था के आधुनिकीकरण का भी उल्लेख किया है। कानून का शासन एवं वर्तमान न्याय-व्यवस्था भारत को अंग्रेजों की देन है। अंग्रेजों के समय में ही पहली बार सम्पूर्ण भारत एक ही प्रकार के कानून व न्याय-व्यवस्था द्वारा प्रशासित हुआ। अंग्रेजों के समय में ही बाल-विवाह, विधवा पुनर्विवाह, स्त्री सम्पत्ति अधिकार, उत्तराधिकार एवं सती-प्रथा निरोधक कानून बने जिन्होंने परम्परात्मक व्यवस्था को आधुनिकता का पुट प्रदान किया।

आधुनिक भारत में आधुनिकीकरण के लक्षण

(1) **नवीन वर्गों का उदय** (Rise of New Classes)—भारतीय समाज में नवीन वर्गों, विशेष रूप से मध्यम वर्ग (Middle Class) का तथा विशिष्टजन वर्ग (Elite Class) का जन्म हुआ है। आधुनिक सुविधाओं के कारण सर्वप्रथम उच्च जातियों के लोगों ने व्यावसायिक सुविधाओं का ही लाभ नहीं उठाया अपितु नौकरशाह एवं तकनीकी विशेषज्ञों जैसे पदों पर नियुक्ति के कारण वे अपनी परम्परागत सत्ता को मजबूत बनाये रखने में सफल रहे। फिर भी इस नवीन मध्यम एवं विशिष्टजन वर्ग की भारतीय समाज को आगे बढ़ाने में महत्त्वपूर्ण भूमिका रही है।

(2) **जनता का राजनीतिकरण** (Politicization of Masses) —आज भारतीय समाज के विभिन्न वर्गों का राजनीतिकरण अत्यन्त तीव्रता से हो रहा है तथा इससे गाँव, जाति, धर्म इत्यादि में मत्त्वपूर्ण परिवर्तन हो रहे हैं। प्रजातन्त्र के आधुनिक मूल्यों को पंचायतें तथा प्रादेशिक एवं राष्ट्रीय स्तर पर होने वाले चुनाव सुदृढ़ बना रहे हैं तथा जनता के राजनीतिकरण में राजनीतिक दल भी महत्त्वपूर्ण भूमिका निभा रहे हैं।

(3) **शिक्षा एवं गतिशीलता में वृद्धि** (Increase in Education and Mobility)—शिक्षा प्राप्ति से सम्बन्धित परम्परागत दृष्टिकोण एवं निषेध समाप्त हो रहे हैं तथा इससे शिक्षा का विस्तार हुआ है और सामाजिक गतिशीलता में वृद्धि हुई है। शिक्षा सुविधाओं से निम्न जातियों में आत्म-सम्मान बढ़ा है तथा उन्हें आगे बढ़ने के अधिक अवसर प्राप्त हुये हैं।

(4) **औद्योगीकरण** (Industrialization)—भारतीय समाज में औद्योगीकरण भी तीव्रता से हुआ है। वास्तव में आधुनिकीकरण तभी सम्भव है जबकि राष्ट्रीय स्तर पर आर्थिक विकास हो। आज भारत औद्योगीकरण की दृष्टि से संसार का दसवां देश है।

(5) **नगरीकरण** (Urbanization)—आधुनिकीकरण ने नगरीकरण की प्रक्रिया को भी प्रोत्साहन दिया है क्योंकि इससे परम्परागत व्यवसायों की समाप्ति ही नहीं हुई है अपितु गतिशीलता एवं नौकरी की सम्भावनाओं में भी वृद्धि हुई है क्योंकि अधिकांश उद्योग नगरीय क्षेत्रों में ही खुले हैं, अतः नगरों में ग्रामीण लोगों को रोजगार मिलने की सम्भावनाओं में वृद्धि हुई है।

(6) **लौकिकीकरण** (Secularization)—आधुनिकीकरण तार्किक एवं वैज्ञानिक दृष्टिकोण से सम्बन्धित है अतः इसने भारतीय समाज में लौकिकीकरण अथवा धर्म निरपेक्षीकरण लाने में भी काफी सहायता दी है। आज भारत एक लौकिक राज्य है।

(7) **नियोजित सामाजिक परिवर्तन** (Planned Social Change)—आधुनिकीकरण का लक्ष्य आर्थिक सम्पन्नता एवं राजनीतिक स्थिरता लाकर देश को

विकसित देशों की तरह आगे बढ़ने में सहायता देना है। अतः इससे नियोजित सामाजिक परिवर्तन को प्रोत्साहन मिला है ताकि हम अपने लक्ष्यों को समयबद्ध योजनाओं द्वारा प्राप्त कर सकें।

(8) **समस्याओं में वृद्धि** (Increase in Problems)—आधुनिकीकरण के अच्छे परिणामों के साथ-साथ इसका एक दूसरा पक्ष भी है। इससे हमारे समाज में अनेक समस्यायें भी उत्पन्न हो गई हैं। उदाहरणार्थ इससे व्यक्तिवादिता में वृद्धि हुई है तथा संयुक्त परिवार एवं विवाह की संस्थायें इससे प्रभावित हुई हैं। जनता में विकसित नवीन आशाओं एवं मांगों में वर्तमान स्थिति के प्रति असन्तोष बढ़ा है। नवीन तथा परम्परावादी मान्यताओं में संघर्ष ने भी मानसिक तनाव एवं असामंजस्य बढ़ाने में सहायता दी है।

अभ्यास के लिए प्रश्न

1. नगरीय समाज में आधुनिकता लाने की मुख्य समस्या की विवेचना कीजिये।
2. भारतीय नगरीय समाज में आधुनिकता लाने में बुद्धिजीवियों के कार्य की विवेचना कीजिये।
3. संक्षिप्त टिप्पणी लिखो—आधुनिकीकरण।

13
लौकिकीकरण
(Secularization)

किसी भी आधुनिक शहर में मिलों में काम करने वाले मजदूरों, आफिसों में काम करने वाले बाबुओं, दुकानदारों, डाक्टरों, वकीलों और सरकारी कर्मचारियों आदि के दैनिक जीवन पर दृष्टि डालिए तो आप देखेंगे कि भारत के धर्मप्राण देश कहलाने के बावजूद भी आधुनिक काल में उनके जीवन में धर्म का महत्त्व बहुत कम रह गया है। अधिकतर पढ़े-लिखे लोग अपने जीवन में विभिन्न क्रियाओं को धार्मिक उद्देश्य से नहीं बल्कि वैज्ञानिक अथवा अन्य उद्देश्यों से करते हैं। वे जिन पुरानी परम्पराओं को मानते भी हैं उनको इस कारण नहीं मानते कि धर्म के द्वारा उनका विधान किया गया है बल्कि वे उनके मूल में किसी न किसी कारण की तलाश कर लेते हैं और उसे व्यक्ति अथवा समाज के लिये लाभदायक मानकर मानते हैं। केवल पढ़े-लिखे लोगों में नहीं बल्कि बेपढ़े-लिखे लोगों में भी धर्म का सम्मान कम होता जा रहा है यद्यपि निश्चय ही पढ़े-लिखे लोगों की तुलना में भारत में उनके जीवन में आज भी धर्म का कहीं अधिक महत्त्व है।

लौकिकीकरण क्या है?

डॉ॰ एम॰ एन॰ श्रीनिवास ने लौकिकीकरण की परिभाषा करते हुए लिखा है, "लौकिकीकरण शब्द से यह तात्पर्य है कि जो कुछ पहले धार्मिक माना जाता था, वह अब वैसा नहीं माना जा रहा है और उसका तात्पर्य विभेदीकरण की एक प्रक्रिया से भी है जो कि समाज के विभिन्न पहलुओं, आर्थिक, राजनीतिक, कानूनी और नैतिक के एक दूसरे के प्रति सम्बन्ध में अधिक से अधिक पृथक् होने में दिखलाई पड़ती है।"[1] इस प्रकार लौकिकीकरण की प्रक्रिया धार्मिकता की विरोधी है। दूसरे शब्दों में, ज्यों-ज्यों लौकिकीकरण बढ़ता है त्यों-त्यों धार्मिकता कम होती है। जैसा कि पीछे दिए गए उदाहरणों में दिखलाया गया है, भारतवर्ष में गाँवों और नगरों में विशेषतया हिन्दू समाज में धर्म का प्रभाव घटने के अनुपात में लौकिकीकरण बढ़ा है। संक्षेप में इसके निम्नलिखित लक्षण माने जा सकते हैं–

(1) **धार्मिकता का ह्रास**–जैसा कि पीछे कहा जा चुका है, लौकिकीकरण का मुख्य लक्षण उसकी वृद्धि के साथ-साथ धार्मिकता का ह्रास है। हिन्दू-समाज

में आधुनिक काल में जीवन के विभिन्न कार्यों में धार्मिक व्याख्याओं का महत्त्व कम हो जाने से लौकिकीकरण बढ़ा दिखाई पड़ता है।

(2) विभेदीकरण की प्रक्रिया–लौकिकीकरण बढ़ने से समाज में विभिन्न पहलुओं में विभेदीकरण बढ़ा है। इस प्रकार आधुनिक काल में पढ़ा-लिखा हिन्दू आर्थिक, राजनीतिक, कानूनी और नैतिक प्रश्नों को एक-दूसरे से अलग मानता है और इन पर धर्म का कोई प्रभाव नहीं मानता। जीवन के प्रत्येक क्षेत्र में उस क्षेत्र के नियमों के अनुसार विचार किया जाता है। इस प्रकार धर्म के रूप में जीवन के विभिन्न क्षेत्रों को बाँधने वाला बन्धन समाप्त हो जाता है।

(3) विवेकशीलता–लौकिकीकरण का एक मुख्य लक्षण विवेकशीलता है। इसमें व्यक्ति अपने जीवन में उठने वाली प्रत्येक समस्या पर अपने विवेक से विचार करता है और उस सम्बन्ध में धर्मपुस्तक में लिखी हुई बातों को विशेष महत्व नहीं देता। विवेकशील व्यक्ति व्यक्तिगत और सामाजिक जीवन में प्रत्येक बात को विवेक के द्वारा निश्चित करने का प्रयास करता है। वह धार्मिक परम्पराओं और रूढ़ियों को बिना सोचे-समझे नहीं मानता बल्कि उनके मूल में छिपे हुए कारणों की आलोचना करता है और यदि वे विवेकयुक्त होते हैं तो उन्हें मानता है अन्यथा उनका परित्याग कर देता है।

(4) वैज्ञानिक दृष्टिकोण–लौकिकीकरण का एक मुख्य लक्षण जीवन के प्रति वैज्ञानिक दृष्टिकोण है। फ्रायड तथा अन्य विचारकों के अनुसार मनुष्य के जीवन पर ज्यों-ज्यों विज्ञान का प्रभाव बढ़ता जाता है त्यों-त्यों धर्म का प्रभाव कम होता जाता है। फ्रायड का यह मत न भी माना जाए तो भी इसमें कोई सन्देह नहीं कि विज्ञान की नई-नई खोजों से जीवन के अनेक क्षेत्रों में जैसे भौगोलिक, सामाजिक, आर्थिक, राजनीतिक आदि क्षेत्रों में धार्मिक व्याख्याओं का प्रभाव बहुत कम होता जा रहा है क्योंकि उनका स्थान वैज्ञानिक व्याख्यायें लेती जा रही हैं। यही कारण है कि आधुनिक भारत में शिक्षा के प्रसार के साथ-साथ लौकिकीकरण बढ़ा है। पश्चिम के जिन देशों में विज्ञान की जितनी अधिक प्रगति हुई वहाँ पर लौकिकीकरण का प्रभाव उतना ही अधिक दिखाई पड़ता है।

लौकिकीकरण से परिवर्तन

लौकिकीकरण के उपरोक्त लक्षणों से उसकी प्रकृति स्पष्ट होती है। आधुनिक भारत में लौकिकीकरण की प्रक्रिया अंग्रेजी शासनकाल में विशेष रूप से विकसित हुई और नगरीकरण तथा औद्योगीकरण के बढ़ने के साथ-साथ तेजी से बढ़ती गई।

---

1. "The term "secularization" implies that what was previously regarded as religious is now ceasing to be such, and it also implies a process of differentiation which results in the various aspects of society, economic, political, legal and moral, becoming increasingly discrete in relation to each other."
--Srinivas, M. N., *Social Change in Modern India*, p. 119.

लौकिकीकरण के कारणों की विवेचना करने के पूर्व यह देखना उपयुक्त होगा कि सामाजिक परिवर्तन की इस प्रक्रिया से भारत में जीवन के विभिन्न क्षेत्रों में क्या-क्या परिवर्तन हुआ है। संक्षेप में, लौकिकीकरण से होने वाले मुख्य परिवर्तन तीन क्षेत्रों में दिखलाई पड़ते हैं—जाति-व्यवस्था, परिवार की संस्था और ग्रामीण समुदाय। इन तीनों ही क्षेत्रों में हिन्दू समाज में लौकिकीकरण दिखलाई पड़ता है। डॉ० एम० एन० श्रीनिवास ने अपनी पुस्तक 'Social Change in Modern India' में इन्हीं क्षेत्रों में लौकिकीकरण के प्रभाव का विश्लेषण किया है। यहाँ पर इन तीनों क्षेत्रों में लौकिकीकरण के प्रभाव का संक्षेप में विवेचन किया जायेगा।

जाति-व्यवस्था पर लौकिकीकरण का प्रभाव

हिन्दू जाति-व्यवस्था में लौकिकीकरण का प्रभाव निम्नलिखित क्षेत्रों में देखा जा सकता है।

(1) अशुद्धता और शुद्धता की धारणायें—हिन्दू समाज में धर्म का प्रभाव सबसे अधिक अशुद्धता और शुद्धता की धारणाओं में दिखाई पड़ता है। धार्मिक दृष्टिकोण से समाज में कुछ कार्यों को अशुद्ध ठहराया गया है, विशेषतया नीची जातियों के उन्हें करने से वे अशुद्ध मानी जाती हैं। उदाहरण के लिए हिन्दू सामाजिक संस्तरण में अनेक कार्य जिन्हें शूद्र करते हैं उन्हें करने से ब्राह्मण को अपवित्र हुआ समझा जाता है। अपवित्रता की भावना के साथ-साथ छुआछूत की भावना भी लगी हुई है। उच्च जातियों के व्यक्तियों के लिए निम्न जातियों अथवा अछूत कहलाने वाली जातियों के साथ खाना-पीना, उठना-बैठना तो क्या, केवल सम्पर्क होने मात्र से भी उच्च जाति का व्यक्ति अपवित्र हुआ माना जाता है। सम्पर्क के अतिरिक्त भोजन, व्यवसाय और जीवन के अनेक कार्यों से भी शुद्धता की धारणायें लगी हुई हैं। उदाहरण के लिये उच्च जाति के व्यक्ति निम्न जातियों के व्यक्तियों के हाथ का छुआ हुआ भोजन नहीं खाते क्योंकि वह अपवित्र माना जाता है। सामाजिक कार्यों में मैला उठाना, झाड़ू लगाना, कसाई का कार्य आदि अपवित्र माने जाते हैं और उन कार्यों को करने वाले व्यक्ति को छूने से अपवित्रता होती है। सामाजिक जीवन में अनेक अवसरों पर स्त्री-पुरुष में अपवित्रता मानी जाती है। उदाहरण के लिए परिवार में किसी की मृत्यु के अवसर पर विभिन्न सम्बन्धियों पर विभिन्न समय के लिए अपवित्रता मानी जाती है। स्त्रियों में मासिक रक्त स्राव की अवधि में अपवित्रता मानी जाती है और उनको परिवार के अन्य लोगों से अलग रहने और घर के बर्तन आदि न छूने का आदेश दिया जाता है। स्त्री-पुरुष से निकलने वाले सभी पदार्थों को अपवित्र माना जाता है और इसलिए हिन्दू-संस्कृति में धार्मिक कार्यों के अवसरों के पूर्व स्नान करने का आदेश है। अनेक धार्मिक अवसरों पर यौन-प्रसंग का निषेध होता है।

हिन्दू स्त्री-पुरुष की दिनचर्या में भी पवित्रता की धारणा का बड़ा महत्त्व है। उदाहरण के लिए पहले दाढ़ी के बालों और बाल बनाने वाले नाई दोत्रों को ही अपवित्र माना जाता था। मुण्डन के समय उस स्थान को शुद्ध करने के लिए गोबर

से लीपा जाता था। अंग्रेजी शिक्षा के प्रभाव से जब लोग स्वयं सेफ्टी रेजर से हज़ामत बनाने लगे तो प्रारम्भ में धार्मिक विचारों के व्यक्तियों ने इसका बड़ा विरोध किया। हिन्दू समाज में पवित्रता और अपवित्रता के विचार सबसे अधिक ब्राह्मणों में पाए जाते हैं। इनमें भी विशेषतया वृद्ध व्यक्ति और उनमें भी स्त्रियाँ और विधवायें इन बातों को अधिक मानती हैं। पवित्रता से पुण्य मिलता है जबकि अपवित्रता से पाप होता है।

लौकिकीकरण के प्रभाव से आधुनिक काल में हिन्दू समाज में पवित्रता और अपवित्रता की भावना में भारी अन्तर दिखलाई पड़ता है। पहले उच्च जाति के लोग निम्न जाति के व्यवसायों को नहीं करते थे। आजकल ब्राह्मण भी जूते बेचने की दुकान चलाते हैं और इसमें कोई अपवित्रता नहीं मानी जाती। आधुनिक घरों में पढ़ी-लिखी स्त्रियाँ मासिक धर्म की अवधि में छुआछूत के नियमों का बिलकुल पालन नहीं करतीं और न अन्य लोग ही उनको अपवित्र मानते हैं। अस्पृश्यता-विरोधी प्रचार से अछूतों के साथ बैठकर खाने-पीने आदि पर कोई रोक-टोक नहीं रह गई है और विभिन्न जातियों के परस्पर सम्पर्क, खाने-पीने, उठने-बैठने आदि से पवित्रता का कोई सम्बन्ध नहीं माना जाता। अंग्रेजी पढ़े और पाश्चात्य संस्कृति से प्रभावित स्त्री-पुरुष अपने जीवन में किसी भी बात में धार्मिक पवित्रता और अपवित्रता, पाप और पुण्य के विचारों को नहीं मानते। यह बात ब्राह्मण जाति के शिक्षित व्यक्तियों और स्त्री-पुरुषों के बारे में भी कही जा सकती है। शिक्षा, विवेकशीलता और विज्ञान के प्रभाव से आजकल पवित्रता और अपवित्रता की धारणाओं को धार्मिक दृष्टि से नहीं बल्कि सफाई के दृष्टिकोण से देखा जाता है। अनेक परम्परागत बातों को आज भी माना जाता है; इसलिए नहीं कि उनका धार्मिक विधान है बल्कि इसलिए कि सभी सफाई से रहना चाहते हैं क्योंकि वह आरोग्य का पहला नियम है। इस प्रकार पवित्रता और अपवित्रता के विचार से सम्बन्धित क्रियाओं का लौकिकीकरण किया गया है और वे धार्मिक नहीं रह गई हैं।

(2) **संस्कारों में परिवर्तन**—संस्कार हिन्दू जाति-व्यवस्था की एक मुख्य विशेषता है। विभिन्न जातियों के लिए विभिन्न अवसरों पर विभिन्न संस्कार आवश्यक माने गए हैं। उदाहरण के लिये उपनयन संस्कार के बिना कोई भी ब्राह्मण द्विज नहीं माना जा सकता। प्राचीन काल में विद्याध्ययन प्रारम्भ होने के कुछ ही समय बाद संस्कार कर दिया जाता था। हिन्दू धर्म के मनुष्यों के लिए जन्म से मृत्यु तक अनेक संस्कारों की व्यवस्था है ज़िनमें मुख्य हैं गर्भाधान, पुंसवन, जातकर्म, नामकरण, उपनयन, समावर्तन, विवाह और अंत्येष्टि। इन सभी संस्कारों के अवसरों पर विधि-विधान का विस्तार से वर्णन किया गया है और संस्कार को भली प्रकार पूरा करने के लिए उन सब विधि-विधानों को मानना आवश्यक समझा जाता है। आधुनिक काल में लौकिकीकरण के प्रभाव से संस्कारों के महत्त्व और विधि-विधानों में भारी परिवर्तन हो गया है। उदाहरण के लिए गर्भाधान, पुंसवन और जातकर्म नामक संस्कार तो लगभग समाप्त हो गए हैं और पढ़े-लिखे लोग इनका अर्थ भी

नहीं जानते। इस प्रकार सबसे पहला संस्कार नामकरण संस्कार रह गया है। यह भी धार्मिक से अधिक सामाजिक अवसर बन गया है जिसमें सगे-सम्बन्धी एकत्रित होते हैं, मिलकर खाते-पीते और बालक के जन्म का हर्ष मनाते हैं। नामकरण के अवसर पर अब भी पंडित को बुलाया जाता है और वह कुछ यज्ञ आदि विधि-विधान करता है परन्तु उपस्थित लोग उसकी ओर कोई विशेष ध्यान नहीं देते। उपनयन संस्कार की प्रथा पढ़े-लिखे और नगरीय परिवारों में विवाह के संस्कार के साथ जोड़ दी गई है। अधिकतर विवाह के कुछ ही दिन पूर्व उपनयन संस्कार किया जाता है। जिसमें अधिकतर पुरुष केवल कुछ समय के लिए जनेऊ धारण करते हैं। संस्कार के विधि-विधानों में सबसे अधिक परिवर्तन विवाह संस्कार में दिखलाई पड़ता है। आजकल हिन्दू विवाह संस्कार के प्राचीन विधानों में केवल सप्तपदी और कन्यादान ही रह गए हैं। इनके अतिरिक्त अन्य सब कार्य सुविधा अथवा रुचि के अनुसार किए जाते हैं। सप्तपदी में भी कम-से-कम समय देने की चेष्टा की जाती है और लड़के के साथ आए हुए बाराती उसमें विशेष रुचि नहीं दिखलाते। विवाह का अवसर धार्मिक से अधिक एक सामाजिक अवसर हो गया है जिसमें सगे-सम्बन्धियों के मिलने-जुलने, खाने-पीने आदि को अधिक महत्व दिया जाता है। विवाह के संस्कार में लौकिकीकरण का प्रभाव सबसे अधिक दहेज की प्रथा में दिखाई पड़ता है। विवाह-सम्बन्ध दहेज की मात्रा से तय किए जाते हैं; उनमें धार्मिक बातों को उतना अधिक महत्त्व नहीं दिया जाता।

उपरोक्त विवेचन से स्पष्ट है कि लौकिकीकरण के प्रभाव से भारतीय जाति-व्यवस्था में भारी परिवर्तन हो गया है। आजकल व्यवसाय जाति के आधार पर निश्चित नहीं किए जाते बल्कि अन्य कारकों के द्वारा निश्चित होते हैं। 'अस्पृश्यता उन्मूलन आन्दोलन' के प्रभाव से उच्च और निम्न जातियों के मध्य परस्पर सम्पर्क में पवित्रता और अपवित्रता का विचार उठता जा रहा है। जातियों के संगठन निर्बल हो गए हैं और उनका स्थान व्यवसायों तथा अन्य कारकों पर आधारित संगठनों ने ले लिया है। लौकिकीकरण के कारण लोग अपने नाम से जाति-सूचक शब्द भी निकालते जा रहे हैं। अन्तर्जातीय विवाहों की संख्या बढ़ रही है और हिन्दुओं के जीवन में जाति-व्यवस्था का महत्त्व बराबर कम होता जा रहा है।

परिवार में लौकिकीकरण

परिवार और विवाह की संस्थाएँ मुख्य सामाजिक संस्थाएँ हैं। इनमें विवाह की संस्था पर लौकिकीकरण के प्रभाव का पीछे वर्णन किया जा चुका है। विवाह विच्छेद की व्यवस्था और सिविल मैरिज की व्यवस्था हो जाने से हिन्दू विवाह का और भी अधिक लौकिकीकरण हो गया है। परिवार की संस्था में लौकिकीकरण का प्रभाव सबसे अधिक सदस्यों की दिनचर्या में दिखलाई पड़ता है। हिन्दू धर्म विभिन्न जातियों के व्यक्तियों के लिए विशेष दिनचर्या निर्धारित करता है। ब्राह्मणों के लिए पूजा-पाठ, सन्ध्या, यज्ञ आदि का विधान है परन्तु लौकिकीकरण के प्रभाव से ब्राह्मण

परिवारों में भी बहुत ही कम लोग नित्य कर्म में निर्धारित इन कार्यक्रमों को करते देखे जाते हैं। स्त्रियों में शिक्षा के प्रभाव से परिवार में चूल्हे-चौके का लौकिकीकरण हुआ है और उसमें धर्म का प्रभाव तथा शुद्धि और अशुद्धि का विचार लगभग उठ ही गया है। परिवार में खान-पान आदि में धार्मिक विचारों का प्रभाव बहुत कम रह गया है। विभिन्न त्यौहार अब भी मनाए जाते हैं परन्तु उनके धार्मिक महत्व के स्थान पर उनके सामाजिक पहलू पर अधिक जोर दिया जाता है। पढ़े-लिखे लोग होली, दीवाली आदि त्यौहारों को उनके धार्मिक महत्त्व के कारण नहीं बल्कि उनके सामाजिक और मनोवैज्ञानिक महत्त्व के कारण मानते हैं। अनेक त्यौहारों, रीति-रिवाजों और परम्पराओं के मूल में छिपे हुए वैज्ञानिक तथ्यों का उद्‌घाटन होने से उनका महत्त्व पहले से भी अधिक बढ़ गया है। परन्तु इसके कारण धार्मिक न होकर लौकिक हैं। समय-समय पर यज्ञ आदि अब भी किए जाते हैं परन्तु उनसे पुण्य कमाने के स्थान पर वायु के स्वच्छ होने के महत्त्व पर अधिक जोर दिया जाता है। देश में उत्तर, दक्षिण, पूर्व, पश्चिम में दूर-दूर फैले हुए तीर्थों की यात्रा आधुनिक भारत में पहले से भी अधिक की जाने लगी है परन्तु अधिकतर यात्रियों का लक्ष्य धार्मिक न होकर देशाटन और मनोरंजन है। लोग दूर-दूर के मन्दिरों को देखने जाते हैं, गंगा में स्नान करते हैं, ऊँचे-ऊँचे पहाड़ों पर बसे हुए हए तीर्थस्थानों की यात्रा करते हैं, क्योंकि इनसे जीवन में परिवर्तन होता है, ताजगी आती है, ज्ञान बढ़ता है और देश के विविध रूपों का परिचय मिलता है। लौकिकीकरण में परिवार की संस्था का योगदान सबसे अधिक है क्योंकि आधुनिक परिवारों में न केवल दिनचर्या में धर्म का महत्त्व कम है बल्कि साधु-सन्तों के सत्कार करने की प्रथा भी उठ गई है। इससे समाज में धर्म का प्रभाव कम हुआ। नगरीय क्षेत्रों में परिवार के धार्मिक कार्य क्रमशः समाप्त होते जा रहे हैं। परिवार की संस्था में तेजी से परिवर्तन हो रहा है और उसके अनेक कार्य अन्य समितियाँ लेती जा रही हैं। विभिन्न परिवारों का परस्पर मेल-मिलाप धार्मिक कारणों से नहीं बल्कि सामाजिक कारणों से होता है।

ग्रामीण समुदाय पर लौकिकीकरण का प्रभाव

भारतीय नगरों में तो लौकिकीकरण अत्यधिक मात्रा में दिखाई पड़ता ही है किन्तु ग्रामीण समुदायों में भी उसका प्रभाव कम नहीं है। ग्रामीण समुदाय में जाति-पंचायतों की शक्ति घटती जा रही है और जहाँ-कहीं ये पंचायतें हैं भी वहाँ वे धार्मिक लक्ष्यों से नहीं बल्कि राजनीतिक लक्ष्यों को लेकर संगठित की गई हैं। ग्रामीण समाज में सम्मान का आधार धार्मिकता अथवा जाति न रहकर धन और सम्पत्ति हो गए हैं। इस कारण जमींदार और साहूकार का जितना सम्मान है उतना ब्राह्मण का नहीं है। पैसा हो जाने पर निम्न जाति के व्यक्तियों को भी उच्च जाति के व्यक्तियों से अधिक सम्मान दिया जाता है। परिवार की संस्था में धर्म का प्रभाव कम होता जा रहा है। इस सम्बन्ध में ग्रामीण परिवार में भी वे ही परिवर्तन दिखलाई पड़ते हैं जिनका उल्लेख पीछे किया जा चुका है। फिर भी नगरीय परिवार की तुलना में ग्रामीण परिवार का लौकिकीकरण बहुत कम हुआ है। ग्रामीण समुदाय में विवाह

के मामले में उपजातियों का विचार नहीं किया जाता। यद्यपि अन्तर्जातीय विवाह बहुत कम होते हैं फिर भी लौकिकीकरण के प्रभाव से ब्राह्मण के घर में बनैनी और क्षत्रिय के घर में ब्राह्मणी स्त्री देखी जा सकती है। ग्रामीण पंचायत में अधिकतर समस्याओं पर धार्मिक दृष्टि से नहीं बल्कि सामाजिक और राजनीतिक दृष्टि से विचार किया जाता है। धार्मिक उत्सव अधिकतर सामाजिक उत्सवों के रूप में मनाए जाते हैं। सभी जातियों के व्यक्ति खेती और व्यापार तथा पशुपालन के व्यवसाय करते देखे जा सकते हैं। व्यवसाय में एक मात्र लक्ष्य अधिक से अधिक पैसा कमाना है और उसमें धार्मिक प्रश्न नहीं उठाए जाते।

लौकिकीकरण के कारण

आधुनिक भारत में सामाजिक परिवर्तन की प्रक्रिया के रूप में लौकिकीकरण के उपरोक्त विवेचन से उसके कुछ कारणों पर भी प्रकाश पड़ता है। भारत में लौकिकीकरण के मुख्य कारण निम्नलिखित हैं–

(1) आधुनिक शिक्षा–लौकिकीकरण का सबसे बड़ा कारण आधुनिक शिक्षा है जो कि अंग्रेजों के साथ भारत में आई। इस शिक्षा के साथ भारत में पाश्चात्य संस्कृति का प्रवेश हुआ। अंग्रेजी भाषा, ज्ञान-विज्ञान और पाश्चात्य संस्कृति की जानकारी बढ़ने के साथ-साथ देश में परम्परागत हिन्दू धर्म का प्रभाव कम होने लगा। इसीलिए वर्तमान लौकिकीकरण की धारा को अंग्रेजी शासनकाल में शुरू हुआ माना जा सकता है। आधुनिक शिक्षा ने सबसे अधिक विभिन्न समस्याओं की ओर वैज्ञानिक और विवेकयुक्त दृष्टिकोण को प्रोत्साहित किया। जहाँ पढ़े-लिखे स्त्री-पुरुषों ने अनेक परम्परागत विधि-विधानों, संस्कारों, विश्वासों आदि को छोड़ दिया वहाँ दूसरी ओर उन्होंने उनके मूल में निहित कारणों की तलाश की और यदि ये कारण वैज्ञानिक जँचे तो उनको मान्यता दी गई। सहशिक्षा के प्रभाव से अन्तर्जातीय विवाह की सम्भावनाएँ बढ़ीं। शिक्षा के प्रभाव से व्यवसाय, विवाह, दिनचर्या आदि विभिन्न क्षेत्रों में धार्मिक के स्थान पर लैकिक दृष्टिकोण अपनाया गया। शिक्षा संस्थाओं में विभिन्न जातियों और धर्मों के युवक-युवतियों के साथ-साथ पढ़ने से छूआछूत, शुद्धि-अशुद्धि तथा परस्पर खान-पान, सम्पर्क आदि के बन्धन टूटने लगे।

(2) यातायात और सन्देशवहन के साधनों का विकास–लौकिकीकरण में यातायात और सन्देशवहन के साधनों के विकास का महत्त्वपूर्ण योगदान है। रेलों, बसों, टैक्सियों आदि के व्यापक प्रचार से लोग एक स्थान से दूसरे स्थान पर जाने लगे जिससे उनको नए-नए लोगों से मिलने का अवसर मिला और उनके विचारों में उदारता आई। इससे जाति व्यवस्था को धक्का लगा और उस पर आधारित छुआछूत के विचार समाप्त होने लगे। यातायात के साधनों के विकास से ग्रामीण समुदाय के लौकिकीकरण में बड़ी सहायता मिली है क्योंकि गाँव के स्त्री-पुरुष जब

नगरों और दूर-दूर फैले हुए विभिन्न जातियों और धर्मों के लोगों के सम्पर्क में आए तो उन पर अपने धर्म का प्रभाव कम होने लगा। सन्देशवहन के साधनों के विकास से सामाजिक सम्बन्धों का दायरा बढ़ने लगा। इससे विवाह का क्षेत्र बढ़ा और उपजाति-विवाह तो अब एक सामान्य बात हो गई है। सन्देशवहन के साधनों के विकास से लौकिक आधारों पर संगठनों का विकास हुआ और उनका महत्व धार्मिक संगठनों से कहीं अधिक हो गया।

(3) सामाजिक और धार्मिक सुधार आन्दोलन—अंग्रेजी शासनकाल में भारतवर्ष में राजाराम मोहन राय, सर सैयद अहमद खाँ, केशवचन्द्र सेन, महादेव गोविन्द रानाडे, महात्मा गाँधी, स्वामी दयानन्द इत्यादि महापुरुषों ने सामाजिक और धार्मिक सुधार के अनेक आन्दोलनों को उठाया जिनसे हिन्दू धर्म में व्यापक सुधार हुए, जाति-पाँति और छुआछूत के विचार समाप्त होने लगे और लौकिकीकरण की प्रक्रिया को प्रोत्साहन मिला। इन आन्दोलनों में ब्रह्म समाज, आर्य समाज, प्रार्थना-समाज, रामकृष्ण मिशन, थियोसोफिकल सोसाइटी तथा सर्वोदय आन्दोलन विशेष उल्लेखनीय हैं।

(4) वैधानिक सुधार—आधुनिक काल में हिन्दू विवाह की संस्था पर हिन्दू कोड द्वारा किए गए वैधानिक परिवर्तनों का महत्त्वपूर्ण प्रभाव पड़ा है। हिन्दू विवाहित स्त्रियों के पृथक् निवास और निर्वाह व्यय अधिनियम, हिन्दू विवाह अधिनियम, हिन्दू उत्तराधिकार अधिनियम, हिन्दू दत्तक पुत्र ग्रहण और निर्वाह व्यय अधिनियम तथा हिन्दू अल्पवयस्कता और संरक्षकता अधिनियम से हिन्दू परिवार और विवाह की संस्थाओं का लौकिकीकरण हुआ है। इनसे परिवार और विवाह की संस्थाओं का स्थायित्व कम हुआ है और उनके धार्मिक आधार के स्थान पर कानूनी आधार को विशेष बल मिला है। हिन्दू परिवार और विवाह की संस्थाओं को प्रभावित करने वाले इन कानूनों के अतिरिक्त भारतीय संविधान में दिए गये नागरिकों के मूल अधिकारों और राज्य-नीति के निर्देशनों से भी लौकिकीकरण को प्रोत्साहन मिला है। सन् 1955 ई॰ के अस्पृश्यता अपराध अधिनियम से हिन्दू समाज में छुआछूत एवं पवित्रता और अपवित्रता की धारणाओं को गहरा आघात लगा है। आधुनिक भारत में सभी वयस्क-स्त्री-पुरुषों को कानून की दृष्टि में समान माना गया है। सभी को मतदान करने का अधिकार है और सभी के लिए सभी व्यवसायों के दरवाजे खुले हुए हैं। इन वैधानिक व्यवस्थाओं के अलावा भारतीय राज्य को लौकिक राज्य की घोषणा किए जाने से देश में लौकिकीकरण को सबसे अधिक प्रोत्साहन मिला है। इस प्रकार लौकिकीकरण में सरकार और कानून का महत्त्वपूर्ण योगदान है। ब्रिटिश सरकार ने तो लौकिकीकरण को प्रोत्साहन दिया ही था किन्तु स्वतन्त्र भारत की सरकार ने उसको और भी प्रोत्साहन दिया है। अस्पृश्यता, बहुविवाह, विवाह-विच्छेद, अन्तर्जातीय विवाह, विधवा-पुनर्विवाह तथा हिन्दू मन्दिरों के प्रबन्ध सम्बन्धी अधिनियमों से आधुनिक सरकार ने देश में लौकिकीकरण को बढ़ाया है।

(5) राजनीतिक संगठनों का योगदान–आधुनिक काल में जहाँ अनेक राजनीतिक संगठनों ने हिन्दू धर्म पर सीधा आघात किया है वहाँ हिन्दू महासभा, राष्ट्रीय स्वयं सेवक संघ और जनसंघ जैसे दक्षिणपंथी संगठनों ने हिन्दू धर्म के सुधार पर जोर देकर लौकिकीकरण को प्रोत्साहित किया है। इस प्रकार वामपंथी और दक्षिणपंथी दोनों ही प्रकार के राजनीतिक संगठनों ने देश में धर्म के महत्त्व को कम करने और लौकिकीकरण की प्रक्रिया को प्रोत्साहित करने का कार्य किया है।

(6) नगरीकरण–जैसा कि पीछे बतलाया जा चुका है, गाँवों की तुलना में नगरों में लौकिकीकरण अधिक हुआ है क्योंकि नगरीय जीवन की भीड़-भाड़, मकानों की कमी, यातायात और संदेहवहन के साधनों की अधिकता और आर्थिक समस्याओं की प्रमुखता, फैशन, शिक्षा, राजनीतिक और सामाजिक संगठन, पाश्चात्य संस्कृति का प्रभाव, भौतिकवाद, व्यक्तिवाद, विवेकवाद इत्यादि से लौकिकीकरण बढ़ता है।

(7) पाश्चात्य संस्कृति का प्रभाव–जैसा कि पीछे कहा जा चुका है, भारत में पाश्चात्य संस्कृति का प्रभाव बढ़ने के साथ-साथ हिन्दू धर्म का व्यापक प्रभाव कम होता गया है। पाश्चात्य संस्कृति के प्रभाव से भौतिकवाद, व्यक्तिवाद, भोगवाद, अधार्मिकता, स्वच्छन्दता आदि प्रवृत्तियों को प्रोत्साहन मिला है। इससे स्त्री-पुरुष सभी में लौकिकीकरण बढ़ा है।

(8) हिन्दू धार्मिक संगठन का अभाव–धार्मिक दृष्टि से ईसाई, मुस्लिम, जैन, सिख आदि जितने संगठित हैं वैसा संगठन हिन्दू धर्म में नहीं दिखलाई पड़ता। हिन्दू धर्म के विशाल क्षेत्र में अनेक मत सम्प्रदाय हैं जिनके अलग-अलग मठ धार्मिक नेता और धार्मिक संगठन हैं। इन सभी सम्प्रदायों के हिन्दू होते हुए भी सामान्य रूप से इनका परस्पर कोई सम्बन्ध नहीं रहता। इसलिये इन सम्प्रदायों के संगठनों के रहते हुए भी सम्पूर्ण हिन्दू धर्म का कोई संगठन नहीं है। बहुत से हिन्दू तो ऐसे हैं जिनके केवल नाम हिन्दुओं जैसे है अन्यथा वे हिन्दू धर्म की किसी भी बात को नहीं मानते। हिन्दू धर्म एक ऐसा धर्म है जिसमें किसी भी धार्मिक विश्वास को मानते हुए और कैसे भी जीवन व्यतीत करते हुए व्यक्ति हिन्दू ही रहता है। इस ढ़ीले संगठन के कारण भारतवर्ष में हिन्दू धर्म का प्रभाव कम होता चला जा रहा है। जहाँ एक ओर बहुत से लोग अन्य धर्मों के अनुयायी बनते जा रहे हैं वहाँ दूसरी ओर ऐसे पढ़े लिखे लोगों संख्या बढ़ रही है जो केवल नाममात्र के हिन्दू हैं और यहाँ तक कि अपने को हिन्दू कहने से भी शर्माते हैं। अस्तु, हिन्दू समाज में लौकिकीकरण की प्रक्रिया तेजी से बढ़ती जा रही है। पढ़े-लिखे हिन्दुओं में एक बहुत बड़ी संख्या ऐसे ही हिन्दुओं की है जिनका पूर्णतया लौकिकीकरण हो चुका है और जो न केवल हिन्दू धर्म की बातों को नहीं मानते बल्कि उसकी प्रत्येक बात की कटु आलोचना भी करते हैं।

(9) भारतीय संस्कृति का लौकिकीकरण–यूँ तो भारतीय संस्कृति धर्मप्राण कहलाती रही है, परन्तु आजकल उसका तेजी से लौकिकीकरण होता जा

रहा है। इस लौकिकीकरण में आधुनिक शिक्षा, फिल्म, रेडियो, समाचारपत्र आदि अनेक कारकों का महत्त्वपूर्ण हाथ है। आधुनिक काल में अनेक सांस्कृतिक क्रियाओं की धार्मिक व्याख्या का खण्डन करके लौकिक व्याख्या की स्थापना की गई है। और विज्ञान के कारण शिक्षित समाज में यह लौकिक व्याख्या ही अधिक प्रचलित है। इस प्रकार साहित्य, कला और संस्कृति के अन्य पहलुओं पर धर्म का प्रभाव कम होता जा रहा है और जनतंत्रीय, लौकिक, वैज्ञानिक तथा विवेकयुक्त विचार बढ़ते जा रहे हैं। भारत एक लौकिक राज्य है। अस्तु सरकार के समस्त प्रचार-यन्त्र लौकिकीकरण के पक्ष में प्रचार करते हैं।

(10) व्यवसायों का लौकिकीकरण—प्राचीन हिन्दू समाज में व्यवसायों का चुनाव धार्मिक आधार पर किया जाता था। धर्म पुस्तकों ने विभिन्न वर्ण के व्यक्तियों के व्यवसाय निश्चित कर दिये थे और धर्मपुस्तकों के आदेशों का पालन किया जाता था। आजकल नई पीढ़ी के लोग व्यवसायों के चुनाव में अपने परम्परागत व्यवसाय को करना आवश्यक नहीं समझते और जो भी व्यवसाय आर्थिक दृष्टि से अधिक उपयुक्त दिखलाई पड़ता है वही व्यवसाय करने लगते हैं। यह प्रवृत्ति सबसे अधिक ब्राह्मण जाति में दिखलाई पड़ती है। स्वाभाविक है कि इससे ब्राह्मणों के जीवन का लौकिकीकरण हुआ है।

(11) राजनीतिक सहायता का अभाव—प्राचीन काल में हिन्दू राजा हिन्दू धर्म को सब प्रकार की सहायता देते थे जिससे जनता पर उसका प्रभाव बना रहता था। अंग्रेजी शासन काल में ट्रावनकोर-कोचीन, मैसूर, बड़ौदा, जयपुर, जम्मू और काश्मीर इत्यादि अनेक राज्यों में हिन्दू राजे हिन्दू धर्म का पोषण करते थे। इन हिन्दू राज्यों के समाप्त हो जाने और 'भारतीय संघ शासन' की स्थापना होने के बाद हिन्दू धर्म को यह राजकीय सहायता समाप्त हो गई। आजकल केवल नेपाल ही विश्व का एकमात्र हिन्दू राज्य है जबकि भारतवर्ष में हिन्दुओं की जनसंख्या सबसे अधिक है। राजकीय सहायता के अभाव में जनता पर हिन्दू धर्म का प्रभाव घटने लगा। हिन्दुओं के शिक्षा के केन्द्र तथा धार्मिक स्थान आदि को आर्थिक सहायता न मिलने से उसकी दशा बिगड़ने लगी है। इधर पिछले दिनों मठों में लगी हुई सम्पत्ति पर भी विभिन्न राज्यों द्वारा अधिकार कर लिया गया है। अनेक मठाधीश धर्म की सत्ता कम होने के कारण राजनीति के क्षेत्र में उतरने लगे हैं। इन सब कारणों से लौकिकीकरण बढ़ता जा रहा है।

भारतवर्ष में लौकिकीकरण की प्रक्रिया की लगातार वृद्धि के कारणों के उपरोक्त विवेचन से यह स्पष्ट है कि निकट भविष्य में इस प्रक्रिया के कम होने की कोई सम्भावना दिखलाई नहीं पड़ती। इधर 'विश्व हिन्दू परिषद्' के नाम से एक नई संस्था समस्त विश्व के हिन्दुओं को संगठित करने का प्रयास कर रही है। इस प्रयास से हो सकता है कि विश्व में बिखरे हुए हिन्दू राजनीतिक दृष्टि से संगठित हो जायें, किन्तु यह आशा नहीं की जा सकती कि पढ़े-लिखे हिन्दुओं के जीवन में बढ़ती हुई लौकिकीकरण की प्रक्रिया किसी भी प्रकार कम हो जायेगी। वास्तव

में लौकिकीकरण की वृद्धि का मूल कारण यह है कि हिन्दू धर्म में हिन्दू कहलाने के लिए किसी भी धार्मिक नियम को मानना आवश्यक नहीं है। जीवन के प्रत्येक क्षेत्र में हिन्दू को पूर्ण स्वतन्त्रता है। विचारों और क्रियाओं की इस स्वतन्त्रता से और विज्ञान के प्रभाव से अधिकतर शिक्षित हिन्दू स्त्री-पुरुष कोई भी धार्मिक क्रिया नहीं करते और बहुत से कम धार्मिक विश्वास रखते हैं। यदि भविष्य में हिन्दू समाज का धार्मिक संगठन सुदृढ़ हो जाये और कुछ धार्मिक नियमों का पालन प्रत्येक हिन्दू के लिए आवश्यक मान लिया जाये तो भले ही लौकिकीकरण की यह प्रक्रिया किसी सीमा तक मन्द हो सकती है। वास्तव में हिन्दू के अलावा प्रत्येक धर्म में उस धर्म का अनुयायी कहलाने के लिए कुछ नियमों का पालन आवश्यक माना जाता है। उदाहरण के लिए मुसलमान के लिए अल्लाह की एकता में यकीन करना आवश्यक है और यह भी मानना जरूरी है कि मोहम्मद अल्लाह का पैगम्बर था। अल्लाह और उसके रसूल पर यकीन लाए बिना कोई भी व्यक्ति मुस्लिम नहीं कहला सकता। इसी कारण मुसलमानों में लौकिकीकरण उतना नहीं हुआ है जितना हिन्दओं में दिखाई पड़ता है। वास्तव में यदि हिन्दू धर्म को हिन्दू समाज के जीवन में महत्त्वपूर्ण योगदान देना है तो कुछ धार्मिक नियमों का पालन प्रत्येक हिन्दू कहलाने वाले व्यक्ति के लिए अनिवार्य कर देना चाहिए जिससे कि एक ओर हिन्दू धर्म को अन्य धर्मों से अलग पहचाना जा सके और दूसरी ओर इस धर्म के मानने वालों को परस्पर धार्मिक एकता का अनुभव हो।

अभ्यास के लिए प्रश्न

1. भारतीय नगरों में लौकिकीकरण के प्रभाव की विवेचना कीजिए।
2. भारतीय नगरों में लौकिकीकरण के विस्तार के कारण बतलाइये।

14

राजनीतिकरण
(Politicization)

आधुनिक नगरीय समाज में एक प्रवृत्ति राजनीतिकरण है। राजनीतिकरण से तात्पर्य जीवन के विभिन्न क्षेत्रों में राजनीति का अत्यधिक प्रवेश है। देश को स्वतन्त्रता मिलने के बाद से और जनतन्त्र की स्थापना होने के कारण तथा राजनीतिक नेताओं के हाथ में अत्यधिक सत्ता केन्द्रित हो जाने से और प्रशासन के कार्यों में उनके अत्यधिक हस्तक्षेप की सम्भावना से राजनीतिक शक्ति का आकर्षण बढ़ता जा रहा है। वर्तमान भारतीय समाज में राजनीति सत्ता का सबसे अधिक प्रभावशाली रूप है। इसलिये भिन्न-भिन्न वर्गों में प्रभावशाली लोग हर प्रकार से राजनीतिक सत्ता प्राप्त करने का प्रयास कर रहे हैं। राजनीतिक नेता का देश में जो सम्मान है और उसे जो व्यापक अधिकार प्राप्त हैं वह विज्ञान, साहित्य, कला, दर्शन, संस्कृति किसी भी क्षेत्र के नेता को प्राप्त नहीं है। राजनीतिक नेता की मृत्यु पर सारे देश में जो शोक मनाया जाता है, उसके कहीं पर पहुँचने पर उसका जो स्वागत किया जाता है, उसके जो जुलूस निकाले जाते हैं और जय-जयकार किया जाता है उसको देखकर देश के सभी विचारवान नर-नारियों के हृदय में राजनीतिक सत्ता प्राप्त करने का आकर्षण उत्पन्न होता है। संसार के किसी भी प्रगतिशील देश में राजनीतिक नेताओं को इतना अधिक महत्व नहीं दिया जाता। राजनीतिक नेताओं को और राजनीतिक समाचारों को इतना अधिक महत्त्व देना यह सिद्ध करता है कि जनता सांस्कृतिक लक्ष्यों की ओर इतना ध्यान नहीं देती जितना राजनीति की ओर देती है। समाचार-पत्रों की खपत और क्षेत्र बराबर बढ़ता जा रहा है। राजनीतिक समाचारों में इतनी अधिक रुचि राजनीतिकरण की प्रक्रिया दिखलाती है।

सामाजिक क्षेत्र में राजनीतिकरण

इस प्रकार सामाजिक क्षेत्र में सब कहीं राजनीतिकरण बढ़ रहा है जो विभिन्न सामाजिक संस्थाओं में देखा जा सकता है। भारत में एक ओर जातिवाद कम हुआ है तो दूसरी ओर राजनीतिक कारणों से जातिवाद बढ़ा है। नेताओं ने जाति के लाभ

के लिये नहीं, बल्कि जातिवाद को उभारने से होने वाले राजनीतिक लाभ के लिये जातियों के संगठन बनाये हैं और जातिवाद को प्रोत्साहन दिया है। इसी प्रकार साम्प्रदायिकता, भाषावाद या क्षेत्रवाद के पीछे यह तथ्य नहीं है कि इनको उभारने वाले नेता लोग किसी सम्प्रदाय, भाषा अथवा क्षेत्र के हित का आगे बढ़ाने में रुचि रखते हैं, बल्कि केवल यह तथ्य है कि इनसे लगी हुई भावनाओं को उभाकर वे अपना राजनीतिक लक्ष्य सिद्ध करना चाहते हैं। केवल जाति संगठनों में ही नहीं, बल्कि परिवार और विवाह की संस्थाओं में भी राजनीतिकरण बढ़ता जा रहा है। नगरीय क्षेत्रों में अधिकतर पूँजीपति धन एकत्रित करने के पश्चात् दूसरा काम राजनीतिक सत्ता प्राप्त करना समझते हैं। म्युनिसपैलिटियों और कारपोरेशनों में अधिकतर चुनाव राजनीतिक लक्ष्यों से लड़े जाते हैं और चुनाव जीत जाने के बाद जनता की सेवा करने के स्थान पर विशिष्ट राजनीतिक दलों के स्वार्थों को सिद्ध करने की ओर अधिक ध्यान दिया जाता है।

सरकारी नौकरियों में राजनीतिकरण

सरकारी नौकरियों के क्षेत्रों में भी बढ़ता हुआ राजनीतिकरण देखा जा सकता है। अनेक स्थानों पर विभिन्न राजनीतिक विचारधाराओं के प्रभाव से शक्तिशाली लोग अपने ही दलों को सरकारी नौकरियों में भरने का प्रयास करते हैं। किसी भी नये दल के मन्त्रिमण्डल बना लेने के बाद मुख्य मंत्री तथा अन्य मंत्रीगण सबसे पहले सारे राज्य में प्रमुख स्थानों पर अपने ही दल के लोगों को भरने का प्रयास करते हैं। भिन्न राजनीतिक विचारधारा के अधिकारियों के तबादले कर दिये जाते हैं या उन्हें नौकरी से अवकाश लेने पर मजबूर किया जाता है। पुलिस तथा ऐसे ही अन्य महत्वपूर्ण विभागों में सत्तारूढ़ दल के विश्वासपात्र लोग भरे जाते हैं। इस प्रकार सरकारी सेवाओं का व्यापक राजनीतिकरण होता है।

शिक्षा के क्षेत्र में राजनीतिकरण

शिक्षा के क्षेत्र में कालिजों और विश्वविद्यालयों में अनेक नियुक्तियाँ शैक्षिक योग्यता के आधार पर नहीं, बल्कि राजनीतिक गठबंधन के आधार पर की जाती है। बहुधा विश्वविद्यालयों में उपकुलपतियों का चुनाव करते समय व्यक्तियों की योग्यताओं को न देखकर उनके राजनीतिक विचारों पर ध्यान दिया जाता है। उच्च अधिकारियों के चुनाव में इस राजनीतिकरण के कारण शिक्षक वर्ग में और विद्यार्थियों में भी राजनीतिकरण फैलता है जिसके परिणामस्वरूप उप-कुलपति और विद्यार्थियों तथा विद्यार्थियों और शिक्षकों में संघर्ष बढ़ते हैं और विश्वविद्यालय में शिक्षा का स्तर गिरता जाता है। राजनीतिकरण भारत में विद्यार्थी समस्या का एक मूल कारण है और इसके उत्तरदायी विद्यार्थी नहीं, बल्कि राजनीतिक नेतागण हैं जो शिक्षा संस्थाओं को सब कहीं अपने निहित स्वार्थों के लिए प्रयोग करते रहते हैं। कालिजों में विभिन्न प्रबन्धक दलों की स्थापना के साथ-साथ शिक्षकों और

विद्यार्थियों में राजनीतिक गतिविधि बढ़ती रहती है। विद्यार्थी संघ तो राजनीतिक गतिविधियों के केन्द्र ही हैं। इस प्रकार शिक्षा के क्षेत्र में राजनीतिकरण व्यापक रूप से बढ़ रहा है।

आर्थिक क्षेत्र में राजनीतिकरण

भारत में आर्थिक क्षेत्र में निजी और सार्वजनिक विकास में राजनीतिकरण का प्रभाव देखा जा सकता है। निजी क्षेत्रों में विभिन्न उद्योगों में अधिकतर ऊँचे-ऊँचे पद मालिकों के नाते रिश्तेदारों को दिये जाते हैं। उद्योगों से सम्बन्धित सभी बातें श्रमिकों के कल्याण की दृष्टि से नहीं, बल्कि मालकों के स्वार्थ सिद्ध करने की दृष्टि से निर्धारित की जाती है। किन्तु सबसे अधिक राजनीतिकरण सार्वजनिक क्षेत्र में है। अभी पिछले कुछ वर्षों में इस्पात तथा अन्य भारी उद्योगों के कारखानों को स्थापित करने के प्रशन को लेकर देश के विभिन्न राज्यों में प्रदर्शन, सभायें और भूख हड़तालें हुयीं। कहीं-कहीं पर रक्तपात और दंगे भी हुये। प्रत्येक राज्य के नागरिकों ने केन्द्रीय सरकार पर यह जोर डालने का प्रयास किया कि भारी उद्योगों के कारखाने उन्हीं के क्षेत्र में लगायें जायें। इन सब प्रदर्शनों के पीछे राजनीतिक दलों का हाथ था और वे इस प्रकार जनता की सहानुभूति प्राप्त करना चाहते थे। स्पष्ट है कि इनका मूल लक्ष्य जन-कल्याण नहीं, बल्कि राजनीति था। इसीलिये यह विचार किये बिना कि कौन-सा उद्योग किस क्षेत्र में अधिक आसानी से और अधिक लाभ उठाकर स्थापित किया जा सकता है और कहाँ उससे अधिक लाभ होगा, सभी राज्यों ने अपनी-अपनी माँगों पर जोर दिया। दूसरी ओर इन उद्योगों को स्थापित करने में केन्द्रीय सरकार ने भी कई बार गैरआर्थिक कारकों के स्थान पर राजनीतिक कारकों पर अधिक ध्यान दिया। इस प्रकार केन्द्र और राज्य दोनों में ही राजनीतिक दलों की गतिविधि के कारण सार्वजनिक क्षेत्र में उद्योगों की स्थापना में राजनीतिकरण दिखलाई पड़ता है।

राज्यों की सीमा निर्धारण में राजनीतिकरण

देश के स्वतन्त्र होने के बाद से भारत में विभिन्न राज्यों की सीमा को कई बार बदला गया है। कई राज्यों के क्षेत्र कम किये गये हैं और कुछ अन्य क्षेत्र बढ़ाये गये है। अनेक नये राज्यों की स्थापना की गयी है। पश्चिमी पंजाब को हरियाणा से अलग कर दिया गया और इस प्रकार पहले पंजाब राज्य के स्थान पर दो नये राज्यों की स्थापना की गई। पूर्वी सीमा पर नागालैण्ड का पृथक् राज्य बना। उत्तरी पहाड़ी प्रदेश के अनेक जिलों को लेकर हिमाचल प्रदेश की रचना की गयी तथा बाद में मेघालय की रचना हुई। विभिन्न राज्यों की सीमा में इस परिवर्तन के पीछे प्रशासन की सुविधा, जनकल्याण या इसी प्रकार का कोई अन्य लक्ष्य नहीं है, बल्कि अधिकतर स्थानीय राजनीतिक नेताओं को संतुष्ट करने या राजनीतिक आन्दोलनों को शान्त करने के लिए नये राज्य बनाये गए हैं। दूसरी ओर जिन राजनीतिक दलों

ने नये राज्यों की स्थापना की माँग की थी उनके सामने भी जन–कल्याण का लक्ष्य नहीं था, बल्कि उन्होंने अपने राजनीतिक स्वार्थों को सिद्ध करने के लिये ये माँगे उठाई थीं। इसी कारण आज भी देश में अनेक स्थानों पर ऐसी मांगें बनी हुई हैं और नई–नई मांगें बढ़ती जाती हैं। पिछले दिनों पंजाब और हरियाणा के मध्य चण्डीगढ़ को लेकर जो विवाद उत्पन्न हुआ था उसके कारण राजनीतिक ही थे। स्पष्ट है कि राज्यों की सीमा में परिवर्तन और नये राज्यों के निर्माण के पीछे मुख्य कारण राजनीतिकरण है।

सांस्कृतिक क्षेत्र में राजनीतिकरण

भारत में राजनीतिकरण इतना अधिक बढ़ गया है कि सांस्कृतिक क्षेत्र में सब कहीं उसका बोलबाला दिखलाई पड़ता है। अनेक अन्तर्राष्ट्रीय खेल प्रतियोगिताओं में कई बार भाग लेने वाले खिलाड़ियों का चुनाव खेल के दृष्टिकोण से नहीं, बल्कि राजनीतिक कारणों से किया जाता है। कई बार उपयुक्त न होने पर भी टीमें बाहर खेलने भेज दी जाती हैं और कभी–कभी मुकाबले के उपयुक्त होने पर भी बाहर नहीं जा पातीं। कोई व्यक्ति अच्छा खिलाड़ी होने पर भी छूट जाता है और उसके स्थान पर ऐसा व्यक्ति टीम में शामिल कर लिया जाता है जो अच्छा खिलाड़ी नहीं है। इस प्रकार खेल के क्षेत्र में अनेक स्थानों पर राजनीतिकरण दिखलाई पड़ता है। यही बात विदेशों में जाने वाले कला मण्डलों के बारे में कही जा सकती है। जिन कलाकारों की राजनीतिक नेताओं तक पहुँच है वे ही कला मण्डलों के सदस्य बन कर बाहर जाते हैं जबकि अनेक बड़े–बड़े कलाकारों को कोई नहीं पूछता क्योंकि वे किसी के दरबार में सलाम नहीं झुकाते। यही बात देश के कलाकारों को मिलने वाली सरकारी सहायता के बारे में देखी जा सकती है। देश को आजादी मिलने के बाद राज्य की ओर से बहुत–से कलाकारों को वजीफे और आर्थिक सहायता दी गई। इनमें बड़ी संख्या उन लोगों की थी जो सरकार तक पहुँच रखते थे। अनेक अन्य कलाकारों को केवल तभी सहायता दी गई जबकि उसके लिये बड़ा शोर मचा।

पुनर्वास में राजनीतिकरण

देश के विभाजन के बाद भारत के सामने बाहर से आये हुए शरणार्थियों के पुनर्वास की समस्या थी। न्याय की दृष्टि से सभी को पुनर्वास की सुविधा दी जानी चाहिये थी किन्तु इस क्षेत्र में राजनीतिकरण का प्रभाव हुआ। जिन लोगों को किसी राजनीतिक नेता का समर्थन प्राप्त हो सका उन्हें भारी सरकारी सहायता मिली जबकि अन्य अनेक उससे वंचित रहे। धारा सभाओं में चुने जाने पर अधिकतर लोगों ने अपने सहायकों और दल के लोगों की जेबें भरने का प्रयास किया। चुने हुए प्रतिनिधियों का एक बड़ा काम अपने मिलने–जुलने वालों को सरकारी परमिट दिलाना था। यह भ्रष्टाचार इतना अधिक बढ़ा कि अनेक लोग कांग्रेसी राज्य को 'परमिट राज्य' कहने लगे क्योंकि परमिटों का लालच दिलाकर राजनीतिक नेताओं

ने भारी मात्रा में धन संग्रह किया और उस धन की सहायता से चुनाव जीते। इस प्रकार पूँजीपतियों और राजनीतिज्ञों की सांठ-गांठ से श्रमिकों का शोषण होता रहा।

सामाजिक क्षेत्र में देश को आजादी मिलने के पहले सुधार आन्दोलनों की जो धूम थी वह आजादी मिलने के बाद बहुत धीमी पड़ गयी। इधर पिछले कुछ वर्षों में तो राजनीतिक दलों में आदर्शवाद इतना कम हो गया है और सत्ता के लिए आग्रह इतना बढ़ गया है कि वे समाज सुधार की ओर कोई ध्यान नहीं देते, बल्कि उल्टे भ्रष्टाचार के ऐसे उदाहरण उपस्थित करते हैं जिससे सामान्य नैतिक स्तर नीचे गिरता है। अनेक राजनीतिक दलों ने विद्यार्थियों को अपने स्वार्थ के लिए राजनीतिक दाँव-पेचों की कठपुतली बना रखा है और उन्हें देश के भविष्य की कोई चिन्ता नहीं है।

भारत में विभिन्न क्षेत्रों में फैले हुए राजनीतिकरण के उपरोक्त सर्वेक्षण से स्पष्ट है कि इस पर रोकथाम की जानी कितनी अधिक जरूरी है। भारत में आने वाले विदेशी इस बात पर आश्चर्य प्रकट करते हैं कि इस देश में राजनीतिक नेताओं को कितना अधिक सम्मान दिया जाता है। राजनीतिक समाचार कितने अधिक ध्यानपूर्वक सुने जाते हैं और उन पर कितनी अधिक बहस की जाती है जबकि दूसरी ओर विकासमान देशों में एक बहुत बड़ा वर्ग राजनीतिक गतिविधियों से तटस्थ, वैज्ञानिक, कलात्मक, साहित्यिक, सांस्कृतिक और आर्थिक विकास के कार्यक्रमों में लगा रहता है। राजनीतिकरण का यह रोग तभी दूर हो सकता है जबकि देश का विशिष्ट वर्ग व्यापारी, उद्योगपति, प्रोफेसर, डाक्टर, इन्जीनियर, कलाकार, साहित्यकार, वैज्ञानिक और विद्यार्थी अपने-अपने विशिष्ट क्षेत्रों में अपने कार्यों की ओर अधिक ध्यान देंगे और देश में राजनीतिक समाचारों और गतिविधियों तथा नेताओं का महत्त्व कम हो जायेगा। इसके लिए राजनीतिक नेताओं की शक्ति पर रोकथाम करना भी आवश्यक है। उदाहरण के लिए उन्हें प्रशासनिक मामलों में अनावश्यक हस्तक्षेप करने का कोई अधिकार नहीं होना चाहिए। इस प्रकार राजनीतिक सत्ता पर रोकथाम लगाने से ही राजनीतिकरण दूर हो सकता है और तभी राष्ट्र विभिन्न दिशाओं में विकसित होगा और प्रगतिशील देशों में सम्मानित स्थान प्राप्त कर सकेगा।

अभ्यास के लिए प्रश्न

1. भारतीय नगरों में राजनीतिकरण पर एक निबन्ध लिखो।

15

नगरीय बेकारी

(Urban Unemployment)

भारत के नगरों में पंचवर्षीय योजनाओं के बावजूद बेकारों की संख्या बढ़ती जा रही है। योजना आयोग के अनुसार बेकारों की संख्या वृद्धि का मुख्य कारण देश में जनसंख्या की तीव्र वृद्धि है। जिसके कारण सब लोगों को काम देना कठिन हो जाता है। औद्योगीकरण के प्रभाव से कुटीर उद्योग और गृह उद्योगों को आघात पहुँचा है जिससे बेकारों की संख्या और भी बढ़ गयी है। आर्थिक क्षेत्र में रोजगार की सुविधायें बहुत कम हैं। इनके अतिरिक्त देश के विभाजन से बड़ी संख्या में पश्चिमी पंजाब और पूर्वी बंगाल से विस्थापितों के भारत में आने से भी बेकारों की संख्या बढ़ी है।

भारत में औद्योगिक बेकारी

(Industrial Unemployment in India)

भारत में नगरों में पाई जाने वाली बेकारी का एक मुख्य प्रकार औद्योगिक बेकारी है। भारत में औद्योगिक बेकारी के कारण निम्नलिखित हैं।

(1) अपूर्ण औद्योगिक विकास—औद्योगिक क्षेत्र में बेकारी का मुख्य कारण उद्योगों का विकास बहुत कम होना है।

(2) उद्योगों की स्थान-विषयक स्थिति दोषपूर्ण है—कहीं-कहीं अत्यधिक केन्द्रीयकरण हो जाने से बेकारी बढ़ी है।

(3) अन्तर्राष्ट्रीय बाजार का अभाव—अन्तर्राष्ट्रीय बाजार के अभाव के कारण उद्योगों का समुचित विकास नहीं हो पाता और बेकारी बनी रहती है।

भारत में शिक्षित बेकारी

(Educated Unemployement in India)

औद्योगिक बेकारी के अलावा भारत के नगरों में पाई जाने वाली बेकारी में अन्य मुख्य प्रकार शिक्षित बेकारी है। भारतवर्ष में शिक्षितों में बेकारी के अग्रलिखित कारण हैं—

(1) दूषित शिक्षा-प्रणाली—अंग्रेजों ने भारत में जो शिक्षा-प्रणाली चलाई उसका उद्देश्य क्लर्क निर्माण करना था। मे ह्यू ने लिखा है, "मूल रूप से व्यावहारिक और उपयोगितावादी होने के कारण उन्होंने सरकारी कर्मचारियों, वकीलों, डॉक्टरों और व्यापारिक क्लर्कों को उत्पन्न करने का उद्देश्य रक्खा।"[1] भारत स्वतन्त्र हो जाने के बाद भी इस शिक्षा-प्रणाली में कोई विशेष सुधार नहीं हुआ। इससे बाबूगिरी ज्यों की त्यों है और शिक्षित बेकारी बढ़ रही है।

(2) विश्वविद्यालयों और कॉलिजों की भरमार—भारतवर्ष में उच्च-शिक्षा की भरमार है, जबकि बुनियादी शिक्षा सबको नहीं मिल पाती। भारत में 33 से अधिक विश्वविद्यालयों और उनसे लगे सैंकड़ों कॉलिजों से प्रतिवर्ष इतने स्नातक निकलते हैं कि उन सबको सफेदपोश नौकरियों में खपाना बहुत कठिन है। किसी प्रकार के व्यवसाय या शारीरिक श्रम के काम वे करना नहीं चाहते। इससे बेकारी बढ़ रही है। भारत की शिक्षा-प्रणाली के बारे में बंगाल बेरोजगार समिति (Bengal Unemployment Committee) ने लिखा है, "यह एक बाँस के समान है, प्रत्येक जोड़ एक परीक्षा होती है और नीचे से लेकर ऊपर तक व्यास एक ही रहता है। इसकी शाखायें नहीं होती और ऊपर का स्थान बहुत ही कम क्षेत्र घेरता है। आवश्यकता यह है कि ऐसा वृक्ष हो जिसकी शाखायें यथा-सम्भव अधिक दिशाओं में फैली हों, न कि सब चोटी पर हों।"[2]

प्रथम पंचवर्षीय योजना बनाते समय प्लानिंग कमीशन ने भारत की बेकारी के निम्नलिखित चार मुख्य कारण बतलाये थे—

(1) जनसंख्या में तीव्र गति से वृद्धि होना।

(2) कुटीर उद्योगों का नाश।

(3) खेती के अतिरिक्त अन्य उद्योगों में सन्तोषजनक उन्नति का न होना।

(4) देश का विभाजन जिससे अनेकों उद्योगों, पेशों और व्यवसायों का नाश हो गया।

भारत में इस जबर्दस्त बेकारी के कारण देश में प्राकृतिक साधनों की प्रचुरता होते हुए भी भंयकर निर्धनता फैली हुई है। बेकारी के कारण हजारों नवयुवकों ने आत्म विश्वास खो दिया है। बहुत-से चोरी, डकैती आदि समाज-विरोधी कामों में लग गये हैं। आत्म-हत्या के समाचार भी कभी-कभी सुनाई पड़ते हैं। बेकारी से

---

1. "Essentially utilitarian, they have aimed at the production of government officials, doctors and commercial clerks."

—May Hew A. *The Education in India,* p. 149.

2. "It is like a bamboo, each joint being an examination and the diameter remaining practically the same size from the root to very near the top. It has no branches and the crowning top covers a very small area. What is required is a spreading tree with branches going off in as many directions as possible at definite points along the trunk, not all at the top."

—Report of the Bengal Unemployment Committee, para. 29.

व्यक्तिगत और पारिवारिक तथा सामाजिक विघटन बढ़ रहा है और देश की बहुत-सी मनुष्य-शक्ति बेकार जा रही है।

औद्योगिक बेकारी को दूर करने के उपाय उद्योगों का विकास, सार्वजनिक उद्योगों का निर्माण, नये क्षेत्रों में कारखाने खोलना, मजदूरों को मांग की जगह पहुँचाने का प्रबन्ध करना और औद्योगिक प्रशिक्षण आदि हैं। शिक्षितों की बेकारी दूर करने के लिए शिक्षा-प्रणाली में आमूल परिवर्तन होना चाहिये। शिक्षितों में श्रम के सम्मान (Dignity of Labour) की भावना बढ़ाने और जीवन के प्रति व्यावहारिक दृष्टिकोण उत्पन्न करने की जरूरत है। आर्थिक विकास सबसे अधिक आवश्यक है। काम दिलाऊ दफ्तरों की संख्या बढ़नी चाहिए। राधाकृष्णन कमीशन ने यह सुझाव दिया है कि कृषि-सम्बन्धी शिक्षा को एक राष्ट्रीय विषय बना देना चाहिये। कीन्स के सिद्धान्त का समर्थन करने वालों ने कर्ज में ब्याज की दर कम करने का सुझाव दिया है जिससे अधिक रुपया लगाने की सम्भावना बढ़ी है। विदेशी आर्थिक सहायता के लिए भी कोशिश होनी चाहिए। गर्भ निरोध और परिवार नियोजन की योजनाओं के द्वारा आबादी की बाढ़ रोकने की कोशिश की जानी चाहिए।

बेकारी दूर करने के लिए प्लानिंग कमीशन ने निम्नलिखित सिफारिशें की हैं–

(1) व्यक्तियों या छोटे समूहों को छोटे उद्योग व व्यापार के लिए सहायता।

(2) शिक्षा का प्रसार।

(3) सरकार और सार्वजनिक समितियों द्वारा कुटीर और छोटे उद्योगों के उत्पादन की बिक्री का प्रबन्ध।

(4) प्रौढ़-शिक्षा केन्द्रों की स्थापना।

(5) राष्ट्रीय विस्तार सेवा।

(6) सड़क यातायात का विकास।

(7) कम वेतन वाले नगर निवासियों को मकान बनाने में सहायता।

(8) व्यक्तिगत मकान बनाने में सहायता।

(9) शरणार्थियों को विशेष सहायता।

(10) विद्युत शक्ति के विकास की योजनाओं पर जोर।

(11) कार्य और प्रशिक्षण (Apprenticeship) कैम्पों की स्थापना।

हर्ष का विषय है कि भारत सरकार बेकारी को दूर करने के उपरोक्त सभी सुझावों पर अमल करने में प्रयत्नशील है। अन्तर्राष्ट्रीय संस्थाओं तथा अन्य देशों की सरकारों से भी इस विषय में सहायता मिल रही है। सरकारी और गैर सरकारी प्रयत्नों से भविष्य में इस समस्या के बहुत कुछ सुलझने की आशा है।

अभ्यास के लिए प्रश्न

1. भारतीय नगरों में औद्योगिक बेकारी पर टिप्पणी लिखो।

16

अत्यधिक भीड़-भाड़ और गन्दी बस्तियाँ

(Over-Crowding and Slums)

आधुनिक नगरों की कुछ मुख्य समस्यायें नगरों को व्यवस्थित रूप से बसाना, गन्दी बस्तियों को दूर करना तथा मध्यम और निम्न वर्ग के लोगों के लिये आवासों की व्यवस्था करना है। इस अध्याय में इन सबका विवेचन किया जायेगा।

औद्योगिक नगरों में गन्दी बस्तियाँ

गन्दी बस्तियों को साफ करने पर नियुक्त परामर्शदाता समिति (The Advisory Committee on Slum Clearance) के अनुसार भारत में औद्योगिक नगरों में 7 प्रतिशत से 60 प्रतिशत तक लोग गन्दी बस्तियों में रहते हैं। अकेले कलकत्ता नगर में 6 लाख जनता गन्दी बस्तियों में रहती है। देश में लगभग 115 लाख श्रमिक गन्दी बस्तियों में रहते हैं। कानपुर में इन्हें अहाता (Ahata), कलकत्ता में बस्ती (Basti), बम्बई में चाल (Chawl), दिल्ली में बस्ती तथा मद्रास में चेरी (Cherry) कहते हैं। देश के विचारवान लोगों ने इन गन्दी बस्तियों की भारी आलोचना की है। परन्तु जैसा कि डॉ० वी० अग्निहोत्री ने सन् 1950 तथा 1954 में कानपुर के अपने सर्वेक्षण में पता लगाया है, इन बस्तियों की दशा में कोई विशेष परिवर्तन नहीं हुआ है।

गन्दी बस्तियों के कारण

औद्योगिक नगरों में गन्दी बस्तियों के होने के मुख्य कारण निम्नलिखित हैं—

(1) गरीबी—गन्दी बस्तियों के नरक कुण्ड में कोई भी मनुष्य जान बूझकर नहीं रहना चाहेगा। फिर लाखों श्रमिक इनमें क्यों रहते हैं? इसका कारण उनकी गरीबी है। श्रमिकों की दैनिक आय इतनी कम होती है कि वे अपने आवास पर अधिक पैसा खर्च नहीं कर सकते और मजबूर होकर गन्दी बस्तियों में रहते हैं।

(2) नगरों में मकानों की कमी—गन्दी बस्तियों के बसने का दूसरा कारण शहरों में मकानों की भारी कमी है। मकानों की पूर्ति से उनकी माँग बहुत अधिक होने के कारण मकानों के किराये बढ़ जाते हैं। इससे जहाँ एक ओर जमींदारों और श्रमिकों को एक-एक कोठरी वाले मकान बनाने की प्रेरणा मिलती है वहाँ श्रमिक भी इन मकानों में बसने को मजबूर हो जाते हैं क्योंकि उनसे अधिक किराये के मकानों में रहने के लिए उनके पास पर्याप्त पैसा नहीं होता।

(3) शोषण की हृदयहीनता—इस प्रकार श्रमिकों की गरीबी और जरूरत से लाभ उठाकर इन बस्तियों के मालिक उनको दयनीय दशाओं में रहने को बाध्य करते हैं। श्रमिकों से किराया लेकर भी इन बस्तियों की सफाई कराना, पुताई कराना, रोशनी का प्रबन्ध कराना आदि वे अपने कर्तव्य नहीं समझते। इस प्रकार वास्तव में गन्दी बस्तियों के बसने का आधार शोषण और हृदयहीनता हैं। बंगाल के गवर्नर श्री केसी ने 1945 में ठीक ही कहा था, "I have been horrified by what I have seen. Human beings cannot allow other human beings to continue to exist under these conditions." अर्थात् ''मैंने जो कुछ देखा है उससे मैं भयभीत हो उठा हूँ। मानव-प्राणी अन्य मानव-प्राणियों को ऐसी अवस्थाओं में रहने नहीं दे सकते।'' इस प्रकार गन्दी बस्तियों का मूल कारण उनके मालिकों की अमानवीयता और हृदयहीनता तथा देशद्रोह है।

(4) नगर नियोजन की कमी— परन्तु गन्दी बस्तियों में विकास का उत्तरदायित्व नगरपालिकाओं पर भी है। यदि वे नगर के विकास सुआयोजित तौर पर होने के लिए कानून बनाती और एक औसत स्तर से बुरे मकानों को जबर्दस्ती गिरवा देतीं तो औद्योगिक नगरों के काले दाग ये गन्दी बस्तियाँ आज कहीं दिखाई नहीं पड़तीं।

(5) सरकार द्वारा आवश्यक सुधारों का अभाव—अन्त में औद्योगिक नगरों में गन्दी बस्तियों के मौजूद होने की जिम्मेदारी सरकार पर भी कम नहीं है। यदि इन बस्तियों को साफ कराने के लिये उनके मालिकों को बाध्य किया जाये तो ये गन्दी ही क्यों रहें? यदि इस प्रकार शोषण के विरुद्ध कठोर कदम उठाये जायें और नवीन मकानों का तेजी से निर्माण किया जाये तो गन्दी बस्तियाँ साफ हो सकती हैं। हर्ष है कि भारत सरकार धीरे-धीरे इस विषय में समुचित कदम उठा रही है।

गन्दी बस्तियों को हटाने के लिये द्वितीय पंचवर्षीय योजना में 20 करोड़ रुपये की व्यवस्था की गई जिसको बाद में घटाकर 15 करोड़ कर दिया गया। यह निश्चय किया गया कि गन्दी बस्तियों को हटाने के लिए मकान बनवाने में जो रुपया खर्च होगा उसमें केन्द्रीय सरकार सहायता के तौर पर 25% और कर्ज के तौर पर 50 प्रतिशत देगी। यह कर्ज 30 वर्ष में चुकाया जायेगा। इस प्रकार राज्य की सरकारों को केवल 15 प्रतिशत खर्च करना पड़ेगा। इस योजना में 31 दिसम्बर सन् 1959 तक 3,232 मकान बनाये गये हैं और 11,761 अभी बन रहे हैं। The Planning Commission's Working Group on Social Welfare के अनुसार यह गति इतनी

मन्द है कि इससे गन्दी बस्तियों के हटाने में 110 वर्ष लग जायेंगे। इस कार्य समूह ने यह सिफारिश की है कि तीसरी योजना में गन्दी बस्तियों को हटाने के लिए 45 करोड़ रुपये की व्यवस्था होनी चाहिये जिसमें से 32 करोड़ केन्द्रीय सरकार दे और 12 करोड़ राज्य सरकारें दें।

बड़े-बड़े नगरों में नगरपालिकाओं ने भी निम्न आय वाले लोगों के लिए आवास बनवाये हैं।

लखनऊ और कानपुर नगरपलिका ने क्रमश: 550 और 200 क्वॉटर बनवाये हैं। कानपुर विकास बोर्ड ने 45,00 मकान बनवाये हैं। कानपुर के ब्रिटिश इण्डिया कारपोरेशन तथा एल्गिन मिल्स ने क्रमश: 1,660 तथा 156 मकान बनवाये हैं। जे० के० मिल्स ने भी बड़ी बस्ती बनवाई है। अहमदाबाद में सूती वस्त्र उद्योग में 36 श्रमिक सहकारी समितियों ने 500 मकान बनवाये। मद्रास की मदुरा मिल ने 600 मकान बनवाये।

केन्द्रीय न्यायमन्त्री श्री ए० के० सेन की अध्यक्षता में नियुक्त गन्दी बस्तियों को हटाने की परामर्शदाता समिति ने यह सुझाव दिया है कि गन्दी बस्तियों को हटाने के कार्यक्रम को नगर विकास कार्यक्रम का ही अंग मान लिया जाना चाहिये और सबसे पहले कलकत्ता, बम्बई, मद्रास, दिल्ली, कानपुर और अहमदाबाद की गन्दी बस्तियाँ हटाई जानी चाहियें।

नगरों की भीड़-भाड़ की समस्या को सुलझाने के सुझाव
(Suggestions to solve the Problem of Over-crowding)

सुझाव

अन्त में नगरों में भीड़-भाड़ की समस्याओं को सुलझाने के लिये सुझाव निम्नलिखित हैं–

(1) नगरों में नये बनने वाले मकान नगर नियोजन (Town Planning) की रूप-रेखा के अनुसार बनाये जाने चाहियें। पिछले बने नगरों में नगर नियोजन की रूप-रेखा के अनुसार परिवर्तन होने चाहियें।

(2) कारखाने नगर के बाहर बनाये जायें और श्रमिकों के मकान भी कारखानों के पास बनाये जायें। उनकी आवश्यकता की वस्तुयें सहकारी समितियों के द्वारा वहीं सुलभ होनी चाहियें। कारखानों से शहर तक पक्की सड़कें बनायी जायें।

(3) श्रमिकों के आवास का प्रबन्ध करना मिल मालिकों के लिए अनिवार्य कर दिया जाये और सरकार आवश्यक सहायता दे।

(4) नई-नई बस्तियाँ बसाकर नगरों को बढ़ाया जाये और मध्य वर्ग तथा निम्न आय के व्यक्तियों को सरकारी सहायता देकर निजी मकान बनाने को प्रोत्साहित किया जाये।

(5) नगरपालिकायें मकानों के बारे में नमूना निश्चित करें और उनसे नक्शा पास कराये बिना किसी को मकान न बनाने दिया जाये। नियम भंग करने पर मकान गिरा दिये जायें।

(6) मकानों की तकनीक (Techniques) उन्नत की जाये और सुधार किये जायें।

(7) सहकारी समितियों के मकान निर्माण कार्य को प्रोत्साहन मिलना चाहिए।

(8) किराये के मकानों में अत्यधिक उपकिरायेदार बसाने (Sub-letting) पर कठोर नियन्त्रण होना चाहिये।

(9) प्रत्येक नगरपालिका को अपने नगर के नियोजन की ओर ध्यान देना चाहिए और अधिक भीड़-भाड़ वाले स्थानों में नये-नये उपायों से भीड़-भाड़ कम करनी चाहिए।

अभ्यास के लिये प्रश्न

1. भारतीय नगरों की गन्दी बस्तियों की विशेषता एवं स्वरूप का वर्णन कीजिए?

17

वेश्यावृत्ति

(Prostitution)

वेश्यावृत्ति भारतीय नगरों में एक गम्भीर सामाजिक समस्या है। यद्यपि देश में उनकी संख्या के बारे में निश्चित आँकड़े उपलब्ध नहीं हैं, परन्तु उनकी संख्या कई लाख होगी। बम्बई में 269 वेश्यालय (Brothels) तथा 12,058 वेश्यायें हैं। पश्चिमी बंगाल में लगभग 5,095 वेश्यालय और 45,000 वेश्यायें हैं। बिहार में मिर्जापुर और पटना में 100 वेश्यालय हैं। मोतीहारी और चम्पारन में क्रमशः 14 और 22 वेश्यालय हैं। उड़ीसा के अकेले गंजाम जिले में 200 वेश्यालय हैं। उत्तर प्रदेश में इलाहाबाद, बनारस, कानपुर, मेरठ आदि नगरों में काफी संख्या में वेश्यायें मौजूद हैं। वास्तव में देश में किसी राज्य अथवा बड़े नगर में कितनी वेश्यायें हैं इसके पूरे आँकड़े उपलब्ध नहीं हैं।

वेश्यावृत्ति क्या है—जी॰ आर॰ स्कॉट के शब्दों में, "एक व्यक्ति (पुरुष या स्त्री) जो कि किसी प्रकार के नवीन (आर्थिक या अन्य प्रकार के) अथवा किसी अन्य प्रकार के निजी संतोष के लिए और एक अल्प समय या पूर्ण समय के व्यवसाय के रूप में समलिंगीय अथवा भिन्नलिंगीय विभिन्न व्यक्तियों से सामान्य अथवा असामान्य यौन सहवास स्थापित करता है वह वेश्या है"[1] जैसा कि इस परिभाषा से स्पष्ट है, वेश्यावृत्ति एक व्यवसाय (वृत्ति) है और उसमें अनेक लोगों से यौन सहवास होता है।

जब कोई स्त्री केवल रुपये के बदले किसी पुरुष से यौन सम्बन्ध स्थापित करती है, तो यह अनैतिक कार्य वेश्यावृत्ति कहलाता है, और इस प्रकार किसी स्त्री के शरीर का रुपये के बदले उपभोग करने वाला पुरुष वेश्यागामी कहलाता है। वेश्यावृत्ति और वेश्यागमन अनैतिक इसलिए माना जाता है क्योंकि इसमें यौन सम्बन्ध को जो कि स्त्री-पुरुष के प्रेम की चरम परिणति है और जिस पर परिवार और विवाह

1. "An individual (male or female) who for some kind of new (monetary or otherwise) or for some other form of personal satisfaction and as a part of full time profession, engages in normal or abnormal sexual intercourse with various persons who may or may not be of the same sex, is the prostitute".
--G. R. Scott, *"A History of Prostitution."*

की संस्थायें टिकी हुई हैं, पैसे और व्यावसायिक वृत्ति पर आधरित कर दिया जाता है। इससे परिवार और विवाह की संस्थाओं को भारी आघात लगता है जो कि समाज के लिए बड़ा हानिकारक है। इससे स्त्री-पुरुष के सम्बन्ध पाशविक स्तर पर आ जाते हैं। अतः आजकल सभी सभ्य देशों में वेश्यावृत्ति को रोकने का प्रयास किया जा रहा है। भारत में भी वेश्यावृत्ति को अपराध घोषित किया गया है और इससे प्रत्यक्ष अथवा अप्रत्यक्ष रूप से सम्बन्धित व्यक्ति दण्ड के भागी होते हैं।

वेश्यावृत्ति के कारण अनेक हैं –वेश्यावृत्ति के विषय में जो वैज्ञानिक खोजें की गई हैं उनमें यह प्रकट हुआ है कि भिन्न-भिन्न स्त्रियाँ भिन्न-भिन्न कारणों से वेश्यावृत्ति ग्रहण करती हैं। भारत में कानपुर की वेश्याओं पर की गई खोज से स्पष्ट हुआ है कि यद्यपि अधिकांश वेश्यायें निर्धनता तथा किसी अन्य वृत्ति के अभाव के कारण वेश्यावृत्ति ग्रहण करती हैं परन्तु अनेक वेश्यायें गुण्डों के चक्कर में पड़कर तथा अनेक अपनी इच्छा से वेश्या बनती हैं। वेश्यावृत्ति के समान वेश्यागमन के भी अनेक कारण हैं। सबसे बड़ा कारण यौन-सम्बन्ध में विविधता (Variety) की इच्छा है। विविधता की अदम्य इच्छा रखने वाले पुरुष और स्त्रियाँ अवश्य अवैध यौन सम्बन्ध स्थापित करते हैं और इनका सबसे सरल उपाय वेश्यावृत्ति और वेश्यागमन है। विविधता की इच्छा के अतिरिक्त वेश्यागमन के कुछ और भी कारण हैं। Sex Behaviour in Human Male नामक अपनी प्रसिद्ध खोजपूर्ण रिपोर्ट में अमेरिकन विद्वान् किन्से (Kinsey) ने लिखा है कि वेश्यागमन का मुख्य कारण है कि वह विवाह, रखैल रखने तथा अवैध सम्बन्ध स्थापित करने से अधिक सस्ता और सुरक्षित है क्योंकि इसमें कोई उत्तरदायित्व नहीं होता और न कोई समाज का भय होता है।

वेश्यावृत्ति के कारण

वेश्यावृत्ति के मुख्य कारण निम्नलिखित वर्गों में रखे जाते हैं–

(1) आर्थिक कारण (Economic Causes)

(2) सामाजिक कारण (Social Causes)

(3) मनोवैज्ञानिक कारण (Psychological Causes)

(4) जैवकीय कारण (Biological Causes)

(5) धार्मिक तथा सांस्कृतिक कारण (Religious & Cultural Causes)

(1) **आर्थिक कारण**–वैश्यावृत्ति के कारणों में सबसे अधिक व्यापक कारण आर्थिक कारण है यद्यपि यह कहना गलत है कि निर्धनता ही वेश्यावृत्ति का एकमात्र कारण है क्योंकि यह आवश्यक नहीं है कि प्रत्येक निर्धन युवती रुपये के बदले यौन सम्बन्ध करने को तैयार हो जाये और धनिक लोगों में वेश्यावृत्ति न पाई जाती हो। भारतवर्ष में बहुत सी वेश्यायें अपनी निर्धनता के कारण वेश्या का जीवन बिताने को बाध्य हैं। परन्तु वेश्यावृत्ति के आर्थिक कारणों में निर्धनता ही एकमात्र

कारण नहीं है। संक्षेप में आर्थिक कारण हैं—(i) निर्धनता, (ii) कम आयु में नौकरी, (iii) नौकरी की खराब दशायें, (iv) औद्योगिक केन्द्रों का दूषित वातावरण, और (v) स्त्रियों और बच्चों का अनैतिक व्यापार।

(i) **निर्धनता**—जैसा कि पहले कहा जा चुका है, निर्धनता वेश्यावृत्ति का मुख्य आर्थिक कारण है। सब ओर से आजीविका के मार्ग बन्द होने पर और अपने अथवा अपने बच्चों के जीवन निर्वाह का कोई साधन न होने पर अनेक स्त्रियाँ वेश्यावृत्ति को बाध्य हो जाती हैं। बेपढ़ी-लिखी स्त्रियों को एक तो नौकरी मिलती ही नहीं और यदि मिलती भी है तो अनेक खतरों का सामना करना पड़ता है। अतः बाध्य होकर अनेक स्त्रियाँ वेश्या बन जाती हैं और बहुत से माता-पिता अपनी लड़कियों से वेश्यावृत्ति कराते हैं। अनेक गरीब लड़कियाँ जब किसी भी तरह से अपने अरमान पूरे नहीं कर पातीं तब वे वेश्यावृत्ति की ओर बढ़ जाती हैं।

(ii) **कम आयु में नौकरी**—निर्धन अनाथ लड़कियों को छोटी और अपरिपक्व आयु में घरों में, कारखानों में और होटलों में या दुकानों पर नौकरी करनी पड़ती है या किसी अन्य काम पर मजदूरी करनी पड़ती है। लड़कियों को थोड़े से रुपयों का लालच दिखाकर या डरा-धमकाकर आसानी से पतन की राह पर ले जाया जा सकता है क्योंकि न तो उनमें भला-बुरा समझने की बुद्धि होती है और न बुराई का विरोध करने का बल होता है।

(iii) **नौकरी की खराब दशायें**—भारतवर्ष में स्त्री श्रमिकों की दशा बड़ी खराब है। अनेक कारखानों तथा अन्य कामों में स्त्रियों की भर्ती पुरुष एजेन्टों या दलालों के माध्यम से होती है। अतः मजदूर स्त्रियों को पहले दलाल को 'खुश' करना पड़ता है। जहाँ दलालों का काम स्त्रियाँ करती हैं, वहाँ वे अपने मालिकों को खुश करने के लिए स्त्री श्रमिकों को कुमार्ग पर चलने के लिए बाध्य करती हैं।

(iv) **औद्योगिक केन्द्रों का दूषित वातावरण**—भारत के औद्योगिक केन्द्रों में श्रमिकों में मकान की समस्या बड़ी विकट है। मकान या तो मिलते ही नहीं या गन्दी बस्तियों में एक कमरे के मकान मिलते हैं। मकान न मिलने के कारणों से हजारों मजदूर अपने परिवार से अलग नगर में रहने को बाध्य होते हैं। अधिक दिन तक परिवार से दूर रहने, शोषण के कारण, भविष्य से निराश होने तथा शहर के भड़कीले वातावरण को देखकर उनका नैतिक पतन होने लगता है और वे वेश्यागमन में पड़ जाते हैं। भारत में ऐसे औद्योगिक केन्द्रों में बड़ी संख्या में वेश्यायें पाई जाती हैं। एक कमरे के मकानों में पूरे परिवार के रहने से अविवाहित लड़कियों को ऐसे दृश्य देखने पड़ जाते हैं जिनका उनके मन पर बुरा प्रभाव पड़ता है और वे यौन अपराधों में पड़ जाती हैं। गन्दी बस्तियों का वातावरण भी चरित्र का पतन करने वाला होता है।

(v) **स्त्रियों और बच्चों का अनैतिक व्यापार** (Immoral Traffic in Children and Women)—भारतवर्ष में नगरों में अनेक ऐसे गिरोह और अड्डे हैं जो कि अबोध लड़कियों को घरों से उड़ाकर वेश्यावृत्ति के लिए बेच देते हैं तथा अनेक

उपायों से स्त्रियों को बहकाकर वेश्यावृत्ति की राह पर ले जाते हैं। आजकल भारत सरकार ने इस दिशा में कड़ी कार्यवाही करनी आरम्भ कर दी है और इस अपराध में लगे लोगों को कठोर दंड दिया जाता है। परन्तु फिर भी इस प्रकार के लोग छिपे तौर से बराबर काम कर रहे हैं और गुप-चुप वेश्यावृत्ति को आगे बढ़ा रहे हैं। कहीं-कहीं पुलिस भी इन लोगों से मिली होती है।

(2) सामाजिक कारण—वेश्यावृत्ति के कारणों में सामाजिक कारण सबसे अधिक मौलिक (Basic) कारण है। सामाजिक कारणों में मुख्य हैं—(i) परिवार से सम्बन्धित कारण, (ii) विवाह से सम्बन्धित कारण, (iii) दूषित पड़ौस, (iv) अवैध मातृत्व।

(i) **परिवार से सम्बन्धित कारण**—लन्दन की वेश्याओं पर किये गये एक खोजपूर्ण सर्वेक्षण Women of the Street के भूमिका लेखक के अनुसार वेश्याओं की समस्या परिवार में माता-पिता और बच्चों के सम्बन्ध (Parent-Child Relation) से शुरू होती है। अधिकांश वेश्यायें भग्न (Broken) अथवा अपराधी (Criminal) परिवारों से आती हैं। परिवार में माता-पिता या अन्य सम्बन्धियों की उपेक्षा अथवा अत्याचार से घबराकर अनेक लड़कियाँ घर से भाग जाती हैं और वेश्यावृत्ति में पड़ जाती है। परिवार में माता-पिता के आपस के सम्बन्ध खराब होने, उनमें किसी के विशेषतया माता के दुश्चरित्र होने, परिवार में बराबर लड़ाई-झगड़ा और क्लेश बने रहने और भाई-बहनों के दुश्चरित्र होने अथवा निकट सम्बन्धियों की कामवासना का शिकार होने पर बहुतसी लड़कियाँ यौन अपराधों की ओर बढ़ती हैं और क्रमशः वेश्यावृत्ति करने लगती हैं।

(ii) **विवाह से सम्बन्धित कारण**—भारतवर्ष में विवाह की संस्था के अनेक दोष भी स्त्रियों को वेश्यावृत्ति पर बाध्य करते हैं। इसमें सबसे मुख्य है, विधवा विवाह का निषेध अथवा उसका बुरा समझा जाना। दोनों ही दशाओं में विधवा के सम्बन्धी उसको विवाह नहीं करने देते और न आसानी से कोई पुरुष विधवा से विवाह करने को तैयार ही होता है। विधवा या तो अपने सम्बन्धियों द्वारा ही खराब कर दी जाती है या फिर अपनी वासना की आग बुझाने के लिए स्वयं घर के बाहर किसी न किसी से अवैध सम्बन्ध स्थापित करती है। अवैध यौन सम्बन्ध से क्रमशः उसके चरित्र का पतन हो जाता है और वह वेश्यावृत्ति पर उतर आती है। बाल विधवाओं के लिए तो अपने को नियन्त्रण में रखना और भी कठिन हो जाता है। इस प्रकार विधवा पुनर्विवाह निषेध के साथ-साथ बाल-विवाह भी वेश्यावृत्ति का एक कारण है। विवाह की संस्था से सम्बन्धित वेश्यावृत्ति का एक अन्य कारण बेमेल विवाह भी है। बूढ़े, दुर्बल, नपुंसक या अत्यधिक कुरूप, अपंग पुरुष से विवाह कर दिये जाने से स्त्री को यौन सुख नहीं मिल पाता और वैध उपाय न होने पर वह अवैध उपायों से यौन सुख प्राप्त करने की चेष्टा करती है। अनेक स्त्रियाँ चोरी-छिपे यौन सम्बन्ध स्थापित करती हैं। अनेक घर छोड़कर भाग जाती हैं। विवाह से सम्बन्धित वेश्यावृत्ति का चौथा कारण दहेज की प्रथा है। दहेज की

प्रथा के कारण बहुत सी लड़कियों के विवाह बहुत देर से होते हैं और बहुतसी लड़कियों के विवाह हो ही नहीं पाते। दोनों दशाओं में लड़कियाँ अवैध यौन सम्बन्धों की ओर बढ़ सकती हैं और घर से भाग जाने पर वेश्यावृत्ति में पड़ सकती हैं।

(iii) दूषित पड़ौस—गन्दी बस्तियों, अपराधी क्षेत्रों तथा वेश्यालयों के आसपास रहने वाली लड़कियों को वेश्यावृत्ति एक साधारण सी बात मालूम पड़ती है और बचपन से ही वह उसको देखने की ऐसी अभ्यस्थ होती हैं कि उनको इस राह पर जाने में कोई हिचक नहीं होती। वेश्यालय चलाने वाले बहुधा ऐसे पड़ौस में रहने वाली लड़कियों को फँसाते हैं।

(iv) अवैध मातृत्व (Illegitimate Maternity)—भारत में गर्भपात अवैध है। अतः अवैध यौन सम्बन्धों से गर्भ रह जाने पर स्त्री का समाज में तिरस्कार होता है। कभी-कभी इस प्रकार की माताओं को लुक-छिप कर रहने पर बाध्य होना पड़ता है, जिससे उनमें से अनेक समाज के दरवाजे बन्द पाकर वेश्यावृत्ति के असामाजिक काम में लग जाती है।

(3) मनोवैज्ञानिक कारण

वेश्यावृत्ति के कारण मनोवैज्ञानिक भी होते हैं। इनमें मुख्य हैं अत्यधिक उद्दाम यौन वासना और बुद्धिहीनता। अत्यधिक उद्दाम यौन वासना वाली स्त्रियाँ न तो विवाह तक यौन सम्बन्धों से बची रह सकती हैं और न विवाह के बाद वैवाहिक जीवन के यौन सम्बन्धों से सन्तुष्ट हो पाती हैं। ऐसी अनेक स्त्रियाँ वेश्यावृत्ति करने लगती हैं। बुद्धिहीन लड़कियाँ बड़ी आसानी से गलत राह पर ले जाई जा सकती हैं और एक बार पतन के गर्त में गिरकर फिर उससे निकलना कठिन हो जाता है तो उनमें से अनेक वेश्या बन जाती हैं।

(4) जैवकीय कारण

कुछ स्त्रियाँ जैवकीय कारण से भी वेश्यावृत्ति करती हैं। जैसे कुछ पुरुषों में विविधता की इच्छा प्रबल होती है वैसे ही कुछ स्त्रियों में भी यौन सम्बन्धों में विविधता की इच्छा प्रबल होती है। इसी प्रकार कुछ स्त्रियों में समलिंगीय (Homosexual) प्रवृत्ति तथा अन्य विकृतियाँ (Perversions) होती हैं। ऐसी स्त्रियों को वैवाहिक जीवन के यौन सुख में आनन्द नहीं आता और वे वेश्यावृत्ति में पड़ जाती हैं।

(5) धार्मिक-सांस्कृतिक कारण

भारत में वेश्यावृत्ति के धार्मिक और सांस्कृतिक कारण भी कम महत्वपूर्ण नहीं हैं। भारतवर्ष में प्राचीन काल से ही वेश्या की संस्था चली आ रही है। प्राचीन तथा मध्यकालीन भारत में गणिका अथवा वेश्या का काफी सम्मान था और उन्हें समाज तथा राज्य की ओर से स्वीकृति प्राप्त थी। इसके अलावा मंदिरों में देव-दासियाँ वेश्यावृत्ति करती थीं। बम्बई राज्य में अनेक मंदिरों में ऐसी देव-दासियाँ हैं जिनकी पुत्रियाँ भी देव-दासियाँ होती हैं और अनैतिक जीवन व्यतीत करती हैं। दक्षिण भारत

में अनेक स्थानों पर लड़कियों को देवी-देवता की सेवा के लिए मन्दिर में समर्पित कर देने की प्रथा है। इस समर्पण से यह समझा जाता है कि देवी-देवता उस परिवार पर कृपा करेंगे। बहुधा जिन परिवारों में बच्चे जीवित नहीं रहते वे देवी-देवताओं को खुश करने के लिए ऐसा करते हैं। इस प्रकार भारत में वेश्यावृत्ति का एक कारण सांस्कृतिक व धार्मिक भी है।

वेश्यावृत्ति के उपरोक्त कारण सभी देशों में न्यूनाधिक रूप से वेश्यावृत्ति फैलाते हैं। उपरोक्त कारणों में सबसे अधिक महत्वपूर्ण कारण आर्थिक है। फिर वेश्याओं की लड़कियाँ वेश्या ही बनती हैं और वह संस्था बनी चली आती है। जार्ज रैले स्कॉट ने लिखा है, "अनेक बार माता स्वयं वेश्या होती है, पिता दलाल होता है और वे बिना किसी अनुताप के अपनी कन्याओं को गलियों में भेज देते हैं और बहुधा स्वयं उसको यौन सम्बन्ध के लिए प्रेरित करते हैं।"[1]

वेश्यावृत्ति निरोध

एक कल्याणकारी राज्य के रूप में भारत सरकार देश से वेश्यावृत्ति को समाप्त करने के लिए प्रयत्नशील है। इसके लिय अनेक अधिनियम बनाये गये हैं। 1956 में इस विषय में एक विशेष अधिनियम पारित किया गया। सन् 1956 के Suppression of Immoral Traffic in Women and Girls Act से भारत सरकार ने सम्पूर्ण देश में वेश्यालय रखना, किसी स्त्री या लड़की को इस पेशे के लिए बहकाना या इस हेतु बेचना अथवा बाहर से देश में लाना दण्डनीय अपराध घोषित कर दिया। इस वैधानिक कार्यवाही के अतिरिक्त देश में 80 रक्षा-गृह (Rescue Homes) और 330 रक्षा शरणालय (Rescue Shelters) हैं। तृतीय पंचवर्षीय योजना में उत्तर प्रदेश में वेश्याओं के लिए पाँच नये रक्षा गृह खोले गये। इसके अतिरिक्त इस देश में निम्नलिखित संस्थायें भी वेश्यावृत्ति के निरोध के लिये प्रयत्नशील हैं-स्त्री सदन, मद्रास; श्रद्धानन्द अनाथ महिला आश्रम, बम्बई; दी गुड शेफर्ड होम, मद्रास; क्रिस्पिन्स होम, पूना; दी सालवेशन आर्मी होम, बंगाल; दी फ्यूडल होम, बंगाल; ऑल बंगाल वीमेन्स यूनियन होम, बंगाल; खुशालबाग मिशन आर्फेनेज, गोरखपुर (यू॰ पी॰); महिला अनाथालय, वाराणसी। परन्तु वेश्यावृत्ति की रोक-थाम के ये प्रयत्न अभी पर्याप्त नहीं हैं। इस दिशा में सरकार और जनता दोनों को मिलकर भरकस प्रयास करना पड़ेगा। इस समय देश में 33 सुरक्षा गृह (Protective Home) तथा 61 जिला शरणालय (District Shelters) हैं।

अभ्यास के लिए प्रश्न

1. संक्षिप्त टिप्पणी लिखिए —नगरों में वेश्यावृत्ति ।

---

1. "In many cases the mother is a prostitute herself, the father is a pimp and they send their daughther on the streets without the slightest compunction, often themselves initiating her in sexual intercourse."

—George Ryle Scott, *A History of Prostitution*, p. 32.

18

भिक्षावृत्ति
(Beggary)

भिक्षावृत्ति की समस्या

यूँ तो भिक्षावृत्ति किसी भी समाज के लिए एक अभिशाप है परन्तु भारत जैसे निर्धन देश में तो वह जनता पर एक भारी बोझ भी है। आज भारत में लगभग पाँच लाख भिखारी हैं। ये लोग कुछ काम नहीं करते और इस तरह देश में निर्धनता बढ़ाते हैं, परन्तु भिखारियों की समस्या केवल आर्थिक समस्या ही नहीं है। भिक्षावृत्ति का एक सामाजिक पहलू भी है। साधारणतया भिखारियों में नाना प्रकार की भयंकर बीमारियाँ और दुराचरण पाये जाते हैं। इस प्रकार वे समाज के स्वास्थ्य तथा शांति और व्यवस्था के शत्रु हैं । वे समाज के उस अंग का प्रतिनिधित्व करते हैं जो कि सड़-गल चुका है और जिसके शीघ्र उपचार करने की आवश्यकता है। हमारे देश के भिखारियों के फोटो पश्चिमी देशों में ले जाकर अनेक लोगों ने भारतीय समाज की बदनामी की और उपहास उड़ाया। प्राचीन काल में जब कि देश में खाद्य-समाग्री और जीवन की अन्य आवश्यकतायें प्रचुर मात्रा में थी उस समय भी देश में भिखारी थे, परन्तु उस समय के भिखारियों में और आजकल के भिखारियों में बड़ा अन्तर है। प्राचीन काल में अधिकतर भिक्षुक धार्मिक लोग थे जो कि धर्म और अध्यात्म की खोज में समय बिताते थे और पेट पालने के लिए भीख माँग लाते थे। हिन्दू धर्मशास्त्रों में संन्यासियों और ब्रह्मचारियों के लिए भिक्षा माँग कर खाने का विधान था, परन्तु आज कल भीख माँगना एक व्यवसाय बना लिया गया है और भीख मांगने वाले अपना समय घोर अनैतिक कामों में बिताते हैं। इसके अलावा आजकल देश में काम करने वालों को भी जीवन की आवश्यक वस्तुयें ठीक प्रकार से नहीं मिल पातीं। स्पष्ट है कि आज देश में ऐसे लोगों को कुछ नहीं मिलना चाहिए जो काम न करें। अतः यद्यपि कुछ धार्मिक रूढ़िवादी लोग भिक्षा देना अच्छा समझते हैं तथापि प्रत्येक समझदार व्यक्ति यह जानता है कि ऐसा करना समाज के इस कोढ़ को बनाये रखने की चेष्टा करना है । भिक्षावृत्ति के सामाजिक और आर्थिक पहलुओं पर एक दृष्टि डालने के बाद उसका समूल उन्मूलन आवश्यक जान पड़ता है।

भिक्षावृत्ति की परिभाषा

भारत में भिक्षावृत्ति का विस्तार से अध्ययन करने से पहले भिक्षावृत्ति की परिभाषा करना आवश्यक है। कुछ परिभाषायें निम्नलिखित हैं–

(1) "एक व्यक्ति जिसके जीवन-यापन का कोई साधन नहीं है और जो इधर-उधर घूमता रहता है या सार्वजनिक स्थानों में पाया जाता है अथवा भीख माँगने के लिये अपना प्रदर्शन स्वीकार करता है।"[1] इस परिभाषा के अनुसार भिखारी में तीन बातें देखी जाती हैं – (i) जीविकोपार्जन के प्रत्यक्ष साधन का न होना, (ii) सार्वजनिक स्थानों पर भीख माँगना, (iii) भीख माँगने के लिये अपनी बीमारी तथा घावों आदि का प्रदर्शन करना। भिक्षावृति की अन्य परिभाषाओं से भी उसमें ये ही बातें दिखाई पड़ती हैं।

(1) "भीख माँगने में दर-दर घूमना, भिक्षा माँगना, घावों, शारीरिक पीड़ाओं अथवा दोषों का प्रदर्शन करना अथवा भिक्षा प्राप्त करने के लिए दया उत्पन्न करने हेतु उनके झूठे बहाने बनाना सम्मिलित है।"[2] भिक्षावृत्ति की इस परिभाषा में वे ही बातें आवश्यक मानी गई हैं जो पहली परिभाषा में दी गई हैं।

भारत में भिक्षावृत्ति

सन् 1951 की जनगणना के अनुसार भारत में 4,87,857 भिखारी और आवारा लोग थे। इनमें से 3,44,216 पुरुष थे और 1,43,641 स्त्रियाँ थीं। देश में जिन स्थानों पर जनसंख्या अधिक है वहाँ भिखारियों की संख्या भी अधिक है। साधारणतया ये भिखारी मन्दिर, मस्जिद, रेलवे स्टेशन, बस स्टेशन, बाजार, होटल, मेला, पार्क, स्नानघाट इत्यादि सार्वजनिक स्थानों पर दिखाई पड़ते हैं जहाँ लोगों का आना-जाना आधिक होता है। इन भिखारियों में बहुत से संगठित रूप से भिक्षावृत्ति करते हैं। कहीं-कहीं पर भिन्न-भिन्न मौहल्ले भिन्न-भिन्न भिखारियों में बाँट दिये जाते हैं। ये मौहल्ले बराबर बदलते भी रहते हैं। अधिकतर ये भिखारी गन्दी बस्तियों, सार्वजनिक स्थानों पर या नगर अथवा गाँव के बाहर रहते हैं। भिखारी नगर और गाँव दोनों जगह पाये जाते हैं।

भिखारियों का सर्वेक्षण

आजकल भारत सरकार तथा अनेक गैर सरकारी संस्थाओं की ओर से भिखारियों का सर्वेक्षण किया गया है जिससे कि भिक्षावृत्ति के विषय में सही स्थिति

---

1. "A person without means of subsistence and wandering about or found in public places or allowing himself to be used as an exhibit for the purpose of begging is covered by the definition."
— The *Bombay Beggary Act, XXIII of 1945.*
2. "Begging includes wandering from door to door, soliciting alms, exhibiting or exposing sores, wounds, bodily ailments or deformities, or making false pretence of them for excieting pity for securing alms."
—*The Mysore Prohibition of Beggary Act, XXXIII of 1944.*

का ज्ञान हो सके। इस विषय में मद्रास स्कूल ऑफ वर्क्स के अध्ययन का जिक्र पीछे किया गया है। लखनऊ के जे० के० इन्स्टीट्यूट ऑफ सोशल वर्क (J. K. Institute of Social Work) ने तीन सौ भिखारियों का एक सर्वे किया जिससे निम्नलिखित तथ्य प्राप्त हुये–

(1) आयु—इन भिखारियों में पाँच वर्ष से लेकर 70 वर्ष की आयु तक के सभी उम्र के भिखारी थे। सबसे अधिक संख्या 35 से 40 वर्ष के आयु समूह के भिखारियों की थी।

(2) लिंग—इन भिखारियों में हर 6 पुरुषों पर एक स्त्री थी। बच्चों में लड़कियों की अपेक्षा लड़के अधिक थे। अधिकतर लड़के 10 से 15 साल के आयु समूह में थे। अधिकतर भिखारिनें 30 से 40 वर्ष की आयु समूह में थीं।

(3) धर्म और जाति—इन भिखारियों में 2/3 हिन्दू और बाकी 1/3 मुसलमान थे। हिन्दू भिखारियों में हर दस में एक ऊँची जाति का और बाकी नौ नीची जाति के थे।

(4) शिक्षा—6 प्रतिशत भिखारी पढ़े लिखे पाये गये।

(5) पारिवारिक स्थिति—60 प्रतिशत भिखारियों की पारिवारिक स्थिति विषम पाई गई। भिखारियों में अविवाहित, विधुर, विधवायें, पत्नी को छोड़ने वाले तथा विवाहित आदि सभी तरह के स्त्री-पुरुष थे।

(6) आय—69 प्रतिशत भिखारियों की आय एक रुपया प्रतिदिन पाई गई। 30 प्रतिशत भिखारियों की आय 2 रु० प्रतिदिन थी। 1 प्रतिशत भिखारियों की आय 3 रुपये दिन से 5 रुपये प्रतिदिन के बीच में थी।

भीख माँगने के तरीके

भिखारियों में भीख माँगने के बहुत से तरीके पाये जाते हैं। कुछ स्त्रियाँ अपनी असहायता को लिखित प्रमाण-पत्र लिए घूमती हैं और उसको दिखाकर भीख माँगती हैं। कुछ भिखारी किसी अन्धे, अपाहिज या बालक को लिये घूमते हैं और उसकी सहायता के नाम पर भीख माँगते हैं। भिखारियों में अपाहिजों की एक बड़ी संख्या पाई जाती है, परन्तु अनेक स्थानों पर सर्वेक्षण से सपंगु (Able bodied) भिखारियों की संख्या अपाहिजों से अधिक दिखलाई पड़ी है। उदाहरण के लिए मद्रास स्कूल ऑफ सोशल वर्क (Madras School of Social Work) में मद्रास नगर में भिखारियों का सर्वेक्षण करके यह मालूम किया कि मद्रास नगर के 5000 भिखारियों में 2/3 अथवा 3,335 भिखारी सपंगु थे और शेष अपाहिज थे। ये अपाहिज भिखारियों की आय का स्रोत होते हैं अतः कभी-कभी यह भी देखा गया है कि भिखारी अपनी सन्तान को जन्म के साथ ही अन्धा या अपाहिज बना देते हैं अथवा बीमार हो जाने पर उसकी दवा नहीं करते ताकि वह अपंगु हो जाय। कहीं-कहीं पर कुछ लोग अपंगु, अन्धा या गूंगा होने का बहाना करके भी भीख माँगते हैं।

भिखारियों का वर्गीकरण

जैसा कि पीछे बतलाया गया है, आजकल भारतवर्ष में अनेक नगरों में भिखारियों का सर्वेक्षण किया गया है । इन अध्ययनों से भिखरियों के प्रकारों तथा भिक्षावृत्ति के कारणों का पता चलता है। भारत में पाये जाने वाले भिखारियों को स्थूल रूप में निम्नलिखित वर्गों में बाँटा जा सकता है–

(1) **धार्मिक भिखारी**– इसमें साधू, वैरागी, संन्यासी, जोगी, दरवेश आदि आते हैं।

(2) **नकली धार्मिक भिखारी**– इसमें ऐसे भिखारी आते है जिनका किसी धर्म अथवा पंथ से सम्बन्ध नहीं है परन्तु फिर भी वे सन्यासी या फकीर बने फिरते हैं।

(3) **जनजातीय भिखारी** (Tribal Begger)–इसमे पेशेवर जनजातीय भिखारी आते हैं जो लोकगीत गाकर अथवा तरह-तरह के स्वाँग रचकर भीख माँगते है।

(4) **सपंगु भिखारी** (Able Bodied Beggars)–ये बिल्कुल स्वस्थ और काफी हट्टे-कट्टे दिखाई पड़ते हैं। इसमें से अनेक दिन में भीख माँगते हैं और रात में चोरी करते है।

(5) **अपंगु भिखारी** (Physically Defective Beggars)– इसमें कोई न कोई शारीरिक दोष होता है और उसी की दुहाई देकर ये भीख माँगते है।

(6) **रोगी भिखारी**– इसमें कोढ़, तपेदिक आदि कोई न कोई न्यूनाधिक स्थायी रोग होता है।

(7) **मानसिक रोगी भिखारी**– इसमें पागल, विक्षिप्त आदि मानसिक रोग से ग्रस्त भिखारी आते हैं।

(8) **बाल भिक्षुक**–बहुधा भिखारी लोग बालकों से भीख मँगवाते हैं और उनमें से अधिकतर स्वयं ले लेते हैं। अनेक भिखारी तो लड़के-लड़कियों को उठा ले जाते हैं और उनसे भीख मँगवाते हैं।

(9) **व्यावसायिक भिक्षुक**– इस प्रकार बालकों तथा अपंगु लोगों को भीख माँगने के लिये नौकर रखने वाले लोग व्यावसायिक भिक्षुक कहलाते हैं।

(10) **काम करने वाले भिक्षुक**– इस वर्ग में ऐसे भिखारी आते हैं जो रात में कहीं काम करते हैं और दिन में भीख माँगते हैं।

भिक्षावृत्ति के कारण

भारत में भिक्षावृत्ति के मुख्य कारण निम्नलिखित हैं–

(1) **आर्थिक कारण**– भिक्षावृत्ति के सबसे मुख्य क़ारण आर्थिक हैं । इसमें मुख्य हैं निर्धनता और बेकारी । बहुत से ऐसे भिखारी हैं जो बेकार होने के

कारण भीख माँगते हैं और काम मिलने पर भिक्षावृत्ति छोड़ सकते हैं । इस तरह अधिकतर भिखारी निर्धनता के कारण भीख माँगते हैं।

(2) धार्मिक कारण – भारतवर्ष में भिक्षावृत्ति के इतने अधिक बढ़ने का मुख्य कारण यह है कि धार्मिक विचारों के लोग भिखारियों को दान देकर उनकी सहायता करते हैं । तीर्थ स्थानों पर भिखारियों को अच्छी खासी आय हो जाती है। कितने ही भिखारी तो इतना पैसा पा जाते है कि वे निर्धन नहीं कहे जा सकते ।

(3) शारीरिक कारण– भारत में अन्धे, लंगड़े, लूले और अपाहिजों तथा रोगियों के कल्याण के लिए पर्याप्त प्रबन्ध नहीं है । अतः वे लोग भिक्षावृत्ति करने के लिए बाध्य हैं।

(4) सामाजिक कारण– अनेक सामाजिक कारण भी भिखारियों को उत्पन्न करते हैं। उदाहरण के लिए नीची जातियों में विधवा अथवा परित्यक्त स्त्रियाँ भीख माँगती हैं।

(5) मानसिक कारण– अनेक मानसिक रोगी अथवा किसी प्रकार के भयंकर मानसिक संघर्ष से ग्रस्त व्यक्ति आवारा बन जाते हैं और भीख माँगकर जीवन यापन करते हैं।

(6) विपत्तियों से ग्रस्त व्यक्ति– बाढ़, भूचाल या अकाल आदि विपत्तियों से हजारों लोग बे घरबार और असहाय हो जाते हैं तथा भीख माँगने लगते हैं। अनाथ बालक-बालिकायें भी भीख माँगते हैं। कमाने वाले की मृत्यु भी कभी-कभी घर के स्त्री-बच्चों को भिखारी बना देती हैं।

भिक्षावृत्ति की रोकथाम के लिए सुझाव

भारत में भिक्षावृत्ति की रोकथाम के लिए निम्नलिखित सुझाव दिये जा सकते हैं–

(1) बेकारी और गरीबी का निवारण–भिक्षावृत्ति को दूर करने के लिए देश में गरीबी और बेकारी का निवारण किया जाना चाहिये। इसके बिना सभी उपाय अधूरे सिद्ध होंगे। बेकार लोगों की बेकारी के समय में भी जीवन यापन के लिए सरकार की ओर से सहायता मिलनी चाहिये।

(2) भिक्षावृत्ति की कानूनी रोकथाम–प्रत्येक राज्य में भिक्षावृत्ति के विरुद्ध कानून बनाकर उसको अवैध घोषित करना जरूरी है।

(3) रोगियों के इलाज की सुरक्षा–देश की स्वास्थ्य सेवाओं को और भी व्यापक रूप देकर कोढ़ियों तथा तपेदिक आदि भयंकर रोगों के इलाज की सुविधा प्रत्येक देशवासी को दी जानी चाहिये।

(4) अनाथों और अपाहिजों की सुरक्षा–सरकार को अनाथालय तथा शरणालय स्थापित करके अनाथ स्त्री-बच्चों और अपाहिजों को कोई काम सिखाने तथा जीविकोपार्जन करने योग्य बनाने की व्यवस्था करनी चाहिये।

(5) मानसिक रोगियों का इलाज—देश में मानसिक उपचार की सुविधा बढ़ाकर पागलों तथा विक्षिप्तों का उपचार सुलभ करना चाहिये।

(6) विपदाग्रस्त व्यक्तियों की सहायता—विपदाग्रस्त स्त्री-पुरुषों के पुनर्वास (Rehabilitation) में सरकार को पूरी सहायता करनी चाहिये।

(7) भिक्षावृत्ति के विरुद्ध जनमत का निर्माण—अन्त में, सबसे अधिक जरूरी यह है कि भारतीय जनता में भिक्षावृत्ति के विरुद्ध जनमत निर्माण किया जाये जिससे लोग कम से कम सपंगु भिखारियों को तो भिक्षा न दें। भीख न मिलने पर वे लोग मजबूर होकर मेहनत करेंगे।

हर्ष है कि भारत सरकार उपरोक्त सुझावों पर अमल कर रही है और देश से भिक्षावृत्ति के कलंक को समूल मिटा देने के लिए प्रयत्नशील है।

भिक्षावृत्ति के उन्मूलन के सरकारी प्रयास

आजकल भारत के अधिकतर राज्यों में भिक्षावृत्ति को अपराध घोषित किया जा चुका है। सन् 1959 में भारत सरकार ने एक Indian Penal Code (Amendment) Act पास किया, जिससे भीख माँगने के लिए बालकों के दुरुपयोग को अपराध घोषित किया गया। भारत सरकार के इस अधिनियम के पहले देश में विभिन्न राज्यों में भिक्षावृत्ति को रोकने के लिये अनेक अधिनियम बनाये गये थे, जिनमें से मुख्य निम्नलिखित हैं—

(1) The Hyderabad Prevention of Beggary Act, 1941.

(2) The Bengal Vagrancy Act, 1943.

(3) The Mysore Prevention of Beggary Act, 1945.

(4) The Bombay Prevention of Beggary Act, 1945.

(5) The Madras Prevention of Beggary Act, 1945.

(6) The Cochin Vagrancy Act, 1946.

(7) The Travancore Prohibition of Begging Act, 1945.

(8) The Bhopal Prevention of Beggary Act, 1947.

(9) The Bihar Prevention of Beggary Act, 1952.

इन सभी अधिनियमों से भिक्षावृत्ति को अपराध घोषित कर दिया गया है और जेल तथा जुर्माने का दण्ड निश्चित किया गया है। इनमें भिखारियों का वर्गीकरण भी किया गया है। हर एक भिखारी को अपने वर्ग के अनुसार दण्ड मिलता है। इन अधिनियमों के अलावा उत्तर प्रदेश, मध्य प्रदेश अथवा पंजाब में नगरपालिका एक्ट भिक्षावृत्ति का निषेध करते हैं। देश में बड़े नगरों कलकत्ता, बम्बई, मद्रास तथा दिल्ली में पुलिस अधिनियम से भिक्षावृत्ति को दण्डनीय घोषित किया गया है।

अब तक भिक्षावृत्ति उन्मूलन के कानूनी प्रयत्नों का जिक्र किया गया है, परन्तु इसके अलावा कुछ रोकथाम के उपाय (Preventive Measures) भी किये गये हैं। भिन्न-भिन्न राज्यों में इस दिशा में निम्नलिखित काम हुआ—

(1) महाराष्ट्र और गुजरात—प्रथम पंचवर्षीय योजना काल में राज्य में 18 सर्टीफाइड संस्थायें थीं जिनमें लगभग 2000 भिखारी रहते थे।

(2) पश्चिमी बंगाल—राज्य में आठ भिक्षुक गृह (Beggar Homes) हैं जिनमें 2,050 भिक्षुक रहते हैं।

(3) उत्तर प्रदेश—राज्य में तीन भिक्षुक गृह हैं।

(4) मध्य प्रदेश—राज्य में चार भिक्षुक गृह हैं।

(5) दिल्ली—क्षेत्र में चार भिक्षुक गृह हैं और एक ऐसी संस्था है जिसमें भिक्षुकों को अनेक प्रकार की ट्रेनिंग भी दी जाती है।

(6) मैसूर—राज्य में दो भिक्षुक गृह हैं।

(7) मद्रास—राज्य में आठ भिक्षुक गृह हैं।

(8) केरल—राज्य में आठ भिक्षुक गृह और तीन रिलीफ केन्द्र (Relief Settlements) हैं।

द्वितीय पंचवर्षीय योजना में आन्ध्र प्रदेश में 6, महाराष्ट्र, गुजरात, मध्य प्रदेश और केरल में से प्रत्येक में 3, उत्तर प्रदेश में 2, जम्मू काश्मीर में 2 व आसाम, बिहार, मद्रास, राजस्थान, मैसूर, दिल्ली और त्रिपुरा में से प्रत्येक में 1 भिक्षुक गृह स्थापित किये गये। सन् 1971 में रेलवे स्टेशनों के निकट भिक्षावृत्ति को रोकने के लिये कानून बनाया गया।

अभ्यास के लिए प्रश्न

1. संक्षिप्त टिप्पणी लिखिये—नगरों में भिक्षावृत्ति।

19

अपराध
(Crimes)

अपराध क्या है?

नगरों की एक मुख्य समस्या अपराध है। अपराध समाज और राज्य दोनों अथवा इनमें से किसी के विरुद्ध कोई कार्य है। यह आवश्यक नहीं है कि प्रत्येक समाज विरोधी कार्य राज्य के भी विरुद्ध माना जाए और राज्य उसके लिये दण्ड का विधान करे। इसी प्रकार यह भी आवश्यक नहीं है कि जिन कार्यों का राज्य ने निषेध किया हो अथवा जिनके करने पर राज्य दण्ड का विधान करे वे समाज विरोधी भी हों। उदाहरण के लिए अंग्रेजी राज्य में भारतीय देश–भक्तों द्वारा किये गये अनेक कार्य राज्य की दृष्टि से तो अपराध थे, परन्तु समाज की दृष्टि से सम्मानीय थे। इस प्रकार अपराध की धारणा की व्याख्या दो दृष्टिकोण से की जाती है—सामाजिक और वैधानिक।

अपराध का वैधानिक पहलू—वैधानिक पहलू में अपराध में वे सब काम आते हैं जिनका राज्य ने निषेध किया है और जिनके करने पर दण्ड दिया जाता है। अपराध की निम्नलिखित परिभाषाओं से भी यही स्पष्ट होता है—

(1) सेथना का मत—एक अपराध "कोई भी कार्य अथवा त्रुटि है जो कि सम्बन्धित देश में उस समय प्रचलित कानून के अन्तर्गत दण्डनीय हो।"[1] इस प्रकार जो कार्य कानून द्वारा निषिद्ध होते हैं वे अपराध माने जाते हैं। यहाँ यह ध्यान देने की बात है कि अपराध की कानूनी परिभाषा सब देशों में और एक ही देश में भिन्न–भिन्न काल में एकसी नहीं रहती। उदाहरण के लिए प्राचीन रोम में पिता को अपनी सन्तान को मृत्यु–दण्ड तक देने का अधिकार था, परन्तु आज ऐसा करना भयंकर अपराध है जिसके बदले फाँसी या आजन्म कारावास का दण्ड दिया जाता

---

1. "A crime is any act or omission which, under the law for the time being in force in the country concerned, is made punis hable." --M. J. Sethna.

है। यह तो हुई भिन्न-भिन्न काल की बात, परन्तु एक ही काल में भी भिन्न-भिन्न राज्यों में अपराध की परिभाषा भिन्न-भिन्न होती है। उदाहरण के लिए दक्षिण अफ्रीका में किसी काले पुरुष को किसी गोरी स्त्री से यौन-सम्बन्ध स्थापित करना कानूनी दृष्टि से भारी अपराध है। कहना न होगा कि इस प्रकार के सम्बन्ध संसार में किसी भी अन्य सभ्य देश में अपराध नहीं माने जाते।

(2) बार्न्स तथा टीटर्स का मत—"पारिभाषिक रूप से अपराध की धारणा का अर्थ एक समाज विरोधी व्यवहार से है जिसमें कि जनता की भावना का इतना अधिक उल्लंघन किया गया हो कि उसका विधान द्वारा निषेध किया गया हो।"[1] अपराध की इस परिभाषा में उसके कानूनी और सामाजिक पहलुओं में अन्तर नहीं किया गया है। अतः यह परिभाषा एकांगी है। उदाहरण के लिए अंग्रेजी राज्य में भारत में ऐसे बहुत से काम स्वयं राज्य की ओर से किये जाते थे जो समाज विरोधी होते थे और जिनसे जनता की भावना को ठेस पहुँचती थी। दूसरी ओर, जनता द्वारा सम्मानित और प्रशंसित अनेक कामों को राज्य अपराध ठहराता था।

(3) डैरो का मत—"अपराध देश के नियम द्वारा निषिद्ध एक काम है जिसके लिए दण्ड निर्धारित है।"[2] अपराध की यह परिभाषा कानूनी दृष्टिकोण से अत्यन्त उपयुक्त है। साधारणतया अपराध कहलाने के लिये किसी कार्य में दो बातों की आवश्यकता है एक तो वह देश के कानून के विरुद्ध हो और दूसरे उसके करने पर दण्ड दिया जाये।

अपराध का सामाजिक पहलू—अपराध का सामाजिक पहलू उसके वैधानिक पहलू से अधिक विस्तृत है। सामाजिक दृष्टिकोण से सभी तरह के समाज विरोधी कार्य सामाजिक अपराध हैं। इस तरह के कार्यों के करने पर समाज भी सामाजिक बहिष्कार आदि के द्वारा व्यक्ति को दण्ड देता है। सामाजिक अपराध किसी सामाजिक मूल्य का उल्लंघन करते हैं और जैसा कि सदरलैंड ने ठीक ही कहा है—"ऐसे कार्य कानून के विरुद्ध न होने पर भी समाज उनका सदैव विरोध करता है।"[3] इस दृष्टिकोण से गैरोफैलो[4] ने दया और सत्य की प्रचलित धारणाओं के विरुद्ध कार्यों को भी अपराध कह दिया है। अपराध की इलियट और मैरिल द्वारा दी गई परिभाषा वास्तव में अपराध के सामाजिक पहलू पर लागू होती है। इलियट

---

1. "The term `Crime' technically means a form of anti-social behaviour that has violated public sentiment to such an extent as to be forbidden by statute."
   --Barnes and Teeters. *New Horizons in Criminology,* Prentice Hall, (1959), p. 70
2. "Crime is an act forbidden by the law of the land and for which penalty is prescribed." --C. Darrow
   Crime—its Causes and Punishment, (1934)., p. 1.
3. E. H. Sutherland, *Principles of Criminology*, J. B. Lippincott Co., New York (1955), p. 14.
4. R. Garofalo, *Criminology,* Little Brown (Boston), p. 1.

और मैरिल लिखते हैं, "एक अपराध में वस्तुतः एक सामाजिक सम्बन्ध में एक विघ्न और इस तरह के विघ्न की एक सामाजिक परिभाषा निहित है।"[1] इस तरह सामाजिक दृष्टिकोण से किसी भी सामाजिक सम्बन्ध में विघ्न डालने वाला कार्य अपराध है। सामाजिक दृष्टिकोण से अपराध की एक अत्यन्त उपयुक्त परिभाषा डॉ॰ हैकरवाल ने उपस्थित की, "सामाजिक दृष्टि से अपराध या किशोरापराध में व्यक्ति का ऐसा व्यवहार सम्मिलित है जो कि मानव सम्बन्धों की व्यवस्था में बाधा डालती है जिनको समाज अपने अस्तित्व की मौलिक दशा मानता है।"[2]

अपराध के कारण

(अ) भौतिक कारण—भौगोलिकवादियों ने भौतिक कारणों और अपराध में बड़ा निकट और प्रत्यक्ष सम्बन्ध जोड़ने की चेष्टा की है। परन्तु भौतिक कारणों का अपराध की दरों पर केवल अप्रत्यक्ष प्रभाव पड़ता है। उदाहरण के लिए गर्मियों में लोगों का मिलना-जुलना बढ़ जाता है। अतः गर्मियों में मनुष्यों में आपस में सम्बन्ध आसानी से स्थापित किये जा सकते हैं।

(ब) जैवकीय कारण—अपराध के जैवकीय (Biological) कारणों में निम्नलिखित कारकों को अधिक महत्वपूर्ण माना गया है—

(1) आनुवंशिकता (Heredity)—बीसवीं शताब्दी के प्रारम्भ में अपराधी परिवारों के सर्वेक्षणों के आधार पर कुछ लेखकों ने यह दावा किया कि अपराधी जन्मजात होते हैं। इनमें ज्यूक परिवार का अध्ययन विशेष प्रसिद्ध है। गोडार्ड ने कालीकाक परिवार का अध्ययन किया।

इस बात से इन्कार नहीं किया जा सकता कि अन्य सामान्य व्यवहार के समान अपराधी व्यवहार में भी आनुवंशिकता का प्रभाव अवश्य है, परन्तु जिस तरह से अन्य व्यवहार में परिवेश का भी प्रभाव है उसी प्रकार अपराधी व्यवहार में भी परिवेश के कारणों का प्रभाव होना स्वाभाविक है।

(2) मानसिक विकार—मानसिक विकार व्यक्ति के अनुकूलन में बाधक होते हैं जिससे वह समाज विरोधी कामों की ओर प्रवृत्त होता है। मानसिक विकारों के कारण व्यक्ति को समाज में नीचा देखना पड़ता है और उसमें नाना प्रकार की मानसिक ग्रन्थियाँ बन जाती हैं। इन सब कारणों से उसमें अपराधी प्रवृत्ति उत्पन्न होने की सम्भावना बढ़ जाती है।

---

1. "A crime ipso facto implies a disturbance in a social relationship and a social definition as to what such a disturbance is."
--Elliott and Merrill, *Social Disorganization*, Harper, & Bros, New York. 1950. p. 91.
2. "From the social point of view, crime or delinquency implies such behaviour of the individual as interferes with the order of human relationships which society regards as primary condition of its existence."
--Haikerwal, *Economic and Social Aspects of Crime in India."*

(3) शारीरिक दशा—आधुनिक अपराध शास्त्र में शारीरिक दशा को अपराध का कारण नहीं माना जाता।

(4) आयु—आयु का अपराध पर प्रभाव पड़ता है। विभिन्न अध्ययनों से यह देखा गया है कि पुरुषों में 12 या 13 वर्ष और स्त्रियों में 15 या 17 वर्ष की आयु में अपराध की सबसे अधिक सम्भावना रहती है। विभिन्न प्रकार के अपराध भिन्न-भिन्न आयु में अधिक होते हैं। औसत आयु से पहले शारीरिक विकास होने पर अपराध की सम्भावना बढ़ जाती हैं। अपराध की आयु निकल जाने पर अपराध बहुत कम होते हैं। संक्षेप में, आयु बढ़ने के साथ-साथ मनुष्य के व्यक्तित्व में परिवर्तन होता है। अतः आयु का अपराधी व्यवहार पर प्रभाव पड़ना स्वाभाविक है।

(5) अन्तःस्रावी ग्रन्थियाँ—मनुष्य के शरीर में जो अन्तःस्रावी (Endocrine) ग्रन्थियाँ होती हैं उनका उसके व्यक्तित्व पर भारी प्रभाव पड़ना स्वाभाविक है। उदाहरण के लिए यौन-ग्रन्थियों के अत्यधिक क्रियाशील हो जाने से मनुष्य में कामुकता बढ़ जाती है। इससे यौन अपराधों की सम्भावना बढ़ जाती है।

(स) मनोवैज्ञानिक कारण—अपराध के मुख्य मनोवैज्ञानिक कारण निम्नलिखित हैं—

(1) मनस्ताप (Neurosis)—मनस्तापी व्यक्ति अपनी वासनाओं पर नियन्त्रण नहीं रख पाता जिससे उसका व्यवहार विकृत (Pervert) हो जाता है और वह अपराध की ओर बढ़ने लगता है। Juvenile Delinquency में टप्पन ने इस प्रकार के अपराधों का वर्णन करते हुए बतलाया है कि एक युवक प्रेमी एक मकान को आग लगाता हुआ पकड़ा गया। वह इससे पहले भी चार मकानों को आग लगा चुका था। युवक ने अपने बयान में बतलाया कि अपनी प्रेमिका से अलग होने के बाद वह एकाकीपन का अनुभव किया करता था। इस एकाकीपन को दूर करने के लिए और जीवन में कुछ उत्साह तथा गर्मी लाने के लिए वह आग लगा दिया करता था।

(2) मनोविकृति (Psychopathy)—विकृत व्यक्ति का मानसिक सन्तुलन ठीक नहीं होता । वह आत्मकेन्द्रित और आवारा होता है। वह असामाजीकृत (Unsocial), झगड़ालू, क्रूर, उद्दण्ड, शक्की, अतियौनिक (Hypersexual) और बदले की भावना से पूर्ण होता है। इस प्रकार के व्यक्ति का अपराधों में प्रवृत्त होना स्वाभाविक ही है।

(3) संवेगात्मक अस्थिरता (Emotional Instability)—अपराध के मनोवैज्ञानिक कारणों में सबसे अधिक व्यापक कारण मनोवैज्ञानिक अस्थिरता है। ऐसा व्यक्ति तिरस्कृत, हीन, असुरक्षित अनुभव करता है।

(द) सामाजिक कारण—अपराध के सबसे महत्त्वपूर्ण कारण सामाजिक हैं। मुख्य सामाजिक कारण निम्नलिखित हैं—

(1) सामाजिक विघटन—सामाजिक विघटन में सामाजिक सम्बन्ध विश्रृंखलित हो जाते हैं। विघटित समाज में व्यक्ति भी विघटन से नहीं बच सकता, क्योंकि उसके

आदर्शों, मूल्यों तथा उद्देश्यों का सामंजस्य टूट जाता है। वह कत्तर्व्य-अकत्तर्व्य में अन्तर नहीं कर पाता। अतः अपराध बढ़ने लगते हैं।

(2) **सामाजिक प्रतियोगिता**—सामाजिक प्रतियोगिता अर्थात् सामाजिक पद और भूमिका की प्रतियोगिता में संघर्ष और प्रतिद्वन्द्विता बढ़ती है। ऊँचा पद पाने के लिए महत्वाकांक्षी व्यक्ति किसी भी प्रकार का अपराध करने से नहीं हिचकते। सामाजिक प्रतियोगिता में सांस्कृतिक प्रतियोगिता भी आती है। इसमें विभिन्न संस्कृतियों में संघर्ष और प्रतिद्वन्द्विता बढ़ने लगती है। अतः सामाजिक प्रतियोगिताओं से अपराधों को प्रोत्साहन मिलता है।

(3) **गतिशीलता** (Mobility)—गतिशीलता से व्यक्तिवाद बढ़ता है, संयुक्त परिवार और पड़ोस का नियन्त्रण समाप्त होता है। व्यक्तिगत नियन्त्रण का स्थान निर्वैयक्तिक नियन्त्रण जैसे पुलिस, न्यायालय, राज्य, कानून आदि ले लेते हैं। इससे व्यक्ति के व्यवहार का सन्तुलन और सामंजस्य बिगड़ जाता है। अतः अपराध बढ़ते हैं।

(4) **संघर्ष**—संघर्ष से सामाजिक सम्बन्धों की व्यवस्था बिगड़ जाती है। व्यक्तिगत अथवा सामूहिक सब प्रकार के संघर्ष क्रमशः हिंसात्मक रूप ग्रहण कर लेते हैं। जिससे अपराधों की संख्या में वृद्धि होती है।

(5) **सामाजिक संस्थायें**—सामाजिक संस्थाओं की व्यवस्था बिगड़ जाने से भी अपराध बढ़ते हैं। सामाजिक संस्थाओं में परिवार सबसे अधिक महत्त्वपूर्ण हैं। परिवार के विघटित हो जाने से परिवार के सदस्य अपराध की ओर प्रवृत्त होते हैं। किशोर अपराधियों की अपराधी प्रवृत्ति अधिकतर घर से ही शुरू होती है। माता-पिता का चरित्र, उनके आपस के सम्बन्ध, बालक से उनका व्यवहार तथा घर की आर्थिक स्थिति आदि अनेक कारक बालक को अपराध की राह पर ले जाते हैं।

(6) **राजनीतिक संस्थायें**—राजनीतिक संस्थाओं, राज्य, सरकार, कानून आदि के निर्बल और अव्यवस्थित होने से अपराध बढ़ते हैं। इनमें तेजी से परिवर्तन होने पर भी अपराधों की संख्या बढ़ती है, क्योंकि अत्यधिक परिवर्तन होने पर उनके प्रति जनता की आस्था नहीं रह पाती। दलबन्दी और भ्रष्टाचार फैलने पर राजनीतिक संस्थाओं का आदर और प्रभाव समाप्त हो जाता है और उनके नियन्त्रण को कोई नहीं मानता। इससे अपराधों की बाढ़ सी आ जाती है।

(7) **धार्मिक संस्थायें**—जहाँ धर्म एक ओर लोगों को नैतिक मार्ग पर दृढ़ रखता है वहाँ दूसरी ओर, धार्मिक कट्टरता से ऐसे-ऐसे जघन्य अपराध होते हैं जिनका उदाहरण अन्यत्र मिलना कठिन है। भारत में हुए साम्प्रदायिक दंगे इस बात का उदाहरण हैं। कभी-कभी एक ही धर्म के विभिन्न सम्प्रदायों में भी खून-खराबी हो जाती है। किशोर अपराधियों के विषय में अनेक अध्ययनों से ज्ञात हुआ है कि धार्मिक संस्थायें अपराधों को रोकने में नितान्त असफल रही हैं।

(8) रीति-रिवाज—सामाजिक और धार्मिक रीति-रिवाज भी कभी-कभी अपराध का कारण होते हैं। उदाहरण के लिए, हिन्दुओं में दहेज की प्रथा, अन्तर्जातीय विवाह का निषेध आदि बुरी रीतियों से कितनी ही आत्म-हत्यायें हो जाती हैं। बाल विवाह के कारण और विधवा विवाह के निषेध से समाज में व्यभिचार और वेश्यावृत्ति बढ़ती है। छुआछूत और रंग, जाति आदि के भेदों के कारण भी बहुत से अपराध होते हैं। आधुनिक कानूनों के बनने के पहले बाल-हत्या और सती-प्रथा से भयंकर अपराध होते थे। अब भी कभी-कभी देवी-देवता के सामने बालक को बलिदान करने की घटनायें सुनने में आ जाती हैं।

(9) शिक्षा संस्थाओं की कमियाँ—शिक्षा संस्थाओं के दोष, अरूचिकर शिक्षा, शिक्षा की गलत पद्धति आदि भी अपराध के कारण होते हैं। अधिकतर अपराधी निरक्षर होते हैं। स्कूल से भागने वाला बालक बहुधा अपराधी बन जाता है। सही ढंग की शिक्षा न होने पर पढ़े-लिखे लोग अपराध की ओर प्रवृत्त होते हैं जोकि निरक्षर अपराधियों से अधिक भयंकर सिद्ध होते हैं।

(10) मनोरंजन की संस्थायें—साधारणतया मनोरंजन के साधन अपराध के कारण नहीं होते परन्तु सिनेमा में अपराध सम्बन्धी चित्रों को बार-बार देखने से व्यक्ति में अपराधी प्रवृत्ति के जागृत होने की सम्भावना बढ़ जाती है। सस्ते जासूसी उपन्यास, अनियन्त्रित खेल, अपराधी व्यंग-चित्र आदि भी अपराधी व्यवहार को बढ़ावा देते हैं।

(11) सन्देशवहन के साधन—अखबारों में अपराधों के बयान सुर्खियों में छापे जाते हैं। कभी-कभी ये समाचार इस प्रकार छापे जाते हैं, जिससे अपराधियों के प्रति सम्मान प्रकट होता है। इससे अपराध को प्रोत्साहन मिलता है। कभी-कभी अखबारों से अपराधियों को पुलिस की गतिविधि का समाचार पहले ही मिल जाता है, जिससे वे सतर्क हो जाते हैं। इस प्रकार अप्रत्यक्ष रूप से सन्देशवहन के साधन भी अपराध बढ़ाते हैं।

(12) युद्ध—विभिन्न अध्ययनों में ये देखा गया है कि युद्धकाल और उत्तर युद्धकाल में अपराध बढ़ जाते हैं। इसका मुख्य कारण यह है कि युद्ध के समय में परिवार और समुदाय में तेजी से परिवर्तन होते हैं और नियन्त्रण कम होता है। वयस्क लोगों के युद्ध में लग जाने से किशोरों पर से अंकुश हट जाता है। युद्ध में पुरुषों के बड़ी संख्या में काम आने पर समाज में स्त्री-पुरुष का अनुपात बिगड़ जाता है, जिससे यौन सम्बन्धी अपराध बढ़ते हैं। युद्धकाल में संवेगात्मक तनाव बढ़ता है, जिससे अपराध विशेषकर किशोरापराध को प्रोत्साहन मिलता है। युद्धकाल में मुनाफाखोरी भी बढ़ जाती है।

(इ) आर्थिक कारण—सामाजिक कारणों के समान आर्थिक कारण भी अपराध के महत्त्वपूर्ण कारक हैं। मुख्य आर्थिक कारण अग्रलिखित हैं—

(1) आर्थिक प्रतियोगिता–आजकल धन का महत्त्व और भोगवाद बढ़ जाने से धन कमाने में उचित-अनुचित का विचार उठ गया है। आर्थिक प्रतियोगिता गलाकाट (Cut Throat) हो गई है, बेईमानी, भ्रष्टाचार, मिलावट तथा मुनाफाखोरी का बाजार गर्म है। अनाज के भाव बढ़ाने के लिए बहुत-सा अनाज नष्ट कर दिया जाता है चाहे उसके अभाव में कुछ लोग भूखों ही क्यों न मर रहे हों। आर्थिक महत्वाकांक्षायें सीमा से अधिक बढ़ गई हैं और शोषण के नये-नये उपाय निकलते जा रहे हैं। इस प्रकार आर्थिक प्रतियोगिताओं के कारण अपराधी व्यवहार को अत्यधिक प्रोत्साहन मिला है।

(2) निर्धनता–अनेक अपराधशास्त्रियों ने अपने अध्ययनों से यह सिद्ध किया है कि अपराध का सबसे बड़ा कारण निर्धनता है। निर्धनता को चाहे अपराध का सबसे बड़ा कारण न भी माना जाये, परन्तु फिर भी इस बात से इन्कार नहीं किया जा सकता कि वह अपराध का एक महत्त्वपूर्ण कारण है। इटली के वैज्ञानिक फोर्नासारी डिवर्सी ने अपने अध्ययनों से यह दिखलाया कि इटली के कुल अपराधियों की संख्या का 85 से 90 प्रतिशत भाग निर्धन जनता से उत्पन्न होता है। डच अपराधशास्त्री बोंगर के अनुसार, निर्धनता से मानसिक रोग, अन्तर्द्वन्द्व, शराबखोरी आदि बढ़ते हैं जिनसे अपराधी प्रवृत्तियों को प्रोत्साहन मिलता है। साइरिल बर्ट के अध्ययनों में 19 प्रतिशत किशोर अपराधी अत्यधिक निर्धन परिवार के सदस्य थे, जबकि 37 प्रतिशत किशोर अपराधी सामान्य रूप से निर्धन परिवार के सदस्य थे। इस प्रकार किशोर अपराधियों में आधे निर्धन पाये गये।

(3) बेरोजगारी–निर्धनता के समान बेरोजगारी भी अपराध को प्रोत्साहन देती है। टार्डे ने लिखा है, "कार्य स्वयं अपराध का शत्रु है"[1] कहावत है कि खाली दिमाग शैतान का कारखाना है (Empty mind is devil's workshop)। खाली बैठा आदमी इधर-उधर की व्यर्थ की बातें सोचता है। खासतौर से यदि युवावस्था में स्त्री-पुरुष को कोई काम न हो तो उनका अपराध की ओर प्रवृत्त होने का बड़ा खतरा है। रोजगार न मिलने से व्यक्ति में हीनता और निराशा की भावनायें घर करने लगती हैं। बेरोजगारी का निर्धनता से घनिष्ट सम्बन्ध है। ये दोनों मिलकर घर की सुख और शान्ति छीन लेते हैं। कुछ लोग तो लम्बी बेकारी से घबराकर आत्महत्या कर बैठते हैं।

(4) धन का लालच–धन का लालच मनुष्य को अनेक अनुचित काम करने को प्रेरित करता है। धन के लालच की कोई सीमा नहीं होती। लालची व्यक्ति बराबर अधिक से अधिक धन एकत्रित करने की चिन्ता में लगा रहता है। लखपति करोड़पति बनना चाहता है। करोड़पति अरबपति बनना चाहता है और इसके लिए वे हजारों आदमियों के मुँह का कौर छीनने से नहीं हिचकते। घूँस, भ्रष्टाचार, गबन और चोरबाजारी, शोषण, जालसाजी आदि अपराधों का कारण यही धन का लालच

---

1. "Work is itself the enemy of crime." —Gabriel Tarde

है। अन्य कोई भी दोष न होने पर केवल धन का लालच ही व्यक्ति को अपराध की ओर ले जाने को पर्याप्त है।

(5) बिना परिश्रम धन प्राप्त करने की इच्छा—अपराधी परोपजीवी होता है। वह परिश्रम नहीं करना चाहता। बिना परिश्रम किये शीघ्रातिशीघ्र धनी बन जाने की इच्छा रखने वाले लोग अनुचित उपायों से धन एकत्रित करने में नहीं हिचकते। बोगस फर्में बनाई जाती हैं, बैंकों का दिवाला निकाल दिया जाता है, लूटमार, डकैती और ब्लैकमेल की जाती है। अनेक भिखारी ऐसे मिल सकते हैं जो काम मिलने पर भी काम नहीं करना चाहते और भीख माँगना ही उत्तम समझते हैं।

(6) अत्यधिक आवश्यकतायें—भोगवादी व्यक्तियों में भोग की वासनायें बराबर बढ़ती ही जाती हैं और इन आवश्यकताओं के कारण उनको कभी सन्तोष नहीं रहता तथा वे अपराध में प्रवृत्त होते हैं। उदाहरण के लिए कुछ स्त्रियों और पुरुषों की यौन वासनायें इतनी उद्दाम और परिवर्तनशील होती हैं कि वे अपने वैवाहिक जीवन से सन्तुष्ट नहीं रहते और व्यभिचार से बाज नहीं आते। वास्तव में, मनुष्य की किसी भी इन्द्रिय की वासनायें सीमा से अधिक बढ़ जाने पर वह अपराध की ओर प्रवृत्त हो सकता है। नित्य नई कारें, बंगले, यौन आनन्द, भोग, विदेश यात्रा, सैर-सपाटे आदि के लिए पैसा जुटाने के लिए कितने ही सम्पन्न लोग भयंकर और जघन्य अपराध करते देखे जाते हैं।

(7) नगरीकरण—नगरीकरण भी अपराध का एक बड़ा कारण है। नगरीकरण से सामाजिक नियन्त्रण निर्बल हो जाता है। नगरों में अत्यधिक जनसंख्या होती है और उसके अनुपात में पर्याप्त मकान नहीं होते। अतः कभी-कभी पूरे परिवार को एक या दो कमरों में ही गुजर करनी पड़ती है। इससे विवाहित लोगों को एकान्त नहीं मिलता और उनके व्यवहार से अविवाहित सदस्यों तथा कच्ची उम्र के व्यक्तियों पर बुरा प्रभाव पड़ता है तथा यौन वासनाओं के भड़कने से वे यौन अपराध की ओर प्रवृत्त होते हैं। मकानों की कमी के कारण नगरों में गन्दी बस्तियाँ विकसित होती हैं जिनमें रोग के साथ-साथ अपराध के भी कीटाणु पलते हैं। दूसरे, नगरीय सम्बन्धों में एक प्रकार की निर्वैयक्तिकता होती है और किसी को किसी से मतलब नहीं रहता। इस कारण अपराधी व्यवहार पर नियन्त्रण कम रहता है। कोई भी अपराध करके व्यक्ति शहर के जनसमूह में गायब हो जाता है। नगर में इसी निर्वैयक्तिकता के कारण पारिवारिक नियन्त्रण भी कम रहता है और भग्न परिवार अधिक संख्या में पाये जाते हैं। नगरों में अपराध को प्रोत्साहन मिलता है। नगर का भड़कीला वातावरण भी अपराधी वृत्तियों को भड़काता है।

(8) औद्योगीकरण—नगरीकरण के साथ-साथ औद्योगीकरण भी अपराधी व्यवहार को प्रोत्साहित करता है। औद्योगीकरण से जहाँ एक ओर आर्थिक प्रतियोगिता बढ़ती है वहाँ दूसरी ओर, बेकारी, भ्रष्टाचार, चोरबाजारी घूँस, आदि बढ़ते हैं। धनिक

निर्धनों का नाना प्रकार से शोषण करते हैं। मजदूर अपने परिवारों से दूर नगरों के भड़कीले वातावरण में गन्दे मकानों में रहते हैं। औद्योगीकरण से नगरों में स्त्रियों के अनुपात में पुरुषों की संख्या बढ़ जाती है। इन सब कारणों से विभिन्न प्रकार के अपराधों को प्रोत्साहन मिलता है।

(9) व्यापार चक्र--डच अपराध शास्त्री बोंगर ने यह सिद्ध किया है कि अनाज के भाव और अपराधों के बीच बड़ा निकट सम्बन्ध है। आर्थिक संकट के काल में सम्पत्ति के विरुद्ध अपराध बढ़ जाते हैं और समृद्धि के काल में इस प्रकार के अपराध कम हो जाते हैं। दूसरी ओर, समृद्धि काल में यौन अपराध बढ़ते हैं। इस प्रकार व्यापार चक्र से भी अपराधों की दर और प्रकार पर प्रभाव पड़ता है।

(10) फसलों की दशा—भारतवर्ष जैसे कृषि-प्रधान देशों में फसलों की दशा का भी अपराध की दरों और प्रकार पर प्रभाव पड़ता है। फसल खराब होने या मारे जाने पर अकाल और बेकारी फैल जाती है। जिससे सम्पत्ति के विरुद्ध अपराध बढ़ते हैं। डॉ॰ हैकरवाल के अनुसार, भारत में फसल की दशा अच्छी-बुरी होने से अपराध की दरें कम-ज्यादा होती हैं। डॉ॰ हैकरवाल ने अपने अध्ययनों से यह भी प्रमाणित करने की चेष्टा की है कि अप्रैल के अन्त में वर्षा ॠतु के आरम्भ होने तक सम्पत्ति के विरुद्ध अपराध अधिक होते हैं और वर्षा प्रारम्भ होने के साथ-साथ अपराधों की संख्या भी घटती है। डॉ॰ हैकरवाल के मत से चाहे सब अपराधशास्त्री न भी सहमत हों, परन्तु इससे कोई इन्कार नहीं कर सकता कि कृषि प्रधान देशों में फसलों की दशा का अपराध की दर पर प्रभाव पड़ता है।

वर्तमान नगरीय परिवर्तन और अपराध

वर्तमान समय में भारतीय नगरों में सामाजिक परिवेश में तेजी से परिवर्तन हो रहा है। इस परिवर्तन में निम्नलिखित कारक अपराध बढ़ाते हैं—

(1) निजत्व की कमी—नगरों में मकान बनते जाने पर भी किराया बराबर बढ़ता जा रहा है। अतः बड़े-बड़े नगरों में अल्प-वेतन पाने वाले मजदूर इतना बड़ा मकान नहीं ले पाते कि अपने परिवारों को साथ रख सकें। हजारों मजदूर अपने परिवारों से दूर अकेले नगर में रहते हैं। अन्य हजारों अपने पूरे परिवार के साथ एक कमरे में गुजर करते हैं। हजारों नगरों के गन्दे मौहल्लों की दूषित वायु में रहने को बाध्य हैं। हजारों बेघर फुटपाथ पर या सार्वजनिक स्थानों पर सोते हैं। मकानों की इस कमी से वैवाहिक और पारिवारिक जीवन का विघटन होता है और विवाहित व्यक्तियों को निजी स्थान नहीं मिल पाता। इससे घर के बालक-बालिकाओं को ऐसे दृश्य देखने को मिल जाते हैं जिनका उनके अपरिपक्व मस्तिष्क पर बुरा प्रभाव पड़ता है। इससे किशोरापराधों की संख्या बढ़ती है। बालक-बालिकायें यौन अपराधों की ओर प्रवृत्त होते हैं।

(2) सामाजिक नियन्त्रण की कमी—नगरों में सामाजिक पर्यावरण की एक दूसरी विशेषता सामाजिक नियन्त्रण की कमी है। नगरों में मौहल्लेदारी का प्रभाव बराबर कम होता जा रहा है। पड़ौस का नियन्त्रण बराबर घटता जा रहा है। बड़े नगरों में पड़ौसी-पड़ौसी को पहचानता भी नहीं। अतः अपराधों पर नियन्त्रण कम हो गया है। परिवार का नियन्त्रण भी बराबर कम होता जा रहा है। आधुनिक परिवार में पति-पत्नी, पुत्र-पुत्री, सभी की अपनी सोसायटी और अपने प्रोग्राम होते हैं जिससे अनुचित यौन सम्बन्ध बढ़ते हैं।

(3) सम्बन्धों में निर्वैयक्तिकता—नगरों के सम्बन्धों में निर्वैयक्तिकता होती है और भाईचारे का अभाव होता है। इस निर्वैयक्तिकता से प्रत्येक पुरुष प्रत्येक स्त्री से पुरुष की हैसियत से मिलता है और प्रत्येक स्त्री के लिये अन्य पुरुष केवल 'पुरुष' होता है। अतः उन्हें एक दूसरे से यौन-सम्बन्ध बढ़ाने में झिझक नहीं होती। इससे व्यभिचार बढ़ता है। निर्वैयक्तिकता से व्यक्तिगत उत्तरदायित्व की भावना भी कम होती है। नगर की विशाल जनसंख्या में अपराधी कैसा भी अपराध करके भीड़ में मिल जाता है जहाँ उसे कोई नहीं पहचानता। इससे अपराधी व्यवहार को प्रोत्साहन मिलता है।

(4) मूल्यों में परिवर्तन—वर्तमान समय में नगरों में सामाजिक मूल्यों में द्रुत गति से परिवर्तन हो रहा है। धन और पद तथा शक्ति को आदर मिलता है चाहे व्यक्ति का निजी चरित्र कैसा भी हो। भोगवाद बढ़ता जाता है। इससे स्त्री-पुरुष उचित-अनुचित सभी उपायों से अपनी इच्छाओं को पूर्ण करने का प्रयास करते हैं।

(5) स्त्री-पुरुष के सम्बन्धों में परिवर्तन—नगरों के वर्तमान पर्यावरण में स्त्री-पुरुष के सम्बन्ध तेजी से बदल रहे हैं। सहशिक्षा से लड़के-लड़कियों को मिलने का अवसर अधिक आता है। सभी तरह की नौकरियों में और सभी स्थानों पर पुरुषों के साथ कुछ न कुछ स्त्रियाँ भी दिखाई पड़ती हैं। इस मेल-जोल से जहाँ कुछ लाभ भी हैं वहाँ अनुचित यौन-सम्बन्धों की संख्या बराबर बढ़ती जाती है। नगरों में होटलों, पार्कों तथा कारों में व्यभिचार के लिये स्थान भी मिल जाता है। अतः यौन अपराध तेजी से बढ़ रहे हैं। स्त्री-पुरुष के मेल-मिलाप से प्रेम सम्बन्धों की संख्या भी बढ़ती जाती है जिससे अनेक समस्यायें उत्पन्न होती हैं। गर्भपात, भ्रूण-हत्या से लेकर मारपीट, आत्महत्या तथा हत्या आदि तक बढ़ते हैं।

(6) उत्तेजक वातावरण—नगरों का वातावरण उत्तेजक होता है। फैशन-परस्ती की धूम होती है। स्त्रियों के वस्त्र दिनोंदिन उत्तेजक होते जा रहे हैं। बड़े-बड़े नगरों में लड़कियाँ पुरुषों जैसे वस्त्र तक पहनने लगी हैं। आधुनिक फैशन का उद्देश्य अंगों का अधिक से अधिक प्रदर्शन मालूम पड़ता है। इससे सेक्स की भावनायें उमड़ती हैं और व्यभिचार तथा अन्य अपराध बढ़ते हैं। फैशनपरस्ती से आवश्यकतायें भी बुरी तरह बढ़ गई हैं और लोग बिना मेहनत किये शीघ्र अधिक से अधिक मालामाल

हो जाना चाहते हैं। इससे भ्रष्टाचार, चोर बाजारी, जालसाजी, चोरी, डकैती, अनियमित व्यापार आदि अपराध बढ़ रहे हैं। शहरों के वातावरण की उत्तेजकता में सिनेमा, जुए, और व्यभिचार के अड्डे तथा क्लबों और होटलों का बड़ा हाथ है और इनसे हर तरह के अपराध को प्रोत्साहन मिलता है।

उपरोक्त विवरण से वर्तमान समय में भारतीय नगरों में बदलते हुये पर्यावरण से व्यभिचार और अपराधों की वृद्धि पर कुछ प्रकाश पड़ता है। इस विषय में अन्य बहुत से कारकों को भी गिनाया जा सकता है, परन्तु भारतवर्ष में यह परिवर्तन बड़े-बड़े शहरों में ही दिखाई पड़ता है जिनकी संख्या देश में अधिक नहीं है। फिर भी तेजी से बढ़ते नगरीकरण और औद्योगीकरण के कारण यह परिस्थिति बढ़ती ही जाती है।

भारत में अपराधों के उपचार के लिए विद्यमान उपाय

राष्ट्रीय चेतना की जागृति के साथ भारत में अपराधों के उपचार की ओर भी समुचित ध्यान दिया गया है। वयस्क तथा किशोर अपराधियों के सुधार के लिये बराबर नये-नये प्रयोग किये जा रहे हैं। सुधार की यह भावना राष्ट्रपिता महात्मा गाँधी के इन शब्दों से स्पष्ट होती है "उनके (अपराधियों के) उपचार और चिकित्सा के लिये जेलों को अस्पतालों में परिवर्तित कर दिया जाना चाहिये, जेल कर्मचारियों को चिकित्सकों में परिवर्तित कर दिया जाना चाहिए। कैदी को यह अनुभव कराया जाना चाहिये कि वे उसके मित्र हैं।" इन शब्दों से यह स्पष्ट है कि भारत में जेल आदि के सुधार की भावना कितनी बलवान है।

(1) अपराधी न्यायालय—अपराधियों को सुधारने के लिये अपराधी न्यायालय बनाये जाते हैं। भारत के आधुनिक न्यायालय ब्रिटिश व्यवस्था के आधार पर स्थापित किये गये हैं। भारतीय न्याय प्रणाली में इस समय भारतवर्ष में चार प्रकार के न्यायालय काम करते हैं—(1) स्थानीय न्यायालय (2) जिला न्यायालय (3) उच्च न्यायालय (4) सर्वोच्च न्यायालय। भारतीय न्याय व्यवस्था बड़ी दोषपूर्ण है। इसके सुधार के लिये एक कानूनी कमीशन स्थापित किया गया। 25 जनवरी सन् 1956 को इस कमीशन की रिपोर्ट को श्री ए॰ के॰ सेन ने संसद में प्रस्तुत किया। 26 फरवरी सन् 1956 के टाइम्स ऑफ इण्डिया समाचार-पत्र के अनुसार कानूनी कमीशन के मुख्य सुझाव निम्नलिखित हैं—

(1) केन्द्र में एक अलग न्याय मन्त्रालय की स्थापना की जाय।

(2) सारे देश में पंचायती अदालतें स्थापित की जायें और उन्हें अपराध के मुकदमे सुनने का अधिकार दिया जाये।

(3) अखिल भारतीय न्याय सेवाओं की व्यवस्था अन्य अखिल भारतीय सेवाओं की तरह की जाये।

(4) प्रशासन विभाग को न्याय विभाग से बिल्कुल अलग कर दिया जाये।

(5) गरीब लोगों को कानूनी सहायता दी जाये।

(6) अपराधी मुकद्दमे मजिस्ट्रेटों की अदालतों में 2 माह के अन्दर और सेशन अदालतों में तीन माह के अन्दर निपटा दिये जायें।

(7) अदालतों को 5 घण्टे प्रतिदिन और साल में कम से कम 200 दिन काम करना चाहिये जिससे शीघ्र न्याय मिल सके।

(8) छोटे मुकदमों को निपटाने के लिये अवैतनिक मजिस्ट्रेटों की नियुक्ति की जानी चाहिए।

(2) जेल—भारतवर्ष में आधुनिक जेलों की स्थापना सबसे पहले 1557 में हुई। तब से आज तक जेल व्यवस्था में बराबर सुधार हुआ है। यद्यपि स्थिति अब भी सन्तोषजनक नहीं कही जा सकती। भारतवर्ष में सरकार की ओर से जेल सुधार कमेटी पहली बार सन् 1836 में स्थापित की गई। इस कमेटी की सिफारिशों से कुछ सुधार हुए परन्तु अधिकारियों के दृष्टिकोण में विशेष परिवर्तन नहीं हुआ। 1894 में बन्दीगृह अधिनियम द्वारा जेल को व्यवस्थित करने का प्रयास किया गया। 1919 की भारतीय जेल्स कमेटी ने यह सिफारिश की कि जेल में ऐसी परिस्थितियाँ उत्पन्न की जायें जिनसे अपराधियों का सुधार हो सके। यह भारतीय जेल व्यवस्था में सुधार की ओर महत्त्वपूर्ण कदम था। इस कमेटी की रिपोर्ट के बाद जेलों का प्रबन्ध राज्य की सरकारों को सौंप दिया गया। अब राज्य सरकारों ने जेलों के सुधार के प्रयास करने शुरू किये। इस दिशा में उत्तर प्रदेश और महाराष्ट्र राज्य में बड़ा महत्त्वपूर्ण कार्य हुआ है। उत्तर प्रदेश में इस समय 5 केन्द्रीय बन्दीगृह, 1 आदर्श जेल, एक उपबन्दीगृह, एक लॉक अप, एक सुधार स्कूल तथा एक किशोर बन्दीगृह है। अब जेल में कैदियों को सुधारने और उनमें एक अच्छे नागरिक के गुण उत्पन्न करने की ओर ध्यान दिया जाता है। कैदियों को अनेक सुविधायें दी गई हैं। उनकी सामान्य तथा प्रौद्योगिक शिक्षा का प्रबन्ध किया गया है। इस विषय में आदर्श बन्दीगृह सुधार की दिशा में एक महान कदम है।

आदर्श बन्दीगृह

1949 में स्थापित लखनऊ के आदर्श बन्दीगृह में कैदियों के सुधार की जबर्दस्त कोशिश की जाती है। इनमें कैदियों को सामान्य जीवन बिताने का अवसर दिया जाता है। कर्मचारियों और कैदियों में मित्रता का सम्बन्ध रहता है। कैदियों के झगड़ों को उनकी अपनी पंचायत निपटाती है। कैदियों को बिना नियन्त्रण जेल से बाहर जाने दिया जाता है। संतोषजनक व्यवहार होने पर कैदियों को बाहर सैर के लिए भी जाने दिया जाता है। जेल में कैदियों के मनोरंजन के लिये नाटक, चलचित्र, भाषण, वाद-विवाद, संगीत, खेल तथा धार्मिक उत्सवों आदि की व्यवस्था है। स्त्रियों को अलग विशेष भाग में रखा जाता है। जेल में कैदियों को सामान्य शिक्षण के अलावा शारीरिक, औद्योगिक तथा कृषि सम्बन्धी शिक्षा दी जाती है और उनमें अच्छे नागरिक के गुण उत्पन्न करने का प्रयास किया जाता है।

भारतीय जेलों में सुधार का वर्णन उत्तर प्रदेश में सम्पूर्णानन्द शिविर के विवरण के बिना अधूरा रह जायेगा। उत्तर प्रदेश के मुख्य मन्त्री डॉ॰ सम्पूर्णानन्द के आदेश के अनुसार 1952 में बनारस जिले की चकिया तहसील में चन्द्रप्रभा नदी पर बाँध बनाने के लिए कैदियों का एक प्राचीर विहीन शिविर स्थापित किया गया। इसी प्रकार का दूसरा शिविर नौगढ़ क्षेत्र में और तीसरा शाहगढ़ में बनाया गया। इन शिविरों में कैदियों ने राष्ट्र निर्माण के कार्य में सक्रिय सहयोग देने के लिए कदम उठाया। शिविर में एक समय में लगभग 3,000 बन्दी रखे गये। शिविर में कोई दीवार आदि नही थीं। 30 बन्दियों पर एक रक्षक रहता था परंन्तु उसके पास कोई हथियार नहीं था। कैदियों को बीस-बीस के कार्यसमूहों में बाँट दिया जाता था। किसी प्रकार की तलाशी या निगरानी नहीं रखी जाती थी। केवल शाम को काम के बाद कैदियों को गिनमी जरूर की जाती थी। कैदियों को अपने परिवार के सदस्यों से मिलने की सुविधा दी जाती थी। कभी-कभी घर जाने की छुट्टी भी दी जाती थी।

सम्पूर्णानन्द शिविर की सफलता इस बात से समझी जा सकती है कि 9,000 बन्दियों में से केवल 31 कैदियों ने भागने का प्रयत्न किया। स्त्री श्रमिकों के साथ काम करने पर भी कैदियों में कोई अप्रिय घटना नहीं घटी। कैदियों ने अपना काम मन लगाकर किया और सुविधाओं का दुरुपयोग नहीं किया। कैदियों के सुधार के लिए नवम्बर 1956 में लखनऊ में एक सम्मेलन किया गया जिसमें वे लोग थे जो पहले जेल काट चुके थे। इससे यह जानने की कोशिश की गई कि जेल के सुधारों से कहाँ तक लाभ होता है।

उत्तर प्रदेश के जेल सुधार सम्बन्धी प्रयोगों के समान महाराष्ट्र राज्य, पश्चिमी बंगाल तथा राजस्थान में भी इस दिशा में महत्त्वपूर्ण काम हुआ है। आवश्यकता इस बात की है कि इन प्रयोगों को और भी बड़े पैमाने पर भारत के सभी राज्यों में प्रयोग किया जाय।

(3) उत्तर संरक्षण सेवाएँ—अपराधियों के सुधार के लिए उत्तर संरक्षण सेवाओं (After Care Services) का योगदान भी बड़ा महत्त्वपूर्ण है। ये संस्थायें जेल से छूटने के बाद अपराधियों को समाज में फिर से जमने में सहायता करती हैं। भारतवर्ष में इस प्रकार की संस्थायें उत्तर प्रदेश, महाराष्ट्र और तमिलनाडु में दिखाई पड़ती है। महाराष्ट्र में उत्तर संरक्षण होस्टलों (After Care Hostels) को संगठित किया गया है। इनमें युक्त किशोर अपराधियों को रखा जाता है। इस प्रकार की संस्थायें तमिलनाडु में भी हैं। ये लड़के-लड़कियों को शिक्षा देते हैं, उन्हें रोजगार दिलाने की कोशिश करते हैं और लड़कियों के विवाह करने की कोशिश की जाती है। सन् 1954 में स्थापित गोरे समिति ने उत्तर संरक्षण के उद्देश्यों में निम्नलिखित पर जोर दिया—

(1) रोजगार देने का प्रबन्ध।

(2) मुक्त बन्दियों के आर्थिक स्वावलम्बन के रास्ते की बाधाओं को हटाना।

(3) लघु व्यवस्था तथा कुटीर उद्योग-धन्धों के लिए अल्प ऋण की व्यवस्था और औद्योगिक प्रशिक्षण का प्रबन्ध।

(4) उत्तर संरक्षण सेवा केन्द्रों का स्थापन और संचालन।

Social and Moral Advisory Committee तथा Advisory Committee on After Care Programmes की सिफारिशों के आधार पर एक योजना बनाई गई है जिसके अनुसार 5 प्रति राज्य की दर से देश में 80 उत्तर संरक्षण संस्थायें तथा 1 जिले में एक की दर से 330 शरणालय स्थापित किये जायेंगे। द्वितीय पंचवर्षीय योजना के अन्त में अनुमान के अनुसार 50 किशोर न्यायालय, 112 रिमाण्ड होम, 70 सर्टीफाइड स्कूल, 122 सुधरे हुये व्यक्तियों की संस्थायें, 24 प्रोबेशन होस्टल, 7 बोर्स्टल स्कूल, 7 रिफार्मेटरी स्कूल, 55 किशोर कल्याण समितियाँ तथा 300 वैतनिक और 60 अवैतनिक प्रवीक्षण अधिकारी थे। तृतीय योजना में 23 रिमाण्ड होम, 12 सर्टीफाइड स्कूल, 3 बाल गृह तथा 1 बोर्स्टल स्कूल स्थापित किये गये।

सुझाव

उपरोक्त विवरण से भारत में अपराध सुधार के लिए किये जा रहे प्रयत्नों का कुछ आभास होता है। इस विषय में निम्नलिखित सुझाव दिए जा सकते हैं—

(1) न्याय शीघ्र, सस्ता और समुचित रूप से मिलने का प्रबन्ध होना चाहिए।

(2) जेलों के साथ विशेषकर किशोर बन्दीगृहों के साथ लगे मनोवैज्ञानिक होने चाहियें जो कैदियों के मनोवैज्ञानिक सुधार के विषय में समुचित राय दे सकें।

(3) परिवार की दशा के सुधार की ओर विशेष ध्यान दिया जाना चाहिए क्योंकि अपराधों, विशेषकर किशोरापराधों का प्रारम्भ भग्न और अनैतिक परिवारों में ही होता है।

(4) स्कूलों में अध्यापकों, संरक्षकों तथा जिला मनोवैज्ञानिकों के सहयोग से बालकों की प्रवृत्तियों के सुधार का उपाय होना चाहिए।

(5) सब प्रकार के लोगों और सब आयु के व्यक्तियों के लिए स्वस्थ मनोरंजन के साधन उपलब्ध होने चाहिये।

(6) सुधार संस्थाओं अथवा जेलों से निकलने के बाद आराधियों को काम दिलाने और उनकी अन्य समस्याओं के सुलझाव में उनकी सहायता की जानी चाहिए।

(7) देश से बेकारी, गरीबी तथा अशिक्षा के उन्मूलन के उपाय किये जाने चाहिये। आर्थिक असमानता कम की जानी चाहिए।

(8) अपराधी जातियों के सुधार के समुचित उपाय किए जाने चाहिये।

(9) अपराधी क्षेत्रों में अपराधों की रोकथाम का विशेष प्रबन्ध होना चाहिए। इस प्रकार की संस्था का एक उदाहरण महाराष्ट्र का नागपाड़ा पड़ौस गृह है।

उपरोक्त उपायों को सम्पूर्ण देश में सार्वभौम और व्यापक ढंग से अपनाने पर की कुछ सुधार हो सकता है। भारत में पुलिस को और भी सतर्क और आधुनिक साधन सम्पन्न होने की आवश्यकता है। इस विषय में पाश्चात्य देशों से बहुत कुछ सीखा जा सकता है।

अभ्यास के लिये प्रश्न

1. क्या आप इस मत से सहमत हैं कि ग्रामीण पर्यावरण की तुलना में नगरीय पर्यावरण अपराध एवं बाल अपराध के लिए अधिक सहायक हैं?

20

किशोरापराध

(Juvenile Delinquency)

किशोरापराध की क़ानूनी परिभाषा

कानून की दृष्टि से किशोरापराधी 15 से 21 वर्ष का वह बालक है जो कि समाज विरोधी काम करता है। ओहायो कोड (Ohio Code U. S. A.) ने किशोरापराधी की परिभाषा इस तरह की है, "किशोरापराधी वह है जो कानून भंग करता है, आवारा-गर्दी करता है, आज्ञा का उल्लंघन करने में अभ्यस्थ है, जिसके व्यवहार से उसका अपना तथा दूसरों का नैतिक जीवन खतरे में पड़ता है, अथवा जो अपने माता-पिता या अभिभावकों की अनुमति के बिना विवाह करने की कोशिश करता है।" यहाँ यह ध्यान रखने की बात है कि किशोरापराधी क़हलाने वाले बालकों की आयु सभी देशों में एक सी निश्चित नहीं की गई है। कहीं यह आयु 18 वर्ष है तो कहीं 16 वर्ष, कहीं 20 है तो कहीं 21 वर्ष। साधारणतया 17 वर्ष की आयु के बालक किशोरापराधी माने जाते हैं। भारतवर्ष में प्रचलित किशोर अधिनियमों में किशोरापराधी की अधिकतम आयु 16 वर्ष निश्चित की गई है। ये अधिनियम उत्तर प्रदेश, मध्य प्रदेश, महाराष्ट्र, तमिलनाडू, मैसूर, देहली, पश्चिमी बंगाल, उड़ीसा तथा पंजाब में बनाये जा चुके हैं। जिन राज्यों में किशोर अधिनियम नहीं बना है या लागू नहीं हुआ है उनमें 1897 का रिफार्मेट्री स्कूल अधिनियम लागू है। इसमें किशोरापराधी की अधिकतम आयु 15 वर्ष निश्चित की गई है। महाराष्ट्र तथा मध्य प्रदेश में यह आयु 16 वर्ष है। रिफार्मेट्री स्कूल अधिनियम के अनुसार 15 वर्ष से कम आयु का बालक जिसे किसी अपराध के कारण कारावास या काले पानी की सजा मिली है, युवक अपराधी (Youthful Offender) कहा जायेगा।

किशोरापराध के सामाजिक कारण

किशोरापराध के कारणों में से सबसे अधिक व्यापक सामाजिक कारण हैं। इनमें मुख्य कारण हैं—(1) परिवार, (2) स्कूल, (3) अपराधी क्षेत्र, (4) बुरी संगति, (5) मनोरंजन, (6) युद्ध, (7) सामाजिक विघटन, (8) स्थानान्तरण।

(1) दूषित परिवार—किशारापराध के कारणों में इलियट और मैरिल ने दूषित पारिवारिक प्रभाव को सबसे अधिक महत्त्वपूर्ण माना है। हीली और ब्रोनर ने शिकागो तथा बोर्स्टन के 4000 किशोरापराधियों में 50 प्रतिशत विशृंखलित घरों से आये हुए किशोरों को पाया। परिवार के सम्बन्ध में मुख्य परिस्थितियाँ हैं—(अ) भग्न परिवार, (ब) माता-पिता का रुख, (स) माता-पिता का चरित्र व आचार, (द) अपराधी भाई-बहनों का प्रभाव। किशोरापराध में परिवार के महत्त्व को पूरी तरह समझने के लिए इन सभी कारकों को समझना आवश्यक है।

(अ) भग्न परिवार (Broken Families)—किशोरापराध के अध्ययन से पता चला है कि अधिकतर किशोरापराधी भग्न परिवारों से आते हैं। भग्न परिवार, जैसा कि उसके नाम से स्पष्ट है, ऐसा परिवार है जिसमें पारिवारिक सम्बन्ध टूट चुके हैं। परिवार का अर्थ केवल कुछ व्यक्तियों का एकत्रित रहना मात्र नहीं है बल्कि उनका परस्पर घनिष्ट सम्बन्ध है। इस घनिष्टता की अनुपस्थिति में परिवार विशृंखलित हो जाता है और विशृंखलित परिवार में किशोरापराधी उत्पन्न होते हैं। भग्न परिवार में बालक की देखभाल नहीं हो पाती। कुछ विशेषज्ञों के अनुसार, विशृंखलित परिवार लड़कों की अपेक्षा लड़कियों में अपराधवृत्ति के लिए अधिक सहायक होता है। 1946 में बम्बई के बाल सहायता समाज के अधीन 386 लड़के तथा 169 अन्धी लड़कियाँ थीं। इनमें दो लड़के और और दो लड़कियों के माता-पिता किसी न किसी अपराध के कारण जेल में सजा काट रहे थे, 2 लड़के और 5 लड़कियाँ कठोर व्यवहार से ग्रसित थीं, 6 लड़के और 9 लड़कियाँ अनैतिक असुरक्षा के शिकार थे। भग्न परिवार में पति-पत्नी, माता-पिता और बालक तथा भाई-बहन के सम्बन्ध स्वस्थ नहीं थे। अतः यह स्वाभाविक है कि बालक-बालिकायें भ्रष्ट मार्ग पर चल पड़े।

(ब) माता-पिता का रुख—किशोरापराध की पारिवारिक परिस्थिति में बालक और माता-पिता के सम्बन्ध अत्यन्त महत्त्वपूर्ण हैं। Women of the Street नामक लन्दन की वेश्याओं पर किये गये एक खोजपूर्ण प्रबन्ध के भूमिका लेखक के अनुसार वेश्या की समस्या माता-पिता और बालक के सम्बन्ध से आरम्भ होती है। बहुधा जब बालक को माता-पिता का प्रेम नहीं मिलता और बात-बात में कठोर दण्ड मिलता है तो उसमें विद्रोह और क्षोभ बढ़ता जाता है। जिससे अवसर मिलने पर वह घर से भाग जाता है और अपराध में पड़ जाता है। माता-पिता के तिरस्कार से बच्चे असहाय और अकेला अनुभव करते हैं जिससे उनमें अनेक मानसिक ग्रन्थियाँ बन जाती हैं। यदि माता-पिता अपनी बहुत सी बातों को बालक से छिपाने की कोशिश करते हैं तो उससे भी बालक में अपराधवृत्ति बनती है। उदाहरण के लिए अधिकतर बालक बहुधा अपने माता-पिता से यह पूछते हैं कि वे कहाँ से आये अथवा उनके छोटे भाई-बहन कहाँ से आये। जब माता-पिता उनसे झूठ बोलते हैं और वे अपने साथियों अथवा घर के नौकरों से सही बात का पता पा जाते हैं तो उनमें असुरक्षा की भावना उत्पन्न होती है, उनको यह जानकर भारी आघात लगता

है कि उनके माता-पिता बहुत से ऐसे काम करते हैं जो वे उनको बतलाना नहीं चाहते। यह असुरक्षा की भावना बहुधा बालकों को यौन अपराध की ओर ले जाती है।

(स) माता-पिता का चरित्र व आचार—माता-पिता के चरित्र व आचार का बालकों के व्यक्तित्व पर बड़ा प्रभाव पड़ता है। ऐसे बालक बहुत कम हैं जो अपने माता-पिता को झूठ बोलते और मक्कारीपूर्ण व्यवहार, यौन अनैतिकता तथा चोरी करते देखते हुए भी अपना व्यवहार सामाजिक मूल्यों और मान्यताओं के अनुसार बना पाते हैं। मिस इलियट के अध्ययन में 67 प्रतिशत विशृंखलित और 44 प्रतिशत अविशृंखलित परिवारों में माता-पिता अनैतिक व्यवहार में लगे हुए थे। यदि परिवार में माता वेश्यावृत्ति में लिप्त हो तो उसकी लड़कियों को भी उसका अनुसरण करने में संकोच न होगा और वे भी व्यभिचार की ओर बढ़ेंगी।

(द) भाई-बहनों का प्रभाव—केवल माता-पिता और बालकों के सम्बन्ध का ही नहीं बल्कि भाई-बहनों के व्यक्तित्व का भी बालकों के व्यक्तित्व पर बड़ा प्रभाव पड़ता है। वह प्रभाव लड़कियों पर अधिक देखा जाता है क्योंकि उन पर लड़कों की अपेक्षा बाहर के कारकों का प्रभाव पड़ने का अवसर बहुत कम आता है। यदि घर के बड़े बालक अपराधी व्यवहार करते हैं तो उनका असर छोटे भाई-बहनों पर जरूर पड़ता है। यदि बड़ी बहन अपराधी हो या अनैतिक व्यवहार में लगी हुई हो तो उसकी छोटी बहन भी उसके अनुसार चलने लगती है।

उपरोक्त विस्तृत विवेचन से यह स्पष्ट है कि पारिवारिक परिस्थिति का बालकों को अपराधी बनाने में भारी हाथ है। परन्तु जैसा कि पहले बतलाया जा चुका है इससे यह निष्कर्ष नहीं निकालना चाहिए कि भग्न परिवार के सभी बालक अपराधी होते हैं। हीली और ब्रोनर के अध्ययन में 372 भग्न परिवार में केवल 20 प्रतिशत परिवारों में से एक बालक अपराधी था। 6 बच्चे वाले 336 परिवारों में केवल 12 प्रतिशत बालक अपराधी व्यवहार में लगे हुए थे। इस अध्ययन में यह तो जान पड़ता है कि परिवार का विशृंखलन किशोरापराध का एक मात्र कारण नहीं है परन्तु कोई अपराधशास्त्री इस बात से इन्कार नहीं करता कि वह निश्चित ही सबसे बड़ा कारण है।

(2) स्कूल—परिवार के बाद बालक के व्यक्तित्व पर उसके स्कूल का प्रभाव पड़ता है। स्कूल से भाग जाना एक मुख्य किशोरापराध है। विलियमसन ने 1947 में अपने अध्ययन में यह देखा कि किशोरापराध में स्कूल से भागना, चोरियाँ तथा यौन अपराध सबसे मुख्य थे और इनमें भी स्कूल छोड़कर भाग जाना और स्कूल के बाहर नगर में घूमना-फिरना सबसे अधिक पाये गये। विलियमसन ने स्कूल से भागने के मुख्य कारण माता-पिता द्वारा उपेक्षा, अपराधियों के गिरोह में सम्मिलित होना, अध्यापक द्वारा दण्ड, विषय में कमजोरी तथा शिक्षा स्तर का योग्यता से अधिक होना पाये हैं। स्कूल से भागने वाले बालक अपना सारा समय बुरी संगति में बिताते हैं और तरह-तरह के अपराध करते हैं। आजकल अध्यापक

के सामने यह एक बड़ी समस्या है। इसके लिए बड़े-बड़े नगरों में विद्यार्थियों को मैटनी शो में जाने से रोक दिया गया है। परन्तु इस तरह रोकने मात्र से समस्या हल नहीं होती। आजकल की बढ़ी हुई अनुशासनहीनता का मुख्य कारण यह है कि शिक्षा न तो मनोरंजक है और न रुचिकर तथा वह चरित्र निर्माण करने की अपेक्षा सूचनाओं को मस्तिष्क में भरने पर अधिक जोर देती है। कहना न होगा कि इन्हीं कारणों से बालक का स्कूल में मन नहीं लगता और वह स्कूल जाने से डरता है तथा नाना प्रकार के अपराधों में फँस जाता है।

(3) अपराधी क्षेत्र—क्लिफोर्ड, शॉ और मैक्के के अध्ययन के अनुसार कुछ क्षेत्र बालकों के स्वस्थ विकास के लिए उपयुक्त नहीं होते। यह एक सामान्य बात है कि पड़ोस और मुहल्लों का बालकों पर बड़ा प्रभाव पड़ता है। सांख्यिकी विधि का प्रयोग करके मालर ने यह निष्कर्ष निकाला कि न्यूयार्क शहर में किशोरापराधी उस क्षेत्र में अधिक थे जहाँ रहन-सहन का स्तर बहुत नीचा था, बाल मृत्यु अधिक होती थी, मनोरंजन का कोई साधन नहीं था, बस्ती अस्थिर थी तथा औद्योगिक केन्द्र था। अस्थिर बस्तियों में कोई स्थायी सामाजिक नियम नहीं होता। उदाहरण के लिए धर्मशालाओं, सरायों तथा होटलों के आसपास पाकेटमार अधिक पाये जाते हैं क्योंकि वहाँ आने-जाने वालों का क्रम बराबर लगा रहता है। क्लिफोर्ड, शॉ और मैक्के ने लगभग 15 शहरों में किशोरापराध का अध्ययन करके यह देखा कि अपराध की दरें नगर के केन्द्रीय भाग में सबसे अधिक और अन्तिम छोर पर सबसे कम थीं। इससे उन्होंने यह निष्कर्ष निकाला कि पिछड़े हुए और निम्न आर्थिक स्तर वाले क्षेत्र की सामाजिक परम्परायें अपराध के प्रतिमानों को साधारण समूह से अलग करती हैं। ये प्रतिमान किशोरापराध समूह में बनाये रखे जाते हैं। इस तरह बड़े-बड़े शहरों में कुछ क्षेत्र ऐसे हैं जहाँ अपराधियों की भरमार होती है। ये ही क्षेत्र अपराधी क्षेत्र कहलाते हैं। अपराधी क्षेत्र किशोरापराध का महत्वपूर्ण कारण हैं। यहाँ यह ध्यान रखने की बात है कि शॉ और उसके सहयोगी हेनरी मैक्के ने निवास-स्थान को अपराध का कारण नहीं माना है बल्कि यह दिखलाने की चेष्टा की है कि अपराधी वहाँ अधिक पाये जाते हैं जहाँ निर्धनता, मानसिक विकार, पारिवारिक विघटन, रोग, शिशु मृत्यु आदि विघटन की परिस्थितियाँ बराबर बनी रहती हैं। अपराधी क्षेत्र में स्थानान्तरण की प्रवृत्ति भी अधिक पाई जाती है। शॉ और मैक्के ने शिकागो तथा अन्य नगरों के अध्ययन के आधार पर निम्नलिखित निष्कर्ष निकाले—

(1) भिन्न-भिन्न बस्तियों में किशोरापराध की दरें भिन्न-भिन्न रहती हैं। कुछ क्षेत्रों में लड़के गिरफ्तार नहीं होते जबकि कुछ क्षेत्रों में वर्ष में कुल लड़कों की संख्या का पाँचवाँ भाग पकड़ा जाता है।

(2) सर्दियों में अपराध की दरें नगर के केन्द्र के निकट कल और कारखाने वाले क्षेत्रों में सबसे अधिक पाई जाती हैं। केन्द्र से दूरी के अनुपात से अपराध की दूरी घटती जाती है।

(3) जिन क्षेत्रों में स्कूल छोड़कर भागने की प्रवृत्ति अधिक पाई जाती है वहाँ किशोरापराध की दरें भी अधिक होती हैं।

(4) सन् 1930 में जिन क्षेत्रों में अपराध की दरें अधिक थीं वहाँ सन् 1900 में भी अधिक अपराधी दर थी यद्यपि इन वर्षों में जनसंख्या के आकार और स्वरूप में बहुत परिवर्तन हुए हैं।

(4) बुरी संगत—प्रमुख अपराधशास्त्री एडविन एच॰ सदरलैंड के अनुसार अपराधी व्यवहार दूसरे व्यक्ति की अन्तःक्रिया द्वारा सीखे जाते हैं। सदरलैंड के शब्दों में, "कानून के उल्लंघन करने में सहायक परिभाषाओं की कानून के उल्लंघन में बाधक परिभाषाओं की अपेक्षा अधिकता हो जाने के कारण एक व्यक्ति अपराधी हो जाता है"[1] बालकों में किसी को बुरी और किसी को अच्छी संगति मिलती है। बुरी संगति में पड़ने पर बालक अपराध की ओर बढ़ता है जबकि अच्छी संगति से वह आगे चलकर समाज का योग्य सदस्य बनता है। मनुष्य के व्यवहार पर उसके साथियों का पर्याप्त प्रभाव पड़ता है। बालकों में वृहत् समुदाय की मान्यताओं और मूल्यों को मानने कीं भावना उत्पन्न करने के लिए उसके चारों ओर, एक ऐसे वातावरण की आवश्यकता है जहाँ उन्हें समाज के विरुद्ध काम करने की प्रेरणा कम से कम मिले।

(5) मनोरंजन—बालकों के विकास के लिए मनोरंजन के साधानों का भी बड़ा महत्त्व है। स्कूल के बाद शेष समय में स्वस्थ क्रियायें करने की प्रेरणा उन्हें अच्छे वातावरण में ही मिल सकती है। खाली समय का सदुपयोग न होना भी अपराधी व्यवहार को प्रेरित करता है। बालकों के सामाजीकरण और नैतिक प्रशिक्षण में खेलकूद प्रमुख तत्व हैं। अपर्याप्त और अनियन्त्रित मनोरंजन नगर में किशोरापराध का महत्त्वपूर्ण कारण है। थर्सटन के एक अध्ययन में 2507 किशोरापराधियों के खाली समय का दुरुपयोग हुआ था।

आधुनिक नगरों में छोटे-बड़े सभी के मनोरंजन का प्रमुख साधन सिनेमा है। सिनेमा किशोरापराध और समाज विरोधी व्यवहार के लिए बहुत कुछ उत्तरदायी है। एडवेंचर और रोमांस के दृश्यों के द्वारा सिनेमा अपराध के नये-नये प्रतिमान प्रस्तुत करता है। कुछ फिल्मों का किशोर बालकों पर इतना प्रभाव देखा गया कि उनको दिखाये जाने के बाद नगर में तरह-तरह के किशोरापराधों की दरें अत्यधिक बढ़ गईं। परन्तु सिनेमा के प्रति बालकों की प्रतिक्रिया अधिकतर उनके पड़ोस के तथा घरेलू प्रतिमानों द्वारा निर्देशित होती है। भिन्न-भिन्न बालकों पर उसका प्रभाव भी भिन्न-भिन्न मात्रा में पड़ता है। वैज्ञानिक अध्ययनों से यह प्रमाणित हो चुका है कि बालकों के व्यवहार पर सिनेमा का प्रत्यक्ष प्रभाव बहुत कम होता है। वास्तव में सिनेमा से अधिक महत्त्वपूर्ण बालक की सिनेमा के प्रति प्रतिक्रिया होती है जो उसके पिछले अनुभवों और सामाजिक तथा सांस्कृतिक परिस्थितियों के प्रति प्रतिक्रिया के आधार पर काम करती रहती है।

---

1. E. .H. Sutherland. *Principles of Criminology,* New. York, (1955).

(6) युद्ध—युद्धकाल और युद्धोत्तर काल में किशोरापराध की दरें बढ़ी पाई गई हैं। युद्ध में सम्मिलित होने वाले देशों के बालकों को स्कूल की पढ़ाई में बहुत सी बाधायें पड़ती हैं। बहुधा पिता लड़ाई के मैदान में रहता है और माता कारखाने में काम करती है। अतः बच्चे की देखभाल ठीक से नहीं हो पाती। नियन्त्रण के अभाव के कारण लड़के-लड़कियों के मिलने-जुलने की बहुत स्वतन्त्रता होती है जिसके कारण यौन-अपराध बढ़ते हैं। युद्धकाल में जहाँ बम गिराये जाते थे वहाँ टूटे-फूटे मकानों में किशोर व्यक्ति ही अधिक लूटमार करते थे। अतः युद्धकाल की स्थिति अपराधी प्रवृत्तियों को स्पष्ट रूप से बढ़ाती है।

(7) सामाजिक विघटन—सामाजिक विघटन से व्यक्ति का विघटन होता है। समाज के विघटित होने पर अपराधियों की संख्या बढ़ जाती है। अतः सामाजिक विघटन भी किशोरापराध का एक कारण है। आधुनिक औद्योगिक समाज में समन्वय और समानता का बड़ा अभाव होता है। इससे तनाव बढ़ता है और युवक-युवतियाँ अपराध की ओर बढ़ते हैं।

(8) स्थानान्तरण—स्थानान्तरण का भी किशोरापराध पर प्रभाव पड़ता है। स्टुअर्ट ने बर्कले नगर के अध्ययन में देखा कि किशोरापराधी ऐसे क्षेत्र में अधिक रहते थे जहाँ स्थानान्तरण अधिक था परन्तु अपने परिवार की अपेक्षा वे स्वयं बहुत कम गतिशील होते थे।

किशोरापराध में आर्थिक कारण

निर्धनता और अपराध का बड़ा घनिष्ट सम्बन्ध है। शॉ और मैके तथा इलियट के अध्ययन से यह ज्ञात हुआ कि किशोरापराधियों में अकुशल मजदूरों की सन्तान की संख्या बहुत अधिक थी। बोंगर तथा फोर्नासिरी डिवर्सी ने इस मत का समर्थन किया कि निर्धनता अपराध की प्रवृत्तियों को बढ़ावा देती है। इन किशोरापराधियों के बारे में मैरिल ने लिखा है कि परिवार की आय कम होने के कारण बालकों को भी काम करना पड़ता है और उनकी शिक्षा नहीं हो पाती। कारखानों का परिवेश बालक बालिकाओं को अपराध की राह पर ले जाता है। कभी-कभी बालकों को दूसरों के घर संदेश ले जाने का कार्य सौंपा जाता है जिससे उनको नाना प्रकार के यौन व्यवहार देखने को मिलते हैं। इसका उन पर बुरा प्रभाव पड़ता है और वे अपराध की ओर प्रवृत्त होते हैं। गणना से देखा गया है कि अपराधी बालकों में काम करने वालों की संख्या काम न करने वालों से लगभग 10 गुनी होती है। होटलों या उपहारगृहों में काम करने वाली लड़कियाँ यौन अपराध की ओर शीघ्र प्रवृत्त हो जाती हैं क्योंकि एक तो उनको वेतन बहुत कम मिलता है, दूसरे उनका निवास स्थान गन्दा तथा काम के घण्टे अधिक होते हैं तथा तीसरे उनको यौन अपराधों की ओर ले जाने वालों की संख्या कम नहीं होती। वास्तव में गरीब परिवार के बालक-बालिकाओं की अनेक इच्छाएँ अतृप्त रह जाती हैं जिनको तृप्त करने के लिये वे अपराधों का

सहारा लेते हैं। निर्धनता से असंतोष और हीनता की भावना भी उत्पन्न होती है, जिससे व्यक्ति अपराध की ओर बढ़ता है।

परन्तु इसका अर्थ यह नहीं निकाला जा सकता कि निर्धनता और अपराध में अनिवार्य सम्बन्ध है। वास्तव में अपराध का कारण निर्धनता नहीं है, बल्कि उसमें उत्पन्न वे मनोवैज्ञानिक कारक हैं जो बालक बालिकाओं को अपराध की ओर ले जाते हैं। Juvenile Delinquency में टप्पन ने लिखा है, "निर्धनता अपराध से सम्बन्धित है, परन्तु मुख्यतः इस कारण से कि सामान्य से निम्नस्तर (Subnormal) आर्थिक परिस्थितियों के साथ-साथ बालक के प्रशिक्षण और अनुभवों के अन्य तत्व भी क्रियाशील रहते हैं जो चरित्र, मूल्यों और कानूनों के प्रति अनुक्रियाओं को निर्धारित करने में अधिक महत्वपूर्ण होते हैं। घरेलू लड़ाई-झगड़े अपराधी-समूह (Delinquent Gangs), अपर्याप्त शिक्षा और मनोरंजन की असुविधा, अवैधानिकता के उपस्थित प्रलोभन ये अधिकाधिक क्रियाशील तत्व होते हैं। "साइरिल बर्ट ने अपने अध्ययन से यह दिखलाया है कि पकड़े हुए अपराधियों में निर्धनों की बहुत बड़ी संख्या होने का एक कारण यह भी है कि गरीब होने के कारण वे पुलिस तथा कानून से नहीं बच सकते जबकि धनिक अपराधी आसानी से बच सकते हैं। साइरिल बर्ट के अध्ययन में केवल 19 प्रतिशत किशोरापराधी ही बहुत अधिक निर्धन परिवार के सदस्य पाये गये। 37 प्रतिशत किशोरापराधी औसत रूप से निर्धन परिवारों के सदस्य थे। इस प्रकार आधे से अधिक किशोरापराधी निर्धन परिवारों से आये थे। परन्तु बर्ट के अनुसार इस बड़ी संख्या का मुख्य कारण निर्धनता न होकर यह था कि धनिक परिवारों के बालक अपनी सम्पन्नता के कारण पकड़े जाने से बच जाते हैं। निर्धन बालकों में किशोरापराधियों की अधिक संख्या के पाये जाने का चाहे कुछ भी कारण माना जाय, परन्तु इस बात पर सभी अपराधशास्त्री और मनोवैज्ञानिक एक मत हैं कि किशोरापराध का निर्धनता से घनिष्ठ सम्बन्ध है। जब निर्धन परिवार के बालक धनिक परिवार के बालकों को तरह-तरह की चीजों का इस्तेमाल करते देखते हैं तो वे भी वैसा ही करना चाहते हैं, परन्तु धन की कमी के कारण वे उन चीजों को प्राप्त नहीं कर सकते। फलस्वरूप उनमें द्वेष, लालच और जलन की भावनायें पैदा होती हैं जो उनको अपराधों की ओर ले जाती हैं।

किशोर अपराधों के सामाजिक, और आर्थिक कारणों के उपरोक्त विवचेन से यह स्पष्ट होता है कि इस विषय में विशिष्ट कारणवाद का सिद्धान्त ठीक नहीं है। वास्तव में आजकल कोई भी अपराधशास्त्री अथवा मनोवैज्ञानिक इस तथ्य से इन्कार नहीं कर सकता है। कि अपराध के कारण विविध हैं। व्यक्ति की क्रियायें परिवेश के प्रति समंजन करने का ढंग हैं। इस समंजन में जो व्यक्ति सामाजिक उपाय अपनाते हैं, वे स्वस्थ कहलाते हैं। इसके विपरीत जो व्यक्ति इस अनुकूलन में असामाजिक अथवा असमान्य उपायों का प्रयोग करते हैं वे अपराधी कहलाते हैं। इस तरह किसी बालक के अपराधी बनाने में सामाजिक और व्यक्तिगत, घरेलू, मनोवैज्ञानिक और आर्थिक सभी कारणों का हाथ है। अतः किशोर अपराधी को फिर

से समाज का स्वस्थ नागरिक बनाने के लिये इन सब कारणों को समझकर इनको दूर करने की जरूरत है। हर्ष है कि इस तथ्य को आजकल सभी प्रगतिशील देशों में अनुभव किया गया है और इसलिये सब कहीं किशोरापराधी को दण्ड देने के स्थान पर उसके सुधार करने की कोशिश की जाती है।

किशोरापराध के सुधार के उपाय

जैसा कि पहले बतलाया जा चुका है, आधुनिक प्रगतिशील देशों में किशोरापराधियों को दण्ड नहीं दिया जाता, बल्कि उनके सुधार का उपाय किया जाता है। इस विषय में तीन उपाय सबसे अधिक प्रचलित हैं–(1) प्रवीक्षण (Probation), (2) सुधार स्कूल (Reformatory School), (3) मनोवैज्ञानिक उपचार (Psycho-therapy)।

(1) प्रवीक्षण

किशोरापराध के सुधार की सबसे अधिक प्रचलित विधि प्रवीक्षण है। इसमें किशोरापराधी को एक प्रवीक्षण अधिकारी (Probation Officer) की संरक्षकता में रख दिया जाता है। अमेरिका में सन् 1841 ई० से 1859 ई० तक जॉन आगस्टस ने 203 युवकों तथा 149 युवतियों को यह विश्वास दिलाकर जमानत पर छुड़ाया कि वे दोबारा अपराध नहीं करेंगे और वास्तव में न तो उनमें से किसी ने दोबारा अपराध किया और न प्रोबेशन की शर्तों को तोड़ा। उस समय तक प्रोबेशन का कानून नहीं था। अतः इसको बेल बोंडिंग (Bail Bonding) कहा गया जिससे जमानत का तात्पर्य होता है। अमेरिका में सबसे पहले प्रोबेशन कानून 1876 में साच्यूसैट्स राज्य में पास हुआ। उसके बाद धीरे-धीरे सभी सभ्य देशों में प्रोबेशन या प्रवीक्षण का रिवाज हो गया।

प्रवीक्षण के उद्देश्य

प्रवीक्षण के उद्देश्य के बारे में अनेक प्रकार के मत मिलते हैं। अधिकतर लोग प्रवीक्षण को पहली बार अपराध करने वालों के प्रति नर्मी बरतने की एक विधि मानते हैं। एक अन्य मत यह है कि प्रवीक्षण का उद्देश्य चेतावनी देकर अथवा दण्ड का भय दिखलाकर अपराधी का सुधार करना है। कुछ नये अपराधशास्त्रियों के अनुसार प्रवीक्षण का उद्देश्य बालक की सामाजिक और मनोवैज्ञानिक आवश्यकताओं को पूरा करना है। कुछ लोगों ने प्रवीक्षण को एक उपचार विधि ही मान लिया है, जिसमें कि बालकों की मनोवृत्तियों और परिस्थितियों का अध्ययन करके उसके सुधार के उपाय किये जाते हैं। वास्तव में, प्रवीक्षण के उद्देश्य में उपरोक्त सभी बातें आ जाती हैं। प्रवीक्षण का उद्देश्य अपराधी की मानसिक प्रवृत्तियों तथा उनकी परिस्थितियों का सूक्ष्म अध्ययन करके कभी उसे दण्ड का भय दिखाकर और कभी नर्मी से समझाकर तथा उसकी सामाजिक और मनोवैज्ञानिक आवश्यकताओं को यथासम्भव सन्तुष्ट करने की चेष्टा करते हुए अपराधी को सही मार्ग पर लाना है।

भारत में प्रवीक्षण

भारत में सन् 1938 में उत्तर प्रदेश का प्रथम अपराधी प्रवीक्षण अधिनियम (First Offender's Probation Act) पास हुआ। इस अधिनियम के अनुसार पहली बार अपराध करने वाले बालक-बालिकाओं को प्रोबेशन पर रखने की व्यवस्था की गई। बड़े-बड़े नगरों में प्रोबेशन अधिकारियों की नियुक्ति की गई। यद्यपि अभी प्रत्येक जिले में प्रोबेशन का प्रबन्ध नहीं है। उत्तर प्रदेश के इस अधिनियम के अनुसार 7 वर्ष से लेकर 24 वर्ष की आयु तक अपराध करने वाले युवकों को प्रवीक्षण अधिकारी की देख-रेख में रखा जाता है।

प्रवीक्षण अधिकारी के काम

उत्तर प्रदेश के अलावा भारत में तमिलनाडु और महाराष्ट्र की सरकारों ने भी प्रोबेशन के विषय में अधिनियम बनाये। कुछ अन्य राज्यों ने भी इस दिशा में कदम उठाये हैं, परन्तु सारे देश में प्रोबेशन की व्यवस्था होना अभी दूर की बात है। महाराष्ट्र, उत्तर प्रदेश, तमिलनाडु के प्रवीक्षण अधिनियमों में प्रवीक्षण अधिकारी के कामों के विषय में मुख्य निर्देश निम्नलिखित हैं–

(1) प्रोबेशनर (Probationer) में मित्रता स्थापित करना और उससे सहानुभूति का व्यवहार रखना।

(2) समय-समय पर प्रोबेशनर के घर जाकर उससे मिलना और कभी-कभी उसे अपने घर भी आमन्त्रित करना।

(3) इस बात की देखरेख करना कि प्रोबेशनर अदालत में दाखिल किये गये बौंड (Bond) की शर्तों का पालन कर रहा है या नहीं।

(4) अदालत को प्रोबेशन के व्यवहार के बारे में सूचित करते रहना।

(5) प्रोबेशनर को सलाह-मशविरा देना और उसके व्यवहार को उचित दिशा में ले जाने की कोशिश करना।

(6) प्रोबेशनर को काम-धन्धा दिलाने में सहायता देना।

आजकल उत्तर प्रदेश के 51 जिलों में से लगभग 17 जिलों में प्रवीक्षण का इन्तजाम है। उत्तर प्रदेश के सूचना विभाग के अनुसार 1957 में लगभग 3000 अपराधियों को प्रवीक्षण अधिकारियों के संरक्षण में छोड़ा गया। भारत में प्रवीक्षण व्यवस्था का प्रयोग बढ़ता जा रहा है। अकेले महाराष्ट्र-गुजरात राज्य में 1951 में प्रवीक्षण पर छोड़े गये अपराधियों की संख्या केवल 11 थी। जबकि 1952 में यह संख्या बढ़कर 663 हो गई। तमिलनाडु में 1952 में 5250 अपराधी प्रोबेशन पर छोड़े गये।

प्रवीक्षण व्यवस्था से लाभ

प्रोबेशन व्यवस्था अपराधियों को और अधिक अपराधों के करने से रोकने में अधिक लाभदायक सिद्ध हुई है। मुख्य लाभ अग्रलिखित हैं–

(1) प्रवीक्षण व्यवस्था अपराधी को सुधरने का मौका देती है।

(2) प्रवीक्षण अधिकारी अपराधी को सहायता और निर्देश देता है।

(3) प्रोबेशन व्यवस्था अपराधी को जेल के दूषित वातावरण से बचाती है जिससे वह अनेक सामान्य प्रवृत्तियों का शिकार होने से बच जाता है।

(4) प्रवीक्षण व्यवस्था अपराध रोकने के अन्य व्यवस्थाओं से सस्ती भी है। उदाहरण के लिए 1952 में तमिलनाडु राज्य में प्रोबेशन पर छोड़े हुये 5200 अपराधियों पर लगभग 2,28000 रु० खर्च किया गया। जेल भेजे जाने पर इन्हीं अपराधियों पर लगभग 16 लाख रुपया खर्च होता है।

(5) प्रोबेशन व्यवस्था केवल अपराधी को अपराध करने से ही नहीं रोकती, बल्कि उसे समाज का एक उपयोगी अंग बनाने में भी सहायता करती है। उत्तर प्रदेश में 1953 में प्रवीक्षण पर छोड़े गये 1700 अपराधियों में से केवल 8 को छोड़कर बाकी अपराध करना छोड़कर उत्तम नागरिक बन गये।

सुधार संस्थायें

सुधार स्कूल

भारत में 1897 के रिफार्मेट्री स्कूल अधिनियम (Reformatory Schools Act) के अनुसार सुधार स्कूल स्थापित किये गये। आजकल भारत में इस तरह के निम्नलिखित चार स्कूल हैं–

(1) **हिसार रिफार्मेट्री स्कूल**–इसमें दिल्ली और पंजाब के 15 वर्ष से कम उम्र के किशोरापराधी भेजे जाते हैं। ये 3 से 5 वर्ष तक स्कूल में रखे जाते हैं। इन्हें मिडिल स्कूल तक की शिक्षा दी जाती है और साथ में प्रौद्योगिक शिक्षा भी दी जाती है। इसमें चमड़े का काम, सिलाई, लुहार का काम, बैंत का काम, बढ़ईगिरी आदि आते हैं। इसके अलावा स्काउटिंग, प्राथमिक चिकित्सा, मनोरंजन आदि का भी प्रबन्ध है। अच्छा आचरण होने पर बालक को पुरस्कार दिया जाता है और घर के लिए 15 दिन की छुट्टी भी दी जाती है।

(2) **लखनऊ रिफार्मेट्री स्कूल**–इसमें उत्तर प्रदेश के 9 वर्ष से 15 वर्ष की आयु तक के किशोरापराधी रखे जाते हैं। ये 4 से 7 वर्ष तक स्कूल में रहते हैं। स्कूल में इनकी सामान्य और प्रौद्योगिकी शिक्षा का प्रबन्ध है। बालकों को जेब खर्च मिलता है और सादे कपड़ों में स्कूल से बाहर जाने दिया जाता है। स्कूल के बालकों का एक अपना बैंड भी है जो शहर में भेजा जाता है।

(3) **जबलपुर रिफार्मेट्री स्कूल**–इसमें मध्य प्रदेश के किशोर अपराधी रखे जाते हैं। स्कूल में बालकों को पूरी स्वतन्त्रता दी जाती है और उन्हें आत्म-निर्भरता सिखाई जाती है। स्कूल में सामान्य और औद्योगिक दोनों प्रकार की शिक्षा दी जाती है।

(4) **हजारी बाग रिफार्मेट्री स्कूल**–इसमें पश्चिमी बंगाल, बिहार, असम और उड़ीसा के किशोर अपराधियों को प्राथमिक शिक्षा (Primary Education) दी

जाती है। स्कूल से लगे औद्योगिक कक्ष में स्कूल के अतिरिक्त बाहर के विद्यार्थियों को भी प्रशिक्षण दिया जाता है। प्रतिभाशाली बालकों को बाहर की शिक्षा संस्थाओं में भेजा जाता है।

सर्टीफाइड स्कूल

रिफार्मेट्री स्कूलों में भयंकर अपराध वाले किशोर अपराधियों को रखा जाता है। छोटे अपराध वाले बालक सर्टीफाइड स्कूलों में रखे जाते हैं। ये स्कूल भारत में उन सब राज्यों में पाये जाते हैं जिनमें बाल अधिनियम (Children Acts) पास किये जा चुके हैं। 14 वर्ष के बालक जूनियर सर्टीफाइड स्कूलों में रखे जाते हैं। 14 से 16 वर्ष तक के बाल-अपराधी सीनियर सर्टीफाइड स्कूलों में रखे जाते हैं। इन स्कूलों में 5 से 8वीं कक्षा तक की शिक्षा दी जाती है। तमिलनाडु राज्य में लड़कों के एक सीनियर और दो जूनियर तथा लड़कियों का एक सम्मिलित स्कूल है। राज्य द्वारा संचालित इन स्कूलों के अतिरिक्त 8 सर्टीफाइड स्कूल सार्वजनिक समितियों द्वारा संचालित हैं। महाराष्ट्र राज्य में राज्य सरकार द्वारा संचालित 19 सर्टीफाइड स्कूल हैं। केरल राज्य में एक सर्टीफाइड स्कूल है। इन सर्टीफाइड स्कूलों के अतिरिक्त महाराष्ट्र राज्य की 89 उपयुक्त व्यक्ति संस्थायें (Fit Person Institutions), बंगाल का आवारा बच्चों का शरणालय (Vagrant Children's Home), कलकत्ता का कलकत्ता विजिलेन्स समिति शरणालय (Calcutta Vigilance Association Home), आन्ध्र प्रदेश में कुट्टी नेल्लोड़ी का बाल शरणालय तथा दिल्ली का बाल शरणालय और मैसूर राज्य में बेलारी का सर्टीफाइड स्कूल आदि संस्थायें किशोर अपराधियों के सुधार की दिशा में महत्वपूर्ण काम कर रही हैं।

सहायक गृह

सर्टीफाइड स्कूलों के लिये बच्चे लेने वाली संस्थायें सहायक गृह (Auxiliary Home) कहलाती हैं। सहायकगृह सरकारी और गैर-सरकारी दोनों प्रकार के होते हैं। इनमें सातवीं कक्षा तक की सामान्य शिक्षा और बढ़ईगिरी, कताई, बुनाई, जिल्दसाजी, चटाई बुनना, राज और दर्जी का काम आदि औद्योगिक शिक्षा दी जाती है। इसके अलावा स्काउटिंग, प्राथमिक चिकित्सा (First Aid), संगीत तथा खेती आदि की शिक्षा का भी प्रबन्ध होता है। सहायक गृहों से निकले हुए बालक बहुत कम संख्या में दुबारा अपराध करते हैं।

बोर्स्टल स्कूल

Juvenile Delinquency के लेखक टप्पन के अनुसार इंग्लैण्ड के गृह विभाग ने बोर्स्टल व्यवस्था के सिद्धान्तों की इस प्रकार व्याख्या की है—"इस व्यवस्था का लक्ष्य चरित्र और नैतिक, मानसिक, शारीरिक तथा व्यवसाय सम्बन्धी

क्षमताओं का विशेष रूप से उत्तरदायित्व और आत्म-नियन्त्रण के विकास पर जोर देते हुए प्रगति के साथ बढ़ते हुये विकास द्वारा सर्वांगीण विकास करना है।"[1] बोर्स्टल संस्था में सदस्यों को दिनभर रुचिकर तथा मेहनत के कामों में लगाये रखा जाता है। सामान्य शिक्षा के साथ-साथ इनमें शारीरिक प्रशिक्षण तथा औद्योगिक प्रशिक्षण का विशेष ध्यान रखा जाता है। इस प्रकार का प्रशिक्षण सबसे पहले 1902 में इंग्लैण्ड में केन्ट प्रान्त में मैन्चेस्टर के निकट बोर्स्टल नामक स्थान पर स्थापित किया गया। अतः इसका नाम बोर्स्टल स्कूल पड़ा। बोर्स्टल स्कूल भारत में सबसे पहले तमिलनाडु राज्य में 1926 में बने एक अधिनियम के अनुसार स्थापित हुआ। पश्चिमी बंगाल में बेहरामपुर में और महाराष्ट्र में धारावाड़ में भी तमिलनाडु के समान बोर्स्टल स्कूल स्थापित किया गया। मैसूर और मध्य प्रदेश में भी इसी प्रकार एक-एक स्कूल बना।

बोर्स्टल स्कूल में 16 से 21 वर्ष की आयु के अपराधी रखे जाते हैं। 32 वर्ष की आयु के बाद इनको स्कूल से छोड़ दिया जाता है। साधारणतया बोर्स्टल स्कूल राज्य के जेल विभाग के अधीन होते हैं। तमिलनाडु राज्य का बोर्स्टल स्कूल कई खण्ड़ों में विभाजित है। इन खण्डों का निरीक्षक एक हाउस मास्टर (House Master) होता है। हाउस मास्टर खण्ड के काम और अनुशासन का उत्तरदायी होता है। हाउस समूहों (Groups) में बँटा होता है। बोर्स्टल स्कूल में अच्छा आचरण दिखलाने वाले अपराधी को स्टार श्रेणी दी जाती है। इस श्रेणी में बन्दी को उसकी पसन्द का काम मिलता है और साथ ही साथ बैज धन राशि (Badge Money) के रूप में कुछ धन भी दिया जाता है। स्टार श्रेणी में अच्छा आचरण दिखलाने वाले सदस्यों को विशेष स्टार श्रेणी में रखा जाता है। विशेष स्टार श्रेणी के सदस्यों को बिना निगरानी के बाहर जाने की सुविधा दी जाती हैं। वे परेड, वर्कशाप तथा मनोरंजन कक्ष आदि की देख-रेख करते हैं और सन्तरी आदि का काम करते हैं। वे संस्था से बाहर खेल-कूद प्रतियोगिताओं में और स्काउट शिविरों में भाग लेने को भी भेजे जा सकते हैं।

किशोर बन्दीगृह—

उत्तर प्रदेश में बरेली में बोर्स्टल व्यवस्था के अनुकूल एक किशोर बन्दीगृह (Juvenile Jail). स्थापित किया गया है। उड़ीसा में अंगुल और बिहार में पटना में भी इसी प्रकार के किशोर बन्दीगृह स्थापित किये गये हैं। किशोर बन्दीगृह में उन्नीस वर्ष की आयु तक के या अधिक से अधिक 21 वर्ष की आयु तक के अपराधी रखे जा सकते हैं। किशोर बन्दीगृह साधारण जेलों से भिन्न हैं। यह एक सुधार संस्था

---

1. "The object of the system is the all round development of character and capacities moral, physical and vocational with particular emphasis on the development of responsibility and self control, trust increasing with progress."
—Quoted from P. W. Tappan, *Juvenile Delinquency,* p. 477.

है। इसमें बन्दियों को सामान्य शिक्षा और औद्योगिक शिक्षा दी जाती है। बन्दी जेल से बाहर जाकर भी काम कर सकते हैं। वे समय-समय पर अपने परिवार से मिलने घर भी जा सकते हैं। जेल की पढ़ाई खत्म करने के बाद सदस्य आगे पढ़ने के लिए जेल से बाहर के स्कूलों में भी जा सकते हैं। बरेली जेल में कैदियों की अपनी देख-रेख में एक कैन्टीन भी है जिससे उनको अपनी आवश्यकता की वस्तुयें मिल जाती हैं। जेल में बन्दियों द्वारा चुनी हुई एक पंचायत भी होती है। यह पंचायत सफाई तथा भोजन की व्यवस्था की देखरेख करती है। यह कैदियों के अनुशासन भंग के मामलों में निर्णय देती है। किशोर बन्दीगृह अपराधियों के सुधार में बड़े सफल सिद्ध हुए हैं। बरेली के किशोर बन्दीगृह से पिछले बारह वर्षों में केवल एक ही कैदी भागा है। बन्दीगृह के सदस्यों की कमाई का धन उनके नाम जमा कर दिया जाता है और जेल छोड़ते समय उन्हें दे दिया जाता है ताकि वे कोई स्वतन्त्र व्यवसाय स्थापित कर सकें। जेल में खिलौने बनाने, चमड़े का काम, बुनाई, सिलाई, गलीचा बनाना, खेती, मुर्गी पालन, बैण्ड बजाना आदि विभिन्न उपयोगी काम सिखाये जाते हैं।

देश में विभिन्न प्रकार की सुधार संस्थाओं के उपरोक्त वर्णन से स्पष्ट है कि भारत सरकार तथा राज्य सरकारें इस ओर ध्यान दे रही हैं। यद्यपि यह काम खासतौर से राज्यों का ही है परन्तु भारत सरकार ने भी इस दिशा में काफी सहायता दी है। इस समय देश में 92 किशोर न्यायालय, 99 विशिष्ट विद्यालय, 140 उपयुक्त व्यक्ति संस्थायें (Fit Person Institution), बोर्स्टल स्कूल तथा 55 रिमाण्ड होम हैं

अभ्यास के लिए प्रश्न

1. संक्षिप्त टिप्पणी लिखिए— नगरों में किशोराअपराध।

21

नगरीय दृष्टिकोण और सामाजिक परिवर्तन (Urban Outlook and Social Change)

दृष्टिकोण और पर्यावरण

मनुष्य एक पर्यावरण में रहता है और उसके प्रति अनुक्रिया करता है। मनुष्य और पशु में यही अन्तर है कि पशु को पर्यावरण के अनुसार अनुकूलन करना पड़ता है जबकि मनुष्य पर्यावरण को भी अपने अनुकूल बनाने की चेष्टा करता है। पशु जगत में सभी पशुओं पर एक पर्यावरण का एक-सा ही मानसिक प्रभाव पड़ता है। परन्तु मानव जगत में पर्यावरण का मानसिक प्रभाव मनुष्यों के दृष्टिकोण पर निर्भर रहता है। स्पष्ट हो या अस्पष्ट लगभग प्रत्येक मनुष्य का प्रत्येक वस्तु अथवा तत्त्व की ओर एक दृष्टिकोण, अनुकूलन का एक ढंग, देखने का एक आधार होता है। इसी से यह निश्चय होता है कि उसकी ओर उस मनुष्य की क्या प्रतिक्रिया होती है। किस वस्तु अथवा घटना की ओर किस मनुष्य की क्या प्रतिक्रिया अथवा अनुक्रिया होगी यह उसके प्रति उस मनुष्य के दृष्टिकोण पर निर्भर है।

नगरीय दृष्टिकोण क्या है?

यह दृष्टिकोण मनुष्य बचपन से ही लेकर नहीं आता। उसकी आनुवंशिक विशेषताओं का उसके विभिन्न वस्तुओं के प्रति दृष्टिकोण को निश्चित करने में कुछ न कुछ हाथ अवश्य होता है परन्तु फिर भी पर्यावरण का इसमें अधिक महत्त्व है। मनुष्य का पर्यावरण ही उसके अधिकतर दृष्टिकोण को निश्चित करता है। यह पर्यावरण मुख्यतया दो प्रकार का है—प्राकृतिक और सामाजिक। इनमें से जो भी मनुष्य को जितना अधिक प्रभावित करता है उसका उसके दृष्टिकोण पर उतना ही अधिक प्रभाव पड़ता है। गाँवों में प्राकृतिक पर्यावरण का जीवन पर बड़ा प्रभाव पड़ता है। परन्तु नगरों में विज्ञान के आधुनिक उपकरणों की सहायता से प्रकृति के प्रभाव को बहुत कुछ नियन्त्रित कर दिये जाने के कारण सामाजिक पर्यावरण अथवा परिस्थितिशास्त्रीय (Ecological) पर्यावरण का प्रभाव अधिक होता है। इस प्रकार

नगरीय मनुष्य पर नगरीय पर्यावरण का अधिक प्रभाव पड़ता है। दूसरे शब्दों में, नगरीय व्यक्ति के दृष्टिकोण को निश्चित करने में पर्यावरण का भारी हाथ है। नगरीय पर्यावरण कुछ ऐसी परिस्थितियाँ निर्माण करता है जिनमें व्यक्तियों में एक विशेष प्रकार का दृष्टिकोण उत्पन्न होता है। यह नगरीय दृष्टिकोण है। इस प्रकार जीवन, समाज, धन, प्रकृति, धर्म, कला, राजनीति, नैतिकता, सामाजिक सम्बन्ध आदि मानव जीवन के विभिन्न अंगों के प्रति नगर के व्यक्तियों में नगरीय दृष्टिकोण पाया जाता है।

नगरीय दृष्टिकोण सापेक्ष है

यह नगरीय दृष्टिकोण क्या है? इसके विवेचन से पूर्व विवेचन की सीमाओं को ध्यान में रखना आवश्यक है। जैसा कि पहले बतलाया जा चुका है, मानव के दृष्टिकोण को निश्चित करने में आनुवंशिकता का भी कुछ न कुछ हाथ अवश्य होता है। दूसरे, नगर में सभी व्यक्तियों को पारिवारिक, सामाजिक, शैक्षिक, व्यावसायिक तथा अन्य प्रकार का पर्यावरण एक दूसरे से कुछ न कुछ भिन्न होता है। अतः नगरीय व्यक्तियों के दृष्टिकोण में नगर निवासी होने के नाते कुछ न कुछ समानता होते हुए भी एक दूसरे से पर्याप्त अन्तर भी होता है। इसके अलावा जैसा कि पीछे ग्राम और नगर की तुलना में बतलाया जा चुका है। ग्राम और नगर का अन्तर सापेक्ष होता है। अतः नगरीय दृष्टिकोण एक सापेक्ष प्रत्यय है।

नगरीय दृष्टिकोण के मुख्य लक्षण

अब नगरीय दृष्टिकोण के मुख्य लक्षणों का संक्षेप में वर्णन किया जा सकता है। जैसा कि पीछे संकेत किया जा चुका है, ये लक्षण न्यूनाधिक रूप से ही सभी नगर निवासियों में पाये जा सकते हैं। वे सब में एक से नहीं होते। मुख्य लक्षण निम्नलिखित हैं—

(1) **गतिशीलता**—नगरीय दृष्टिकोण का सबसे प्रमुख लक्षण उसकी गतिशीलता है। ग्रामीण की अपेक्षा नगर निवासी अधिक गतिशील होता है। ग्रामीण की अपेक्षा वह परिवर्तन का अधिक स्वागत करता है। नगरों में समिति निर्माण की गति गाँवों की अपेक्षा तीव्र होती है। नगरों में फैशन का प्रभाव अधिक तेजी से होता है। नगरों में अत्याचार और शोषण के विरुद्ध आग अधिक शीघ्र भड़क उठती है। नगरों में सांस्कृतिक सम्मिश्रण भी अधिक तीव्र गति से होता है। नगरीय व्यक्ति के जीवन में अनुभवों की विविधता अधिक होती है। उसको भिन्न-भिन्न धर्मों, सम्प्रदायों, विचारों, आदर्शों और भिन्न-भिन्न रीति-रिवाजों के मानने वालों से मिलने के अवसर अधिक आते हैं। अतः उनके प्रभाव से उसमें अधिक परिवर्तन आते रहते हैं। वह अधिक गतिशील रहता है। परन्तु इसका अर्थ यह नहीं कि नगर निवासी सभी परिवर्तनों का स्वागत करता है। कुछ परिवर्तनों का नगरों में भी विरोध किया जाता है।

(2) उदारता और सहिष्णुता—ग्रामीण लोगों की तुलना में नगर निवासियों में उदारता और सहिष्णुता अधिक होती है। नगर निवासियों के अधिकतर मूल्य सापेक्ष होते हैं। ग्रामीण लोगों के मूल्य निरपेक्ष होते हैं। उदाहरण के लिए नगर निवासी कुछ निश्चित आदर्शों और तरीकों और रीति-रिवाजों आदि को न मानते देखकर भी उनकी अलोचना नहीं करता जबकि ग्रामीण व्यक्ति इसको पतन समझता है। इसलिए नगरीय व्यक्ति भिन्न प्रजाति, राष्ट्र, दृष्टिकोण अथवा विचार वाले व्यक्ति के प्रति अधिक उदार होता है। वह किसी बात को अच्छा समझते हुए भी दूसरी बात को आवश्यक रूप से बुरा नहीं समझता। वह समझौता करने के लिए अपेक्षाकृत अधिक तैयार रहता है।

परन्तु यह बात प्रयोगों के आधार पर सिद्ध नहीं की जा सकी है कि नगरीय व्यक्ति ग्रामीण की अपेक्षा अधिक उदार होता है। नीग्रो लोगों के प्रति अभिवृत्ति में ग्रामीण और नगरीय के अन्तर के एक अध्ययन का मर्फी और न्यूकौम्ब ने जिक्र किया है। इस अध्ययन के अनुसार अमरीका में दक्षिण के लोगों में इसमें कोई अन्तर नहीं पाया गया है। परन्तु उत्तर में नगरीय बालक छोटे कस्बों में रहने वाले बालकों की अपेक्षा अधिक पक्षपातपूर्ण मालूम पड़े। भारत में यद्यपि हिन्दू मुस्लिम भेदभाव को लेकर ग्रामीण और नगरीय अभिवृत्तियों की तुलना करने का कोई व्यवस्थित समाजशास्त्रीय प्रयास नहीं हुआ है परन्तु सन् 1947 के साम्प्रदायिक दंगे नगरों में गाँवों की अपेक्षा निश्चय ही कहीं अधिक हुए थे। यह सर्वविदित है कि भारत में गाँवों में नगरों की अपेक्षा हिन्दू मुस्लिम झगड़ों की नौबत कम आती है। ध्यान देने से यह भी स्पष्ट प्रतीत होगा कि जहाँ-जहाँ गाँवों में हिन्दू मुसलमानों में द्वेष फैला है या साम्प्रदायिक दंगे हुए हैं वहाँ-वहाँ उसके पीछे नगर के कुछ साम्प्रदायिक दलों के गुणों का ही हाथ रहा है। अतः भारत में साम्प्रदायिकता की उपस्थिति को देखकर तो गाँव वाले ही नगर के निवासियों से अधिक उदार मालूम पड़ते हैं। वास्तव में यह ठीक है कि नगर निवासियों को अधिक विविध संस्कृतियों, धर्मों, प्रजातियों आदि से मिलने का अवसर मिलता है और इसलिए उनमें इस दिशा में अधिक सहिष्णुता विकसित होने का अवसर है। यह भी ठीक है नगर निवासी में अधिकतर अपने ही कामों में लगे रहने की प्रवृत्ति रहती है और वह दूसरे के कामों में, चाहे वह उन्हें पसन्द न भी करता हो, हस्तक्षेप करना ही नहीं चाहता। यह भी ठीक ही है कि गाँव में लोग नैतिक आदर्शों के विषय में बड़े कठोर होते हैं और गाँव के हर एक व्यक्ति के चाल-चलन पर नजर रखी जाती है। गाँवं में व्यक्ति के व्यवहार पर परिवार और जाति बिरादरी तथा समाज का इतना कठोर नियन्त्रण रहता है कि कभी-कभी दम सा घुटने लगता है और नगरों को भाग जाने की इच्छा होती है जहाँ कानून की सीमाओं के अन्दर हर एक को अपनी इच्छानुसार रहने और व्यवहार करने की खुली छूट है और पूरी स्वतन्त्रता है। परन्तु हो सकता है कि नगर निवासी स्वार्थी और अनुत्तरदायी होने के कारण ही दूसरों के व्यवहार में रोकथाम पसन्द न करता हो। यह देखा गया है कि जिस परिवार के सभी सदस्य खेलने खाने वाले, भोगी

और अनैतिक होते हैं उसमें कोई एक दूसरे के काम में रोड़ा नहीं अटकाता। भाई का बहन और पिता को पुत्री के रंग-ढंग, उठने-बैठने, आने-जाने और प्रोग्रामों से कोई सरोकार नहीं रहता। यह भी देखा गया है कि भाई बहन के मित्रों से मेल-जोल बढ़ाता है और बहन को अपने मित्रों से मेल-जोल बढ़ाने देता है। परन्तु क्या यह समझोता उदारता अथवा सहिष्णुता है? क्या इससे वे भाई बहन बेहतर नहीं हैं जो एक दूसरे पर नजर रखते हैं? क्या यह समझौता निम्नतम स्वार्थ पर आधारित नहीं है? विचारपूर्वक देखने से यह स्पष्ट होगा कि यह कुछ भी हो परन्तु कम से कम सहिष्णुता और समझौता नहीं है। शहर के जीवन की तीव्र गति से चलती का नाम गाड़ी है, जब तक किसी की कोई व्यक्तिगत हानि न हो वहाँ 'सब चलता है'। चलता गाँव में भी बहुत कुछ है परन्तु फिर उसकी अलोचना भी होती है, भेद खुल जाने पर दण्ड भी दिया जाता है जबकि नगर में सामाजिक नियन्त्रण अपेक्षाकृत नहीं के बराबर है।

परन्तु सब बातें कहने के बाद जहाँ ग्रामीण और नगरीय व्यक्ति में सहिष्णुता और उदारता की तुलना का प्रश्न आता है वहाँ यह कहना अधिक गलत नहीं होगा कि थोड़ा बहुत सही, कुछ न कुछ अंशों में नगर में सहिष्णुता और उदारता गाँव से अधिक होने की सम्भावना है। इस विषय में निश्चयपूर्वक कहने के लिये सामाजिक अनुसंधान की आवश्यकता है।

(6) वैयक्तिकता (Individualism)—नगरीय दृष्टिकोण की एक अन्य विशेषता व्यक्तिगत कामों में वैययिक्तकता और सामाजिक व्यवहार में निर्वैयक्किता (Impersonalism) है। समाज तथा सामाजिक संस्थाओं का नियंत्रण जितना गाँव में माना जाता है उतना नगर में नहीं माना जाता। गाँव में बहुधा व्यक्ति एक परिवार, जाति अथवा समाज के सदस्य के रूप में व्यवहार करता है। उसमें सामुदायिक भावना अधिक होती है। नगर में सामुदायिक भावना कम पाई जाती है। नियन्त्रण प्राथमिक के स्थान पर द्वैतीयक होता है। परन्तु वैयक्तिकता गाँव में भी देखी जा सकती है। गाँव में भी परिवार टूटते हैं, जाति बिरादरी का विरोध किया जाता है, समाज के प्रति विद्रोह किया जाता है। जहाँ सहकारिता का प्रश्न है, सम्भव है नगरों में सहकारिता अधिक आसान हो परन्तु भारत के गाँवों में सहकारिता आन्दोलन की सफलता से यह स्पष्ट होता है कि सहकारिता गाँवों में भी कठिन नहीं है।

नगरीय दृष्टिकोण और सामाजिक परिवर्तन

सामाजिक परिवर्तन समाज का परिवर्तन है। समाज सामाजिक सम्बन्धों की व्यवस्था है। अतः सामाजिक परिवर्तन सामाजिक सम्बन्धों की व्यवस्था में परिवर्तन है। सामाजिक परिवर्तन में परिवार के सदस्यों के सम्बन्ध तथा विभिन्न परिवारों से सम्बन्धों में परिवर्तन होता है। नगरों में सामाजिक परिवर्तन की गति गाँवों से निश्चय ही अधिक तीव्र होती है। नगरों में स्त्री-पुरुष, पिता-पुत्र, भाई-बहन, शिक्षक-विद्यार्थी

तथा पड़ौसी-पड़ौसी के सम्बन्धों को बराबर बदलते देखा जा सकता है। ग्रामीण जगत की तुलना में नगरीय जगत अधिक परिवर्तनशील होता है। ग्रामीण जगत में नगरीय की अपेक्षा अधिक स्थायित्व और सुरक्षा होती है। नगरीय व्यक्ति के सम्मुख संघर्ष के अधिक अवसर आते हैं क्योंकि नगर में मूल्यों, आदर्शों, सिद्धान्तों और रीति-रिवाजों की अधिक विविधता दिखाई पड़ती है। इससे जहाँ एक ओर सहिष्णुता और उदारता बढ़ती है। वहाँ दूसरी ओर, अपने मूल्यों, आदर्शों, रीति-रिवाजों और सामाजिक संस्थाओं के प्रति विश्वास भी कम होता है और उनकी दुर्बलतायें स्पष्ट होती है। परिणाम यह होता है कि यदि उस पर उन्हें छोड़ने के लिये बहुत अधिक दबाव पड़ता है अथवा यदि उन्हें छोड़कर अन्य को ग्रहण करने में बहुत अधिक लाभ दिखलाई पड़ता है तो कम से कम कुछ लोग तो अपने मूल्यों, आदर्शों और सिद्धान्तों में अवश्य परिवर्तन कर लेते हैं, अपनी संस्थाओं और रीति-रिवाज़ों को छोड़कर दूसरों की संस्थाओं और रीति-रिवाजों को ग्रहण कर लेते हैं।

परन्तु इसका अर्थ यह नहीं कि नगरों में रूढ़िवाद अथवा अन्धविश्वास होते ही नहीं। यह ठीक है कि गाँवों में रूढ़िवाद और अन्धविश्वास नगरों की अपेक्षा कहीं अधिक दिखलाई पड़ता है परन्तु नगरों में भी इनका कुछ न कुछ प्रभाव अवश्य पड़ता है। नगरों में जहाँ क्रान्तिकारी परिवर्तन के समर्थक दिखलाई पड़ते हैं वहाँ प्राचीनता का शंख फूँकने वाले भी कम नहीं होते। जहाँ विद्रोही होते हैं वहाँ प्रतिक्रियावादी और रूढ़िवादी भी होते हैं। पढ़े लिखे लोगों में भी अपने अन्धविश्वास पलते हैं।

नगरों में सामाजिक परिवर्तन की गति गाँव की अपेक्षा अधिक तीव्र होने का एक कारण यह भी है कि नगरों में उच्च शिक्षा प्राप्त और साक्षर व्यक्तियों की संख्या गाँवों से बहुत अधिक होती है। देश विदेश में होने वाले परिवर्तनों से भी ग्रामीण व्यक्तियों की अपेक्षा नगरीय व्यक्ति अधिक परिचित रहता है क्योंकि नगरों में अधिक लोग समाचार पत्र पढ़ते हैं, अधिक लोग रेडियो सुनते हैं और राजनीतिक दलों की कार्यवाहियाँ अधिक होती हैं। नगरों में विभिन्न आदर्शों और मूल्यों के विषयों में परस्पर विरोधी बातें खूब सुनाई पड़ती है। इससे रूढ़िवाद को चोट पहुँचती है। सिनेमा का भी नगरीय सामाजिक परिवर्तन की गति तीव्र करने में बड़ा भारी हाथ है। नगर का भड़कीला और भोग प्रधान वातावरण परम्पराओं को तोड़ने को अधिक प्रोत्साहित करता है।

संक्षेप में, यह कहा जा सकता है कि नगरीय दृष्टिकोण ग्रामीण दृष्टिकोण की अपेक्षा सामाजिक परिवर्तन को अधिक प्रोत्साहित करता है। नगरों से ये सामाजिक परिवर्तन गाँवों में पहुँचते हैं।

अभ्यास के लिए प्रश्न

1. नगरीय दृष्टिकोण के लक्षण बतलाइये।
2. नगरीय दृष्टिकोण ओर सामाजिक परिवर्तन में सम्बन्ध बतलाइये।

22
नगर नियोजन
(Urban Planning)

नगरीकरण की समस्यायें

औद्योगिक प्रगति के साथ-साथ भारतवर्ष में नगरों की जनसंख्या भी बराबर बढ़ती जा रही है। जनसंख्या की वृद्धि से नगर की धरती पर बोझ बढ़ता चला जा रहा है। नये-नये कल कारखानों, मकानों, दुकानों, बाजारों, दफ्तरों आदि के बढ़ते जाने से नगर की भीड़-भाड़ बढ़ती जाती है। भूमि का मूल्य बराबर बढ़ता जा रहा है। दिल्ली जैसे बड़े नगर में भूमि का मूल्य पाँच सौ रुपये प्रति वर्ग गज से लेकर हजार रुपये प्रति वर्ग गज तक हो गया है। कलकत्ता और बम्बई में यह समस्या और भी कठिन है। भूमि का मूल्य बढ़ने से मकानों के किराये भी बढ़ गये हैं। बड़े-बड़े नगरों में एक कमरे वाले मकानों का किराया पैंतीस, चालीस रुपये महीना और दो कमरों वाले मकान का किराया सौ रुपये महीने तक है। मकानों के किराये इस कदर बढ़ जाने से निर्धन लोग एक कमरे से अधिक बड़ा मकान नहीं ले सकते। मजदूर वर्ग के लोग तो गन्दी बस्तियों की अन्धेरी कोठरियों का ही किराया जुटा पाते हैं। अतः नगरों में गन्दी बस्तियाँ बड़ी तेजी से बढ़ रही हैं। इससे नगर के स्वास्थ्य को ही नहीं बल्कि नैतिकता को भी खतरा है क्योंकि गन्दी बस्तियों का वातावरण अपराधों को प्रोत्साहित करता है। गन्दी बस्तियाँ में रहने वाले लोगों के अलावा बड़े-बड़े नगरों में हजारों भिखारी, बेकार, अनाथ तथा अन्य लोग ऐसे हैं जिनका कोई घर नहीं है। ये फुटपाथों पर, पार्कों में, स्टेशनों पर तथा सार्वजनिक स्थानों पर रात बिताते हैं। इनसे नगर के स्वास्थ्य तथा नैतिकता को भंयकर खतरा है। नगर की भीड़-भाड़ बढ़ने के साथ-साथ नगर में यातायात की समस्या भी विकट होती जा रही है। कभी-कभी कुछ अधिक भीड़-भाड़ वाले चौराहों पर मोटरों, बसों, रिक्शों, ट्रकों और ट्रामों की ऐसी भीड़ लग जाती है कि यातायात घण्टों ठप्प पड़ा रहता है जिसे देश को हजारों लाखों रुपयों का नुकसान हो जाता है और भीड़-भाड़

से नगरों में दुर्घटनायें भी बढ़ती हैं। यातायात की गति तीव्र होने की दशा में तो यदि दुर्घटना हो गई तो फिर उसके बाद चन्द मिनटों में ही आठ दस दुर्घटनायें हो जाती हैं।

नगर नियोजन का महत्व

परन्तु क्या नगरों की इस बढ़ती हुई भीड़-भाड़ को रोका जा सकता है? नहीं, नगरीकरण यान्त्रिक सभ्यता का अवश्यम्भावी परिणाम है। उसको न तो किसी भी देश में रोका गया है और न रोका जा सकता है। फिर उपरोक्त समस्याओं को कैसे सुलझाया जाएगा? इसका उत्तर नगर नियोजन (Town Planning) है। वास्तव में उपरोक्त समस्यायें नगरीकरण (Urbanisation) की समस्यायें न होकर नगरों की अव्यवस्थित और अनियन्त्रित बाढ़ का परिणाम हैं अतः सभी प्रगतिशील देशों में नगरों की बाढ़ को नियोजित करने का प्रयास किया गया है। भारतवर्ष में भी देश को स्वतन्त्रता मिलने के बाद जब जनतन्त्रीय स्वदेशी सरकार ने देश की सर्वांगीण प्रगति के लिये नियोजन (Planning) का सहारा लिया और पंचवर्षीय योजनायें बनाई तो नगर नियोजन की ओर भी ध्यान दिया। शुरू-शुरू में केवल अत्यधिक भीड़-भाड़ वाले और बड़े-बड़े नगरों की ओर ध्यान दिया गया जैसे दिल्ली, कलकत्ता, बम्बई आदि। क्रमशः अन्य नगरों में भी नगर नियोजन अधिकारियों (Town Planning Officers) की नियुक्ति की गई और आजकल एक लाख से अधिक जनसंख्या वाले अधिकांश नगरों को नियोजित करने का प्रयास किया जा रहा है।

नगर नियोजन के मूल तत्त्व

नगर नियोजन से नगर में सार्वजनिक स्थानों, पार्कों तथा खुले स्थानों का उचित प्रबन्ध किया जाता है। मकानों के निर्माण के सम्बन्ध में, उनके आगे पीछे बायें दायें खुली जगह छोड़ने के सम्बन्ध में तथा उनकी ऊँचाई के सम्बन्ध में नियम बनाये जाते हैं जिनसे कि मकानों के बढ़ने पर भी नगर निवासियों को शुद्ध हवा और धूप मिल सके। नगर नियोजन में गन्दी बस्तियों को खत्म करने तथा भविष्य में उनके उत्पन्न होने की सम्भावनाओं को रोकने का प्रयास किया जाता है। नगर नियोजन में नगर निवासियों के लिये शुद्ध जल का प्रबन्ध करने तथा गन्दे पानी और कूड़े के निकास का प्रबन्ध करने आदि के कार्य भी शामिल हैं। स्थूल रूप से नगर नियोजन के मूल तत्त्व निम्नलिखित हैं–

(1) **यातायात का नियन्त्रण और नियोजन**–नगर नियोजन में स्थल, जल और वायु मार्गों से यातायात की व्यवस्था की जाती है। अतः उनमें सड़कों और गलियों की न्यूनतम चौड़ाई निश्चित की जाती है। आवश्यक स्थानों पर नवीन मार्ग निकाले जाते हैं और सड़कों की ऐसी व्यवस्था की जाती है कि नगर में एक स्थान से दूसरे स्थान को और नगर से बाहर तथा बाहर से नगर को गाड़ियों और यात्रियों के आने जाने में कोई रुकावट न हों। इस व्यवस्था के बिना नगर के व्यापार को

बड़ी हानि पहुँचती है, समय और धन की हानि होती है तथा दुर्घटनायें बढ़ती हैं। स्थल मार्गों के अलावा जिन नगरों में जल मार्ग भी होते हैं वहाँ नगर नियोजन में जल मार्गों को भी व्यवस्थित किया जाता है। नदियों के दोनों ओर बसे नगरों में यह व्यवस्था बड़ी जरूरी है। आजकल बड़े-बड़े नगर वायु मार्गों द्वारा संसार के दूर-दूर के देशों से सम्बद्ध होते हैं। इन मार्गों से यात्रियों और माल का आना जाना बराबर लगा रहता है। अतः नगर नियोजन में वायु मार्गों की व्यवस्था भी शामिल है। इस प्रकार नगर नियोजन में सभी प्रकार के मार्गों से यातायात का नियन्त्रण और नियोजन किया जाता है। नगर के हर चौराहे पर खड़ा रास्ता दिखाने वाला सिपाही और दिल्ली, लखनऊ आदि बड़े-बड़े नगरों में चौराहों पर लगी लाल और हरी बत्तियाँ इस नियोजन का ही एक अंग है।

(2) भूमि के प्रयोग का नियन्त्रण और नियोजन—नगर नियोजन का दूसरा महत्त्वपूर्ण तत्त्व भूमि के प्रयोग का नियन्त्रण और नियोजन है। भूमि के अनियन्त्रित उपयोग से नगरों में गन्दी बस्तियों तथा अति भीड़-भाड़ और अस्वास्थ्यकर पर्यावरण की समस्यायें उत्पन्न होती हैं। नगर नियोजन में भूमि के प्रयोग को नियन्त्रित किया जाता है। नगर नियोजन समिति और अधिकारी नगर में इमारतों की ऊँचाई, उनके चारों ओर छुटी आवश्यक खुली जगह तथा उनके डिजाइन आदि के विषय में नियम बनाते हैं।

(3) गन्दी बस्तियों की सफाई—गन्दी बस्तियों की सफाई तथा गन्दी बस्तिय़ों में रहने वाले व्यक्तियों के लिये समुचित आवास की व्यवस्था नगर नियोजन का एक आवश्यक तत्त्व है।

(4) कम किराए के मकानों की व्यवस्था—अतः नगर नियोजन में कम आय वाले परिवारों और व्यक्तियों के लिये कम किराए के स्वास्थ्यप्रद आवासों की व्यवस्था करना भी शामिल है क्योंकि इसके बिना गन्दी बस्तियों की बाढ़ को नहीं रोका जा सकता।

(5) सार्वजनिक स्थानों, पार्कों आदि की व्यवस्था—हर एक बड़े नगर में अनेक सार्वजनिक स्थान और पार्क होने आवश्यक हैं जिससे लोगों को घूमने और बैठने तथा बच्चों को खेलने के लिये खुली जगह मिल सके। अतः नगर नियोजन में इनकी व्यवस्था भी शामिल है।

(6) विभागीकरण (Zoning)—आधुनिक नगर नियोजन का एक महत्त्वपूर्ण तत्त्व नगर का विभागीकरण अर्थात् उसका व्यापारिक क्षेत्रों, औद्योगिक क्षेत्रों, दफ्तरों के क्षेत्रों, आवासों के क्षेत्रों आदि में बाँटना है। इन क्षेत्रों में विभाग के प्रकार के अनुसार इमारत के विषय में भिन्न-भिन्न नियम होते हैं। यह विभागीकरण विभिन्न क्षेत्रों में होने वाले कार्य के अनुसार किया जाता है। इससे जनता का स्वास्थ्य, नैतिकता तथा परस्पर सम्बन्धों का सामंजस्य सुरक्षित रहता है। उदाहरण के लिये आवास के क्षेत्र में लोहे या सीमेंट जैसे भारी उद्योग के कारखाने की उपस्थिति से निवासियों के स्वास्थ्य और सुख को भारी खतरा उपस्थित हो जायेगा।

रहने के मकानों और कारखानों में इमारत के डिजाइनों, खिड़कियों, रोशनदानों और खुले स्थानों के विषय में एक से नियम काम नहीं दे सकते। अत: विभागीकरण बड़ा जरूरी है।

(7) बिजली, पानी, गैस आदि आवश्यक वस्तुओं की व्यवस्था—हवा और धूप के साथ-साथ शुद्ध जल भी सभी मनुष्यों के लिये आवश्यक है। अन्धेरे में प्रकाश के लिये तथा अनेक घरेलू और औद्योगिक कामों के लिये बिजली और गैस की व्यवस्था भी जरूरी है। इनकी व्यवस्था को अनियन्त्रित छोड़ देने से नगरों में बीमारी फैलने, उद्योग ठप्प होने तथा अनेक घरेलू कठिनाइयों की समस्यायें उत्पन्न हो सकती हैं। इनके बिना नगर की सुख-समृद्धि और जीवन तक खतरे में पड़ सकता है। अत: नगर नियोजन समिति को इनकी व्यवस्था करना भी जरूरी है।

(8) कूड़ा, गन्दगी और व्यर्थ वस्तुओं को ठिकाने लगाने की व्यवस्था—नगर नियोजन का एक महत्त्वपूर्ण तत्त्व नगर की व्यर्थ वस्तुओं जैसे कारखानों से बची चीजों, कूड़ा-करकट, मल गन्दगी आदि को नगर से निकालना और उनको उचित रूप से ठिकाने लगाना भी है। कूड़े-करकट, मल, गन्दगी आदि को बंन्द पाइपों के द्वारा नगर से बाहर एकत्रित करके उनसे खाद आदि बनाई जा सकती है। इनको निकालने का समुचित प्रबन्ध न होने से भंयकर बीमारियाँ फैलेंगी और जीवन असम्भव हो जायेगा।

(9) गाड़ियों के खड़े करने के स्थान की व्यवस्था—नगर नियोजन समिति को बसों, कारों, ताँगों, रिक्शों, साइकिलों तथा अन्य सवारी गाड़ियों को खड़ा करने के लिए नगर में स्थान-स्थान पर विशेष जगहों की व्यवस्था करनी चाहिए। ऐसा न होने से दुर्घटनायें बढ़ेंगी और यातायात कठिन हो जायेगा।

(10) पड़ोस के विकास का आयोजन—नगरीकरण सम्बन्धों को निर्वैयक्तिक बनाता है। इससे सामुदायिक जीवन को बड़ी हानि पहुँचती है। अत: नगर नियोजन में पड़ौस की भावना तथा पड़ोसियों में घनिष्ठ सम्बन्ध का आयोजन भी शामिल है। नगर नियोजन अप्रत्यक्ष रूप से लोगों से मिलने-जुलने की सुविधायें जुटाकर, सार्वजनिक स्थान बनाकर, मेल-जोल की समितियों को प्रोत्साहित करके तथा निवासों के इस प्रकार के डिजाइन निश्चित करके इसमें सहायक हो सकता है जिनसे लोगों में पड़ोस की भावना बढ़े। बस्तियाँ इस तरह बनाई जानी चाहिए कि पड़ोसियों को अनेक कार्यों के साथ-साथ भाग लेने का अवसर मिले। इससे पड़ोस की भावना बढ़ेगी।

भारत में नगर नियोजन की दिशा में अभी उतना काम नहीं हुआ है जितना अमरीका आदि पाश्चात्य देशों में हुआ है। देश की भावी प्रगति में समुचित भाग लेने के लिए नगरों का नियोजन होना आवश्यक है। बढ़ते हुए नगरीकरण के साथ नगर नियोजन की धारणा भी अधिक स्पष्ट होती जा रही है। देश के अधिकतर बड़े नगरों में नगर नियोजन समितियाँ हैं अभी उनका काम पर्याप्त वैज्ञानिक स्तर पर नहीं है। परन्तु आशा है कि भविष्य में इस ओर अवश्य प्रगति होगी।

भारत में नगर नियोजन
(Urban Planning in India)

देश को स्वतन्त्रता मिलने के बाद भारत सरकार ने नगरीय क्षेत्रों में नियोजित विकास की ओर विशेष तौर से ध्यान दिया क्योंकि जनसंख्या में तेजी से वृद्धि होने के कारण नगरों में भीड़-भाड़ बढ़ने लगी थी जिससे अनेक समस्यायें उत्पन्न हो गई थीं। आजकल नगर नियोजन राष्ट्रीय नियोजन का एक अंग है। राज्य सरकारें बड़े नगरों के विकास के लिए मास्टर प्लान बनाती हैं। 52 नगरों में इस प्रकार की योजनाओं पर काम हो रहा है। चतुर्थ पंचवर्षीय योजना में नगरीय विकास पर 70.39 करोड़ रुपये व्यय होने का अनुमान है जिनमें 50 लाख केन्द्र, 59.50 करोड़ रुपए राज्य और 10.39 करोड़ संघीय क्षेत्रों में व्यय किये जायेंगे। केन्द्रीय क्षेत्र में आवास मन्त्रालय के अन्तर्गत टाउन और कन्ट्री प्लानिंग संगठन (Town and Country Planning organisation) के द्वारा योजनायें बनायी जायेंगी। दिल्ली के चारों ओर नेशनल केपिटल रीजन प्लान (National Capital Region Plan) के अन्तर्गत विकास का कार्य हो रहा है जिसमें दिल्ली संघ क्षेत्र के अतिरिक्त हरियाणा और उत्तर प्रदेश का कुछ भाग शामिल है। इसी प्रकार का काम पश्चिमी बंगाल, बिहार, उड़ीसा और मध्य प्रदेश में हो रहा है। दिल्ली प्रशासन ने 73 हजार एकड़ भूमि लेने की योजना बनायी है जिसमें से 36,896 एकड़ भूमि प्राप्त की जा चुकी है। 33,358 एकड़ भूमि पर अधिकार किया जा चुका है जिसमें से 18,583 एकड़ भूमि पर दिल्ली विकास सत्ता (डी० डी० ए०) कार्य कर रही है। और 11,123 एकड़ पर निगम सरकारी विभाग और सहयोगी आवास निर्माण समितियाँ कार्य कर रही हैं। इस प्रकार राजधानी और उसके चारों ओर के क्षेत्र में नियोजित विकास का प्रयास किया जा रहा है। नगर नियोजन के इसी प्रकार के प्रयास बहुत से राज्यों की राजधानियों में भी किए जा रहे हैं। बड़े नगरों में भी नियोजित विकास का प्रयास किया जा रहा है।

अभ्यास के लिए प्रश्न

1. वर्तमान समय में भारत में नगर नियोजन की नितान्त आवश्यकता है। इस विधान का समर्थन कारणों सहित कीजिए।
2. "नियोजन का लक्ष्य साधनों का अधिकतम उपयोग तथा सामुदायिक जीवन का तर्कसंगत एकीकरण है।" उपरोक्त कथन का नगर नियोजन के संदर्भ में विवेचन कीजिए।
3. संक्षिप्त टिप्पणी लिखिये—नगर नियोजन का भारत में महत्व।
4. नगरीय आर्थिक विकास एवं नियोजन पर एक निबन्ध लिखिए।
5. नगर नियोजन में किन-किन समस्याओं के ऊपर अधिक ध्यान देना चाहिए? वर्णन कीजिए।

23

नगरीय आवास एवं विकास
(Urban Housing and Development)

राष्ट्रीय आवास नीति

मलिन बस्तियों की संख्या में वृद्धि, अपर्याप्त सेवाएं, बढ़ती आवास लागत और उसमें उतार-चढ़ाव तथा आवासों की अपर्याप्त आपूर्ति को देखते हुए पता चलता है कि भारत में 3 करोड़ 10 लाख आवासीय इकाईयों की भारी कमी है। 'विश्व व्यापी आश्रय नीति-2001' की संयुक्त राष्ट्र घोषणा तथा पंचवर्षीय योजनाओं में लगातार केन्द्र और राज्य सरकारों द्वारा अपनाए जाने वाली नीतियों तथा कार्यक्रमों को ध्यान में रखते हुए भारत सरकार ने एक राष्ट्रीय आवास नीति तैयार की है, जिसे 1992 के मानसून-सत्र में संसद में प्रस्तुत किया गया। नीति के दस्तावेज को आठवीं योजना के अंतर्गत अपनाई जाने वाली रणनीति में पूरी तरह से शामिल किया गया। इसे अब पृथ्वी शिखर सम्मेलन में पारित कार्य सूची-21 में विस्तार से प्रतिपादित किया गया है। राष्ट्रीय आवास नीति का दीर्घावधि लक्ष्य बेघरों को घर दिलाने, अपर्याप्त सुविधाओं के मकानों में रहने वालों की आवासीय स्थिति में सुधार करना और सभी को बुनियादी सेवाओं और सुविधाओं का न्यूनतम स्तर उपलब्ध कराना है। इस नीति में नए आवास बनाना, उनमें सुधार तथा मकानों को किराए पर उठाने पर बल दिया गया है। इसमें इस बात को स्वीकार किया गया है कि आवास संबंधी कार्यों की व्यापकता को देखते हुए विभिन्न स्तरों पर सरकार सहित विभिन्न एजेंसियों, सहकारी संघों, समुदाय तथा निजी क्षेत्र का सहयोग प्राप्त किया जाए। इस नीति में सरकार की भूमिका में प्रमुख बदलाव की बात की गई है। सरकार को निर्माणकर्ता के स्थान पर सुविधा-प्रमाता की भूमिका अधिक निभानी होगी। लेकिन दुर्बल वर्गों की आवासीय आवश्यकताओं पर सरकार बराबर ध्यान देती रहेगी तथा इसके लिए प्रत्यक्ष हस्तक्षेप करेगी। भारत जैसे अधिक जनसंख्या वाले देश में नीति को कार्य योजनांओं के रूप में विस्तार से प्रतिपादित किया जाएगा,

जिसमें स्थानीय आवश्यकताओं का ध्यान रखा जाएगा। इस नीति में निजी क्षेत्र और सामुदायिक आवासीय गतिविधियों को सुविधाजनक बनाने तथा आवास नीति और स्थानीय नियोजन के दायरे में आश्रय की स्थिति सुधारने, बुनियादी सुविधाएं प्राप्त करने, आमदनी बढ़ाने और पर्यावरण संरक्षण को बढ़ावा देने के लिए कदम उठाने का प्रावधान है।

आठवीं पंचवर्षीय योजना के कार्यक्रमों में समाजिक आवास योजनाओं पर बल दिया जाएगा। जिनके न्यूनतम आवश्यकता कार्यक्रम के अंतर्गत ग्रामीण क्षेत्रों में योजनाएं, आवास तथा शहरी विकास निगम और राष्ट्रीय आवास बैंक की भूमिका को मजबूत करने, बेघरों और पटरियों (पैदल-पथ) पर रहने वालों के लिए आश्रय, संस्थागत विकास प्रौद्योगिकी हस्तांतरण और उपयुक्त भवन सामग्री के विकास, आवास सूचना प्रणाली के विकास और श्रमिकों, कामकाजी महिलाओं तथा दस्तकारों के लिए आवास कार्यक्रम को शामिल किया गया है।

आवास वित्त

आठवीं योजना में आवास के लिए सार्वजनिक क्षेत्र परिव्यय 4,823 करोड़ रुपये रखा गया है, जबकि सातवीं योजना में यह राशि 1,491 करोड़ थी। इसके अतिरिक्त 1992-97 तक विभिन्न स्रोतों से निजी आवास वित्त की आपूर्ति को बढ़ाकर 25,000 करोड़ रुपये तक करने का प्रस्ताव है।

आवास क्षेत्र के लिए संस्थागत वित्त की उपलब्धता सुनिश्चित करने और आवास वित्त संस्थाओं के काम-काज को नियमित व सुचारू बनाने के उद्देश्य से जुलाई 1988 में भारतीय रिजर्व बैंक की परिपूरक शाखा के रूप में राष्ट्रीय आवास बैंक की स्थापना की गई। शहरी विकास मंत्रालय राष्ट्रीय आवास नीति के अंतर्गत भवन निर्माण की विभिन्न गतिविधियों के लिए धन और तत्संबंधी मूलभूत ढांचा उपलब्ध कराने के वास्ते संसाधन जुटाने में राष्ट्रीय आवास बैंक की सहायता करता है। राष्ट्रीय आवास बैंक द्वारा निम्नलिखित योजनाएं चलाई जा रही हैं—

(1) गृह ऋण खाता योजना : ऋण गारंटी वाली एक अनुबंधित बचत योजना 31 जनवरी, 1994 की स्थिति के अनुसार विभिन्न वाणिज्यिक बैंकों व आवास वित्त संस्थाओं में 6.45 लाख खाते खोले जा चुके हैं तथा 308.87 करोड़ रुपये की राशि जमा हो चुकी है।

(2) वाणिज्य बैंकों तथा आवास वित्त संस्थानों, आवास के लिए पुनर्वित्त योजना 28 जनवरी, 1994 तक पात्र एजेन्सियों को पुनर्वित्त सहायता के रूप में 1868.14 करोड़ रुपये प्रदान किए जा चुके हैं।

(3) सार्वजनिक/निजी विकास व आश्रय परियोजनाएं जो सेवित भूमि मकानों की आपूर्ति बढ़ाने के लिए आवास एवं शहरी विकास निगमों तथा वाणिज्यक बैंकों के माध्यम से चलाई जाती हैं। इस परियोजना में 28 फरवरी, 1994 तक 192.16 करोड़ रुपये का अग्रिम दिया जा चुका है।

आवास के लिए बैंकिग क्षेत्र को प्रतिवर्ष अधिसूचित वाणिज्यिक बैंकों को उनकी बढ़ती जमा राशियों के 1.5 प्रतिशत हिस्से के बराबर की राशि आवासी ऋणों के लिए आवंटित की जाती है। ऐसे ऋणों का 30 प्रतिशत हिस्सा व्यक्तियों/घरेलू क्षेत्र को दिया जाता हैं। राज्य सरकारों को भारतीय जीवन बीमा/सामान्य जीवन बीमा निगम द्वारा ऋणों का आवंटन प्रति वर्ष उत्तरोत्तर बढ़ाया जा रहा है। चालू वित्त वर्ष 1993-94 में जीवन बीमा निगम ने 201.83 करोड़ रुपये का और सामान्य बीमा निगम ने 107.58 करोड़ रुपये के ऋण राज्यों की सामाजिक आवास योजनाओं के लिए आवंटित किए हैं।

सार्वजनिक और निजी क्षेत्र में कई आवास वित्त कंपनियां स्थापित की गई हैं। इन कंपनियों का नियंत्रण राष्ट्रीय आवास बैंक द्वारा निर्धारित नियमों के आधार पर होता है। अब तक राष्ट्रीय आवास बैंक में सार्वजनिक क्षेत्र के बैंकों और वित्तीय संस्थाओं द्वारा बनाई गई 18 आवास वित्त संस्थाओं को पुनर्वित्त के उद्देश्य से मान्यता प्रदान कर दी है। इनमें सार्वजनिक क्षेत्र हुडको और निजी क्षेत्र के एच.डी.एफ.सी. भी शामिल हैं। बैंक के नवीनतम आकलन के अनुसार, सार्वजनिक क्षेत्र में कुल मिलाकर 54 आवास वित्त संस्थाएं/निगम कार्यरत हैं। रेहननामों (मार्टगेज) को प्रतिबंधित करने की प्रक्रिया को सरल व त्वरित बनाने तथा आवास वित्त के क्षेत्र में एक मध्यवर्ती बाजार बनाने के लिए कई कदम उठाए गए हैं। आवास क्षेत्र के लिए अधिक धन उपलब्ध कराने के लिए राष्ट्रीय आवास बैंक, हुडको और एच. डी.एफ.सी. ने विदेशी स्त्रोतों से पर्याप्त ऋण प्राप्त किए हैं। इन विदेशी स्त्रोतों में के. एफ.एस.एफ.डब्ल्यू./एस.एफ. (जर्मनी), यू.एस.ए.आई.डी. और ओ.ई.एन. (जापान) आदि शामिल हैं।

राष्ट्रीय आवास बैंक कमजोर वर्गों के लिए आवास तथा सामाजिक बुनियादी ढांचा परियोजनाओं के वास्ते के. एफ. डब्ल्यू से क्रमशः दो करोड़ पचास लाख तथा तीन करोड़ जर्मन मार्क के अनुदान लेंगे।

विभिन्न रियायतें देकर आवास और संपत्ति के क्षेत्र में अनिवासी भारतीयों के निवेश को प्रोत्साहित करने की एक योजना की घोषणा की गई है। हाल में इस योजना का दायरा बढ़ाकर इसे उन विदेशी निगमित संस्थाओं पर भी कर दिया है जिनका स्वामित्व मुख्यतया अनिवासी भारतीयों के पास है।

आवास के क्षेत्र में भवन निर्माण सामग्री और प्रौद्योगिकी

निर्माण की कुल लागत में भवन निर्माण सामग्री का हिस्सा 65-70 प्रतिशत बैठता है। ग्रामीण और शहरी दोनों क्षेत्रों में आवास संबंधी आवश्यकताओं में वृद्धि के साथ ही भवन निर्माण सामग्री की मांग में भी निरंतर वृद्धि होती जा रही है। ग्रामीण क्षेत्रों में तो यह समस्या और भी गंभीर है क्योंकि इमारती लकड़ी, बांस, फूस जैसी पारंपरिक भवन सामग्री अधिकांशतया बायो-मास का अंग होती है और इनकी सुलभता में कमी आती जा रही है। विभिन्न उद्योगों द्वारा वन-संसाधनों के वाणिज्यिक

दोहन ने भी समस्या को और गंभीर बना दिया है। इसलिए सस्ते दामों पर अन्य वैकल्पिक सामग्री उपलब्ध कराके और बायो-मास के दोहन को न्यूनतम स्तर पर लाकर आश्रय निर्माण को उचित प्राथमिकता देने के लिए नीतिगत परिवर्तन करने पर विचार किया जा रहा है।

इस सम्बन्ध में निम्नलिखित पहल की गई है:—(क) शहरी विकास मंत्रालय के तत्वाधान में भवन सामग्री और प्रौद्योगिकी संवर्द्धन परिषद एक पंजीकृत संस्था के रूप में कार्यरत है। यह परिषद भवन निर्माण क्षेत्र में प्रौद्योगिकी हस्तांतरण के उपयोग के एक मंच के रूप में काम करती है तथा बड़े पैमाने पर नवीनतम भवन सामग्री के वाणिज्यिक उत्पादन को बढ़ावा देती है। परिषद ने कोयले की राख तथा अन्य बचे-खुचे पदार्थों से भवन निर्माण सामग्री बनाने, केन्द्रीय लोक निर्माण विभाग और भारतीय मानक ब्यूरो के नए मापदंडों के प्रचलन और वित्तीय संस्थानों व अनुसंधान संस्थाओं के साथ उद्यमियों के सम्पर्कों को बढ़ाने में कई महत्त्वपूर्ण पहल की हैं। केन्द्रीय लोक निर्माण विभाग ने पहली अप्रैल 1993 से अपनी 160 निर्माण परियोजनाओं में लकड़ी के इस्तेमाल पर पाबंदी लगा दी है। सभी राज्य सरकारों से भी लकड़ी के स्थान पर अन्य वस्तुएं इस्तेमाल करने के लिए इसी प्रकार के कदम उठाने को कहा गया है।

(ख) औद्योगिक तथा कृषि अवशिष्टों से तैयार भवन निर्माण सामग्री से संबद्ध उपकरण, पूर्व-निर्मित घटक आदि तैयार करने के लिए उत्पाद शुल्क में रियायतें दी गई हैं।

(ग) राख या फास्फोजिप्सम जैसी बेकार वस्तुओं से भवन सामग्री तथा अन्य सामान तैयार करने की मशीनें और उपकरण आयात करने में सीमा शुल्क में छूट दी गई है।

(घ) उन कुछ प्रौद्योगिकियों, सामग्री व उपकरणों का प्रायोगिक तौर पर निर्माण का निश्चय किया गया है, जिनके परीक्षण पहले किए जा चुके हैं।

(ङ) ग्रामीण एवं शहरी इलाकों में उपयुक्त प्रौद्योगिकी के हस्तांतरण के लिए कारीगरों को हुडको के माध्यम से प्रशिक्षण देने की केन्द्र प्रायोजित योजना के अंतर्गत अनेक निर्माण केन्द्र स्थापित किए गए हैं। 31 मार्च 1994 तक इस तरह के 363 केन्द्रों की पहचान की गई, जिनमें से 157 चालू कर दिए गए हैं। इस योजना की निगरानी के लिए शहरी विकास मंत्रालय में राष्ट्रीय स्तर की समन्वय समिति काम कर रही है।

(च) सरकारी प्रयासों में सहयोग देने के लिए स्वयंसेवी संस्थाओं को अधिक से अधिक प्रोत्साहित किया जा रहा है।

चालू आवास योजनाएं

केन्द्र और राज्यों में शहरी क्षेत्रों में निम्नलिखित आवास योजनाएं चलाई जा रही हैं। केन्द्रीय योजनाओं के लिए हुडको ऋण केन्द्रीय सब्सिडी देने की व्यवस्था

है तथा राज्यों की योजनाओं के लिए मुख्यतः उनके बजटों से सहायता दी जाती है, लेकिन आवश्यकता पड़ने पर हुडको तथा अन्य आवास वित्त संस्थानों से राज्य ऋण ले सकते हैं।

(क) राज्य और शहर स्तर की एजेंसियों द्वारा संचालित विभिन्न आय वर्गों के लिए सामाजिक आवास योजनाएं, जिनके लिए धन राज्य-बजट और हुडको, जीवन बीमा निगम तथा अन्य वित्त संस्थाओं द्वारा ऋण के रूप में दिया जाता है। (ख) शहरी क्षेत्र के निम्न वर्ग के स्तर के उन्नयन हेतु 1989 में नेहरू रोजगार योजना के अन्तर्गत शुरू की गई योजना/इस योजना का मुख्य उद्देश्य आवास व्यवस्था के स्तर को सुधारने के साथ-साथ निर्धन वर्ग को रोजगार उपलब्ध कराना भी है। इस योजना के तहत सरकार प्रति भवन के लिए 1,000 रुपये की राशि प्रदान करती है। हुडको इस योजना के लिए उन शहरों में ऋण देता है, जहां की आबादी एक लाख से 20 लाख के बीच में है। (ग) पटरी पर रहने वालों के लिए केन्द्र की रैन-बसेरा आवास योजना, जो चुने हुए आय वर्गों के लिए 31.3.94 तक हुडको ने 20,000 लोगों के लाभ की योजनाएं मंजूर कीं। (घ) बीड़ी श्रमिकों व बुनकरों के लिए आवास योजना—श्रम मंत्रालय द्वारा हुडको की सहायता से चलाई जा रही बीड़ी श्रमिकों व बुनकरों के लिए केन्द्रीय अनुदान आवास योजना। (ङ) केन्द्रीय सरकार कर्मचारी ग्रुप बीमा राशि के अंतर्गत हुडको से प्राप्त ऋण के आधार पर स्वामित्व प्राप्त आवास योजना। (च) हुडको से प्राप्त वित्तीय सहायता के आधार पर अकेली रहने वाली काम-काजी महिलाओं के लिए स्वामित्व प्राप्त आवास योजना। (छ) मकानों में सुधार के लिए विश्व बैंक व वित्तीय संस्थाओं की सहायता से चलाई जा रही गंदी बस्तियों के सुधार तथा स्थल और सेवाएं प्रदान करने की योजनाएं (ज) राज्य सरकारों की योजनाओं के अंतर्गत राष्ट्रीय आवास बैंक की दोबारा ऋण सहायता से चलाई जा रही भूमि अधिग्रहण, विकास व आश्रय योजना। (झ) हुडको द्वारा प्राप्त वित्तीय सहायता से शहरी स्तर पर आवास व्यवस्था के आधारभूत ढांचे के विकास की योजना। (ञ) राज्य क्षेत्र के अंतर्गत न्यूनतम आवश्यकता कार्यक्रम के तहत शहरी गंदी बस्तियों के पर्यावरण सुधार की योजना। (ट) मकानों के सुधार व मरम्मत की योजना। महाराष्ट्र सरकार ने बंबई में सांविधानिक योजना के तहत मकानों की मरम्मत व पुनर्निर्माण की एक बृहत योजना चलाई है। (ठ) विभिन्न आय वर्गों तथा अनुसूचित जातियों व अनुसूचित जनजातियों की सहकारी संस्थाओं द्वारा शीर्ष संस्थाओं से प्राप्त सहायता तथा जीवन बीमा निगम, हुडको और अनुसूचित बैंकों से प्राप्त ऋणों से चलाई जा रही कुछ योजनाएं। (ड) केन्द्र सरकार/सार्वजनिक संस्थानों/स्वायत्त संस्थाओं/निजी संस्थाओं द्वारा अपने कर्मचारियों को किराये पर मकान उपलब्ध कराने की तथा न्यूनतम शर्तों पर भवन निर्माण अग्रिम राशि उपलब्ध कराने की योजनाएं। (ढ) एन० आर० वाई०, ई० आई० यू० एस० तथा आहार एवं स्वास्थ्य कार्यक्रमों के तहत निम्न आर्य वर्ग के लिए शहरी बुनियादी सेवाएं उपलब्ध कराने की केन्द्र सरकार की प्रायोजित योजनाएं। (ण)

महाराष्ट्र में धारावी स्लम के सुधार के लिए प्रधानमंत्री का अनुदान कोष हुडको ने 31 मार्च, 1994 तक 47.70 लाख इकाइयों के निर्माण, 4.05 इकाईयों के विकास और 24.89 लाख बुनियादी स्वच्छता इकाइयों के निर्माण के लिए कुल मिलाकर 10,253 योजनाओं को मंजूरी प्रदान कर दी हैं। हुडको द्वारा 1977-78 से ग्रामीण आवास योजनाओं को वित्तीय सहायता पहुंचाई जा रही है। हुडको ने 31 मार्च, 94 तक 1,927.47 करोड़ रुपये की लागत की 1,495 ग्रामीण आवास योजनाएं मंजूर की हैं। इनके लिए 1043.22 करोड़ रुपये से अधिक ऋण हुडको द्वारा दिए जाएंगे। जिनसे ग्रामीण क्षेत्रों में लगभग 22 लाख मकानों का निर्माण हो सकेगा। हुडको द्वारा ग्रामीण आबादी के पर्यावरण में सुधार की योजना तथा छोटे और सीमान्त किसानों के लिए आवास योजना चलाई जा रही हैं।

केंन्द्र सरकार ने कर्मचारियों को मकान उपलब्ध कराने के उद्देश्य से शहरी विकास मंत्रालय के तत्वाधान में केन्द्र सरकार कर्मचारी कल्याण आवास संगठन के नाम से एक नया संगठन सोसायटी के रूप में गठित किया गया है। इससे केन्द्र सरकार के कर्मचारियों की लम्बे समय से चली आ रही मांग पूरी हो गयी है। संगठन ने अभी तक बम्बई, कलकत्ता, मद्रास, और नोएडा में चार आवास योजनाओं की घोषणा की है। मद्रास तथा कलकत्ता की परियोजनाएं टर्न के आधार पर हैं। इन चार परियोजनाओं के अंतर्गत विभिन्न श्रेणियों के अंतर्गत 2284 मकान बनाए जाएंगे।

प्राकृतिक आपदाओं से प्रभावित राज्यों को सहायता

केन्द्र सरकार ने कर्नाटक, केरल तथा तमिलनाडु को अक्टूबर, नवम्बर 1992 में आई बाढ़ व तूफान से क्षतिग्रस्त हुए मकानों के पुनर्निर्माण के लिए विशेष वित्तीय सहायता उपलब्ध कराई है, जो 30 प्रतिशत केन्द्रीय सब्सिडी, 49 प्रतिशत हुडको ऋण तथा 30 प्रतिशत राज्य सरकार की सब्सिडी के रूप में होगी। इस काम के लिए 1993-94 में केन्द्रीय सरकार की सब्सिडी के रूप में 18.66 करोड़ रुपये हुडको के माध्यम से जारी किये जा चुके हैं।

30 सितम्बर 1993 को महाराष्ट्र और कर्नाटक के कुछ हिस्सों में जोरदार भूकम्प आया जो रिएक्टर पैमाने पर 6.3 मापा गया। इससे इमारतों को व्यापक क्षति पहुँची। सर्वाधिक प्रभावति 500 वर्ग कि. मी. क्षेत्र में अनेक गांवों में इमारतें या तो पूरी तरह ध्वस्त हो गई या बूरी तरह क्षतिग्रस्त हुई। यह क्षेत्र मुख्य रूप से प्रभावित सभी जिलों का 3 प्रतिशत तथा समूचे क्षेत्र का एक हिस्सा बैठता है। महाराष्ट्र सरकार ने तत्काल सहायता के बचाव के कार्य चलाए और साथ ही केन्द्र तथा राज्यों की अनेक संस्थाओं ने राहत, पुनर्वास तथा पुननिर्माण के अनेक कदम उठाए। ये संस्थाएं हैं:— भवन निर्माण सामग्री तथा टैक्नोलोजी संवर्धन परिषद, आवास एवं शहरी विकास निगम (हुडको) केन्द्रीय भवन अनुसंधान संस्थान तथा संरचनात्मक इंजीनियरी अनुसंधान प्रकोष्ठ। शहरी विकास मंत्रालय ने इन संगठनों

के विशेषज्ञों को विभिन्न प्रभावित क्षेत्रों में हुए नुकसान के आकलन के लिए भेजा और स्थिति सुधारने के उपाय सुझाए। मंत्रिमंडल सचिव की अध्यक्षता में सचिवों की एक समिति बनाई गई जिसने केन्द्र तथा राज्यों की एजेंसियों द्वारा किए जा रहे उपायों पर बराबर नजर रखी। इन सभी प्रयासों की समीक्षा के बाद भारत सरकार ने महाराष्ट्र सरकार को व्यापक पुनर्वास कार्यक्रम के बारे में परामर्श देने के उद्देश्य से सचिव (शहरी विकास) की अध्यक्षता में एक सलाहकार समिति बनाई। समिति ने दिसम्बर 1993 में अपनी रिपोर्ट पेश कर दी। शहरी विकास मंत्रालय ने महाराष्ट्र सरकार द्वारा व्यापक पुनर्वास कार्य में विश्व बैंक से सहायता के अनुरोध के बारे में बैंक की आकलन रिपोर्ट तैयार करने के लिए बैंक के अधिकारियों के साथ विचार-विमर्श से सहयोग दिया।

वैधानिक उपाय

मकान मालिकों और किराएदारों की आवश्यकताओं, किराए पर दिए जाने वाले मकानों से आमदनी बढ़ाने, नए निर्माण और उच्च किराए वाली इकाइयों को छूट देने, समय-समय पर किराए में संशोधन तथा मामलों को शीघ्रता से निपटाने को ध्यान में रखकर किराया नियंत्रण व्यवस्था कानून बनाया गया है। किराये के विवादों को जल्दी निपटाने की दृष्टि से राज्य स्तर से किराया डाइव्यूनला बनाने के लिए 75वां संविधान संशोधन कानून लागू किया गया है। अपार्टमेंट-स्वामित्व तथा आवासीय सहकारी संस्थाओं के साथ-साथ डेवलपरों और प्रापर्टी ऐजेंटों की गतिविधियों को नियंत्रित करने के लिए भी इसी प्रकार के आदर्श कानून बनाए गए हैं। आवास से संबंधित स्टाम्प शुल्क तथा अन्य शुल्कों को तर्कसंगत बनाने का भी प्रस्ताव है। भवन निर्माण संबंधी अनुमति की प्रक्रिया को भी सरल बनाने का प्रस्ताव है। आवास क्षेत्र और आधारभूत सुविधाओं के क्षेत्र में निजी क्षेत्र को अधिकाधिक भाग लेने के लिए प्रोत्साहित करने के उद्देश्य से, निजी क्षेत्र को निर्धारण स्त्रोतों के जरिए उच्चतर व्यावसायिक मानक व नीति विकसित्त करने के लिए प्रेरित किया जा रहा है। जिसका उद्देश्य यह है कि आवासीय गतिविधियों के लिए एक उपयुक्त ढांचा तैयार किया जाए, जिसमें जन-समूह या निवेशकर्ता के सम्मुख आने वाली विशेष दिक्कतों को दूर किया जा सके तथा सार्वजनिक संस्थाओं को इस उद्देश्य के लिए अभिप्रेरित किया जाए।

शहरी भूमि (सीमा और नियमन) अधिनियम, 1976

शहरी भूमि (सीमा और नियमन) अधिनियम, 1976 को 17 फरवरी, 1976 को लागू किया गया। जम्मू-कश्मीर, केरल, नगालैंड और सिक्किम ने अभी तक इस अधिनियम को स्वीकार नहीं किया है। अन्य राज्यों और केन्द्र शासित प्रदेशों में इसे लागू किया जा चुका है। तमिलनाडु में यह अधिनियम लागू नहीं है, क्योंकि वहां 1978 में अपने तरह का कानून बनाया गया था।

यह अधिनियम शहरी भूमि को कुछ लोगों के हाथों में केन्द्रित होने से रोकने तथा आम आदमी के हितों की रक्षा करते हुए शहरी भूमि के समान वितरण और उसकी खरीद व बिक्री में सट्टेबाजी पर रोक लगाने के लिए बनाया गया है। राज्य सरकारें इस अधिनियम के प्रावधानों के अंतर्गत विभिन्न कार्यों को चलाने के लिए नियुक्त सक्षम अधिकारियों के माध्यम से अधिनियम को क्रियान्वित करती है। विभिन्न राज्यों/केन्द्र शासित प्रदेशों की सरकारों द्वारा दी गई सूचना के अनुसार 2,18,356 हेक्टेयर अतिरिक्त खाली भूमि का अनुमान लगाया गया है और 37,11,31 हेक्टेयर जमीन राज्यों/केन्द्र शासित प्रदेशों ने अपने कब्जे में ले ली है। इसमें से 14,190 हैक्टेयर अतिरिक्त खाली भूमि पर वास्तविक कब्जा कर लिया गया है। सामाजिक आवास के क्षेत्र में कमजोर वर्गों के लिए 4544 हेक्टेयर भूमि पर 3,68,123 आवासीय इकाइयों के निर्माण की 2741 योजनाएं मंजूर की गई हैं।

समय-समय पर सरकार का ध्यान अधिनियम की शक्तियों की ओर आकर्षित किया गया है। इसलिए राज्य सरकारों, प्रमुख व्यक्तियों तथा विभिन्न संगठनों के सुझावों और राष्ट्रीय शहरीकरण आयोग की सिफारिशों के आधार पर अधिनियम में संशोधन के अनेक प्रस्ताव तैयार किए गए हैं। इन संशोधनों का उद्देश्य अधिनियम को और व्यावहारिक व कारगर बनाना तथा मुकदमेबाजी में कमी लाना है। संशोधनों का मुख्य पहलू वास्तविक काश्तकारों को संरक्षण देना तथा वास्तविक भूस्वामियों को अपनी जमीन मास्टर प्लान के प्रावधानों के अनुरूप विकसित करने के लिए प्रोत्साहित करना है ताकि देश में, विशेषकर कमजोर तथा निम्न आय वर्गों के लिए मकानों की संख्या में वृद्धि हो और खाली भूमि में सट्टेबाजी पर अंकुश लग सके। दुर्बल आय वर्ग आवास के लिए आश्रय कोष बनाना, संबंधित बुनियादी सुविधाएं उपलब्ध कराना तथा खाली भूमि/निर्मित सम्पत्ति के हस्तांतरण पर पाबंदियां दूर करना संशोधनों के अन्य पहलू हैं। ये प्रस्ताव भारत सरकार के विचारधीन हैं।

राज्य सरकारों, विशेषज्ञों, प्रमुख संगठनों और राष्ट्रीय शहरी आयोग की सिफारिशों को देखते हुए भारत सरकार ने अधिनियम के विभिन्न प्रावधानों में संशोधनों के कई प्रस्ताव तैयार किये हैं। इन प्रस्तावों पर मार्च 1992 में नई दिल्ली में हुई मुख्य मंत्रियों की बैठक में विचार-विमर्श किया गया। विभिन्न राज्यों द्वारा व्यक्त किये गये विचारों के आधार पर संशोधन प्रस्ताव तैयार किए गए हैं, परन्तु अभी तक कोई अंतिम निर्णय नहीं लिया जा सका है। इन प्रस्तावों में आवासीय गतिविधियों पर बल दिया गया है, जिसमें भू- स्वामियों को भी शामिल किया गया है। इनमें वास्तविक कृषकों को संरक्षण देने, खाली भूमि के मूल्य में वृद्धि रोकने, गैर-अनुमोदित क्षेत्रों में उद्योगों के स्थानांतरण को आसान बनाने तथा बीमार औद्योगिक इकाइयों के पुनर्वास पर बल दिया गया है।

शहरी जल-आपूर्ति और स्वच्छता

जल-आपूर्ति और सफाई के विषय राज्यों के क्षेत्र में आते हैं। योजनाएं बनाना तथा उनका कार्यान्वयन लागू करने का कार्य राज्य सरकारों/केन्द्र शासित प्रदेशों को

है। इनके लिए वित्तीय व्यवस्था का प्रबन्ध राज्य योजनाओं के तहत किया जाता है। प्राप्त सूचनाओं के अनुसार दिसंबर 1991 तक जलापूर्ति और सफाई सुविधाएं क्रमश: 85 प्रतिशत और 46 प्रतिशत शहरी आबादी को उपलब्ध कराई जा चुकी थीं। आठवीं योजना (1992-97) तैयार करने वाले कार्यकारी दल ने योजना के अंत तक (1992-97) जल-आपूर्ति, जल-मल निकासी और सफाई की सुविधाएं क्रमश: 100 प्रतिशत और 75 प्रतिशत शहरी जनसंख्या को उपलब्ध कराने की सिफारिश की है। इसके लिए कार्यकारी दल ने 23,634.56 करोड़ रुपये के प्रावधान की अनुशंसा की है। लेकिन योजना आयोग ने आठवीं योजना के लिए केवल 5,757.28 करोड़ रुपये का प्रावधान किया है, जिसमें से 1993-94 की वार्षिक योजना के लिए 11140.54 करोड़ रुपये की व्यवस्था है।

जल-आपूर्ति और जल-मल निकासी के क्षेत्र में नियोजन डिजाइन, परिचालन, रख-रखाव और प्रबंध में मानव संसाधन विकास के लिए विभिन्न प्रशिक्षण पाठ्यक्रम शुरू किए गए हैं। सरकार ने जल-आपूर्ति वितरण और जल-मल निकासी की प्रणालियों के नियोजन तथा डिजाइनिंग के लिए माइक्रो-कंप्यूटरों का प्रयोग शुरू किया है और जन-स्वास्थ्य इंजीनियरों को प्रशिक्षण भी दिया है। इस काम में लगी कई राज्य एजेंसियों को माइक्रो-कंप्यूटर खरीदने के लिए वित्तीय सहायता भी दी गई। इन एजेंसियों ने कंप्यूटर तथा सहायक उपकरण खरीद कर उन्हें अपने संगठनों में लगाया है।

मंत्रालय जल-आपूर्ति तथा स्वच्छता के क्षेत्र में उपयुक्त टेक्नोलोजी के विकास के उद्देश्य से देश के विभिन्न स्थानों में अनुसंधान एवं विकास परियोजनाएं प्रायोजित करता है। ये टेक्नोलोजी परियोजना के क्रियान्वयन के साथ-साथ उनके संचालन तथा रख-रखाव और क्षेत्र में सुधार के लिए भी इस्तेमाल की जा सकती है।

शहरी विकास मंत्रालय ने एक प्रबंध सूचना प्रणाली (एम॰ आई॰ एस॰) का विकास किया है। व्यावहारिक रूप में इस्तेमाल करने के लिए यह प्रणाली राज्यों के जन-स्वास्थ्य इंजीनियरी विभागों और जल आपूर्ति तथा जल-मल निकासी बोर्डों को उपलब्ध कराई गई है। मंत्रालय शहरी जल-आपूर्ति और सफाई योजनाओं के लिए जीवन बीमा निगम, विश्व बैंक और अन्य द्विपक्षीय एजेंसियों से ऋण सहायता प्राप्त करने के लिए तकनीकी सलाह और मंजूरी भी देता है।

यह मंत्रालय विश्व बैंक से सहायता प्राप्त करने के लिए प्रशासनिक रूप से जिम्मेदार है। इसने महाराष्ट्र, गुजरात, पंजाब, राजस्थान और उत्तर प्रदेश में विश्व बैंक की सहायता से चलाई जा रही छह जलापूर्ति तथा जल-मल निकासी परियोजनाओं के पूरा होने में मदद दी है। मंत्रालय महाराष्ट्र, केरल, तमिलनाडु और आंध्र प्रदेश में जारी विश्व बैंक की परियोजनाओं के बीच समन्वय भी स्थापित कर रहा है।

सिर पर मैला ढोने वालों की मुक्ति से संबद्ध कार्यक्रम के तहत कम लागत की समन्वित सफाई योजना शुरू की गई है। इसका उद्देश्य 5 लाख से कम की आबादी वाले (1981 की जनगणना के अनुसार) कस्बों में पूरे कस्बे के आधार पर कम लागत की सफाई सुविधाएं मुहैया करना है। यह लक्ष्य रखा गया है कि प्रति वर्ष ऐसे 500 कस्बों को ये सुविधाएं प्रदान की जाएं और इस कार्यक्रम के लिए यदि पर्याप्त मात्रा में धन उपलब्ध कराया गया, तो यह संभावना है कि 5 लाख से कम की आबादी वाले (1981 की जनगणना के अनुसार) सभी शहरों और कस्बों को आठवीं पंचवर्षीय योजना के अंत तक (1992-97) इस कार्यक्रम में शामिल कर लिया जाएगा।

इसके अलावा हुडको ने 15 राज्यों में 1,120 शहरों में 19,65,870 इकाइयों के निर्माण/परिवर्तन की योजनाओं की स्वीकृति दी है। 1.78 लाख इकाइयों का काम पूरा हो चुका है और बाकी का अलग-अलग चरणों में हैं। इस विषय में समाज के लिए अनिवार्यता का तत्त्व शामिल करने तथा अधिक गंभीर जागरुकता लाने के उद्देश्य से 66 सिर पर मैला ढोने वालों से काम लेना और शुष्क शौचालय निर्माण (प्रतिबंध) अधिनियम 1993 नाम से नया कानून पारित किया गया जिसे 5 जून 1993 को राष्ट्रपति की स्वीकृति मिली। इस कानून का मुख्य उद्देश्य किसी व्यक्ति से सिर पर मैला ढोने का काम लेने को गैर कानूनी बनाने और इस तरह देश में शुष्क शौचालयों के निर्माण पर रोक लगाना है। जैसा कि संविधान के अनुच्छेद 252 में व्यवस्था कर दी गई है, अभी तक केवल 6 राज्यों—आंध्र प्रदेश, गोवा, कर्नाटक, महाराष्ट्र, त्रिपुरा और पश्चिम बंगाल ने केन्द्रीय कानून को लागू करने के लिए आवश्यक प्रस्ताव किए हैं।

कम लागत की स्वच्छता और सिर पर मैला ढोने से मुक्ति के कार्यक्रम के लिए निगरानी एवं मूल्यांकन प्रणाली के अंतर्गत संयुक्त राष्ट्र विकास कार्यक्रम/विश्व बैंक द्वारा तमिलनाडु में विस्तृत अध्ययन किया गया है। इससे कार्यक्रम के बेहतर तथा अधिक तीव्र क्रियान्वयन में मदद मिली है। कुछ अन्य राज्यों में भी इसी तरह के अध्ययन करने पर सहमति हुई है। कार्यक्रम में महिलाओं को शामिल करने तथा इसके क्रियान्वयन के संबंध में उनकी प्रतिक्रिया का पता लगाने के उद्देश्य से एक स्वयंसेवी संगठन को उत्तर प्रदेश के दो शहरों-बुलन्दशहर और गढ़मुक्तेश्वर में सर्वेक्षण करने का दायित्व सौंपा गया है। इस संस्था ने घर-घर जाकर सर्वेक्षण किया और मंत्रालय को अपनी अंतरिम रिपोर्ट सौंप दी है।

निर्धनों के लिए शहरी बुनियादी सुविधाएं

गरीबों के लिए शहरी बुनियादी सुविधाओं की योजना 1990-91 में शुरु की गई। यह योजना विभिन्न विशिष्ट विभागों के माध्यम से और सामुदायिक संगठनों के सक्रिय सहयोग से कम आय वर्ग की शहरी बस्तियों में सामाजिक व भौतिक

सुविधाएं उपलब्ध कराने के लिए चलाई गई है। इसका मुख्य उद्देश्य तंग बस्तियों में रहन-सहन के स्तर को बेहतर बनाना है। मंत्रिमंडल ने इस परियोजना को आठवीं योजना में शामिल करने की मंजूरी दे दी है।

आठवीं योजना के प्रारम्भ से ही इस कार्यक्रम पर होने वाले खर्च में केन्द्र और राज्यों का अनुपात 60 और 40 का रहा है। इसमें प्रति व्यक्ति व्यय पहले वर्ष में 75/- रुपये तथा बुनियादी ढांचा खड़ा हो जाने के बाद दूसरे वर्ष से 50 रुपये रहेगा। आठवीं योजना अवधि में इस योजना के लिए कुल 100 करोड़ रुपये का प्रावधान किया गया है। यह योजना राज्य क्षेत्र की शहरी तंग बस्तियों में पर्यावरण सुधार योजना और केन्द्र द्वारा प्रायोजित नेहरू रोजगार योजना के साथ लागू की जाएगी। आठवीं योजना के अंत तक 70 लाख की स्लम आबादी वाले शहरी क्षेत्रों में लागू हो जाने की आशा है तथा यह कुल मिलाकर देश के 500 नगरों व कस्बों में क्रियान्वित की जाएगी।

1990 में हुए विश्व बाल शिखर सम्मेलन में दुनिया भर के देशों द्वारा दिए गए वचनों के अनुसार तैयार की गई बच्चों के लिए राष्ट्रीय कार्रवाई योजना में महिलाओं व बच्चों के विकास के प्रति भारत की वचनबद्धता दोहराई गई है। यह योजना 1992 के प्रारम्भ में लागू की गई। निर्धनों के लिए बुनियादी सुविधा योजना का एक उद्देश्य विभिन्न मंत्रालयों/विभागों द्वारा चलाए जा रहे कार्यक्रमों के नियोजन तथा आयोजन के माध्यम से बच्चों के लिए राष्ट्रीय कार्रवाई योजना के लक्ष्यों को प्राप्त करना है। लगभग 2784 लघु-योजनाएं बनाई जा चुकी हैं और 455 सामुदायिक संगठन विभिन्न क्षेत्रों में इन्हें लागू करने में सहयोग दे रहे हैं। 1993-94 में इस योजना के लिए 18 करोड़ रुपये जारी किए गए।

छोटे तथा मझोले शहरों का समन्वित विकास

छोटे तथा मझोले शहरों के समन्वित विकास की योजना 1979-80 में प्रारम्भ की गई। इसके निम्नलिखित उद्देश्य हैं: (क) देश में अधिक संतुलित ढंग से शहरी विकास करना; (ख) रोजगार देने वाली गतिविधियों में सहायता के लिए बुनियादी सुविधाएं जुटाना; (ग) इन बुनियादी सुविधाओं के सम्यक संचालन व रख-रखाव के उद्देश्य से स्थानीय निकायों के लिए संसाधन जुटाने की योजनाएं चलाना; (घ) क्षेत्रीय दृष्टिकोण अपनाते हुए ग्रामीण इलाकों के सुधार के लिए विकास केन्द्र बनाना; और (च) बड़े शहरों/महानगरों में ग्रामीण आबादी के पलायन को रोकना।

इस योजना के लिए बजट प्रावधान सातवीं योजना में 80 करोड़ रुपये से बढ़ाकर आठवीं योजना में 155 करोड़ रुपये कर दिया गया। आठवीं योजना में लगभग 200 शहरों में यह योजना लागू हो जाने की आशा है। 31 मार्च 1994 तक संशोधित योजना के अंतर्गत 28 शहरों में काम हो चुका था और 33.10 करोड़ रुपये की केन्द्रीय सहायता जारी की गई। इसमें 26.22 करोड़ रुपये 128 नए शहरों तथा

4.87 करोड़ रुपये 36 शहरों में पहले से चल रही योजनाओं के लिए हैं। इसमें संशोधित योजना के अंतर्गत 101 शहरों में योजना रिपोर्ट तैयार करने पर हुए व्यय को स्थगित करने के लिए 9 राज्य सरकारों के बारे में अनुदान सहायता के रूप में दिए गए 2 करोड़ रुपये भी शामिल हैं।

महानगर योजना : केन्द्र द्वारा प्रायोजित

कलकत्ता, बम्बई, मद्रास, हैदराबाद, बंगलोर जैसे महानगरों का देश की अर्थव्यवस्था में महत्त्वपूर्ण योगदान रहता है इसलिए उनकी समृद्धि तथा कुशलतापूर्ण संचालन राष्ट्रीय महत्त्व का विषय है। इन शहरों की बहुत-सी समस्याएं ग्रामीण क्षेत्रों तथा छोटे शहरों से लोगों के वहां आकर बसने के कारण पैदा होती है, जिस पर इन नगरों के अधिकारियों का कोई बस नहीं है। राज्य सरकारें अपने सीमित संसाधनों तथा कृषि, सिंचाई, शिक्षा, स्वास्थ्य जैसे क्षेत्रों को अधिक प्राथमिकता दिए जाने के कारण इन शहरों में बुनियादी सुविधाएं जुटाने पर ज्यादा धन खर्च नहीं कर पातीं। इसलिए महानगरों में बुनियादी सुविधाओं के विकास के लिए राज्यों को केन्द्रीय सहायता दी जा सकती है। राज्य सरकारों की लगातार मांग तथा राष्ट्रीय शहरीकरण आयोग की सिफारिशों के अनुरूप 1991 की जनगणना के आधार पर 40 लाख से अधिक आबादी वाले नगरों में बुनियादी सुविधाओं के विकास की एक केन्द्र प्रायोजित योजना 1993-94 में प्रारम्भ की गई। इसे महानगर योजना का नाम दिया गया है।

महानगर योजना की मुख्य विशेषताएं :

महानगर योजना की मुख्य विशेषताएं इस प्रकार हैं : (1) यह योजना बम्बई, कलकत्ता, मद्रास, बंगलौर और हैदराबाद में लागू होगी। (2) योजना का संचालन शहरी विकास मंत्रालय द्वारा किया जाएगा और इसके लिए धन राज्य स्तर पर एक संस्थान के माध्यम से खर्च किया जाएगा। (3) केन्द्र सरकार से प्राप्त धन संस्थान के लिए इक्विटी समर्थन/आधार पूंजी के रूप में इस्तेमाल किया जाएगा। राज्य तथा केन्द्र के बीच का अनुपात 25 : 25 प्रतिशत होगा तथा शेष 50 प्रतिशत धन संस्थागत वित्त अर्थात् सार्वजनिक वित्तीय संस्थाओं या पूंजी बाजार से जुटाया जाएगा (4) संस्थान जल आपूर्ति, मल निकासी, जल निकासी, स्वच्छता, नगर-परिवहन, भूमि विकास, स्लम सुधार, कूड़ा-करकट, प्रबंध जैसे शहरी बुनियादी ढांचे के लिए परियोजना से जुड़ा वित्त उपलब्ध कराएगा और (5) स्वास्थ्य, शिक्षा, बिजली, त्वरित परिवहन प्रणाली आदि के लिए इस योजना के अंतर्गत धन उपलब्ध नहीं कराया जाएगा।

इस योजना में शामिल की जाने वाली परियोजनाएं तीन वर्गों की होंगी :

(क) बुनियादी सेवाओं की परियोजनाएं जिनमें न्यूनतम लाभों की आशा नहीं है, इसके लिए ऋण 8.5 प्रतिशत ब्याज दर पर होंगे।

(ख) वे परियोजनाएं, जिनमें इस्तेमाल करने वालों से शुल्क लिया जाएगा। इनके लिए ब्याज की दर 12 प्रतिशत होगी; और

(ग) वे परियोजनाएं जिनसे मुनाफा हो सकता है और इनके लिए बाजार दर पर ऋण दिऐ जाएंगे।

ऊपर क्रम संख्या 3 में बताए गए संस्थान को सक्षम बनाए रखने के लिए ऊपर बताए गए तीन वर्गों की परियोजनाओं में वित्तीय सहायता का अनुमान मोटे तौर पर 30 : 30 : 40 का रहेगा।

योजना का क्रियान्वयन

यह योजना आठवीं और नौवीं पंचवर्षीय योजनाओं के दौरान क्रियान्वित की जाएगी। 5 शहरों के लिए केन्द्र सरकार की राशि का निर्धारण इस प्रकार है:—

शहर का नाम	परियोजना व्यय	परिव्यय आठवीं योजना 1993-94 (करोड़ रुपये)	
बम्बई	1217	200	20
कलकत्ता	1251	200	20
मद्रास	914	100	15
हैदराबाद	913	100	15
बंगलौर	805	100	–

परियोजनाओं के क्रम एवं प्राथमिकता का निर्धारण

प्रत्येक महानगर के लिए बनाई जाने वाली परियोजनाओं में लाभकारी तथा बिना लाभ वाली दोनों तरह की परियोजनाएं होनी चाहिएं ताकि परियोजनाओं का कुल खर्च उठा पाना संभव हो। परियोजना की रूपरेखा में तैयारी की अलग-अलग अवधि वाली परियोजनाएं चलाने की व्यवस्था की गई है और यथासंभव तैयारी की लम्बी अवधि वाली परियोजनाओं को प्राथमिकता दी जानी चाहिए। प्राथमिकताएं राज्य सरकारों द्वारा तय की जाएंगी। परंतु प्राथमिकताओं के मापदंड इस प्रकार हो सकते हैं। (क) महानगरीय क्षेत्र के लिए परिप्रेक्ष्य/ढांचा योजना के साथ अनुरूपता, (ख) लाभों को जल्दी पहुंचाने के लिए विशेष तथा वांछनीय क्षेत्रों में महत्त्वपूर्ण प्रभाव की दृष्टि से चयन या किसी मौजूदा अथवा पूरी को चुकी परियोजना की पूरकता; (ग) तैयारी की कम अवधि ताकि परियोजना का काफी हिस्सा आठवीं योजना अवधि में ही पूरा किया जा सके।

संस्थागत व्यवस्था

राज्य सरकारों को महानगर परियोजना की सभी गतिविधियों में तालमेल तथा निगरानी का काम संभालने के लिए एक संस्था तय करनी होती है। ये निर्धारित एजेंसियां विभिन्न योजनाओं के क्रियान्वयन तथा आवर्ती शेष के लिए धन जुटाने के काम की निगरानी करेंगी।

नेहरू रोजगार योजना

शहरी बेरोजगारों और अर्ध-बेरोजगार निर्धनों को रोजगार उपलब्ध कराने के लिए 'नेहरू रोजगार योजना' शुरू की गई। इसमें दो प्रकार के रोजगार उपलब्ध कराए जाते हैं— पहला स्व-रोजगार उद्यम लगाने से सम्बद्ध है और दूसरा शहरी क्षेत्रों में सामाजिक तथा आर्थिक दृष्टि से उपयोगी परिसंपत्तियों के निर्माण और उन्नत आवास कार्यक्रम के जरिए दिहाड़ी रोजगार उपलब्ध कराने से संबद्ध है।

इस कार्यक्रम में तीन योजनाएं हैं (1) शहरी निर्धन लाभार्थियों के लिए छोटे उद्यमों की स्थापना की योजना तथा उन्हें प्रशिक्षण और बुनियादी सहायता उपलब्ध कराना। यह योजना सभी शहरी बस्तियों में लागू है; (2) शहरी स्थानीय निकायों की देख-रेख में सामाजिक और आर्थिक दृष्टि से उपयोगी सार्वजनिक परिसम्पत्तियों के निर्माण के जरिए दिहाड़ी पर आधारित रोजगार योजना चलाना। यह योजना लागू है (क) 20,000 से कम आबादी वाले शहर, और (ख) 20 हजार से एक लाख तक की आबादी वाले शहर (3) मुख्य रूप से शहरी निर्धन और आर्थिक दृष्टि से कमजोर वर्गों को उन्नत आवास और आश्रय स्थलों के निर्माण के जरिए रोजगार उपलब्ध कराने की योजना तथा लाभार्थियों के निर्माण के जरिए रोजगार उपलब्ध कराने की योजना तथा लाभार्थियों में निर्माण कौशल को बढ़ावा देने के लिए उन्हें प्रशिक्षण और बुनियादी सहायता उपलब्ध कराना। यह योजना एक लाख से 20 लाख तक की आबादी वाले सभी शहरी क्षेत्रों में लागू है।

इस योजना का लक्ष्य-समूह—शहरी निर्धन हैं। लेकिन इसमें महिला तथा अनुसूचित जाति और अनुसूचित जनजाति के लाभार्थियों के हितों का विशेष ध्यान रखा जाता है। दिसम्बर 1992 तक इस योजना की प्रमुख उपलब्धियां इस प्रकार रहीं:—

1. शहरी क्षेत्रों में छोटे उद्यमों की योजना

1989 की योजना से लेकर अब तक लाभार्थियों को 92.6 करोड़ रुपये की सब्सिडी और लगभग 278 करोड़ रुपये संस्थागत वित्त (बैंक ऋण के रूप में), यानी सब्सिडी का तीन गुना, मंजूर किया गया। इससे 4.50 लाख लोगों को लाभ पहुंचाया गया। बुनियादी सुविधाओं और प्रशिक्षण के अंतर्गत 1.06 लाभार्थियों को प्रशिक्षित किया जा चुका था या वे इस प्रकार का प्रशिक्षण ले रहे हैं।

2. शहरी दिहाड़ी रोजगार योजना

इस योजना के तहत राज्यों/केन्द्र शासित प्रदेशों ने 31 दिसम्बर 1993 तक 179 करोड़ रुपये के खर्च का दावा किया है, जिससे शहरी निर्धनों को 309 लाख कार्य-दिवसों के बराबर दिहाड़ी रोजगार उपलब्ध कराया गया।

3. उन्नत आवास और आश्रय प्रदान करने की योजना

हुडको ने विभिन्न राज्यों/केन्द्र शासित प्रदेशों के वास्ते 318.9 करोड़ रुपये की लागत की योजनाओं को 31 जनवरी 1993 तक मंजूरी प्रदान की। इसमें 60.84 करोड़ रुपये की सब्सिडी और 258.14 करोड़ रुपये ऋण के रूप में दिये गये और इनके जरिए 7.86 लाख से अधिक आवासीय इकाइयों को उन्नत बनाया गया।

केन्द्रीय लोक निर्माण विभाग

केन्द्रीय लोक निर्माण विभाग का इतिहास 19वीं शताब्दी में शुरू हुआ जब 1863 में अजमेर प्रोविंशियल डिवीजन का गठन हुआ। यह विभाग सन् 1911 से अधिक व्यापक बनने लगा क्योंकि उसे राष्ट्रीय राजधानी कलकत्ता से हटा कर दिल्ली लाने के काम में महत्त्वपूर्ण दायित्व निभाना पड़ा। इस अवधि में विभाग ने राष्ट्रपति भवन, नॉर्थ ब्लॉक, साऊथ ब्लॉक, संसद भवन आदि इमारतों का निर्माण किया। केन्द्रीय लोक निर्माण विभाग के रूप में इस विभाग का विधिवत गठन 1930 में हुआ। इस समय महानिदेशक (निर्माण) की अध्यक्षता में इसका मुख्यालय नई दिल्ली में है तथा देश भर में इसके कार्यालय हैं। दिल्ली, बम्बई, कलकत्ता, मद्रास और शिलांग में क्षेत्रीय इंजीनियर नियुक्त हैं। केन्द्रीय लोक निर्माण विभाग किसी इमारत की परियोजना कल्पना से लेकर उसके पूर्ण होने तक समन्वित निर्माण प्रबंध उपलब्ध कराता है। यह आवासीय, गैर-आवासीय, संस्थागत तथा शैक्षणिक भवन, खेल परिसर, अस्पताल, रनवे, कंप्यूटर केन्द्रों, हवाई अड्डों तथा प्राकृतिक स्थलों, दूतावासों और समाधियों आदि का निर्माण करता है। केन्द्रीय लोक निर्माण विभाग ने देश की सीमा पर दुर्गम तथा दूर-दराज के क्षेत्रों में जाकर बाड़ लगाने, सड़कें बनाने तथा लाईट लगाने का काम भी किया है। विभाग ने नई दिल्ली में 1990 में आग लगने से काफी हद तक क्षतिग्रस्त हो चुके विज्ञान भवन की मरम्मत करके उसे फिर से अंतर्राष्ट्रीय स्तर के भवन के रूप में बदल दिया है। 19 नवम्बर 1993 को उसका उद्घाटन किया गया और नवम्बर 1993 में ही चौथे इन्दिरा गांधी सम्मेलन का वहां आयोजन किया गया। विज्ञान भवन की नई सज-धज की सभी लोगों ने सराहना की है। विभाग ने पंजाब तथा राजस्थान में 780 कि.मी. लम्बी सीमा पर बाड़ लगाने का काम किया। भारत-बंगलादेश सीमा पर पश्चिम बंगाल में लगभग 250 कि.मी. लम्बी सड़कों का निर्माण किया गया है। लगभग 800 कि.मी. लम्बी सीमा पर फ्लड लाइट का प्रबंध किया गया है। विजय घाट तथा किसान घाट के पुनर्विकास का काम अंतिम चरण में है तथा भूतपूर्व प्रधानमंत्री राजीव गांधी की

समाधि वीर भूमि का कार्य प्रगति पर है। दिल्ली में जिन अन्य महत्त्वपूर्ण भवनों का निर्माण कार्य चल रहा है उनमें संसदीय पुस्तकालय भवन, सतर्कता ब्यूरो का भवन, इन्दिरा गांधी खुला विश्वविद्यालय, उच्चतम न्यायालय का विस्तार कार्य, गुड़गांव में राष्ट्रीय सुरक्षा गार्ड परियोजना तथा कलकत्ता में भाषा भवन (संस्कृति मंत्रालय) शामिल हैं। लाल किले पर स्वतंत्रता दिवस समारोह और राजपथ पर गणतंत्र दिवस समारोह जैसे राष्ट्रीय समारोहों के लिए बुनियादी ढांचे का प्रबंध केन्द्रीय लोक निर्माण विभाग ही उपलब्ध कराता है।

पर्यावरण के अनुरूप निर्माण की दिशा में इस विभाग ने अग्रणी भूमिका निभाई है। अप्रैल 1993 से इसने निर्माण कार्यों में लकड़ी का इस्तेमाल न करने का ऐतिहासिक निर्णय किया है। लकड़ी के स्थान पर अनेक उपलब्ध विकल्पों–मीडियम डेंसिटी फाइवर बोर्ड, लकड़ी के बेकार बुरादे से बने बोर्ड, प्रेस्ड इस्पात, सीमेंट आधारित पार्टिकल्स बोर्ड तथा पी.वी.सी. का इस्तेमाल प्रारम्भ किया गया है। इसके अलावा रेड मड, पोलिमर ग्लास, रि-इन्फोर्स्ड जिप्सम बोर्ड तथा धान की भूसी जैसी अन्य वैकल्पिक वस्तुएं भी विभाग द्वारा अनुसंधान प्रयोगशालाओं के सहयोग से विकसित की जा रही हैं। रबड़, यूक्लिप्टिस तथा बांस आदि की इमारती लकड़ी के इस्तेमाल को बढ़ावा दिया जा रहा है। इससे एक ओर पेड़ों की कटाई रुकने तथा दूसरी ओर बेकार पड़ी रहने वाली वस्तुओं का इस्तेमाल होने से पर्यावरण संरक्षण में मदद मिलेगी। राख से बनी ईंटें, जो कि पर्यावरण के अनुरूप हैं, कई इमारतों में परम्परागत ईंटों के स्थान पर इस्तेमाल की जा रही हैं। दिल्ली में 135 मकानों की कम ऊर्जा की खपत वाली परियोजना जल्दी ही पूरी होने वाली है। ताप और दिन में रोशनी की अनुकूलता वाले उपयुक्त आवास समूह तथा व्यक्तिगत आवास इकाइयां विकसित करने का काम भी प्रगति पर है।

केन्द्रीय लोक निर्माण विभाग सार्वजनिक क्षेत्र के प्रतिष्ठानों तथा स्वायत्त निकायों को परामर्श सेवाएं उपलब्ध कराता है और प्रमुख भवन परियोजनाओं, जटिल निर्माणों, एयर कंडीशनिंग तथा विद्युत उपकरण लगाने आदि कार्यों की योजना और डिजाइन तैयार करने का काम भी संभालता है।

राष्ट्रीय राजधानी क्षेत्र

राष्ट्रीय राजधानी क्षेत्र के संतुलित और समन्वित विकास की योजना बनाने और उसके विकास के लिए राष्ट्रीय राजधानी क्षेत्र योजना बोर्ड कानून 1985 के अंतर्गत राष्ट्रीय राजधानी क्षेत्र योजना बोर्ड (एन० सी० आर० पी० बी०) का गठन किया गया है। क्षेत्रीय विकास की यह एक अनोखी संकल्पना है, जिसमें सहभागिता की नीति अपनाते हुए क्षेत्र के लिए समन्वित विकास की योजना तैयार करने की बात शामिल है। राष्ट्रीय राजधानी क्षेत्र की योजना में केन्द्र की प्रमुख भूमिका है और हरियाणा, राजस्थान और उत्तर प्रदेश राज्य तथा केन्द्रशासित प्रदेश दिल्ली इसमें भागीदार हैं। राष्ट्रीय राजधानी क्षेत्र के विकास में लगभग 3,000 करोड़ रुपये की लागत आने का अनुमान है।

देश का अत्यधिक शहरीकृत क्षेत्र होने के कारण राष्ट्रीय राजधानी क्षेत्र को अनियोजित और अव्यवस्थित विकास को, विशेषकर तेजी से फैलते जा रहे दिल्ली और इसके आस-पास के इलाकों में चुनौती का सामना करना पड़ रहा है। पानी, बिजली, सार्वजनिक परिवहन की कमी और सफाई की समस्या के कारण स्वयं दिल्ली को अनेक गंभीर समस्याओं का सामना करना पड़ रहा है। बड़े पैमाने पर रोजगार के अवसर उपलब्ध कराने की इस शहर की क्षमता और यहां के रहन-सहन के बेहतर स्तर के कारण दूसरे स्थानों से लोगों के यहां लगातार आते रहने के कारण स्थिति और भी गंभीर हो गई है। राष्ट्रीय राजधानी क्षेत्र के बहुत ज्यादा निकट होने के कारण दिल्ली महानगर के आस-पास के शहरों का बड़ी तेजी से विकास हो रहा है और इसके परिणामस्वरूप दिल्ली के आस-पास उनका तेजी से विस्तार हो रहा है।

राष्ट्रीय राजधानी क्षेत्र योजना बोर्ड ने राष्ट्रीय राजधानी क्षेत्र के लिए संवैधानिक क्षेत्रीय 'योजना 2001' तैयार की है, जो 23 जनवरी,1989 को लागू की गई है। इसके दो मुख्य लक्ष्य हैं– (1) संतुलित और समन्वित रूप से क्षेत्र विकसित करना जिससे आर्थिक गतिविधियाँ और (2) जनसंख्या छितरा दी जाए। यह योजना जनसंख्या वितरण, परिवहन और संचार, भौतिक और सामाजिक आधारभूत ढांचे, क्षेत्रीय भूमि के उपयोग, पर्यावरण और परिस्थितियों का विकास, योजना कार्यान्वयन का प्रबंधकीय ढांचे और राष्ट्रीय राजधानी क्षेत्र से बाहर काउंटर-मैगनेट क्षेत्रों के विकास से सम्बंधित एक समन्वित नीतिगत रूपरेखा की है।

राष्ट्रीय राजधानी क्षेत्र योजना बोर्ड ने दिल्ली में आकर बसने वाले संभावित लोगों को आकर्षित करने के लिए आर्थिक गतिविधियों को सृजन करके क्षेत्र में त्वरित विकास के लिए महत्त्वपूर्ण शहरों/काम्पलेक्सों का पता लगाया है। यह दिल्ली पर दबाब घटाने में सहायक होगा। इसके अतिरिक्त योजना में राष्ट्रीय राजधानी क्षेत्र के उपक्रमों में उप-क्षेत्रीय केन्द्रों और बुनियादी ग्रामों के विकास की भी कल्पना की गई है।

निर्माण एजेंसियां

राष्ट्रीय भवन निर्माण निगम

राष्ट्रीय भवन निर्माण निगम 1960 में प्रमुख निर्माण संगठन के रूप में स्थापित किया गया था। इसका उद्देश्य है कि परियोजनाओं को उचित लागत पर क्रियान्वित करना, देश के दुर्गम तथा दूर-दराज के क्षेत्रों में निर्माण कार्य संभालना, निर्माण कराने वाली एजेंसी की देख-रेख की जिम्मेदारी को कम करना तथा विशेष प्रकार के निर्माण कार्य हाथ में लेना। निगम की मुख्य व्यापारिक गतिविधियों में अर्थव्यवस्था के विभिन्न क्षेत्रों और निर्माण कार्य में सलाहकार सेवाएं उपलब्ध कराना शामिल है।

परम्परागत निर्माण में निजी क्षेत्र के ठेकदारों की तीव्र प्रतिस्पर्धा के बावजूद पिछले 30 वर्षों में निगम ने पर्यावरण इंजीनियरी संयंत्र, कूलिंग टावर, चिमनी, प्रेषण लाइनों, विशाल संस्थागत, परिसर समन्वित अस्पताल तथा आवासीय परियोजनाएं, रेलवे स्टेशन एवं व्यापारिक केन्द्र तथा इस्पात संयंत्रों की आधुनिकीकरण योजनाएं जैसी उच्च टेक्नोलॉजी के क्षेत्र में अपनी गतिविधियों का विस्तार किया है। इसके अलावा निगम पिछले कुछ वर्षों में परियोजना प्रबन्ध की प्रमुख सलाहकार संस्था के रूप में उभरा है और यह प्रारंभ से अंत तक पूर्ण परियोजना प्रबंध के क्षेत्रों में परामर्श सेवाएं उपलब्ध कराता है। इनमें कम्प्यूटर आधारित वास्तुकला एवं संरचनात्मक डिजाइन, परियोजना निगरानी, निविदा विश्लेषण तथा अन्य सहायक सेवाएं भी शामिल हैं।

हिन्दुस्तान प्रिफैब लिमिटेड

नई दिल्ली स्थित हिन्दुस्तान प्रिफैब लिमिटेड (जो पहले हिन्दुस्तान हाउसिंग फैक्टरी के नाम से प्रसिद्ध थी) 1955 में पूरी तरह सरकार के स्वामित्व वाली कंपनी बनी। यह कंपनी कंक्रीट के बिजली के खंभों और रेलवे स्लीपरों के निर्माण में लगी है।

कम्पनी ने प्रिकास्ट पुलों का निर्माण भी शुरु कर दिया है। उत्तर रेलवे को दिल्ली-रेवाड़ी सेक्शन के लिए बहुत कम अवधि में 220 ब्रिजस्पैन की आवश्यकता थी, जो कंपनी ने सही समय पर उपलब्ध करा दिए। रेलवे ने इस काम से प्रभावित होकर पश्चिम रेलवे की दिल्ली-जयपुर लाईन पर साबी पुल बनाने का 3.65 करोड़ रुपये का ठेका कम्पनी को दिया है। इस परियोजना पर निर्धारित गति से काम चल रहा है।

कम्पनी लकड़ी के जोड़ने वाले समान तथा प्रिफैब/आम निर्माण कार्य भी हाथ में लेती है। कंपनी द्वारा बनाये गये दरवाजे, खिड़की आदि जैसे लकड़ी के सामान की गुणवत्ता देश में सबसे अच्छी मानी गयी है। औद्योगिक ढाचे के लिए पूर्व-निर्मित सामान से न केवल इस्पात की बचत हुई है, बल्कि इससे निर्माण की गति में तेजी आई है और कुछ सीमा तक निर्माण-लागत को कम करना भी संभव हुआ है।

अभ्यास के लिए प्रश्न

1. संक्षिप्त टिप्पणी लिखिए—नगरों में निवास की समस्यायें।
2. भारतवर्ष में औद्योगिक आवास योजनाओं की क्यों आवश्यकता है?
3. नगरों में आवास की समस्या की विवेचना कीजिये। सरकार तथा निजी क्षेत्र ने इसे दूर करने के लिये क्या तरीके अपनाये हैं?
4. समकालीन भारत के एक महानगर में पायी जाने वाली आवास की स्थिति का वर्णन कीजिये और उसके मानवीय व्यक्तित्व पर पड़ने वाले प्रभावों की चर्चा कीजिये।

Bibliography

Alam, S. Manzoor, *Metropolitan Hyderabad and Its Region,* Asia Publishing House, Bombay, 1972.

Chandra, Subhash, *Social Participation in Urban Neighbourhood,* National Publishers, New Delhi, 1977.

Doshi, Harihar, *Traditional Neighbourhood in a Modern City,* Abhinav Publications, New Delhi, 1974.

Dwyyer, D.J. *People and Housing in Third World Cities.* Longmans, London, 1975.

Ferriera, J.V. and S.S. Jha (Eds.), *The Outlook Tower : Essays on Urbanization in Memory of Patrick Gaddes,* Popular Prakashan, Bombay, 1976.

Geoffery, K. Payne, *Urban Housing in the Third World,* Robert Maclehouse and Company Limited, 1977.

Ginsburg, Norton, "On Planning and Modernization in India", in Allen G. Noble and Ashok K. Dutt (Eds.), *Indian Urbanization and Planning,* McGraw Hill Publishing Company Ltd., New Delhi, 1977.

Gupta, K. Surendra, "Economic Aspects of Urbanization" in *The Indian Journal of Social Work.* Vol. xxxvi, Nos. 384 Oct. '75 and Jan. '76.

Jakobson, Leo and Ved Prakash, "Urbanization in India. The Need for Normative Regional Development" in Allen G. Noble and Ashok K. Dutt (Eds.), *op. cit.*

Kulakarni, M.G., "Spatial Distribution : Some Characteristics in Aurangabad City" in Ferriera J.V. and Jha, S.S. (Eds.), *op. cit.*

Mishra, R.P. (ed), *Million-Cities of India,* Vikas Publishing House Pvt. Ltd., 1978.

Nangia, Sudesh, *Delhi Metropolitan Region : A Study in Settlement Geography,* K.B. Publications, New Delhi, 1976.

Narain, Vatsala, "Demographic Aspects of Urbanization", in *The Indian Journal of Sacial Work,* 1976, Vol. XXXVI Nos. 3 and 4 Oct. 1975 and Jan. 1976.

Noble , Allen G. and K. Dutt (Eds.), *Indian Urbanization and Planning : Vehicles of Modernization.* McGraw Hill Publishing Company Limited, New Delhi, 1977.

Singh, Andrea Menefer, *Neighbourhood and Social Networks in Urban India,* Marwah, New Delhi, 1976.

Singh, Harihar. *Kanpur, : A Study in Urban Geography,* Davis Printing Agency. Banaras, 1972.

Sinha, Pradip, *Calcutta in Urban History,* Firrna K.L.M. Private Ltd., 1978.